한국문화 속의 복음

21세기 급변하는 문화와 복음적 삶

모든 인간은 하나님의 형상을 닮은 존엄한 존재입니다. 전 세계의 모든 사람들은 인종, 민족, 피부색, 문화, 언어에 관계없이 존귀합니다. 예영커뮤니케이션은 이러한 정신에 근거해 모든 인간이 존귀한 삶을 사는 데 필요한 지식과 문화를 예수 그리스도의 사랑으로 보급함으로써 우리가 속한 사회에 기여하고자 합니다.

한국신학 총서 21

한국 문화 속의 복음

초판 1쇄 펴낸 날 · 2010년 7월 5일 | **초판 2쇄 펴낸 날** · 2013년 9월 10일
지은이 · 장남혁 | **펴낸이** · 김승태
등록번호 · 제2-1349호(1992. 3. 31) | **펴낸 곳** · 예영커뮤니케이션
주소 · (136-825) 서울시 성북구 성북1동 179-56 | **홈페이지** www.jeyoung.com
출판사업부 · T. (02)766-8931 F. (02)766-8934 e-mail:jeyoung@chol.com
출판유통사업부 · T. (02)766-7912 F. (02)766-8934 e-mail:jeyoung@chol.com

값 14,000원

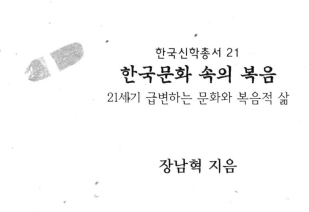

한국신학총서 21

한국문화 속의 복음

21세기 급변하는 문화와 복음적 삶

장남혁 지음

예영커뮤니케이션

"본 저서는 서울장신대학교 학술지원에 의한 것임"

추천의 글

곽선희 목사 (소망교회 원로목사)

"말씀이 육신이 되어 우리 가운데 거하시매 우리가 그의 영광을 보니 아버지의 독생자의 영광이요 은혜와 진리가 충만하더라"(요 1:14).

영원한 진리이신 예수 그리스도께서 유대 땅 베들레헴 마구간에 갓난아기로 태어나신 것은 우리들에게 많은 것을 시사해 줍니다. 그 분도 그 땅의 백성들의 문화를 아셨고 그들의 언어로 그들과 의사소통을 하실 수 있었습니다. 그 땅에 사는 백성들의 언어와 문화 속에서 그들이 알아듣기 쉬운 언어로 진리를 전해 주셨기에 복음은 소통이 될 수 있었습니다. 그러한 주님을 만난 요한은 복음을 잘 깨닫게 되었습니다. 그래서 "아버지의 독생자의 영광이요, 은혜와 진리가 충만했다"고 증언합니다. 이처럼 복음을 깨달은 자들은 제자가 되었으며 자신들이 만난 주님을 증거하였습니다. 그러한 제자들을 통하여 복음은 온 세상에 전파될 수 있었습니다.

주님께서는 오늘날 이 땅에 사는 현대인들에게도 친숙한 형태로 진리를 전하기를 원하시는 분이십니다. 그래서 한국문화 속에 살아가는 사람들을 지명하여 불러서 말씀 전달의 사명을 맡겨 주십니다. 그러한 사명을 맡은 사람들은 복음을 깊이 이해하는 동시에 현대인들의 언어와 문화에도 정통해야만 합니다. 그럴 때에 복음이 생생하게 전달되기 때문입니다.

이 세상에 소망이 있는 것은 세상을 창조하신 하나님께서 이 세상과 인류를 위해서 놀라운 계획을 세우시고 그것을 그대로 이루어 가고 계시기 때문입니다. 자기의 외아들까지 아낌없이 이 세상으로 보내 주시고 십자가에 달려 죽기까지 내어 주신 것은 세상과 인류에 대한 그분의 사랑을 잘 보여 줍니다.

이처럼 복음을 전하는데 있어서 현대인들이 속한 문화에 대한 이해가 필수적입니다. 복음의 진리가 전달될 때 오늘날에도 구원의 감격을 맛보며, 절망이 소망으로 바뀌는 놀라운 일들이 계속 일어날 것입니다.

복음은 단지 말로만 전달되는 것은 아닙니다. 그것이 문화 속에서 표현될 때 그것은 윤리적 삶으로도 나타나고 일상생활 속의 감격으로도 표현됩니다. 사회생활 속에서 소금과 빛 된 삶으로도 표현됩니다. 복음은 삶을 바라보는 새로운 관점과 방향, 그리고 목적을 제공해 줍니다. 이 책은 그러한 복음적 삶이 구체적으로 한국문화 속에서 어떻게 나타나야 하는지를 잘 보여 줍니다. 그런 점에서 이 책은 오늘날을 살아가는 한국 교인들이 복음적 삶을 살아야 한다는 도전을 주며 복음을 모른 채 살아가는 현대인들에게 복음을 제시하는 좋은 접촉점들을 제공해 줄 것입니다.

복음을 문화 속에 심는 일은 그리스도인들 모두에게 주어진 사명입니다. 각자에게 주신 은사를 바탕으로 더욱 창조적인 방식으로 복음을 이 땅에 심고 뿌리내리게 하는 데에 성도들 모두가 동참해야 합니다. 하나님의 백성들은 복음을 뿌리내리고 소통시키도록 부름 받은 사람들입니다. 복음이 먼저 그들의 삶 속에 깊숙이 뿌리 내릴 때 그들을 통해서 하나님은 영광 받게 될 것입니다.

그러한 복음의 사람들은 하나님과 인간 사이에서 교량 역할도 충실히 감당할 것입니다. 그러할 때 이 땅에 주어진 복음의 축복이 한 세대에서 끝나는 것이 아니라 우리들의 후손들을 통해서 두고두고 이어지게 될 것입니다.

우리 민족은 복음에 빚진 민족입니다. 하나님께서 누군가 먼저 믿는 자들을 부르셔서 복음을 전하게 하셨고 그들은 순종하였습니다. 그 결과 우리 민족에게 복음이 전파되었습니다. 복음을 받은 우리가 하나님의 부르심에 순종할 때 복음의 빚을 갚을뿐더러 오늘날도 계속 진행되는 하나님의 구원 역사를 목도하는 축복과 감격을 맛보게 될 것입니다.

추천의 글

김세윤 교수(풀러신학교 신약학 교수)

　서울장신대학교의 장남혁 교수는 이 책을 쓰기 위해 오랫동안 준비한 학자이다. 그는 장로회신학교 신대원에서 신학을 공부하였을 뿐 아니라, 서울대학교 대학원의 종교학과와 미국 Fuller 신학교의 선교대학원(현 School of Intercultural Studies)에서 종교와 문화의 관계, 한국의 종교들, 한국의 문화, 한국에서의 효과적인 선교 방안 등을 연구한 분이다.

　게다가 그는 서울의 소망교회에서 9년 간 현장 목회 사역을 경험하면서, 한국인들에게 복음을 효과적으로 전달하고 복음에 합당한 삶을 살도록 가르치는 방안에 대해 실제적으로 고민한 목사이기도 하다. 그리하여 그는 효과적인 선교를 위해서는 단순히 문화 현상들의 다양성과 그들에 복음을 상황화해야 한다는 당위나 강조하고 그것을 위한 몇 가지 피상적인 기법들을 예시하는 것을 넘어서, 복음 자체의 의미를 깊이 있게, 그리고 포괄적으로 터득하고, 신약성경 내에서 여러 복음 선포자들이 어떻게 복음을 자신들의 청중/독자들의 다양한 문화와 삶의 상황들에 맞추어 선포하였는가를 살피면서, 1세기 사도들의 복음을 오늘 우리 한국인들에게 어떻게 해석하여 표현해야 하는가를 좀 더 심도 있게 탐구하여야 한다는 의식을 갖게 되었다. 이 과제 의식은 그로 하여금 서울장신대학교에서 문화와 선교 분야를 가르치면서, 성경신학, 해석학, 조직신학에 대해 더 깊이 공부하게 하였다. 이러한 준비가 이 책에 잘 반영되었으리라 믿는다.

그러므로 이 책은 한국교회가 주 예수 그리스도의 복음을 21세기 한국인들에게 어떻게 효과적으로 선포해야 하는가, 한국의 성도들에게 어떻게 복음에 합당한 삶을 살도록 가르쳐야 하며, 그리하여 그들이 어떻게 주 예수 그리스도의 현재적 구속사역의 실제적 일꾼 노릇을 하여 문화를 변혁시키고 하나님 나라의 샬롬을 실현해 가야 하는가를 모색하는 책이다. 이 책이 현장 목사들에게 이러한 문제들에 대한 실제적인 목회적 지혜를 제공하고, 더불어 문화와 복음의 상황화의 문제를 비교적 등한시하는 복음주의권의 신학도들에게 이러한 중요한 과제들에 대한 의식을 새로 일깨워 더 깊은 토론을 촉발시키기를 바란다.

머리말

이 책이 나오기까지 모든 것이 하나님의 은혜였다.

나의 지나간 삶을 회고해 볼 때 하나님의 은혜와 섭리의 손길이 오늘의 나를 빚어가고 있음을 고백하지 않을 수 없다. 부족한 사람을 오랫동안 인내하여 주시고 참아 주신 하나님께 진심으로 감사와 찬양을 돌린다.

하나님께 특별히 감사하는 것은 훌륭한 믿음의 부모님을 허락하여 주시고 많은 믿음의 사람들을 만나게 해 주신 것이다. 주님의 공동체 안에서 주님의 사랑을 전달해 주신 믿음의 식구들에게 진심으로 감사하는 마음이다. "땅에 있는 성도들은 존귀한 자들이니 나의 모든 즐거움이 그들에게 있도다"(시 16:3)라는 시편 기자의 고백이 또한 나의 고백이다. 나의 인생 여정에서 주변에 수많은 존귀한 성도들을 만나게 해 주시고 같이 동행하게 해 주신 하나님께 감사드린다. 그분들을 통해서 이루시고자 하시는 하나님의 뜻이 이루어지기를 이 시간 기도드린다.

책을 쓰는 동안 곁에서 도와주고 격려해 준 아내와 유찬이와 유경이에게도 감사를 드린다. 그들의 격려와 관심과 후원이 큰 힘이 되었음을 고백한다. 책을 쓰느라 가족과 함께 하는 시간이 많이 희생될 수밖에 없었지만 감내해 준 것에 대해서 특별히 감사한다.

　이 책은 특별히 서울장신대학교의 연구비로 출판하게 되었다. 연구를 할 수 있도록 기회를 제공해 준 학교와 지체되는 연구에도 불구하고 참아 주고 격려해 주신 교무처장님 이하 교직원들에게 진심으로 감사를 드린다. 또한 연구에 대해서 관심을 갖고 격려해 준 동료 교수님들과 학생들에게도 감사를 드린다. 더욱이 바쁜 가운데 흔쾌히 추천의 글을 써 주시고 격려를 해 주신 곽선희 목사님과 김세윤 교수님께 깊은 감사를 드린다. 특히 부족한 사람에게 학자로서 연구할 수 있는 길을 열어 주고 후원해 주신 소망교회와 김지철 담임목사님을 비롯한 교우님들께 진심으로 사의를 표하고 싶다. 책을 출판하도록 허락해 주시고 협조해 주신 예영커뮤니케이션 김승태 장로님께도 깊은 감사를 드린다.

　지금 간절히 바라는 것은 남은 삶을 통해 더욱 하나님을 사랑하며 나에게 두고 계신 뜻을 온전히 분별하며 이루는 것이다. 믿음으로 순종하는 가운데 하나님께서 나를 이 세상에 보내신 뜻을 이루며 생을 아름답게 끝맺게 해 달라고 기도해 본다.

경기도 광주에서
장남혁

차례

추천의 글 : 곽선희(소망교회 원로목사) 5
추천의 글 : 김세윤(미국 풀러신학교 신약학 교수) 9
머리말 11
들어가는 말 17

1부 한국 문화 23
  1. 문화의 개념
  2. 세계관과 종교의 개념

1장 한국의 전통적인 세계관 28
  1. 전통적인 세계관
  2. 무속
  3. 불교
  4. 유교

2장 전통 가족과 마을 공동체 70
  1. 가족 문화
  2. 친족 집단
  3. '마을' 공동체

3장 서구 문화의 유입과 한국 사회의 변동 86

　　1. 근대화와 한국사회의 변동

　　2. 서구의 과학적 세계관

　　3. 정보화와 세계화

　　4. '탈근대'(포스트모던) 시대의 도래

　　5. 전통과 근대의 혼재화 현상

　　6. 세대별 문화적 특징

2부 한국문화와 복음   137

4장 복음의 핵심요소와 복음적 삶의 총체성   141

　　1. 복음의 핵심요소

　　2. 복음적 삶의 총체성

5장 한국 문화와 대조되는 복음   162

　　1. 무속 vs 복음

　　2. 불교 vs 복음

　　3. 유교 vs 복음

　　4. 근대 계몽주의 vs 복음

6장 한국 문화 속의 복음   236

　　1. 교리적 차원의 상황화

　　2. 의례적 차원의 상황화

　　3. 윤리적 차원의 상황화

　　4. 경험적 차원의 상황화

5. 신화와 이야기 차원의 상황화: 죽음과 그 이후의 삶

6. 사회적 차원의 상황화

7장 한국 문화를 변화시키는 복음 294

1. 문화를 변화시키는 복음

2. 교회 갱신과 세계관의 변화

3. 한국 사회의 변화

나가는 말 350

참고문헌 355

들어가는 말

오늘날 한국 개신교 교회는 위기상황을 맞이하고 있다는 말을 많이 듣는다. 교회 성장이 정체되고 있다는 통계보고의 발표, 교회 학교의 침체, 안티 기독교의 발흥, 이단의 발호 등의 소식을 접할 때 교회의 미래를 걱정하지 않을 수 없다. 더욱이 사회와 문화는 급격하게 변모하는 데 반해서 교회는 변화의 무풍지대로서 세상의 변화에 뒤쳐져 있다는 이야기를 교회 내에서도 많이 듣게 된다. 이러한 개신교의 위기 상황은 가톨릭이 맞이하고 있는 성장세와 극명하게 대조된다. 가톨릭이 사회로부터 긍정적인 평가를 받고 계속 성장추세를 나타내는 것은 개신교도들로 하여금 자신을 돌아보지 않을 수 없게 한다.

이 책은 이러한 반성을 토대로 어떻게 하면 급격하게 변모하는 문화적 상황 속에서 보다 효과적으로 복음을 전파할 수 있을까 하는 고민에서 쓰여졌다. 목회 현장에서 많은 사람들을 대상으로 사역하는 목회자들은 누구보다도 그/그녀들이 몸담고 있는 문화에 대한 전문가들이 되어야 한다고 생각한다. 그런데 설교, 심방, 교육 등으로 분주한 목회자들이 문화에 대해서 깊이 연구하는 시간을 낸다는 것은 현실적으로 힘들다. 본인 또한 목회 현장에서 전임 사역자로 9년간 일하면서 문화 연구에 대한 필요를 느끼면서도 그에 필요한 시간을 내기가 쉽지 않다는 것을 절실히 체험했다.

그런 점을 고려할 때, 누군가 목회자들의 손발이 되어서 문화에 대해서 연구하고 그러한 연구를 정리해서 발표한다면 분주한 목회자들에게 크게 도움이 되리라고 생각된다. 또한 문화에 대한 연구를 바탕으로 복음을 문화 속에 심고 문화를 변혁시키는 과제를 정리한다면 복음을 이 땅에 뿌리내리게 하는 데에 조금이나마 일조하는 일이라 생각한다. 방대한 문화를 다루기에 역부족인 것을 잘 알지만 누군가 이 일을 해야 한다고 생각되어서 마중물을 붓는 심정으로 이 일에 착수하였다. 바라기는 한국문화 속에 복음을 뿌리내리는 작업들이 더욱 많이 쏟아져 나오고 이 땅이 복음의 풍년을 맛보게 되는 데에 이 책이 자그마한 디딤돌이 되었으면 한다.

급격한 문화 변동을 감안할뿐더러 그러한 변동이 미래에 어떻게 전개될 것인지 예측하면서 문화 속에 복음을 심고, 문화의 변혁을 선도하는 일을 꾸준히 추진해 나갈 때 언젠가는 사회의 변화를 앞서 가면서 그 변화를 이끄는 때도 오지 않을까 생각해 본다. 변화를 예측할뿐더러 그러한 예측을 바탕으로 전략을 수립하고 시행해 나갈 때에 다가오는 미래의 세대들도 믿음의 유산을 향유하고 복음으로 인한 축복을 누리게 될 것이다.

우리가 하나님의 백성으로서 문화를 연구하는 것은 복음을 보다 원활히 소통하고 그 문화 속에 깊이 뿌리내리기 위해서다. 우리 자신이 복음을 들음으로 믿게 되고 하나님의 백성이 되었다. 그런데 아직도 이 땅에는 복음을 듣지 못하고 알지 못해서 믿지 못하고 하나님의 나라에 들어오지 못한 많은 사람들이 존재한다. 그들에게 복음을 전하기 위해서는 먼저 그들의 문화를 제대로 이해해야 한다. 그러할 때 그들이 알아들을 수 있는 용어로 복음을 전달할 수 있을 것이다.

문화 속에 복음을 전파하고 뿌리내리는 작업을 감당하는데 있어서 선행되어야 할 과제는 한국문화를 깊이 이해하는 일이다. 특히 19세기 말부터 시작된 근대화 과정은 1960년대 초에 개발 계획의 수립과 더불어 가속도가 붙기 시작했다. 서구 문화가 빠르게 유입되면서 급격한 문화변동을 겪고 있는 한국 사람들에게 복음이 전달되기 위해서는 문화변동 과정에 대한 심도 깊은 이해가 필요하다. 한국의 문화는 초스피드로 변화하여서 그 변화의 속도를 따라잡으려면 특별한 노력과 관심을 경주해야만 한다.

우리 사회는 급변하는 가운데 전통적인 요소와 외래적인 요소가 뒤섞이면서 다양한 조합을 만들어 내고 있다. 외래적인 요소 가운데에서도 특히 서구 근대 문화의 영향은 지대하다. 그 영향은 젊은 세대로 내려갈수록 더욱 커져가는 양상이다. 전통적 요소와 서구적인 요소가 뒤섞이면서 문화는 다양성을 띠게 되고 다양한 하위문화를 형성해 간다. 그 결과 어떠한 하위문화 속에 놓이느냐에 따라서 같은 한국 땅에 살면서도 삶에 대해서 전연 다른 그림을 갖게 된다.

한국의 경우 불신자들이 75%를 차지하는 현 상황에서 불신자들의 문화, 세계관, 타당성 구조(Plausibility Structure) 등에 대한 심층적인 연구의 필요성은 높아만 간다. 특히 근대화를 거쳐서 정보화와 세계화, 그리고 포스트모던 시대로 치닫는 문화의 끝없는 변화를 감안할 때 문화 연구는 늦출 수 없는 긴박한 과제이다. 그처럼 급변하는 문화 속에서 자라나는 젊은 세대들에게 복음을 전파하려면 각별한 노력이 요구된다.[1] 세대별로 다양한 문화를 형성하는 현실 속에서 내가 사역하는 대상이 어디에 해당되는지 파악하고 그들의 문화적 특성에 맞는 접근법을 찾는 것이 우리에게 주어지는 과제이다. 이 과제를 제대로 감당하려면 먼저 다양한 세대들이 처한 문화적 상황에 대해서 심도 깊게 파악하는 작

---

1) 이 땅의 젊은이들은 학교에서 생물, 물리, 지학 시간 등에 진화론, 세속주의 등에 근거하여 교육을 받고 있는데 반해서 교회는 그들이 학습하는 진화론적 관점과 세속주의에 대해서 말씀에 근거하여 적절한 지침을 주지 못하고 있는 실정이다.

업이 급선무로 이루어져야 할 것이다.[2]

이 책은 무엇보다도 복음과 문화의 관계를 그 핵심 주제로 다룬다. 성경에서 "너희는 이 세대를 본받지 말라"(롬 12:2)는 말씀은 복음과 문화의 대립적인 면을 잘 보여 주는 대표적인 구절이다. 복음과 문화의 대립적인 면을 제대로 분별하지 못할 때 복음의 본질이 희석되고 복음이 불건전한 방식으로 문화와 섞이는 현상이 발생한다. 역사상 혼합주의로 인해서 교회의 역동성이 떨어지고 복음의 능력이 발휘되지 못한 경우들을 많이 보아 왔다.

그렇지만 복음이 제대로 전달되려면 해당 문화의 형태를 빌려 오지 않을 수 없다. 혼합주의를 두려워한 나머지 해당 문화적 형태로 복음을 번역하는 일을 소홀히 하게 될 때 서구 문화의 옷을 입은 복음을 그대로 전파하는 잘못을 범하게 된다. 그럴 경우 문화적 공백이 생겨나고 교회는 활력을 잃고 재생산의 능력을 잃어 버리게 된다. 복음이 서구 문화의 형태를 띠게 될 경우, 그러한 형태의 복음은 자칫 한국문화 속에서 파급력이 떨어지고 복음의 역동성을 상실할 수 있다.

그러므로 혼합주의의 위험을 피하는 동시에 복음을 수용자들이 이해할 수 있도록 해당 문화의 형태를 활용하여 전달하는 것이 복음 전달자의 과제요 사명이다. 한 문화권에서 형성된 복음이 다른 문화권으로 전달될 때 복음의 정확한 의미가 전달되려면 복음 전달자보다는 복음을 받아들이는 자들의 문화적 형태를 적절히 활용해야만 한다.

복음 전파의 역사를 볼 때, 복음은 한 문화적 형태로만 전달되는 것이 아니라 각 문화 속에 있는 사람들이 알아들을 수 있도록 다양한 형태로 전달되어 왔다. 복음이 다양한 형태를 취할 수 있기 때문에 복음은 다양한 문화 속으로 번역될 수 있는 것이다

---

2) 풀러신학교(Fuller Theological Seminary)에서 전도학을 가르치는 리차드 피스(Richard Peace) 교수는 오늘날 효과적인 전도전략을 수립하는데 세대 연구 (Generational Study)가 필수적이라고 주장한다.

(Sanneh 1993: 314).[3] 복음의 본질을 훼손시키지 않으면서 다양한 문화적 형태로 복음을 전파하고 번역하는 것은 한 문화 속에서 복음이 진정한 복음이 되기 위해서 꼭 필요한 과정이다. 왜냐하면 그 내용을 이해하고 받아들이는 것이 난해하다면 그것은 기쁜 소식이 될 수 없기 때문이다. 연령과 학력 수준의 고저를 불문하고 누구나 쉽게 이해하고 받아들일 수 있는 것이 복음이다. 이처럼 복음을 받아들이는 자들의 문화와 언어 형태에 담아서 복음을 전달하려면 복음에 대한 깊은 이해와 더불어 해당 문화에 대한 심도 깊은 이해가 필수적이다.

이처럼 문화를 연구하고 그러한 문화에 맞도록 복음을 전파하는 일을 감당할 때, 다양한 문화 속에 복음을 뿌리내릴 뿐만 아니라 한 걸음 더 나아가서 그 문화를 변화시키는 일을 감당할 수 있다. 그 일은 먼저 신자들 속에서 이루어져야 한다. 회심과 동시에 신자들이 모든 면에서 복음적으로 사고하고 행동하는 것은 아니다. 그들은 여전히 많은 부분에서 문화적으로 사고하고 행동한다. 그러한 것들을 복음적 관점으로 변화시켜 나가는 데에는 시간과 인내가 요구된다. 그렇지만 성화의 과정을 거쳐서 복음의 핵심을 반영하는 공동체를 이루게 될 때, 그 공동체는 하나의 대안문화로서 주변 문화에 복음을 전달하는 역할을 감당할 수 있을 것이다.

교회가 처한 위치는 문화와 복음의 영향력이 동시에 교차하는 지점이다. 교회가 하나님의 백성이란 점에서 복음의 영향력 아래에 놓여 있지만 그것이 동시에 세상 속에 위치하는 관계로 교회에 미치는 문화의 영향 또한 무시할 수 없다. 그런데 문화와 복음 사이에 오늘날의 교회가 놓인 위치는 복음적 영향력보다는 문화적 영향력을 더 크게 받고 있다는 점이 지적되고 이에 대한 깊은 반성이 요구되고 있다. 문화와 복음 사이에 놓인 교회의 위치를 정확

---

3) 괄호 안의 내용은 맨 먼저 인용한 저서의 저자의 성과 그 책의 출판연도, 그리고 인용한 페이지를 나타낸다. 책 맨 뒤에 나오는 참고서적란으로 가면 인용한 책의 저자의 이름, 책 제목, 출판사 이름 등이 저자의 이름순으로 정리되어 있다.

히 파악하려면 복음이 말하는 교회의 본질이 무엇인지 정확히 알아야 한다. 그러한 교회의 본질을 기준으로 현재의 교회 모습을 냉정하게 되돌아볼 때, 반성과 더불어 교회 개혁의 방향을 설정할 수 있을 것이다. 복음과 문화 사이에서 교회가 위치한 곳이 어느 곳인지 분명히 파악될 때, 그 교회는 세상 속에 침투하기에 앞서서 자신을 정화시키고 갱신할 수 있을 것이다. 그처럼 본질에 충실한 교회는 문화 속에 복음을 뿌리내리는 작업이 어떤 식으로 전개되어야 할지 분명히 알 수 있을 것이다.

복음을 문화 속에 심고 뿌리내리려면 문화에 대한 이해 못지않게 복음에 대한 깊은 이해가 필요하다. "복음이란 무엇인가?"는 문화 속에 복음을 심으려는 사람이라면 두고두고 던져야 할 질문이다. 복음이 무엇인지 분명할 때, 일단 문화적 관점에 사로잡혀서 복음과 문화를 혼동하는 데에서 벗어날 수 있다. 많은 사람들이 자신은 복음적 관점에 근거하여 살아간다고 생각하지만 그들의 삶을 깊이 들여다보면 그것은 종종 복음보다 문화적 관점에 근거하고 있음을 보게 된다. 이것은 개인뿐만 아니라 교회에 대해서도 그대로 적용된다. 그런 점에서 복음과 문화를 식별하며 자신이 얼마나 문화적 관점의 포로가 되었는지 인식하고 회개하고 돌이키는 것이 급선무이다. 그러할 때 복음의 사람으로서 정체성을 갖고 문화 속에 복음을 심는 작업을 감당할 수 있을 것이다.

이 책은 크게 I부와 II부로 구성된다. I부에서는 먼저 한국의 전통적 세계관과 문화를 다루고(1장, 2장), 그 후에 서구 문화의 유입과 한국사회의 변화를 다룬다(3장). II부에서는 복음의 핵심요소와 복음적 삶의 총체성이 어떻게 나타나는지 살펴보고(4장), 이어서 한국문화와 복음의 대조점을 정리한다(5장). 그리고 한국문화 속에 복음을 전파하는 과제를 다루고(6장), 마지막으로 한국문화를 복음의 관점에 따라 변화시키는 과제(7장)를 다룬다.

1부
한국문화

복음과 한국문화라는 주제를 다룸에 있어서 한국문화에 대한 심층적인 이해가 우선적으로 요구된다. 한국문화는 크게 전통적인 문화와 끊임없이 유입되고 있는 서구 문화가 혼재하는 상황이다. 이러한 한국문화를 제대로 이해하려면 전통문화에 대한 이해와 아울러 서구 문화를 깊이 있게 이해해야 한다. 또한 이 둘이 만나면서 어떠한 조합을 만들어 내고 있는지를 살펴보아야 한다.

문화란 그 핵심을 이루는 세계관을 중심으로 인간의 삶 전반에 걸쳐서 총체적인 복합체를 이루고 있다. 본서는 이 점에 주목하여 세계관을 중심으로 어떻게 총체적으로 체계를 형성하고 있는지를 살펴보고자 한다. 이러한 논의를 위해서는 먼저 문화, 세계관 그리고 종교의 개념을 검토할 필요가 있다.

1. 문화의 개념

일반적으로 문화란 문명과 동일한 의미로 많이 쓰인다. 그 한 예는 '문화생활을 누리다'란 말이 문명의 이기를 십분 활용하는 것을 뜻하는 데에서 볼 수 있다. 그렇지만 문화의 개념은 문명이란 말 외에도 다양한 의미로 사용된다. "때로는 문학 및 예술분야를 지칭하고, 때로는 '지성', '지식', '개화된 것', '발전된 것'을 의미하며, 특정한 인간집단 또는 한 지역이나 나라에서 특징적으로 나타나는 생활양식을 총괄해서 지칭하는 말로 사용되기도 한다"(한상복 외 2005: 64). 이 책에서는 주로 문화인류학자들이 '문화'를 논할 때 언급되는 의미를 문화의 개념으로 사용할 것이다.

문화인류학에서 문화의 개념은 크게 두 가지 차원에서 정의된다. 먼저, 문화란 '한 인간집단의 생활양식'을 언급하는 말이다. 한 사회의 구성원들 간에 찾아볼 수 있는 관습적인 행위 및 그런 행위의 산물을 가리킬 때 문화라는 말을 사용한다. 이러한 맥락에서 문화는 '한 인간집단의 생활양식의 총체'로 정의될 수 있다(64-65).[4] 이렇게 문화를 정의내리는 대표적인 학자는 타일러(E. B. Tylor)이다. 그는 그의 책 『원시문화』(Primitive Culture)에서 문화를 "지식, 신앙, 예술, 법률, 도덕, 관습 그리고 사회의 한 구성원으로서의 인간에 의해 얻어진 다른 모든 능력이나 관습들을 포함하는 복합총체"라고 규정한다(Tylor 1871: 1; 한상복 2005: 65에서 재인용). 히버트(Paul G. Hiebert)도 위와 같은 맥락에서, 문화란 "관념, 감정, 그리고 가치와 그것들과 연관된 행위 유형들 그리고 생산물의 다소간 통합된 체제를 말하는데, 그것은 자신들이 생각하고, 느끼고, 행하는 것을 조직하고 통제하는 한 집단의 사람들에 의해서 공유된다"고 정의 내린다(Hiebert 1996: 41).

또 다른 일련의 학자들은 문화의 주관적인 측면을 강조하여 관념적인 영역에만 한정시켜 문화로 간주한다. 이러한 견해에 의하면 구체적으로 관찰된 행동 그 자체(patterns of behavior)가 아니라, 그런 행위를 위한 또는 그런 행위를 규제하는 규칙의 체계(patterns for behavior)가 문화라는 것이다(한상복 외 2005: 65-68). 즉 사람들이 그것에 의거해서 행위를 하게 만드는 규칙이 바로 문화라는 견해이다.

이 책에서는 이러한 두 가지 개념을 염두에 두되 주로 전자의 측면에서 문화란 말을 사용하게 될 것이다. 그렇지만 문화가 관념으로서 작용하는 면도 중요한 측면이기 때문에 이러한 면도 충분히 고려하도록 할 것이다. 한국의 전통 문화가 어떻게 한국인들 사이에 관념적인 요소로서 자리 잡고 있으며 그들의 삶에 작용하는지 살펴보는 것은 매우 중요한 과제이다. 특히 세계관이란 개념을 사용할 때에 이러한 관념적인 면을 주로 다루게 될 것이다.

---

4) 괄호 안에 사람 이름에 대한 언급이 없이 숫자만 나타낸 경우는, 바로 앞에서 인용한 책과 같은 책을 인용했음을 나타내고, 숫자는 그 인용 페이지 숫자를 나타낸다.

2. 세계관과 종교의 개념

위에서 살펴본 관념론적인 전망은 외부로 들어나는 면보다는 인간들의 내면에 자리 잡고 있는 관념적인 면을 중심으로 문화를 정의내리고 있다(68). 즉 행위를 하게 만드는 규칙의 체계를 문화라고 하는데 그러한 관념론적인 측면 가운데 특히 세계의 실상이 어떠한지에 대한 전제를 가리켜서 세계관이라 칭한다. 즉 세계관이란 "한 문화의 믿음과 행위 이면에 있는 현실에 관한 기본적인 전제"를 일컫는 말이다(Hiebert 1996: 62). 클리포드 기어츠(Clifford Geertz)에 의하면, 세계관은 우리에게 "현실을 인지할 수 있게 함으로써 현실에 대한 모델이나 지도를 제공해 준다"(66).

많은 문화의 경우 문화의 핵심을 이루는 전제로서 세계관을 형성하는 데에 크게 기여하는 것이 종교이다. 모든 종교는 어떤 종류의 세계관을 구체화시키고 있다(Newbigin 1998: 278). 많은 민족들이 자신들의 종교를 중심으로 그들의 세계관을 형성한다. 이것은 우리의 전통적인 세계관의 경우에도 해당된다. 무속과 유교, 그리고 불교가 우리의 전통적 세계관을 형성하는 데 큰 역할을 담당해 왔다. 그렇지만 세계관 중에는 종교적인 색채를 띠지 않은 것도 있다. 대표적인 것이 오늘날 마르크스주의 이데올로기를 비롯한 서구의 세속적인 세계관이다. 종교학자인 니니안 스마트(Ninian Smart)는 종교와 세속적인 세계관, 이데올로기 등을 모두 포괄할 수 있는 말로써 '세계관'(Worldview) 개념을 사용한다(Smart 1986: 7-8). 이 책에서도 세계관을 종교와 세속적인 세계관을 모두 포괄하는 말로 종교보다 좀 더 광의의 개념으로 사용할 것이다.

니니안 스마트는 종교와 세속적 세계관에 대한 연구를 '세계관 분석'이라고 부른다. 그에 의하면 세계관 분석은 "인간의 의식과 사회구조의 심층을 이루고 있는 신념과 상징의 역사와 본질을 기술하는 것을 주요 목적으로 한다"(8). 그는 세계관 분석을 위해서 사상과 상징, 행위를 총체적으로 파악해야 할 것을 주장한다. 왜냐하면 신념, 의식(意識) 그리고 행위가 밀접히 연결되어 있기 때문이다(13). 그는 세계관의 포괄적인 면을 나타내기 위해서 여섯 가지 차원으로 나누어서 세계관을 분석하는 데 그 여섯 가지 차원은 교리적 차원, 의례적 차원, 윤리적 차원, 경험적 차원, 신화적 차원[5], 그리고 사회적 차원을 말한다(15-16). 이러한 스마트의 범주는 세계관과 문화를 분석할 때, 다양한 차원 사이의 연관성을 고려하면서 그 총체적인 면을 살피는 데 크게 도움이 된다. 그래서 한국문화를 분석하는 데에 그리고 한국문화와 복음의 관계를 파악할 때, 중요한 분석틀로 사용할 것이다.[6]

문화는 세계관을 중심으로 총체적인 체계를 형성하고 있기 때문에 한국문화의 다양한 차원과 그들 사이의 연관성을 살펴볼 때, 그 문화의 총체적인 면을 볼 수 있을 것이다. 그리고 한걸음 더 나아가서 복음을 문화의 각 차원에 뿌리내리는 작업을 시도할 것이다. 복음을 문화의 모든 영역에 뿌리내리도록 하는 일은 복음의 영향력이 문화의 다양한 영역으로 스며들게 하는 것으로 이 책의 근본 취지에 해당된다.

---

5) 여기서 말하는 "신화"란 흔히 사용되는 '거짓된 이야기'(false story)라는 의미보다는 가치중립적인 의미로 사용된다. 신적인 존재에 관한 이야기, 또는 성스러운 이야기를 의미하는 말로 사용하며 신화의 내용이 거짓이냐 아니면 진실이냐 하는 문제는 염두에 두지 않는다. 신화적 차원은 다른 말로 이야기 차원이라고 부르기도 한다 (Smart 1986: 102-103).
6) 종교와 세계관의 분석틀로 니니안 스마트의 범주를 활용하는 것은 스캇 모로우 (Scott Moreau) 교수의 상황화 틀에서 가져왔음을 밝힌다 (Moreau 2008: 467-483).

1장 한국의 전통적인 세계관

한국의 전통적인 세계관이 종교들과 일치하는 경우도 많지만 그렇지 않은 경우도 있다. 여기서 종교들이란 무속, 불교, 유교를 말한다. 그러한 종교의 범주에 넣을 수 없는 부분들을 한국의 전통적인 세계관이란 범주로 묶어서 살펴보고자 한다.

I. 전통적인 세계관

한국의 전통적인 "하느님"관은 무속, 유교, 불교 어느 전통 속으로 넣기 어렵다. 또한 한국인들은 전통적으로 초자연적인 존재들을 인정했다. 지고신(至高神, 하늘님, 하느님)을 비롯한 다양한 신령들과 귀신들의 명칭들만 보아도 이 세계에는 인간들만 존재하는 것이 아니라 초자연적인 존재들이 함께 공존한다는 신념을 갖고 있었음을 알 수 있다. 신령적 존재들 가운데에서 피를 같이 나눈 조상의 경우, 그와 관련된 의례와 습속이 매우 중요한 위치를 차지해 왔다. 그러한 조상의례는 초자연적인 존재들을 전제할 때 가능하다.

한국의 전통적인 세계에서 보다 중심적인 위치를 차지하는 것은 하느님으로 표현되는 지고신(至高神)보다 인간의 삶에 깊이 관여하는 것으로 믿어지는 신령들 및 영적 존재들이다. 하느님은 양심의 최후의 보루로서 모든 인간의 생사화복을 주관하며 심판의 기능을 담당하고 있는 존재이지만 그분은 너무 높고, 너무 멀리 떨어져서 일반인들의 삶과는 무관한 존재로 생각된다. 하느님과 관계된 의례가 발달되지 못한 것이 그러한 점을 잘 반영한다.

반면 조상들, 가족의 행·불행과 직접적인 관계가 있다고 믿어지는 귀신들, 신령들에 대해서는 평상시에 많은 관심을 쏟고 그와 관련된 의례와 습속도 널리 행해진다. 초자연적인 존재들 혹은 영적인 존재들 가운데 가장 깊은 영향을 미치는 것은 조상들이라고 할 수 있겠다. 조상 의례는 한국인들 가운데 매우 중요한 비중을 차지하고 있다. 오늘날도 구정이나 추석 때에 민족 대이동이 일어나는 것을 보면 아직도 조상을 위하는 마음, 조상을 중심으로 하나 되는 가치관이 한국 민족 속에 깊이 뿌리내리고 있음을 보게 된다.

또한 "안 되면 조상탓"이라는 속담이 있다. 이것은 조상에 대한 기대심을 나타내는 동시에 그러한 기대가 충족되지 못할 때 갖게 되는 섭섭한 감정을 반영한다. 이러한 속담을 통해서 조상이 삶에서 매우 주요한 변수가 됨을 알 수 있다. 이처럼 한국 전통사회에서는 삶의 인과율(causality)을 헤아리는 데 있어서 조상이 중요한 요인으로 간주되었다. 행·불행이 조상을 어떻게 대접하느냐에 달려 있기 때문에 조상을 잘 대접하려고 신경을 쓰는 한편, 불행이 닥쳤을 때에는 그 원인을 조상을 제대로 못 모신 데 기인한 것으로 파악했던 것이다. 이러한 관념은 조상을 잘 모셔야 후손이 잘 된다는 관념으로 이어지고 조상의 묏자리를 잘 써야 후손이 복을 받을 수 있다는 풍수지리사상과도 연결된다.

조상 제사는 크게 나누어서 무속적 조상 제사와 유교적 조상 제사로 나누어 볼 수 있다. 후자의 경우는 효라는 이념을 바탕으로 후손은 조상을 받들어 모시는 것이 마땅하다는 윤리적 의무감이 중요한 위치를 차지한다. 반면에 전자의 경우에는 정령 숭배적인 세계관의 바탕 위에서 조상과 후손 사이에서 보다 직접적이고 실제적인 도움을 주고받고자 하는 기복 종교적인 동기가 강하게 작용한다.

이처럼 초자연적 존재들을 의식하고 그들을 대접함으로 그 반대급부로 복 내지는 안전을 추구하는 데에서 전통사회에서 초자연적 존재들의 위치와 위상을 볼 수 있다. 그들은 인간의 행, 불행에 매우 긴밀하게 관련된 존재들이다. 불행을 가져다 줄 수도 있으며 행운을 가져다 줄 수도 있다. 그들과 관련된 의례들은 그들을 잘 대접함으로써 초자연적 존재들이 가진 영향력을 활용하고자 하는 시도로 이해된다.

한국의 종교들을 살펴볼 때 먼저는 우리 민족과 더불어 흘러내려온 무속과 민간신앙을 살펴볼 것이다. 그 다음으로 16세기 이상 우리 민족과 더불어 지내오면서 우리 문화 속에 깊은 뿌리를 내리고 있는 불교의 세계관을 살펴볼 것이며, 마지막으로 가장 크게 한국의 가족 문화와 인간관계, 사회생활에 영향을 미친 유교의 이념을 살펴볼 것이다.

2. 무속

무속은 불교, 유교 전통 이전부터 내려온 우리 민족의 고유한 전통이다. 불교, 유교, 기독교 등 외래 종교들이 들어올 때 무속은 기층 종교로서 이미 우리 민족 속에 자리를 잡고 있었다. 그리하여 무속 신앙은 외래 종교들을 받아들일 때 자신의 신념체계를 그대로 유지한 채 타종교의 용어 내지는 외적인 상징만을 받아들이게 됨으로써 겉으로는 타종교를 수용한 것처럼 보이지만 자세히 들여

다보면 그 의미상으론 무속 신앙 본래의 특성을 잃지 않고 있다.

여러 종교들을 받아들인 오늘의 시점에 이르기까지 무속이 끈질기게 존속되어 온 것은 이러한 무속 신앙의 뛰어난 적응력과 생존력에 기인한다. 특히 조선 오백년을 통하여서 유교 이념이 뿌리를 내리는 가운데 유교 이념의 영향력이 미치지 못한 소외 계층 사이에서 무속 신앙이 강한 영향력을 발휘하였다. 유교문화가 남성 중심적이며 여성들은 소외시키는 면이 강한 반면에 무속은 여성들에게 강한 영향력을 행사해 왔다. 많은 한국의 여성들이 현실에서 부닥치는 크고 작은 문제들을 무속을 통해서 해결해 왔다.

무속신앙은 이처럼 한국 고대로부터 오늘날에 이르기까지 민간층에 깊은 영향력을 끼쳐 왔지만, 한국의 민간신앙 가운데에는 무속과 관련 없는 부분도 있다. 역술학(운명학)이나 풍수지리설은 무속과 거리가 먼 신념체계이다.

역술학은 음양오행론에 입각하여 자기가 태어난 연월일시를 뜻하는 사주(四柱)의 여덟 가지 간지(干支)를 의미하는 팔자(八字)를 갖고 인생행로가 어떻게 전개될 것인지를 판단한다. 그리하여 만약에 좋지 않은 명(命)이 전개될 것이라고 판단되면 미리 이를 피하거나 약화시킬 방법을 강구할 수 있다고 믿는다(윤이흠 외 2001: 69). 이 사주론의 기본 전제는 하늘의 역법(calendar)이 인간의 인생행로에 영향을 끼친다고 하는 데 있다. 그리고 인간의 운명이 거의 대부분 태어나는 순간에 이미 결정되어 버린다는 대전제가 깔려 있다(105).

풍수지리설은 인간이 거주하는 곳의 산세나 하천의 모양에서 하늘의 규범적인 질서원리를 읽으려는 체계로서 지리형세에서 그 지역의 운명이 결정되어 있다고 믿는다. 풍수 관념은 땅 기운의 성쇠를 먼저 읽고서 쇠미한 곳에 사탑이나 건물을 지음으로써 그 땅 기운을 북돋우며, 반대로 그 땅 가운데 적임자가 아닌 사람이나 건물이 들어서면 오히려 땅 기운 때문에 화를 당하게 된다는 식의 해석을 내린다. 그리고 그러한 해석에 따라서 지리의 행로를 바꾸려 한다(105-106). 이처럼 사주나 풍수의 관념은 무속과 매우 다른 신념체계 위에 서 있음을 보게 된다. 그러나 집안 구석구석에 여러 신적 존재들을 봉안하고 그들을 봉양하는 가신신앙(家神信仰)은 비록 무당과 관계없이 정령들을 신앙하기도 하지만, 그럼에도 불구하고 정령들의 존재를 인정하는 정령숭배 신앙(애니미즘)이란 점에서 무속의 범주에 포함시켜서 다루고자 한다.[7]

무속의 6가지 차원을 분석해 보면 다음과 같이 표로 정리할 수 있다.

차원	한국 무속
교리적 차원	영육 이원론, 신령들의 존재, 재난과 불행의 원인, 기복의 대상
제의적 차원	재수굿, 사령굿(진오귀굿, 씻김굿), 집가심, 안택, 치성, 고사, 동제, 병굿, 넋건지기굿, 내림굿
윤리적 차원	혈연 유대, 효
경험적 차원	신병, 빙의(憑依), 신내림, 신들림, 공수, 대내림
신화적 차원	넋, 조상, 귀신, 원귀
사회적 차원	단골 관계

표 1-1. 한국 무속의 6가지 차원

1) 교리적 차원

무속의 교리적 차원은 체계화되는 과정을 거치지 못했다. 불교나 유교에는 경전이 있어서 그것이 교리로 체계화될 수 있지만, 무속에는 그러한 경전이 없다. 따라서 무속은 체계화되기 힘든 종교이다. 그래서 외견상으로 볼 때 전연 체계가 없어 보이고 온갖 종교들이 뒤범벅된 혼합종교로 보인다. 하지만 무속을 자세히 들여

---

7) '정령숭배 신앙' ('애니미즘')을 정령의 존재를 믿는 신앙이라고 정의하면, '무속 신앙'도 '정령숭배 신앙'('애니미즘')에 포함된다. 다만 무당이라는 중재자의 역할을 강조하는 경우에 이를 '샤머니즘' 혹은 '무속'으로 칭하는 것이다.

다보면 그 나름대로의 신념체계가 자리 잡고 있는 것을 볼 수 있다. 특히 굿이라는 무속 의례를 통하여 나름대로 전통을 유지해 내려오는 면이 있기 때문에 굿의 제차와 상징들 그리고 굿에 임하는 무속신앙인들의 상황들을 면밀히 검토하는 가운데 무속의 신념체계를 포착할 수 있다.

먼저 무속에 의하면 인간이 죽으면 육체로부터 분리된 영적 존재가 된다. 그들은 생전의 원한에 따라 사람들을 해하는 해로운 존재가 될 수도 있으며, 조상이 되어서 후손들에게 복을 내릴 수도 있다. 그러한 조상들이 무속의 신적 존재들 가운데 중요한 위치를 차지한다. 따라서 무속신앙인들은 그들로부터 주어지는 해를 피하고 복을 얻기 위해서 무속의례를 통해서 그들을 잘 대접하고자 한다.

① 영육 이원론

무속에는 영혼과 육체가 분리될 수 있다는 영육 이원론이 깊숙이 자리 잡고 있다(윤이흠 2003: 240-41). 사람이 죽으면 영혼은 육체로부터 분리되어 귀신이 되거나 혹은 조상이 된다. 이러한 영적 존재가 무속의 신념체계에서 매우 중요한 위치를 차지하며 그들을 대상으로 하는 의례가 발달되었다. 또한 이러한 영적 존재들은 인간의 육체에 빙의(possession)될 수 있다고 생각된다. 특히 질병도 바이러스의 침투보다는 병을 일으키는 귀신 내지는 영적 존재가 몸에 들어온 것으로 해석한다. 무당은 다양한 신적인 존재들을 자신의 몸에 자유자재로 내릴 수 있는 존재로 이해된다. 무속이 이처럼 영육 이원론의 세계관을 바탕으로 하고 있기 때문에 이러한 존재들이 가진 힘을 활용하여 현실의 문제를 극복하고자 무속의례가 행해진다. 무당은 그러한 존재들을 임의로 자신의 몸에 임하게 하며 그들의 신통력을 무속신앙인들이 활용할 수 있도록 중개자의 역할을 감당한다고 믿어지므로 그 권위를 인정받는다.

② 신령들의 존재

전통적인 세계관이 많은 초자연적 존재들과 영적인 존재들을 상정한다는 것을 위에서 살펴보았다. 무속의 세계에서 신앙되는 초자연적 존재들은 한국 고유의 신령들로부터 외래종교 전통에서 수용된 존재들에 이르기까지 실로 다양하다.

무속의 신령들은 민간층의 삶의 일상 영역에 매우 직접적인 영향을 미친다. 장승이나 돌하르방, 골매기 등은 마을 어귀나 고갯길 마루에 위치하면서 그 지역의 수호신 기능 혹은 경계표시 구실을 한다(윤이흠 외 2001: 49-50). 또한 조왕신(부엌을 관장하는 신), 업신(집 안에 사는 구렁이, 두꺼비, 족제비에 가탁된 신으로 재산을 지켜 주는 신), 성주신(집안을 보살펴 주는 가택신 중 최고신으로 대청에 봉안함), 터주신(집터를 지키는 가택신), 측신(뒷간을 맡은 신으로 주로 젊은 여신으로 여겨짐), 문신(수문신) 등은 집안의 요소요소와 관계된 영적 존재들이다(50). 이러한 신적인 존재들은 각자 특정한 역할을 떠맡고 있는 것으로 간주되지만 신령들 상호간에 위계질서나 특별히 설정된 관계를 찾아보기는 힘들다.

무속에서 신령들은 인간들에게 복을 줄 수도 있지만 동시에 해를 끼칠 수도 있다. 그러한 신념 때문에 재난과 불행에 직면하게 되면 그 원인을 신령들에게 돌리며, 불행을 극복하기 위한 의례를 수행한다.

③ 재난과 불행의 원인

무속신앙인들은 여러 신령들의 변덕과 그들의 인격적인 요구와 결정에 의해 인간 운명이 좌지우지된다고 믿는다(100). 인간이 겪는 재난과 불행의 원인으로 지적되는 것은 주로 영적 존재들이다.

예를 들면, 질병은 질병 귀신의 침투에 의한 것으로 받아들여지며 질병을 물리치기 위하여 그 귀신을 추방하고자 한다. 그러한 독특한 인과율(causality)에 근거하고 있기 때문에 재난이나 위기 상황에 직면하면 해악을 방지하고 복을 추구하려는 목적으로 다양한 형태의 의례를 행하게 된다.

무속에서 특히 재난과 불행의 원인으로 제자리를 찾지 못한 원한 맺힌 혼령들이 종종 지적된다. 무속 의례인 진오귀굿이나 진혼굿, 집가심 등의 굿을 보면 이러한 존재들을 저승 좋은 곳으로 보내 줌으로 현재 직면한 불행한 상황을 벗어나려고 하는 것을 보게 된다(85). 어느 아주머니가 딸이 노처녀로 시집을 못가고 있는 것이 죽은 시삼촌이 혼사길을 막기 때문이라고 이해하고 죽은 시삼촌을 위한 사령굿을 행하는 것을 볼 수 있었는데, 그러한 사고방식은 무속 세계관의 맥락을 이해할 때에만 납득이 된다(장남혁 2007: 213).

④ 기복의 대상

무속에서는 병, 가난, 재난 등과 같은 고통스러운 실존의 제약조건을 의식하면서, 그러한 상황을 벗어나서 건강하고, 부하며, 재난으로부터 벗어난 삶을 추구하는 현세적이고 기복적인 동기가 강하게 나타난다. 무속신앙인의 주요 관심사는 기복양재(祈福禳災)와 풍요이며, 진리를 추구하는 것과 같은 고전종교의 관심사는 거의 찾아보기 힘들다(윤이흠 2003: 192). 기복양재를 추구한다는 것은 그만큼 무속신앙인들이 처한 현실이 어렵다는 것에 대한 반증이기도 하다.

무속에서 섬기는 존재들은 철저한 기복의 대상이다. 그들의 초자연적 능력을 통해서 복을 받고자 하는 마음으로 그 중재자인 무당을 찾아간다. 무속신앙인들은 현실에서 주어지는 문제들은 인간 자신의 힘만으로는 해결될 수 없다고 본다. 그들이 무당을 찾아가는 것은 무당이 초자연적 존재들이 가진 힘을 무속신앙인이 직면하는 문제를 해결하기 위해 끌어올 수 있다고 믿기 때문이다. 이러한 점에서 현실 속에서 실존적 제약을 인식하고 초자연적 존재를 통해 복을 받고자 하는 것이 무속신앙에 흐르는 기본정서이다. 무속신앙에서 초자연적 존재는 재난의 원인인 동시에 기복의 대상이다.

2) 의례적 차원: 무속의례

무속의 의례는 굿을 중심으로 발달했다. 굿에서 특징적인 부분은 강신(降神), 공수[8]와 같은 부분이다. 그 부분에서 무당은 신령들을 굿의 현장으로 불러서 자신에게 임하게 한 후, 그 신의 입장에서 신의 소리를 전해 준다. 무당은 신령들과 같은 초자연적인 존재들의 힘을 활용하여 곤경에 빠진 인간들에게 유익이 되도록 그 힘을 중재해 주는 일종의 사제이다. 이처럼 무속에서 그 신을 체험하는 과정은 가장 필수적인 과정이다(윤이흠 외 2001: 97).

무속의 굿은 기복의 내용상 여러 가지로 분류되는데, 무당의 시조신을 공양하는 말명굿, 무당이 되는 입무과정의 내림굿, 병을 치유하기 위한 치병굿, 병이나 재액을 방지하려는 예방굿, 망자의 천도를 위한 천도굿, 진오귀굿, 원한 맺힌 혼령을 위무하는 진혼굿, 넋건지기굿, 일반적인 양재초복을 위한 재수굿, 집안의 안녕을 비는 안택굿 등 일상생활 주변에 일어나는 모든 일이 굿의 대상이 되는 만큼 그 종류는 다양하다(97). 이러한 굿은 크게 내림굿과 재수굿 그리고 사령굿으로 나눌 수 있는데 그 중에서 특히 사령굿은 망자(亡者, 죽은 사람)를 위해서 행해지는 굿이라고 할 수 있다. 죽음을 당하여 이승세계를 떠다니는 것으로 상정되는 망자

---

8) 공수는 신령이 무당의 입을 빌려서 신의 말을 하는 경우를 말한다. 이때 무당은 인간의 신분에서 신의 신분으로 전환되어 신의 입장이 되어서 행동하고 말한다.

를 저승의 좋은 곳으로 천도하여 조상의 위치에 들어가도록 행하는 것이 사령굿이다.

무속의례 가운데 사령굿은 재수굿의 기본 제차에다 사령을 천도하는 부분이 첨가된 형태를 취한다(황루시 1978: iv; 장남혁 1986: 5에서 재인용). 따라서 사령굿의 제차를 보면 무속의례의 기본 구조를 알 수 있다.

사령굿의 제차는 크게 네 과장으로 정리될 수 있다.

1) 제장을 정결케 하고
2) 위력 있는 신령들을 청하고
3) 넋전, 조상, 권속의 회우를 갖고
4) 바리공주 무신의 힘으로 넋전을 극락으로 천도한다(윤이흠 1986: 144).

굿장은 신령들과 인간들이 만나는 장소이고 무당은 그러한 만남을 중개하는 역할을 감당한다. 굿의 다양한 제차들을 통해서 다양한 신령들이 굿 현장에 임하게 되고 그들의 초자연적인 능력을 통해서 인간의 요구를 충족시키고자 한다. 사령굿의 경우는 신령의 능력을 활용하여 죽은 사람을 좋은 곳으로 이끄는 제차들이 추가된다. 일반 재수굿의 경우에는 죽은 사람을 천도하는 부분이 생략되지만, 그럼에도 불구하고 조상거리에서 죽은 조상들이 굿장에 임하여 살아있는 가족과 회우하는 장면이 큰 비중을 차지한다.

사령굿은 무속적 상례와 조상의례에 해당된다. 다도해 도서 지역에서는 전통적인 장례가 유교식으로 진행되는 경우에도 장례 절차 중간에 사령굿의 일종인 씻김굿이 진행된다(이광규 1994: 97). 이때는 무당이 전적으로 의례를 진행하는 데 그러한 절차를 보면 유교적인 전통상례와는 전적으로 다른 특색을 띠고 있다

(97-100).

무속에서는 생자와 사자(死者)가 서로 밀접한 관계를 맺고 있으며 굿장에서 무당을 매개로 한 만남은 양자의 만남을 더욱 구체화한다. 그러한 만남을 볼 때 양자 사이에 상대방을 어떻게 생각하는지 알 수 있다. 이제 사자(死者)는 죽음을 거쳐서 신적인 영향력을 미칠 수 있는 존재가 되고 생자들은 그들을 잘 대접함으로써 그들로부터 받을 수 있는 해를 피하고 복을 받고자 하는 마음으로 굿에 임한다. 생자와 사자가 죽음을 넘어서 서로 도움을 주고받는 관계라는 관념이 무속에서 강하게 나타난다. 많은 경우 삶에서 직면하게 되는 재난은 이러한 기대를 충족시키지 못한 데 기인한 것으로 해석된다. 이처럼 영적 존재들과 관련된 무속의 신념 체계가 무속 의례에 그대로 투영되어 나타난다.

3) 윤리적 차원: 혈연중심주의

무속에서의 기본적인 관심은 생존적 안녕이다. 많은 경우 재난을 피하고 복을 받고자 하는 욕구가 굿을 의뢰하는 동기이다. 그러한 제재초복(除災招福)의 단위는 많은 경우 가족이 된다. 굿을 행하는 경우를 보면 대부분 가족 구성원의 안녕이 주된 관심사이다. 이처럼 무속에서는 혈연 유대가 매우 중요시된다. 혈연간에서는 서로 도와야 하는 의무가 있다. 그래서 가족을 중심으로 무속 의례가 전개된다(장남혁 2002: 32-34). 사령굿의 경우에도 죽은 가족에 대한 의무감에서 굿을 행한다.

무속에서 바리공주 신은 매우 중요한 위치를 차지한다. 죽은 사자를 저승길로 인도하는 제차에서 바리공주 신화가 주송(呪誦)된다. 그 신화 주송이 끝나면 바리공주 복색을 갖춘 무당이 망자(亡者) 앞에서 망자를 인도하는 장면이 전개된다. 바리공주 신화는 어떻게 바리공주가 망자(亡者)를 인도하는 신의 자리에 오게 되었는지 잘 보여 준다. 그 신화에 보면 부왕으로부터 버림을 받은 바리공주지만 부왕이 죽음이란 위기에 처하자 그러한 버림받은 딸이 부모를 살리기 위하여 나선다. 딸만 여섯인 집에 일곱째 딸로 태어난 바리공주는 부모로부터 버림을 받는다. 버림받아 지내던 중 부모가 죽을 위기에 처하게 되는데 어떤 딸도 부모를 살리기 위해서 저승세계로 가는 일에 선뜻 나서지 않는다. 그런데 뜻밖에도 버림받았던 바리공주가 부모를 살리는 일에 자진하여 나선다. 그녀는 저승세계를 찾아가서 온갖 고초를 감내하는 가운데 부모를 구할 약초를 구해 돌아와서 결국 부모를 살린다(윤이흠 1986: 130-35).

이러한 내용은 굿에 참석하여 바리공주 신화가 주송되는 것을 듣는 많은 사람들에게 공감대를 불러일으킨다. 비록 자신을 버린 부모였지만 자신과 피를 나눈 부모를 돌보고자 위험을 감수한 바리공주에게서 무속세계관의 이상을 볼 수 있다. "피는 물보다 진하다"는 속담이 바리공주 신화에 생생하게 반영되어 있다. 위기에 처한 혈연을 돕는 것은 가족으로서 마땅한 도리인 것이다(139-141). 그러한 모범을 보인 바리공주야말로 망자(亡者)를 인도하여 저승 좋은 곳으로 보내기에 적합한 신적인 존재로 그 권위를 인정받는다. 그리하여 사령굿의 가장 중요한 제차인 망자를 인도하는 부분은 바리공주를 상징하는 복색을 입은 무당이 앞장서고 망자상을 든 유가족이 그 뒤를 따르는 순서로 진행된다(147).

무속에서는 어린아이가 부모의 보살핌이 있어야 생존하듯이 부모 역시 늙거나 사후세계를 갈 때 이승의 자손들이 노제, 길제, 지노귀굿과 같은 제사를 해 주지 않으면 저승에 가서 매우 어려운 상태에 있게 된다(윤이흠 외 2001: 172). 이처럼 한국 무속의 효는 이승과 저승의 양 세계의 생존에 동시적으로 필요한 조건이 된다(172). 현실의 제약조건 속에서 당혹해 하는 인간이 의지할 수 있는 것은 피를 나눈 가족들이고 이러한 점은 사후의 세계에까지 연장된다. 사후의 불안정한 상태에 놓인 조상들이 의지할 수 있는 것도 가족뿐이다. 가족으로서 서로 의지하고 도우면서 사후까지 연장되는 제약조건들을 극복해 보려는 것이 무속의 신념체계이다. 그러한 신념체계에서 가족으로서의 책임과 의무를 감당하는 것이 마땅하다는 윤리가 나온다.[9)]

4) 경험적 차원: 접신(接神)경험

무속에서 무당은 신령들의 특별한 부름을 받아서 활동한다고 생각한다. 무당은 특별한 부름의 경험을 통하여 신적인 존재와 관련을 맺고 그러한 신령들과 소통하는 능력을 통해서 일반인들의 요구에 부응하는 활동을 한다. 무속은 무엇보다도 무당의 개인적이고 직접적인 접신(接神)경험(experience of possession)과 관계된 현상이다(윤이흠 2003: 189).

무당이 되는 과정에서 '신병'(神病)이라는 독특한 체험을 하게 되는데 이를 통해서 초자연세계와 접촉할 수 있는 사람이 된다. '신병'이란 신내림에 의해서 생겨나는 병으로 이해된다. 무속의 신념체계에 의하면 신(神)이 내려서 신병(神病)이 걸렸기 때문에 그것에서 벗어나려면 신의 의도를 받아들여서 적극적으로 신의 의지를 수행해야 한다. 이처럼 신령에 의한 부름은 처음에는 비의도적인 신들림(possession) 경험에서부터 시작된다(장남혁 2002: 38-39). 무당 후보자는 그러한 비의도적인 신들림을 극복하기 위해서 신들의 의도를 받아들이게 되는데 그 과정에 내림굿(입무굿)을 행한다. 내림굿을 통해서 본격적으로 신과 인간의 중재자로서 역할을 감당한다.

무속에는 "영험은 신에게서 받고 재주는 선생에게서 배운다"

---

9) 이에 반해서 유교의 효는 인간다운 삶을 살기 위해서 반드시 지켜야 마땅한 윤리 규범으로서의 역할이 더 크다. 그러한 점에서 무속의 효관념과 유교의 효관념 사이의 차이점을 언급할 수 있다 (윤이흠 외 2001: 172-73).

는 말이 있다(윤이흠 2003: 189-190). 강신(降神) 체험을 하고 내림굿을 했다고 해서 곧바로 의례를 집례할 수 있는 것은 아니다. 의례를 집례할 수 있으려면 오랜 시간 동안 먼저 무당이 된 숙달된 무당으로부터 훈련을 받아야 한다. 신참자는 선임자와 '신어머니'와 '신딸'의 관계를 맺고 도제 훈련을 받는다. 신참자는 신어머니를 따라 다니며 사소한 심부름에서부터 시작해서 제사상 차리는 법, 각종 굿거리에서 작은 부분들을 맡아 감당하는 것 등의 훈련 과정을 밟는다. 그리하여 무속의 전통적 의례와 주송, 그리고 관행 등을 전수받아서 혼자 힘으로 능숙하게 감당할 수 있을 때에야 비로소 의례를 주관할 수 있게 된다(190).

이처럼 무속에서 접신 경험이 매우 중요시되고 접신 경험을 중심으로 의례가 진행된다. 우리나라 말의 '신난다,' '신명(神明)난다'는 말도 이러한 경험과 무관하지 않은 것으로 보인다. 신이 내리고 몰아적인 상황에서 느끼는 기분에 대해서 어느 무당은 다음과 같이 표현하였다. "세상에 나 혼자만 존재하는 것과 같다. 모든 다른 사람들은 저만치 아래에 존재한다"(Harvey 1979:31; 장남혁 2002: 41에서 재인용). 이처럼 무속에서 접신 경험에 긍정적 가치를 부여하는 것은 무속 제차 중에 무속신도들로 하여금 무당의 옷을 입고 도무(跳舞)를 하도록 유도하고 권장하는 데에서도 볼 수 있다(조흥윤 1983: 135-36).

5) 신화적 차원: 불안정한 사후 세계

무속에서는 사람이 죽으면 육체는 활동을 멈추고 부패하기 시작하지만 그 '넋'은 계속 생존한다고 본다. 그에게는 현세에서의 삶에 못지않은 불안정한 삶의 정황이 주어진다(장남혁 1986: 19-20). 그러한 불안정한 상황에서 도움을 기대할 수 있는 곳은 유족들이다. 그러기에 자손의 있고 없고가 사후 세계에서 영적 존재로 생존하는 데 있어서 중요하다. 자손들이 있어서 제사를 차려 주면 조상의 자리에 오르게 되지만, 남겨진 후손들이 없으면 안정된 처소에 가지 못하고 황천을 떠도는 '무자귀신(無子鬼神)'이 되어 영원히 불안정한 상태를 벗어나지 못하게 된다(26).

이러한 죽음 후의 영혼 내지 사령(死靈)은 무당에게 빙의될 수 있는 영적 존재이다. 그러한 존재로서 그들이 무당에게 빙의되는 것은 일반 신령들이 빙의되는 것과 크게 다르지 않다. 무당을 통해서 그들은 유족들과 만날 수 있다. 조상은 무당의 몸에 내려서 유족들과 구체적인 해후를 한다. 유족들은 죽은 조상을 대접하고 복을 비는 반면, 죽은 조상은 자신의 신세를 한탄하는 '넋두리'를 하며, 후손들의 도움을 호소하기도 하고, 떠나갈 때에는 복을 약속하면서 떠나간다. 재미있는 것은 떠나갈 때 노자돈도 요구한다는 점이다. 어느 무당의 이야기에 의하면, 성격뿐만 아니라 모습에 있어서도 무속의 조상은 생전의 특성을 그대로 갖고 있다(13-14).

이러한 사령들의 '넋두리'를 보면 조상들은 자신의 처지에 대해서 애석하게 생각하고 있으며, 생을 마감한 것에 대해서 아쉬워한다. 특히 현세적 복을 다 누리지 못한 것을 안타까워한다. 이처럼 무속에서는 수명장수(壽命長壽), 부귀영화(富貴榮華)와 같은 현세적 가치를 높이 평가하는 반면에 죽음은 그러한 모든 좋은 것과 영원히 이별하는 것으로 부정적으로 간주된다(14-15).

특히 정상적인 죽음이 아닌 요절(夭折), 횡사(橫死), 객사(客死)와 같은 이상사(異常死)를 당한 경우에는 그 원한이 훨씬 커서 생존한 사람들에게 해를 끼치는 원귀(冤鬼)가 된다는 관념이 있다(15-16). 그러한 원귀는 현세의 복을 제대로 누리지 못하고 죽은 것에 대한 원한으로 쉽게 현세를 떠나지 못하고 현세에 애착을 가지고 현세 주위를 배회하면서 자기가 누려보지 못한 복을 누리며 사는 인간을 질투하며 해를 끼치는 존재로 상정된다. '처녀귀신,' '총각귀신' 등과 같은 그러한 원귀들은 민간층에서 공포의 대상이 되고 그들의 원한을 달래는 여러 가지 풍습이 전해져 내려오고 있다(16).

무속은 사람의 죽음 이후의 세계는 현세보다 더욱 불안정한 것으로 본다. 현세에서는 그나마 기복을 추구하면서 살 수 있지만, 죽으면 그나마 복을 누릴 기회조차 잃어버린다고 본다. 죽은 영혼들은 한(恨) 많은 존재로서 현세인들을 동경하거나 질투한다. 그나마 그들이 기댈 수 있는 것은 유가족뿐인데, 혈육을 남겨놓지 못했다면, 가장 비참한 귀신이 되어서 구천을 떠돌게 된다.

6) 사회적 차원: '단골판'

무속에서 특정 무당과 밀접한 관계를 맺은 신봉자를 '단골'이라 부르며, 신봉자측은 그들의 무당을 아울러 단골 혹은 단골무당이라고 부른다(조흥윤 1983: 112). 신봉자는 대개 여자인데, 한국 가족개념상 여자는 가족의 일원으로서의 정체성을 강하게 갖고 있기 때문에 여자의 전 가족과 관계를 맺는다고 볼 수 있다(112). 굿이나 점을 칠 때 여자 자신만을 위해서 하는 경우는 드물고 대개 가족을 단위로 행해진다. 옛날에 그리고 오늘날에도 시골에서는 무당이 대개 한 마을에 국한된 단골판(또는 단골권)을 갖는데, 그러한 단골판에 대해서는 단골무당만이 영향권을 행사할 수 있다. 이런 단골판은 사정에 따라 다른 무당에게 팔아넘겨질 수도 있다(112).

그런데 서울 같은 대도시는 사람들의 유동이 심해서 지역적 단골판이 이루어지기보다는 무당의 인물됨을 중심으로 단골관계가 형성된다. 영험하다거나 이름난 무당 주위로 사람들이 몰려드는 형국이다.[10] 서울과 그 주변의 무당은 평균 서른 내지 마흔의 단

---

10) 이처럼 무당은 자신이나 한 지역을 중심으로 신봉자들과 긴밀한 관계를 맺고 그러한 관계를 지속적으로 이어나간다. 관계를 맺을 때 시골로 갈수록 지역적 성격이 강하고 대도시로 갈수록 인물 중심적으로 되는 경향은 오늘날의 교회들의 조직원리와도 유사

골을 가지고 있다고 한다(113).

단골은 대부분 매달 음력 초하루 무당의 집에서 열리는 정기 모임에 참석한다. 치성이나 매달의 모임에 갈 때에 향이나 양초 또는 과일 등을 사고 돈도 어느 정도 가져가서 이것을 신령에게 바친다. 단골의 집안에 어떤 문제가 있으면 그들은 무당을 찾는다. 무당은 점을 치고 그 단골에게 알맞은 처방을 준다. 그러한 처방에는 부적, 치성이나 굿 등이 포함된다(118-119).

무당과 단골 신봉자들과의 관계는 상호의존적인 협력 관계로 볼 수 있다. 무당은 신령이 가진 효험을 근거로 하여 단골들이 직면하는 어려움을 극복할 수 있도록 해 주는 반면, 단골 신봉자들은 신령들을 섬기는 과정에서 무당들도 동시에 섬긴다. 무당이 단골 신봉자들과 그러한 관계를 맺을 수 있는 것은 무당이 영험한 신령들과 신봉자들을 매개하는 역할을 감당하는데 있다.

3. 불교

불교 또한 유교가 이 땅에 들어와서 자리 잡기 이전부터 강한 영향력을 발휘하였다. 전통 문화 가운데 불교가 차지하는 부분은 실로 지대하다. 모든 종교가 그러하듯 불교도 경전과 교리를 중심으로 전개되는 정예전통과 그러한 정예전통을 대중이 다양한 의도를 갖고 수용한 대중전통으로 나눠진다(윤이흠 2003: 373-74).

불교의 대중전통은 위에서 언급한 샤머니즘을 비롯한 민간 신앙의 기복적인 요소들과 많은 부분 결합된 것으로 평가된다. 대

한 점이라고 생각된다. 가톨릭 무속 연구가인 박일영 교수에 의하면, 전례를 중시하는 가톨릭교회가 지역을 기준으로 사목 단위를 형성하는 데 비해서, 하나님의 말씀을 강조하는 개신교는 목사나 교회 구성원들에 따라 인물 위주로 교회 단위를 형성하는 경향이 강하다 (박일영 1999: 47).

중전통은 무속적 세계관과 많은 부분에서 유사함을 나타낸다. 불교 내에도 민간전통과 습합된 부분에 대한 개혁론이 끊임없이 제기되지만(송현주 2000: 165), 인간의 무력함에 근거한 타력설도 또한 불교 교설의 한 부분으로 인정된다(교양교재위원회 2008: 21-22).[11] 이 부분에서는 불교의 교리적, 제의적, 윤리적, 경험적, 신화적, 사회적 차원에 해당되는 부분을 살펴보되, 대중전통보다는 정예전통을 중심으로 살펴보고자 한다.

불교의 세계관을 6가지 차원들로 분류하여 표로 나타내면 다음과 같다 (표 1-2).

차원	한국 불교
교리적 차원	연기, 해탈, 공(空)사상, 보살의 사상, 불국토, 극락왕생
제의적 차원	사십구재, 염불, 예불, 분향, 공양, 방생, 탁발, 주문(다라니), 신주송, 탑돌이, 제석신앙
윤리적 차원	업사상, 윤회설, 보살행
경험적 차원	해탈, 육바라밀
신화적 차원	윤회, 업보(業報), 정토불교, 미륵불교
사회적 차원	보살행

표 1-2. 한국 불교의 6가지 차원

1) 교리적 차원

불교의 교리적 차원에서 가장 기본이 되는 것은 연기사상이다. 이러한 세계관을 근거로 업보설과 윤회설이 나오게 되고 그러한 윤회의 수레바퀴에서 벗어나는 해탈을 추구하게 된다. 대승불교에서는 자신의 해탈을 추구하는 데에서 한 걸음 더 나아가 중생 구제를 위하여 헌신하는 보살의 사상이 강조된다.

---

11) 교양교재위원회는 교양교재편찬위원회의 약칭이다.

① 연기사상(緣起思想)

불교의 세계관에서 가장 특징적인 부분은 우주에 존재하는 모든 것이 상호 연관을 맺고 있다는 연기사상이다. 연기사상은 현상계의 존재자들이 상호의존적인 관계를 맺으면서 생존한다는 것이다. 즉, 현상세계에서 일어나는 모든 변화는 특정한 존재들의 개별적이며 독립적인 작용에 의하여 일어나는 것이 아니라 그러한 존재자들이 관련되어 있는 조건에 의존한다는 것이다.

이러한 연기 법칙의 일반적 성격은 다음과 같이 언급될 수 있다. "이것이 있으면 저것이 있다. 이것이 일어나면 저것이 일어난다. 이것이 없으면 저것이 없다. 이것이 없어지면 저것이 없어진다"(한국종교사회연구소 1991: 468). 연기의 법칙을 구체적으로 밝힌 것이 12연기설이다. 12연기는 무명(無明)에서 시작되는데 무명이 없으면 현상세계의 번뇌와 고통이 없어지는 것으로 본다 (468).

② 해탈과 공사상

연기설은 극락에 있든 지옥에 있든 모든 존재는 무상하며, 오직 니르바나만이 영원하고, 이것은 현세와 내세, 그리고 모든 존재 너머에 있다는 불교의 사상과 맥을 같이 한다(157). 불교에는 연기에 의해서 이어지는 속세를 벗어나서 해탈하는 것만이 진정한 자유에 이르는 길이란 관념이 강하게 자리 잡고 있다. 그리고 연기법에 의해 자연 및 우주 질서를 들여다보면 어느 것도 고정된 실체를 인정할 수 없게 되며, 따라서 모든 존재는 끊임없이 변화해 가는 과정 중의 어느 한 점에 불과하다는 일체무상(一切無常) 사상으로 이어진다(윤이흠 외 2001: 66).

불교에서는 이처럼 인간이 생로병사(生老病死)의 사고(四苦)를 벗어날 수 없게 되는 근본 원인이 무명(無明)에 기인한다고 보고 무명에서 벗어나는 것만이 인간 실존의 제약을 극복하여 대자유의 세계로 가는 길이라고 주장한다(78-79). 결국 인간 실존의 문제에 대한 불교의 해결책은 무명을 벗어나서, 모든 욕망, 갈망, 집착, 애증 등을 완전히 절멸시킨 상태, 즉 열반 혹은 해탈에 들어가는 것이다(최준식 2005: 286). 무명(無明)은 인간의 근본 자리인 본각(本覺)[12]을 깨닫지 못하고 망상의 늪에 허우적대는 것이며, 눈에 보이는 가시적인 존재들이 공(空)이란 이치를 깨닫지 못한 상태이다(윤이흠 외 2001: 78). 불교에서 인간의 진정한 현존적 모습은 인연연기에 휘말리지 않고 거기에서 벗어나는 것이다. 이를 성불(成佛)이라 하며, 인간의 1차적 제약 원인을 끊어 버리는 것이다(82).

③ 보살의 사상

불교사상이 소승(테라바다)불교와 대승(마하야나)불교로 양분된 것은 주로 해탈에 대한 석가의 가르침을 서로 다르게 해석한 데서 기인한다. 소승불교는 자기 수양과 개인적인 성취를 강조하였지만, 대승불교는 다른 사람들의 고통을 없애고자 노력하는 존재인 보살 사상을 발전시키고 궁극적인 목표를 재해석하였다(Smart 1986: 138-39).

테라바다 불교는 해탈을 윤회의 순환과정에서 벗어나는 것으로 생각하고 현세(윤회를 거듭하는 우주적인 삶)와 자유스러운 해탈의 경지를 확연하게 구분하였다. 니르바나에 도달하려면 승이나 여승이 되어야 하며 완전한 해탈의 경지에 도달하기 위해서는 이 세상으로부터 물러나야만 한다고 본다. 그러나 대승불교에서는 타인들을 위한 자비의 정신과 분리된 채 자기 자신만의 구원에만 치우치는 것은 석가의 이타적인 가르침과 상반되는 것으로 간주한다(139). 그리하여 대승불교는 궁극적인 것을 추구하면서 항

---

12) 번뇌에 가려 드러나지 않는 청정한 깨달음의 성품을 말한다. 중생은 본디 이러한 청정한 마음을 갖추고 있다고 본다 (곽철환 2003: 244).

상 남에게 도움을 줄 자세가 되어 있는 보살의 사상을 강조한다. 불교 전통에서 보살은 자기를 희생해 가면서 다른 중생들에게 자비를 베푸는 존재이다. 이 세상에 살면서 보살은 공(空)이 우리 주위에 있는 모든 것과 우리 자신의 핵심부에 있기 때문에 해탈이 현세에서 이루어진다는 가르침을 전달해 준다(140-41).

이처럼 대승불교에서는 자신만이 해탈을 이루는 것이 아니라 자신이 발견한 진리와 깨달음을 다른 사람들과 공유해야 하며, 중생들에 대한 자비심이 결여된 해탈은 궁극적으로 가치가 없다는 사실을 보여 준다(151). 보살은 부처가 될 수 있음에도 불구하고 이 세상에 있는 중생들을 도와주기 위해 자기 자신의 구원을 연기하는 존재이다(164).

④ 인생관과 인간 이해

한국인은 인생관에 있어서 불교의 영향을 크게 받고 있다. 특히 생사를 초연하는 태도나 생의 집착으로부터 자유롭고자 하는 열망은 불교가 전해 준 인생관이다(윤이흠 외 2001: 257). 많은 한국인들이 삶의 현장에서 직면하는 고통과 제 뜻대로 안 되는 현실에 직면해서 불교적인 관념을 근거로 자신의 삶을 바라본다. 예컨대 '전생에 무슨 죄를 지어서'라든가 '인생무상(人生無常)' 등을 읊으면서 주어진 현실을 감내한다.

불교의 사유는 "삶은 괴롭다"는 진단으로 시작된다(최준식 2005: 280). 그리고 그 고통의 원인을 욕심, 성냄, 어리석음에서 찾는다. 끝없는 욕망은 결코 충족될 수 없다고 본다(283).

또한 불교에서는 현세적 질서와 세상만사가 자성(自性)이 없고 무상(無常)하기 때문에 공(空)하다고 가르친다(윤이흠 외 2001: 171). 본래적으로 자성이 없고 무상해서 공(空)한 것을 인간은 그의 욕심 때문에 실재인 것같이 생각하는 번뇌 망상에 빠지게 되며, 이러한 자기중심적인 마음의 움직임에 의해서 온갖 개인의 삶과 사회의 부조리가 드러난다고 본다. 이러한 인간의 세상 현실에 대한 근본적인 깨달음이 해탈의 출발점이다(171).

이처럼 불교는 "삶은 괴롭다"는 현실 이해로부터 시작해서 그 원인을 지적하고 나름대로의 해결책을 제시하고 있음을 볼 수 있다. 그 가운데 세상이 공(空)하다는 것과 끝없는 연기(緣起)로 이루어졌다는 실재관을 전제하고 있는 것이다.

⑤ 불국토와 극락왕생

불교에서는 일면 현세를 부정하고 해탈에 최고의 가치를 두는 듯하지만, 불교 내에는 불국토를 이 땅에 이루고자 하는 현세중심주의적인 측면과 극락왕생을 염원하는 내세중심주의가 더불어 자리 잡고 있다는 점도 주목할 필요가 있다(60). 불국토사상은 불교에서 말하는 가르침이 구현된 세계인 정토(淨土)는 시공간적으로 멀리 떨어진 곳에 있는 것이 아니라 바로 우리가 살고 있는 현실세계임을 강조한 사상이다(한국종교사회연구소 1991: 330).

신라의 자장 이외에도 의상을 비롯한 여러 승려들이 불국토사상의 전개에 큰 영향을 끼쳤다. 특히 불국사는 불국토(佛國土)에 대한 신라인의 염원을 표현한 절로 불국사의 전체적인 구조가 그러한 사실을 나타내고 있다. 불국사의 대웅전, 극락전, 비로전이 각각 석가모니불과 아미타불, 비로자나불의 정토를 현세에 구현하려는 의도를 담고 있다(330-31).

또한 불교에는 선업을 많이 쌓았던 사람이 죽음 이후에 가는 곳이란 의미의 미래지향적인 극락이란 관념이 존재한다(윤이흠 외 2001: 72-73). 한국 불교사는 다양한 환경과 상황에 처한 개인과 집단에 의해서 다양한 형태의 관념과 실천, 의례양식을 표출한다. 외래 전통으로서의 불교가 이 땅에 들어와서 적응하고 토착화하는 과정에서, 외래 전통을 그대로 유지하는 것에서부터 기존의 관념과 완전히 습합된 것에 이르기까지 다양한 형태를 띠게 된다(141).[13] 윤회의 사슬을 벗어나서 해탈을 추구하는 것과 현세 중심적인 불국토 사상, 그리고 내세중심적인 극락 관념 등 다양한 형태의 불교가 한국 땅에서 전개되는 것을 본다. 이것은 불교가 한국 토양에 적응하는 과정에서 한국인의 고유 종교전통과 결부하면서 다양한 형태로 전개되는 것으로 볼 수 있다. 특히 민간층에서 받아들여지게 될 때에는 형태 및 의미에 있어서 혼합현상이 더욱 두드러진다. 그리하여 불교 본래의 순수 전통에서 많이 괴리된 형태로 나타난다.

2) 의례적 차원: 다양한 의례 형식의 수용

불교를 크게 정예전통과 대중전통으로 나눌 수 있다고 하였는데 대중전통적인 요소가 가장 크게 드러나는 부분이 의례적 차원이다. 불교는 대중들과 접촉하는 가운데에서 그들의 요구를 많이 수용하였다. 불교인들은 의례를 목적을 달성하기 위한 수단으로 인정하고 정신을 가다듬게 해 주는 것으로 받아들였다(Smart 1986: 183). 그리하여 일찍이 석가가 죽었을 때 이미 그의 유골을 중심으로 한 의식(儀式)이 시작되었다(183). 특히 불교가 민간 속으로 파고드는 과정에서 대중들의 기복적인 욕구를 수용하면서 다양한 불교의례들이 발전된 것으로 보인다. 또 불교는 원래부터 현지 민간층과 타협하는 정책을 고수해 왔기 때문에 한국에 들어올 때부터 상당히 토착신앙과 습합된 형태를 띠고 들어온 것으로

---

13) 윤이흠 교수를 비롯한 공동연구팀은 한국인의 종교관을 연구하면서, 외래 종교전통들이 한국의 고유한 종교전통과 만나게 될 때, 발생되는 다양한 종교적 관념들의 형태를 전통형, 대체형, 혼합형, 외장형, 고유형 등 다섯 가지로 분류한다. 이것은 외래 종교전통을 받아들이는 문화수용태도에 따라 분류한 것인데, 전통형은 외래적인 종교 형태를 그대로 보존하는 경우이고 고유형은 한국 고유의 문화형태를 그대로 보존하는 경우를 언급한다. 대체형은 시간이 가면서 고유 전통의 본래의 것이 없어지고 외부에서 들어온 것이 그 전부인양 여겨지는 경우이고, 외장형은 고유한 종교전통이 그 자체의 내용을 그대로 유지하면서 외부의 이름만을 수용하거나 그 외래적인 형상을 표현한 것이며, 혼합형은 순수전통형과 고유형이 각각 서로 합하여 양측 어느 것으로도 설명될 수 없는 제3의 형태로 바뀐 현상을 가리킨다 (윤이흠 외 2001: 141-45).

보인다. 게다가 조선 시대를 통해서 탄압과 압제를 받는 상황에서 민중 속에서 그 존립 기반을 찾기 위하여 밀교 및 정토신앙 등을 바탕으로 새로운 의례들을 조직함으로 민중의 종교적 요구에 부응해야 하는 면이 있었다(이봉춘 2000: 197). 그리하여 불교를 개혁해야 한다는 소리가 나올 때마다 개혁의 초점이 항상 불교의례에 맞추어지는 것을 볼 수 있다(송현주 2000).

특히 통과의례 중 상례와 관련하여 다양한 불교의례가 발달한 것도 그러한 대중들의 요구와 밀접한 관련을 갖는 것으로 보인다(윤이흠 외 2001: 97). 본래 불교의 전통적 장례법은 '다비'라고 불리는데, 그것은 화장을 하고 그 유골을 묻는 방식이다(이덕진 2008: 127). 그런데 불교 전래의 초기부터 그러한 전통적 장례법 외에 다양한 천도의례가 접목이 되고 수용되었는데 특히 7세기에 형성된 밀교에서 그러한 현상이 두드러졌다. 그리고 밀교의 유입과 더불어 그러한 의례가 이 땅에도 널리 행해지게 되었다(윤이흠 외 2001: 153). 밀교는 대승불교의 이상이 토속적인 샤머니즘과 혼합하면서 발전한 불교의 종파인데, 불교의 천도의례는 발생부터 샤머니즘의 영향에서 비롯되었으며, 우리나라에 들어온 불교의 천도의례는 무속과 친밀한 형태여서 무속과 쉽게 혼합된 것으로 이해된다(153).

사십구재는 대표적인 불교 상례로서 염불을 통해서 부처님의 공덕으로 죽은 자가 극락에 다시 태어나기를 바라는 염원이 표출된다(82). 천도의례에는 사십구재 외에 수륙재(水陸齋)와 예수재(豫修齋)가 있는데, 수륙재(水陸齋)는 물이나 육지에서 헤매는 외로운 영혼과 아귀를 달래며 위로하기 위하여, 불법을 강설하고 음식을 베푸는 의식이며, 예수재(豫修齋)는 살아 있을 때 미리 죽은 후를 위하여 공덕을 쌓는 의식이다(김형우 1996: 37).

불교에서 염불이나 예불은 현실적이며 기복적인 소원을 추구하거나 공덕을 쌓는 방편으로 널리 행해진다(윤이흠 외 2001: 95).

타력구원이란 스스로의 힘으로 해탈을 이루려 하는 것보다 아미타불 등의 서원에 힘입어서 염불을 외움으로써 정토나 극락에 도달하고자 하는 것을 말한다. 불교의 봉헌적 양식에는 염불, 예불 외에도 분향, 공양, 방생, 탁발, 주문(다라니) 등이 있다(95). 불교에서는 이러한 봉헌적인 양식을 통하여 현실적이며 기복적인 소원을 추구하는 것을 볼 수 있는데, 이러한 면은 해탈의 방법과는 차원을 달리하여 구원을 추구하는 것으로 볼 수 있다.

재앙을 피하고 복을 얻고자 하는 민간층의 기복적인 욕구를 충족시키는 과정에서 불교는 상례와 일반 봉헌적 양식 외에도 다양한 의례들을 발전시켜 왔다. 일반 신도들은 의례를 통해서 영험 있는 신앙의 실체를 확인하기 위해서 신주송[14], 탑돌이[15]를 행하며, 제석, 용신 등의 보호를 받기 위한 제석신앙을 추구해 왔다(111-112). 민간신앙의 기복신앙적인 면이 그대로 불교라는 외형을 통해서 표출되는 것으로 볼 수 있다. 이러한 면은, 한국 불교가 전래된 지 16세기가 흐르면서, 정치적 변혁기에는 풍수도참 형태와 팔관회 등을 통하여 융성을 기원하고 재앙을 미연에 방지하려는 노력으로 나타났으며, 부처님의 가피력을 입기 위해 결계(結界)를 맺거나[16] 아비규환[17]의 지옥고를 면하기 위해 지장보살[18]에 귀의하는 독특성을 드러내기도 했다(112).

---

14) 부처나 보살 등의 서원이나 덕, 또는 가르침이나 지혜를 나타내는 신비한 주문으로, 범어를 번역하지 않고 음사하여 읽는 것을 말한다 (곽철환 2003: 423).

15) 사찰에서 사월초파일이나 큰 재(齋)가 있을 때 승려들이 합장한 자세로 탑을 돌면서 부처의 공덕을 칭송하면 신도들이 그 뒤를 따라가면서 소원을 비는 의식을 의미한다 (곽철환 2003: 705).

16) "결계"란 불도를 수행하는 데 장애를 없애기 위해서 비구의 의, 식, 주를 제한하는 것, 곧 일정한 장소에 거처하는 것, 남은 음식을 간직하여 두지 않는 것, 옷을 벗지 않는 것을 말한다 (윤허 용하 1973: 32).

17) 불교의 아비규환은 지옥의 참담한 현상을 뜻하는 말이다 (윤이흠 외 2001: 102-103).

18) 석가모니불의 입멸 후 미륵보살이 성불할 때까지, 곧 부처가 없는 시대에 중생을 제도한다는 보살로, 그는 모든 중생이 구원을 받을 때까지 자신은 부처가 되지 않겠다는 큰 서원을 세운 보살이다. 특히 지옥의 중생을 제도하는 데 중점을 두기 때문에 사찰의 명부전(冥府殿)에 본존(本尊)으로 모신다. 보통 삭발하고 이마에 띠를 두른 형상을 하고 있다 (곽철환 2003: 658).

3) 윤리적 차원: 업사상과 보살행

불교의 업사상은 앞에서 살펴본 불교의 연기사상과 밀접한 관계를 맺고 있다. 과거와 현재 미래의 모든 시간이 일련의 연속적인 체계로 연기화되는데, 이를 설명하는 내용이 인과응보에 따르는 업보설이며 윤회설이다(윤이흠 외 2001: 65-66). 업(業)이란 행위를 뜻하는 말로서, 인간이 살아나가면서 짓는 모든 업은 독립적이며 개별적인 행위에 불과한 것이 아니라 각각의 업이 인과(因果)의 연쇄관계에 놓여 있다(한국종교사회연구소 1991: 464-65). 따라서 현재의 내가 지니고 있는 인연은 먼 과거에서부터 온 것이며, 또한 현재 짓고 있는 인연은 다시 내세나 미래로 전이될 것이다. 따라서 이런 윤회의 사슬을 끊어 해탈의 경지에 이르는 것 외에는 나의 업(業)에서 벗어날 방법이 없다고 본다(윤이흠 외 2001: 66).

비록 불교의 윤회 사상이 내세에서 더 좋은 삶을 영위하기 위하여 현세에서 좋은 일을 많이 하도록 동기를 부여하는 윤리적인 측면을 내포하지만, 그 극락마저 영원하지 않고 그것이 마지막 목표도 아니다(Smart 1986: 157). 불교에서는 각 개인의 선업도 시간이 지남에 따라 소멸되기 때문에 극락에 있는 사람도 다른 곳에 다시 태어나게 된다(157).

이처럼 불교의 세계관에서 하나의 업은 과거에 지은 업의 결과로 나타난 것이며, 지금 짓는 업은 또한 미래에 나타날 업의 원인이 된다고 본다(한국종교사회연구소 1991: 465). 선업은 좋은 결과를 낳고 악업은 나쁜 결과를 낳는다고 보기 때문에 업사상은 윤리적인 면에서 중요한 토대가 된다(465).

또한 대승불교의 보살 사상은 불교의 윤리적 차원에서 두드러지는 부분이다. 특히 보살의 수행과정에서 남에게 재물이나 가르침을 베푸는 보시(布施)는 실천적인 성격을 강하게 반영한다(곽철환 2003: 241).

4) 경험적 차원: 자력문(自力門)과 타력문(他力門)

불교에서는 해탈을 이루고 보살행을 실천하기 위한 다양한 실천적 과정들이 존재한다. 무엇보다도 참회를 통하여 내면을 성찰하고 육바라밀행을 실천하여 불, 보살의 가피력을 체험하거나, 무아관법[19] 또는 화두참선[20]에 의해서 견성성불(見性成佛)함을 이상적 목적으로 삼는다(윤이흠 외 2001: 111). 육바라밀은 대승불교의 보살이 실천해야 할 덕목을 말한다.[21] 이는 첫째, 다른 사람에게 재물과 진리, 마음의 안정을 나누어 주는 보시(布施)와 둘째, 계율을 지키고 자기 스스로를 반성하는 지계(持戒), 셋째, 고난을 이겨내는 인욕(忍辱), 넷째, 보살로서 가야 할 수행의 길을 멈추지 않고 꾸준히 지켜 나가는 정진(精進), 다섯째, 안정된 마음을 일구어 바른 지혜에 도달하도록 노력하는 선정(禪定), 그리고 여섯째로 진실하고 올바른 지혜를 낳는 반야(般若)를 일컫는데, 반야는 제법(諸法)이 공(空)함을 깨닫는 지혜를 말한다(한국종교사회연구소 1991: 275). 이러한 여섯 가지 실천덕목 가운데 보시(布施)는 사회적인 실천방법론이며, 지계(持戒)와 선정(禪定)은 자기수행의 방법론이며, 인욕(忍辱)과 정진(精進)은 내면적인

---

19) 무아관법(無我觀法)이란 무상의 진리에 비추어 보면 우리가 나(我)라고 생각하고 있는 것도 찰나적으로 변하고 있는 것이기 때문에 항시 동일한 존재일 수 없다는 것이다. 무아는 이렇게 항구불변하고 실체적인 나가 없다는 사실을 말하는 것이다 (한국종교사회연구소 1991: 256-57).

20) 화두참선은 선종에서 참선을 할 때 화두를 사용하는 것을 말한다. 화두란 과거의 고승들이 남긴 실례에서 추출되어 나온 것이며, 의심의 대상이 되는 말인데 그것에 대한 의심을 계속 가진 채 그것에 집중하여 마침내 의심이 다 풀릴 때까지 거기에 몰입하는 것을 화두참선이라 한다. 이처럼 화두를 가지고 행하는 참선수행법을 간화선(看話禪)이라고 한다 (한국종교사회연구소 1991: 668-69).

21) 육바라밀이 대승불교의 실천덕목이라면 팔정도는 소승불교의 실천덕목이다. 팔정도(八正道)는 바른 이해(正見), 바른 생각(正思惟), 바른 말(正語), 바른 행동(正業), 바른 직업(正命), 바른 노력(正精進), 바른 주의(正念), 바른 집중(正定)을 지칭한다 (최준식 2005: 288).

태도를 규정하는 측면이고, 반야바라밀은 교학적인 이념 기저에 해당된다(윤이흠 외 2001: 94).

이처럼 불교의 실천덕목을 보면 신에 대한 복종보다는 오히려 자기 수련을 위한 노력이 강조된다(Smart 1986: 155). 이러한 것은 불교의 중심인물인 석가의 행적을 볼 때 잘 드러난다. 그는 보리수나무 아래에서 해탈의 경지에 도달한 후, 40여 년간 해탈의 길이라고 하는 교리를 전파하였다. 석가는 예배를 가르치지 않았다. 그가 경험한 해탈은 공(空)의 경험, 또는 순수 의식의 경험이며, 모든 사물의 본질은 공(空)이며 모든 사물은 영원한 실체를 가지고 있지 않다는 것을 깨닫는 것을 말한다(86). 이처럼 불교에서 인간의 구원과 해탈은 완전 타자인 신과는 관계가 없고 오직 인간 스스로의 노력에 의하여 얻어질 수 있다(92-93).

그렇지만 불교에는 자신의 지혜로 정도(定道)를 실천해서 해탈 열반에 도달하는 자력문(自力門)의 교설과 아울러 염불왕생(念佛往生) 등을 통한 타력문(他力門)의 교설이 존재함으로써 일반 중생들을 위한 또 다른 길이 주어져 있음도 주목해야 한다(교양교재위원회 2008: 22). 그리하여 범부중생에게도 아미타불(阿彌陀佛)을 비롯한 타자의 구원의 손, 자비의 큰 배에 올라탈 수 있는 가능성이 주어졌다(22).

5) 신화적 차원

불교는 인간의 삶이 끊임없이 도는 수레바퀴와 같은 것으로 보고 이러한 삶의 수레바퀴에서 벗어나는 해탈을 추구하는 종교이다. 불교 세계관의 바탕에는 윤회 사상이 존재한다. 앞에서도 살펴본 업보설에 근거하여 현세에서 어떠한 업을 쌓았느냐 하는 것이 다음 생에 결과로 나타나며 현세에서 주어지는 재난이나 어려움은 지난 생에서 쌓았던 업의 결과로 보는 관점이 존재한다. 이러한 인과응보 사상을 바탕으로 삶은 끊임없이 지속된다고 하는 시간관을 갖고 있는 것이 불교 세계관의 특징이다.

불교에는 정토불교나 미륵불교에서 볼 수 있는 바와 같은 타력 구원의 개념이 존재한다(최준식 2005: 324). 정토불교에 의하면 법장이라는 스님이 큰 원력을 세워 자신이 붓다가 되어 자신의 이름을 열 번만 부르면 누구든 극락에 태어나게 만들겠다고 마음을 굳게 먹었다고 한다. 그 소원이 이루어져 법장은 아미타불이라는 붓다가 되어 극락세계를 관장하게 되었다(325). 이 아미타불이 관장하는 극락세계를 정토(淨土)라 부르고 '나무아미타불'을 외우는 불교를 정토종이라고 부른다. 정토종에서는 구원받기 위해서 누구든지 "나무아미타불", 즉 "아미타 부처님께 귀의합니다"라고 열 번만 외우면 죽어서 극락세계에 태어난다고 한다(325).

불교 종파 가운데 민중에게 가장 가까웠던 것이 미륵불교이다. 미륵은 '앞으로 오실 부처[당래불(當來佛)]'라 불린다(329). 아미타 신앙이 피안을 강조하고 극락정토를 추구하는 내세 중심적 신앙이라면, 미륵 신앙은 부처를 이 땅으로 끌어들여 이 세상을 불국토 혹은 용화선경(龍華仙境) 세계로 만들려는 지극히 현세 중심적 신앙이다. 미륵 신앙의 이러한 현세 중심적 성격으로 인해 미륵은 기존 불교권보다는 오히려 새로운 질서 또는 개혁을 갈망하는 수많은 민중 불교(혁명)가들에게 인기가 높았다(330).

6) 사회적 차원

불교의 기본사상은 고통의 수레바퀴에서 해탈하는 것이고 세상의 본질이 공(空)하다는 것을 깨닫는 데 있기 때문에 당연히 사회참여적인 면이 약하게 나타난다(436-37). 더욱이 업보설과 같은 교리는 모든 사회적 불평등을 전생의 업보 탓으로 돌리는 까닭에 사회개혁에 소극적으로 대처하는 요인이 되었다(436). 그러나 불교에서는 자신의 해탈만을 추구하는 것이 아니라 자신이 깨달은 진리를 남에게 전해 주어야 한다는 정신이 강하게 전승된다. 석가모니도 해탈의 경험 이후에 진리 전파의 삶을 실천했으며, 그러한 점은 대승불교의 보살행에 잘 반영되어 있다. 자신의 구원을 연기해 가면서까지 중생구제에 힘쓰는 보살의 정신이 불교의 사회적 실천의 밑바탕을 형성한다.

4. 유교

서구 문화와 대조된다는 의미에서 전통 문화라는 범주를 사용하고 있지만, 전통 문화 속에도 다양한 종교 및 하위문화들이 존재한다. 한국의 전통사회는 서구 문물이 들어오기 이전부터 다종교, 다문화 상황 속에 있었다. 그러한 다종교, 다문화 상황 가운데에서 가장 중요한 위치를 차지했던 것은 아무래도 유교 전통이었다. 유교는 우리 민족이 한문을 쓰기 시작하면서부터 수용되어 오늘날까지 우리 문화 속에서 중요한 역할을 감당했다(윤이흠 외 2001: 3). 특히 조선 왕조 500년을 통해서 국교로 기능했으며, 위정자들은 지속적으로 유교 이념에 근거하여 정책을 집행해 왔다. 동시에 유교는 사회전반에 걸쳐서 사회를 조직하는 원리체계로서 작용하였다(김경동 1993: 140). 그러한 가운데 1600년대 중엽부터 1700년대 초엽에 걸쳐서 유교가 국가 전반에 강력한 영향력을 행사하게 되었으며 일반인의 삶의 구석구석에 유교문화가 뿌리를 내리게 되었다. 특히 유교적 가부장제의 근간이 되는 제사권의 종손(혹은 장남) 독점과 재산상속권의 종손(혹은 장남) 우대주의가 조선에 완전히 정착된 것은 1700년대 초엽의 일이다(최준식 2005: 195). 이때가 되면, 가부장제를 지탱하는 효나 오륜에 나오는 윤리가 모든 백성의 윤리 규범으로 자리 잡게 된다(195).

조선 건국과 더불어 유교 이념에 근거한 통치를 강력하게 밀어붙였지만, 건국 후 250~300년이 지난 조선 중엽이 되어서야 주자학적인 국가가 되었다. 이러한 것은 한 나라의 새로운 통치 이념이 일반인들의 삶의 문화로 뿌리내리는 데 오랜 시간이 걸린다는 사실을 잘 보여준다(194). 그렇게 우리 전통에 뿌리 내린 유교문화는 오늘날의 일상적인 가족 문화와 대인관계 그리고 도덕관념 등 생활 구석구석에 깊숙하게 뿌리를 내리고 있다.

유교 세계관을 살펴보면 다음과 같이 나타낼 수 있다(표 1-3).

차원	한국 유교
교리적 차원	지고신 관념, 천(天), 상제, 옥황상제, 천도(天道), 삼재(三才), 이기(理氣)
제의적 차원	제사, 사직(社稷), 문묘, 사당, 묘사, 고사, 주자가례, 혼백, 조상, 기제사, 시향
윤리적 차원	천명(天命), 낙관적 인간이해, 도덕원리, 인(仁)과 의(義), 예(禮)와 낙(樂), 부자유친(父子有親), 장유유서(長幼有序), 부부유별(夫婦有別), 효(孝)와 충(忠)
경험적 차원	공경(恭敬), 성(誠), 극기복례(克己復禮), 인심(人心)과 도심(道心)
신화적 차원	요순시대, 조상
사회적 차원	서당, 서원, 수신제가치국평천하(修身齊家治國平天下), 정교일치(政敎一致)

표 1-3. 한국 유교의 6가지 차원

1) 교리적 차원

유교에서는 천(天), 상제, 옥황상제와 같은 지고신 관념도 존재하지만, 동시에 우주 삼라만상에 질서가 자리 잡고 있다는 천지인(天地人) 삼재 (三才) 사상과 그러한 사상을 전개시킨 이기론(理氣論)이 발달했다. 유교의 궁극적 존재를 일컫는 명칭들은 천-상제를 비롯하여 매우 다양하지만, 크게 둘로 나누면 신앙의 대상이 되는 주재적 천(主宰的 天)과 우주적 원리인 이법적 천(理法的 天)으로 구별될 수 있다(금장태 1996: 64-65).

① 지고신 관념

유교에서는 세계에 실존하는 지고신(至高神)적 존재로서 상제(上帝), 옥황상제(玉皇上帝) 등을 인정한다. 또한 천(天)개념은 여러 가지로 사용되는데, 상제(上帝)가 계시는 자리도 되고 상제를 가리키는 이름도 된다. 이러한 존재는 포괄적인 궁극자로서 천지를 주재하는 유일존재적인 성격을 그대로 표출시킨다(64-65).

금장태에 의하면, 역사적으로 천(하늘)에 앞서 상제가 일컬어진 것으로 보이며, 상제는 갑골문이나 경전 등에서 주재자를 일컫는 가장 오래된 명칭으로 쓰였다. 상제는 상벌을 주관하며 감정과 의지를 드러내는 인격적 주재자의 모습도 띤다(65). 하늘(天)은 유교경전이나 유교전통에서 가장 일반적으로 일컬어지는 명칭으로, 지고하고 유일하며, 만물과 인간을 초월하여 존재하면서 기후와 계절의 변화에서부터 인간의 운명에 이르기까지 모든 현상세계를 관장하고 주재하는 지고신으로서의 지위를 갖는다(66). 이처럼 유교에서의 하늘(天)은, 인간을 사랑하며 인간의 생명을 풍성하게 하는 복을 주기도 하고 인간의 악을 미워하며 분노하여 재앙을 내리기도 하는 존재이다(79).

② 천(天)과 천도(天道)

유교의 세계관은 우주규범(Cosmic Norm)의 존재를 인정한다. 천(天), 천도(天道)는 그러한 우주규범을 언급하는 관념이다(윤이흠 외 2001: 51). 우주규범으로서의 천(天)은 앞에서 언급한 인격적 주재자로서의 천(天) 개념과 구분된다. 천(天)은 천지인(天地人) 삼재(三才)의 사상에 근거를 두고 있으며, 이것이 선진(先秦) 유학의 기본적인 우주론적 구조이다(149). 자연과 우주의 질서를 상징하는 천(天), 역사와 사회의 질서를 상징하는 지(地), 그리고 인간의 내면적 질서를 상징하는 인(人)이 동일한 형이상학적 원리에 의하여 작동한다는 것이 천지인 삼재사상이다(205). 천지의 움직임은 무한한 조화와 법칙성을 지니고 있고, 그러한 조화와 법칙성은 인간세계에도 적용된다(한국종교사회연구소 1991: 375).

이처럼 인간은 천리(天理)를 품수 받았지만, 욕심이 있기 때문에 도(道)에 입각한 당위적 심리는 순간적이고, 의(義)를 행하지 못하는 경우가 많다. 따라서 인간이 자기 자신을 완성하기 위해서는 하늘에서 받은 성(性)을 최대한 발휘해야 하는데, 남을 돕는 것이 바로 천지(天地)의 작용을 돕는 것으로 보았다(375).

하늘의 전개방법과 원리이면서 동시에 인간에게 행위의 근거가 되는 것을 천도(天道)라 일컫는데, 이는 인간의 도덕성에 모범이 되는 자연법칙을 가리키기도 한다(금장태 1996: 67). 이율곡은 「천도책」에서 "하늘은 비와 햇볕과 따사로움과 추위와 바람으로써 만물을 생성하고, 어진 임금은 엄숙과 다스림과 슬기와 계획과 성스러움으로써 위의 천도에 호응한다"고 하여 인도의 모범으로서 천도(天道)를 언급한다(67).

이처럼 유교의 하늘(天)은 첫째로 '머리 위의 푸른 하늘'과 같은 자연의 하늘, 둘째, '신령한 주재자로서의 하늘'과 같은 신앙적 대상으로서의 하늘, 그리고 셋째로 '우주적 원리로서의 하늘'과 같은 철학적 이해의 대상으로서의 하늘이라는 세 가지 의미를 담고 있다(67).

③ 이기론 (理氣論)

'이기'(理氣) 관념은 유교, 특히 신유학에서 발전된 것으로 조선시대 성리학 전통에서 매우 중요한 위치를 차지했다(윤이흠 외

2001: 64). 성리학에서는 기본적으로 이(理)를 보편적 규범의 준거로 이해하며, 기(氣)를 존재의 다양한 측면을 설명하는 데 사용한다(64).

성리학의 창시자인 정이(程頤)와 주희(朱熹)는 천하의 만물이 반드시 각각 그러한 까닭과 당연히 그러해야만 할 법칙이 있다고 보고 이것을 이(理)라고 설명했다(한국종교사회연구소 1991: 515). 특히 주희의 이기이원론은 이(理)를 매우 중시하는 입장이었다(515). 이 이기(理氣)에 대한 이해 문제는 조선시대 성리학의 중심과제에서 벗어나 본 적이 없으며, 사단칠정론(四端七情論)이나 인물성동이론(人物性同異論) 등도 이 이기론의 연장선상에 놓여 있는 주제들이다(윤이흠 외 2001: 71).

2) 의례적 차원: 제사문화

유교의 의례는 대부분 제사문화를 중심으로 형성되는 특성을 보인다(97). 사직(社稷)은 토지의 신과 오곡의 신에 제사하는 의례이며, 문묘는 공자 등 유교전통에서 성인으로 추대된 인물들을 제사하는 의례이며, 사당은 일반적으로 조상이나 각 시대의 영웅들을 제사하는 의례이다. 묘사(墓祀)는 4대 이상의 조상들을 합사하는 의례이며, 고사(告祀)는 가장 일반적인 제사형식이다(97). 조선 중기가 되면 사회의 모든 의례가 주자가례식으로 정착되면서 유교의 의례적인 면이 일반 서민층에까지 뿌리내리게 된다(최준식 2005: 213).

유교에서 인간은 살아있을 때에는 그 마음이 육신과 분리될 수 없다가 죽음과 더불어 혼(魂)이 되고, 육신은 사후에 '백(魄)'으로 불리며 땅에 묻힌다(금장태 1996: 92). 이러한 혼(魂)은 사후에 하늘 가까이 공중에 떠 있다가 사라지는 것으로 이해되는데, 상례의 기간이 지난 다음부터 그들이 사라지는 때까지 후손에 대하여 조상신으로 축복할 수 있는 신적 존재로 인식되며 후손들은 그들에게 제사를 지낸다(92). 유교에서 제사를 지낼 때, 고조부까지는 매년 돌아가신 날 지내는 기제사부터 시작해서 일 년에 몇 번씩 제사를 올리고, 5대조 이상 되면 그 이상의 다른 조상들과 한꺼번에 몰아서 일 년에 한두 번씩 시향(時享)을 지내는데, 이러한 추세는 현대로 오면서 점차 간소화되는 경향이다(최준식 2005: 213-17).

3) 윤리적 차원

유교의 천지인(天地人) 삼재(三才) 사상은 윤리적으로 많은 것을 함축한다. 인간에게는 하늘이 부여한 성품(性)이 존재하고, 인간은 이러한 성품을 갈고 닦을 때 인간 본연의 길을 가게 된다는 것이 유교의 핵심 사상이다.

① 천명(天命)
유교에서는 대우주에 존재하는 규범과 인간의 마음속에 존재하는 질서가 일치한다는 관념 하에서 자신의 마음을 천명(天命)과 일치시켜야 한다는 사상이 존재한다. 「중용」에서는 하늘 명령(天命)이 인간의 성품(性)으로 부여되었음을 확인하여 인간이 하늘과 그 본성에서 통하는 것으로 본다(금장태 1996: 74). 「서경」에서는 "황상제께서 백성들에게 속마음을 내려 주셨다"라는 구절이 나온다(74). 맹자는 "마음을 다하는 자는 본성을 알고 본성을 알면 하늘을 안다. 마음을 지키고 본성을 기르는 것이 하늘을 섬기는 방법이다"라고 언급하는데 이러한 주장의 배경에는 하늘과 인간의 일관적 연관성을 나타내는 사상이 자리 잡고 있다(74).

하늘은 감각을 초월한 존재이지만, 하늘의 명령을 받지 않은 인간이 없고, 또 그 명령을 알아야 군자가 될 수 있다고 본다(72).

군자는 자신의 마음을 차분하게 가라앉혀서 맑고 고요한 가운데 하늘의 명령을 들을 수 있으며, 욕망의 앙금이 모두 가라앉은 맑은 마음에서 자기 생활의 주변이나 자연의 변화 또는 사회와 역사 속에서 순간순간 하늘의 명령을 들을 수 있다고 보았다(77).

이러한 천명에는 모든 사람에게 보편적인 명령으로 부여되는 성품이라는 측면도 있지만, 동시에 사람마다 자신의 구체적 처지에 따라 다르게 이해되는 개별적 명령으로 받아들일 수 있는 측면도 존재한다. 공자가 50세에 지천명(知天命)했다는 이야기는 하늘의 명령을 알아차릴 수 있는 것은 상당한 연륜과 수양이 쌓인 후에야 가능한 것으로 인간은 하늘과의 관계를 부단히 유지함으로써 참된 인간이 될 수 있다는 사상을 반영한다(77). 이처럼 하늘이 부여해 준 성품(性)을 실현하며 천명(天命)을 이루는 것이 유교가 지향하는 삶의 이상이다.

② 낙관론적 인간이해

유교에서는 인간에 대해서 상당히 현실적으로 이해한다. 인간이 갖고 있는 제약 조건을 분명히 인식하고 있다. 인간은 하늘로부터 성품을 받을뿐더러 땅으로부터 육신을 부여받아서 인간의 마음에는 성품뿐 아니라 육신이라는 또 하나의 요소가 자리 잡고 있음을 인정한다(87). 하늘로부터 부여받은 성품은 순수한 선이요 보편적 이치이며 불멸적인 존재라 인식되지만, 욕망과 연결되어 있는 육신은 선의 기준으로부터 이탈하기 쉬운 가능성을 가진 충동적 힘이요 개체적이면서 가멸적 존재로 본다(88). 따라서 인간은 자신의 의지에 따라 하늘과 일치하는 데로 나가기도 하고, 하늘의 명령인 자신의 성품을 외면하고 육신의 요구에 따라갈 수도 있다(89).

이같은 현실적인 인간 이해에도 불구하고 유교는 인간에 대한 해석에 있어서 그의 긍정적인 가능성을 높이 평가한다. 유교에서는 인간이 아무리 악을 저지르는 일이 있다 하더라도 그 악의 원인은 육신의 욕구에 이끌렸기 때문이요, 인간의 본성은 변함없이 선한 것이라고 본다(89).[22] 인간에게서 선을 행할 수 있는 가능성을 크게 보고, 인간으로 하여금 자신의 의지를 스스로 채찍질하여 꾸준히 자기완성의 길을 가도록 촉구하는 것이 유교 윤리의 근간이다(93). 유교는 이처럼 인간 스스로의 힘으로 육신의 욕구를 극복하고 본성적으로 주어진 선을 행할 수 있다는 낙관론적인 견해를 드러낸다(윤이흠 외 2001: 78).

③ 사회적 도덕규범과 그 실천

위에서 살펴본 것처럼 육신의 욕구를 통제하고 하늘이 부여한 성품(性)을 따르기 위해서는 사회규범으로 구체화되는 하늘의 명령을 파악하고 준수하는 것이 필수적이다. 자연의 세계와 인간의 세계 속에서 수많은 사람들과 관계를 맺고 살아가는 인간에게 그러한 규범은 매우 중요한 위치를 차지한다.

인간이 자연이나 다른 인간의 세계와 관계를 맺을 때 작용되는 가장 근원적 규범은 '인(仁)'으로 파악되거나 '인(仁)'과 '의(義)'로 제시된다(금장태 1996: 95). 맹자가 "'인(仁)'은 사람의 편안한 집이요, '의(義)'는 사람의 바른 길이다"라 하였을 때 '인'과 '의'는 어떠한 대상세계를 대하든지 인간이 지켜야 할 가장 기본적인 도덕규범으로 제시된다(95).

공자는 역사 문화적 맥락 내에서 인간이 인간답게 사는 길, 인간답게 되는 길을 찾았다(윤이흠 외 2001: 72). 그는 인간 삶의 조건 속에서 인간답게 사는 길을 찾으려면 예를 지켜야 하며, 동시에 삶의 즐거움(樂)을 누릴 줄 알아야 한다고 보았다. 사회규범을 지키는 가운데 예를 실천하면서 삶의 기쁨과 자유를 누릴 수 있

---

22) 송대 이후 맹자의 성선설(性善說)이 유교의 정통입장으로 확립되었다 (금장태 1996: 89).

는 상태가 바로 사람답게 사는 모습이라고 생각했다(72). 음악을 중시한다는 것은 사회규범을 따르되 기쁨으로 받아들이는 태도를 언급한다. 공자는 예와 악의 조화규범을 기쁨으로 따르는 삶이 사람답게 사는 길이라고 생각했다(170-71).

인간은 수많은 사람들과 인간관계를 맺으면서 살아갈 수밖에 없는 사회적 동물이다. 유교에서는 그러한 인간관계의 규범을 분명하게 설정한다. 이중에서 오륜(五倫)은 한국인의 대인관계에 큰 영향을 끼쳤다. 특히 오륜 가운데에서도 자식의 부모에 대한 수직적 차원에서의 효를 강조하는 부자유친(父子有親)과 연령에 따른 상하 질서 의식을 강조하는 장유유서(長幼有序), 그리고 남녀의 구분을 강조하는 부부유별(夫婦有別)은 현재까지 한국인의 대인관계에 지대한 영향을 미치고 있다(최준식 2005: 195-96).

유교에서 가족은 가장 기본적인 공동체요 경제 및 사회생활의 기본단위인데, 위로 부모에게는 효(孝), 형제에게는 제(弟), 그리고 아래로 자녀에 대한 자(慈)가 그 가족 관계를 규정하는 기본적인 규범이 된다(금장태 1996: 96).

가족관계의 규범은 가족 내에서만 통용되는 것이 아니라 가족 밖의 보다 넓은 사회적 인간관계에도 확대 적용된다(96). 유교의 사회의식은 국가도 가정의 확대된 형식으로 이해하여 효의 연장선상에서 충(忠)을 규범으로 제시한다(96). 이처럼 가정에서는 효를 부모와 자식 사이의 마땅한 도리로 내세우며, 효를 외연적으로 확대해서 실행하는 충(忠)을 군주와 백성 사이의 마땅한 도리로 내세움으로 가정과 국가를 세우는 이념으로 삼았다. 이처럼 효와 충은 국가와 사회 속에서 나의 위치를 유교적으로 이해하는 규범적 관념이자 실천원리이다(윤이흠 외 2001: 67). 그러한 인간관계의 규범들을 실천하는 것이 육신의 욕심을 극복하고 하늘의 명령을 따르는 것으로 본 것이다.

4) 경험적 차원

이처럼 우주규범에 맞추어서 내 마음의 질서를 정립하기 위하여서는 우주규범을 내면화하기 위한 자기 수련이 중시된다. 인간은 하늘을 본성 속에 내재적으로 지니고 태어나지만, 또 그 본성의 회복과 배양을 통해 하늘과 일치를 실현시켜야 하는 존재이기도 하다(금장태 1996: 74).

① 자기 수련: 공경(恭敬)의 태도

유교의 수양론에서 가장 강조되는 태도는 경(敬)의 실천이다(75). 경(敬)의 각성은 궁극존재가 완전하고 절대적 현실의 존재인데 비하여 인간존재가 불완전하고 가능적인 존재라는 인간존재에 대한 자각에서 비롯된다. 따라서 궁극 존재나 어떤 가치 있는 대상에 마음이 집중되어 있는 순수하고 단순한 상태를 언급하는 공경(恭敬)이 유교적 삶 내지 배움의 기본 규범이다(75). 유교에서 공경은 겉으로 욕망에 이끌려 해이되기 쉬운 마음과 몸을 엄숙한 태도로 통제하는 것이며, 안으로는 가장 진지하게 각성된 상태를 지키는 것이다. 이처럼 인간이 하늘로부터 부여받은 본성을 배양하는 존심양성(存心養性)의 방법으로 본래 부여받은 순수함(性)을 회복하려는 자세가 바로 경(敬)의 태도이다(75).

이처럼 인간이 공경을 지켜 성취하고자 하는 궁극의 이상 즉 천-상제와의 일치가 실현된 이상적 상태는 성(誠) 곧 '진실하여 거짓됨이 없는 것'이다(75). 이러한 이상은 "성(誠)이란 하늘의 규범이요, 그 성(誠)을 이루려는 것은 인간의 규범이다"(誠者 天之道也, 誠之者 人之道也)라는 말에 잘 나타난다. 진실(誠)은 인간의 덕성이면서 공경의 완성을 의미하는 것으로 진실(誠)을 이룬 사람은 성인(聖人)이 되는 것으로 보았다(76). 경(敬)이 인간의 마음을 순수화시키고 집중시켜 자각상태에서 천-상제를 지향하는 신앙적 태도라 한다면, 성(誠)은 천-상제와의 일치를 유지하며 실현하는 신비적 체험이라 할 수 있다(83). 소우주인 자신의 원리에 충실하고 정진하면 하늘의 보편적인 원리에 이르게 된다는 신념은 유교 수양론의 기본적인 틀이 되며, 하늘의 규범원리를 궁리하려는 것도 결국은 자신의 원리를 이해하고 적용하기 위한 것이다(윤이흠 외 2001: 104).

② 극기복례

유교에서는 수신을 위해서 자신을 통제하며, 자신을 극복하는 극기(克己)를 강조하며, 그러한 수신과 극기의 수단으로 의례주의, 즉 예법을 숭상한다(김경동 1993: 144-45).

예법 교육은 가정에서부터 실시되어야 했으며, 가족을 대표하는 아버지는 가족을 대표하는 가장으로서 자녀들이 예의에서 어긋나지 않도록 교육하고 감독하는 의무와 책임을 떠맡았다. 가족에서 행해지는 가례는 이러한 유교적 규범의식을 더욱 강화시키는 역할을 하였다(이광규 1994: 15).[23]

5) 신화적 차원: '조상'

공자는 요순시대를 이상시대로 삼고 서주(西周)의 예법 질서를 부활시키기 위하여 부단히 노력하였다(윤이흠 외 2001: 71). 이처럼 유교에서는 과거의 한 시대를 이상으로 삼고 그 시대의 왕들과 제도를 모델로 삼고 본받고자 하는 면이 강하게 나타난다(71).

그런데 공자가 과거의 시대를 모델로 삼는 것은 어디까지나 현실의 문제를 해결하기 위함이다. 유교에서 현재 문제에 치중하는

---

23) 마을 공동체도 가정의 연장으로서 마을의 어른들은 젊은이들에 대해서 교육하고 감독할 의무와 책임이 있는 것으로 간주되었다.

태도는, 공자가 죽음 이후의 일이나 귀신에 대한 것을 질문 받을 때마다, 항상 그 관심을 현재의 삶으로 돌리는 데에도 잘 나타난다. 한 제자가 죽음 이후의 삶에 대해 묻자, 공자는 "삶에 대한 것도 모르면서 어떻게 죽음 이후를 알려 하느냐"고 되물어서 그 질문을 잠재웠다는 일화가 있다(최준식 2005: 121).

이처럼 유교는 사후의 문제나 궁극적인 존재에 대한 의문보다 현재 직면하는 문제를 해결하고자 하는 강한 현세 주의적 경향을 나타내는데, 현재의 문제를 해결해 나가는 과정에서 과거 시대를 기준으로 내세우며 당시에 일반적으로 받아들여지던 세계관의 틀 위에서 사고한다.

유교의 인간 이해에 의하면, 인간은 심성과 신체로 구성되는데, 심성은 하늘이 부여해 준 것이며, 신체는 부모로부터 받는다(금장태 1989: 38). 인간이 죽으면 육신은 땅에 묻히지만 그의 영혼은 계속 생존한다고 본다. 그러한 영적 존재인 조상은 신적 존재로 유교의 의례에서 제사의 대상이 된다(금장태 1982: 114). 그러나 신체로부터 분리된 영혼(살아 있을 때의 마음)도 시간의 경과와 더불어 서서히 사라진다고 본다(금장태 1989: 39). 그처럼 신체로부터 분리된 영혼은 사당의 신주[24]에 깃든다고 본다(39-40). 유교에서는 그러한 조상을 신으로 받들어 섬기는 의례체계가 지극히 발달했다.

6) 사회적 차원: '수기치인'(修己治人)

유교는 도덕규범 내지 원리를 수련하기 위한 학습을 강조하여 고을마다 서당 또는 서원을 설치하고, 사회를 이끌어 갈 인재를 양성하는 데 온 힘을 기울였다(윤이흠 외 2001: 68). 오늘날에

---

24) 죽은 사람의 위패인데 대개 밤나무로 만들며 위는 둥글게 하여 하늘을 상징하고, 아래는 모나게 하여 땅을 상징한다. 나비는 6cm, 길이는 24cm 정도이다 (한국종교사회연구소 1991: 444).

도 학교와 교육이라는 영역이 가정과 더불어 유교문화의 영향력을 강하게 보존하고 있다. 특히 자아발견에서 인격의 완성, 천명(天命)을 수행하는 사명정신을 바탕으로 하는 유교교육의 이상은 출세주의적 교육이 만연한 이 시대에 크게 이바지할 수 있는 부분으로 평가된다(256).

유교에서 자신을 수련하는 것은 결국 개인의 도야에 그치는 것이 아니라 사회와 나라에 이바지하기 위한 것이다. 이러한 것은 '수신제가치국평천하'(修身齊家治國平天下)라는 말에 잘 드러난다. 남을 다스리고 현실 사회의 문제를 해결하기 위해서는 먼저 자기 자신을 수양해야 한다는 수기치인(修己治人)의 정신이 밑바탕에 깔려 있다.

천지인 삼재 사상에 근거하고 있는 유교는 개인의 이상 외에 사회의 이상도 하늘의 보편원리에 일치되어야 한다는 신념구조를 갖고 있다. 사회질서 원리를 예(禮)로 규범화하면서, 예의 실현을 위해 정치적인 차원의 논의에 집중한다(93). 이처럼 유교에서는 천(天)의 원리인 종교와 지(地)의 원리인 정치를 하나로 체계화하려는 정교일치(政敎一致)의 경향이 강하다.[25]

---

25) 유교에서 제왕을 중심으로 하는 정치 체계를 도학적 이념으로 만들려는 욕구가 강한 것도 이러한 배경에서 이해될 수 있다 (윤이흠 외 2001: 93).

2장. 전통 가족과 마을 공동체

앞장에서는 전통 문화의 근간이 되는 종교와 세계관을 살펴보았다. 종교와 세계관은 문화에 있어서 핵심에 해당된다. 이러한 세계관을 중심으로 경제, 정치, 사회, 가족 등 여러 영역들이 총체적으로 체계를 이루는 것이 한국문화라고 할 것이다. 특히 한국의 전통 문화에서 가족과 친족 그리고 마을이 차지하는 위치는 매우 크다. 전통사회에서 개인은 가족의 일원이 되고 가족은 친족 체계를 형성하며 친족 체계가 사회체계의 근간이 되기 때문이다(이광규 1998: 52).

아직도 농촌이나 고령 인구들 가운데 전통 문화는 강하게 남아 있다. 전통 문화를 살펴보되 가족과 친족 그리고 마을을 중심으로 살펴보는 것은 오늘날의 문화 변동을 더 잘 이해하기 위한 것이다. 과거를 제대로 알 때 현재를 보다 똑바로 볼 수 있을 것이다. 전통 가족이란 1960년대 초 즉 근대화가 시작된 시점을 기준으로 그 이전의 가족으로서, 비교적 변화의 속도가 느리고 오랫동안 유사한 특징을 지속하여 온 가족을 의미한다(52).

Ⅰ. 가족 문화

전통문화 가운데에서도 한국인들의 삶과 사고에 가장 큰 영향을 끼친 것은 무엇보다도 가족 문화이다. 우리 민족은 "피는 물보다 진하다"는 말이 암시하듯 한 피를 나눈 가족을 중심으로 삶을 영위해 왔다. 피를 함께 나눈 혈연공동체로서 가족은 전통사회의 가장 기본적인 단위이며 중심이 되었다. 한국의 전통적인 가족 문화의 특징을 몇 가지로 살펴보면 다음과 같다.

1) 부계 가족

우리의 전통가족은 전형적인 부계가족, 부권가족으로 성장 발전하였다(53). 부계가족은 부자(父子)의 관계선을 근간으로 결합된 가족으로 부자관계는 모자관계, 부녀관계, 형제관계 등 모든 관계의 근간이 된다. 이러한 가족에서는 부자관계의 행위유형과 행동규범이 기준이 되어서 이를 바탕으로 부녀관계나 형제관계들도 규정된다(53). 부계가족의 지상목표는 자녀를 출산하여 가계를 계승하는 것이기 때문에 부부관계마저 부자관계에 부차적인 것으로 생각된다(이광규 1990: 104).

부자간의 관계에서 부(父)는 자(子)를 출산한 생명의 은인이며 자(子)를 양육하고 교육한 교육자이며 성장하고 결혼을 하면 재산을 주어 생활의 기초를 이룩하여 주는 은인이다. 이러한 부(父)에 대하여 자(子)는 최대의 경의를 표하는 것이 마땅한 것으로 간주된다(이광규 1998: 53).

모(母)에 대한 행위규범은 부(父)에 대한 것보다 일 단계 완화되어 좀 더 자유로운 자세를 취할 수 있다(53). 형제간의 관계, 자매간의 관계도 부자관계를 완화시킨 것으로 동생은 형에게 존대어를 사용하고 형의 의견을 존중하며 형에게 복종하여야 한다. 이러한 가족 내의 모든 대인관계는 상하관계로 이루어지는데 이것은 장유유서(長幼有序)의 규범이 준수되고 있음을 뜻한다(53-54).

2) 가부장제도

한국의 부계가족은 가장이 막대한 권한을 행사하는 가부장제의 형태를 띤다. 가장인 남자는 가족원의 의사를 외부에 대표하는 대표권을 갖고, 가족원을 통솔하는 가독권(家督權)을 가지며, 가족의 재산을 관리하는 재산권을 갖는다(이광규 1994: 14). 가장은 가족원을 교화할 의무가 있으며 가족원의 행동에 대해서 책임을 져야 한다(15). 심지어 가장은 중요한 결정을 내리는 데 있어서 가족원들의 의견을 묻지 않고 혼자서 가사를 결정하는 독재적 성향을 강하게 나타낸다(19).

유교 이념은 이러한 가부장 제도를 한층 더 강화시킨 것으로 간주된다. 가족 밖에서 웃어른을 공경하는 것이 마땅하게 여겨지고, 신하는 군주에 대해서 충성으로 받들어 섬기는 것이 당연시된다. 유교의 이념인 효와 충은 임금과 신하, 부모와 자식 사이의 수직적인 관계를 강조하며, 나이 서열에 따라서 위계를 세우는 면이 강하다. 즉, 가족 내에서 아버지를 중심으로 가부장적 질서가 형성되고, 사회에서는 나이에 따른 위계질서가 수립되며, 국가에서는 임금과 백성의 상하관계가 규정되는 것이다.

유교의 창시자인 공자는 치국과 제가의 원리가 근본적으로 같다는 생각을 전개했고, 맹자는 이 점을 분명하게 표현했다(김태길 2001: 139). 제나라의 선왕(宣王)이 나라 다스리는 길을 물었을 때, 맹자는 "내 부형을 공경하여 그 마음을 남의 부형에게까지 미치도록 하고, 내 어린이들을 사랑하여 그 마음을 남의 어린이에게까지 미치도록 하면 천하를 손바닥 위에서 움직일 수 있습니다. 「시경」에 이르기를, '내 아내를 올바르게 하고 형제들에게까지 그렇게 하여, 집안과 나라를 다스리라'라고 하였으니, 이것은 '가족 다스리는 이 마음을 넓혀서 저 백성들에게 쓸 따름'임을 말한 것입니다"라고 답변하였다(「맹자」, 양혜왕 장구 상 제7; 재인용, 김태길 2001: 139). 여기에서 가족을 다스리는 마음으로 나라를 다스리라고 권하였던 것을 보게 된다.

이처럼 유교 이념이 근간이 될 때, 가정에서 아버지가 가족구성원들을 대표하고 다스리듯이 나라에서는 임금이 백성을 대표하고 다스린다. '국가(國家)'라는 말의 한자어를 보면 나라와 집 사이에 중요한 유사성이 있다는 관념이 반영되어 있다. 집, 즉 가족을 확대한 것이 나라에 해당하고 나라의 축소판이 집, 즉 가족에 해당된다는 생각이다(138). 집 안에서부터 철저한 도덕교육과 예절교육이 이루어져야 집 밖으로 나가서도 제대로 사람구실을 한다는 관념이 강하다. 그래서 집 밖에서 어른을 보고 제대로 인사를 하지 않으면, "가정교육에 문제가 있다"는 식으로 마을 공동체에서 질타의 대상이 되었다.

가부장제가 이처럼 확산되어 사회 전체가 위계서열적인 권위주의적 성격을 띠게 된 것은 가족을 비롯한 원초집단, 기타의 소집단, 공식 조직체 등에서는 물론, 국가사회 전체의 맥락에까지 해당되었다(김경동 1993: 139). 이러한 사회조직 원리는 유교가 지도이념이었던 조선조 이래 오늘에 이르기까지 끊임없이 한국사회를 조직하고 질서를 지탱하는 원리로서 작용한다(139).

3) 직계 가족제도

한국의 가족제도는 유형상으로 직계 가족제도에 해당된다. 한 배에서 태어난 아들, 딸이라 할지라도 딸은 출가외인으로 간주되며 이남, 삼남도 독립하여 분가하게 되고 결국 한 부모세대는 장남 가족과 같이 본가를 이루고 살게 된다. 따라서 분가시 재산을 분배할 때 장자우대 불균등상속을 행하여 왔다(이광규 1998: 55). 장자를 우대하는 이유는 장자가 부모를 모시고 살며 부모를 계승하여 조상을 모시고 외부에서 오는 손님들을 접대하기 때문이다(55). 장자우대 불균등상속의 내용은 지방에 따라 차이가 있는데 대체로 3남이 있으면 장자에게 재산의 반을, 그리고 나머지 반을 차남과 삼남에게 나누는 식이다(55).

이처럼 한국의 가족구조는 장남과 장손을 중심으로 가문의 대를 이어가는 구조이다. 여기에서 부(父)와 장자(長子)로 이어지는 직계의 수직구조가 중시된다.[26] 이러한 직계주의에 의거해서 제사에 있어서도 장남과 장손이 가장 중요하고, 중심적인 위치를 차지한다(이광규 1994: 25).[27]

이와 같이 부계혈연으로 가계가 이어지는 구조에서 남아의 위치는 매우 중요하다. 여아는 결국 출가외인으로 남의 집 일원이 되어야 하기 때문에 가문을 이을 수 없다. 혈연을 잇기 위해서 반드시 남아가 있어야만 하는 구조가 남아 선호 사상을 배태하는 토양이 되었다.

따라서 전통적으로 한국 가족에는 두 가지 가족유형이 공존해 왔다. 첫 번째는 3대가 동거하되 한 세대에 한 부부만 있는 직계가족 유형이다(12). 이에 반하여 분가한 가족들은 2대 즉 부모와 미혼자녀로 구성된 부부가족을 이루게 된다(이광규 1998: 55).

우리나라에서는 예로부터 부부가족이 수적으로 많이 존재했지만 그들도 부모로부터 재산을 상속받았기 때문에 장자의 집에서 멀리 떨어지는 것이 아니라 이웃하여 살면서 대가족 분위기를

---

26) 이것을 이광규 교수는 '직계적 의식구조' 내지 '직계적 이념'이라고 부른다 (1994: 18).

27) 이러한 문화의 영향력은 댐 건설로 인해서 집이 수몰되고 이주해 나가야 하는 상황에서 부모 세대에게 어느 곳으로 가겠느냐는 질문했을 때 그에 대한 대답에서 잘 나타났다. 많은 부모들이 장남 집 옆으로 이사 가겠다고 응답했는데 그것은 그들의 관념상에서 아직도 직계적인 의식구조가 깊게 자리 잡고 있다는 것을 보여주는 사례였다. 전통적 가족 문화가 사람들의 의식 속에 관념의 형태로 남아서 현재까지 영향을 미치는 것을 볼 수 있다 (윤형숙 2001: 46-48).

이루었다(55). 유년기를 같이 성장한 형제들은 결혼하고 분가한 이후에도 대소사에 협력하고 경제적인 협력을 하며 자녀를 양육하는 데 서로 돕는 등 한 울타리에 거처하는 것처럼 살았다. 이러한 대가족적 성격은 공통의 조상을 모시는 조상의례를 통해서 정신적인 유대를 강화하는 가운데 형제, 사촌, 육촌, 팔촌간의 관계를 심화시켜 나갔다(55).

전통적인 대가족적 생활의 장점은 효도와 인정이 강하게 작용하고 가족원은 무비판, 무조건적으로 서로 협력하며 돕는 점이다. 사회보장제도가 발달하지 않은 농경사회 속에서 이러한 대가족적 성격은 상호간에 도움과 협력을 주고받는 일종의 사회보장 기능까지 감당한 것이다(55-56). 그러나 그러한 가족 체계 속으로 시집온 사람들은 친정과는 전연 다른 체계에 적응하는 가운데 '시집살이'라는 말로 표현되는 어려움을 감수해야만 했다. 특히 시어머니와 며느리 사이의 고부갈등이 심각한 문제로 표출되었다(56).

이광규 교수는 고부문제의 원인을 성취지위상의 경쟁으로 해석한다(56).

시어머니와 며느리는 부계가족의 입장에서 말하자면 다같이 외부에서 혼입한 사람들이고 부계가족에서 여자라는 조건을 가진 사람들이기 때문에 가장 협력을 잘 하여야 하고 도와주어야 되는 사람들이다. 그러나 부계가족에서는 혼입(婚入)한 여자들에게 성취지위를 주어 어느 정도 성취를 하였느냐에 따라 확고한 지위를 부여하였다. 성취지위의 요목은 시가에 적응하는 심리적 어려움, 시가에 대한 경제적 공로, 그리고 시가를 계승할 아들의 출산이다. 이렇게 하여 한 여인은 어려운 생활과 노력을 통해 부계가족에 자기의 지위를 구축하였으나 며느리가 들어와 경쟁을 하게 된다. 따라서 성취지위의 경쟁자인 며느리를 시어머니가 동정할 수 없다.

이처럼 시집 온 여성들은 가족구조상 시집살이의 어려움을 견뎌내어야만 했다. 돌아갈 다리가 없었다. 전통 가족에서는 자녀들이 성장하여 결혼하게 되면 딸의 경우 혼수를 장만하여 출가시킨다(54-55). 이 때 시집가는 딸은 출가외인이라 하여 친정과 정서적으로나, 경제적으로나 완전히 분리된다. "시집 귀신이 되라"는 말은 시댁에 잘 적응해 살라는 무언의 사회적 압력으로 작용한다.

현재의 관점에서 볼 때, 한국의 부계가족제도와 가부장제 그리고 직계가족제도는 여성들을 사회의 중심에서 소외시키는 문화였다. 한국의 여성들은 부계가족제도로 인하여 상속에서 제외될 뿐더러, 가부장제 아래에서 복종을 강요당했다. 그들은 결혼을 하면, 친정을 떠나서 고된 시집살이를 감수해야 했다. 심지어 제사에 참여하지는 못하면서 온갖 뒷수발은 다 들어야 하는 위치였다. 그들은 자신들에게 주어지는 고통과 압박과 스트레스와 한(恨)을 샤머니즘과 민간 신앙, 민간 불교 등을 통해서 극복해 왔다.

4) 남녀 내외(內外) 문화

한국의 전통적인 가족은 장유유서 못지않게 남녀유별을 강조하여 왔다(54). 남편이 밖의 영역을 담당한다면 매일 행하여지는 구체적인 사항은 주부인 여자에게 맡겨졌다. 주부인 여자가 갖는 권한을 주부권이라 하는데 이것은 식사를 관장하고 의복을 관리하는 등 가족의 의식주에 관한 것을 총괄하는 것이다(54).

이처럼 전통사회에서는 가족을 중심으로 생활을 영위하는 가운데 성별을 중심으로 가족원이 가사를 분담한다. 가장인 남자는 집 밖의 일을 담당하고, 주부인 여자는 집안일을 담당한다(이광규 1994: 13). 힘들고 어려운 일은 남자가 담당하며, 힘이 덜 들고 쉬운 일은 여자가 담당한다(이광규 1990: 104). 자녀가 어릴 때

젖을 먹이고, 옷을 입히고 몸을 씻기는 일 등은 전적으로 어머니의 역할, 주부의 역할에 속한다(104-105). 자녀들이 말귀를 알아듣고 철이 나면서 아버지가 남아에게 남자의 일을 가르치며 여아에게까지 도덕적인 영역에 대해 가르치는 책임을 졌다(105).

이러한 차별화는 집을 중심으로 두 공간이 나뉘는 데에서 두드러지게 나타난다. 집 안은 주로 여자들의 영역이고 남자들의 영역은 주로 집 밖이다. 경제활동에서 남자는 주로 수입을 담당하고 여자는 지출을 담당하였다. 토지나 가옥은 남자에게 속했고 여자는 일상생활의 경비를 담당하였다(105). 이러한 구분은 "안방 마님"과 "바깥 양반"이라는 말에서도 찾아볼 수 있다.

이러한 남녀의 성별 분담은 종교영역에 이르기까지 확대되는데 남자는 유교적 형식에 따른 조상숭배의 의례를 전담했고, 여자는 다신교적인 가신공양(家神供養)을 전담했다. 조상숭배는 가족의 번영을 빌고 가신공양은 집안의 평안을 비는 것이었다(105).

이와 같이 전통 문화의 중요한 특징 중의 하나는 남녀 구분이 분명하다는 것이다. '남녀칠세부동석'이란 말이 시사하듯 남녀가 서로를 멀리하는 문화가 자리 잡고 있다. 이처럼 남녀가 서로를 내외하는 문화는 오늘날 부부들의 회동에도 나타난다. 부부가 회동하여 회식하는 경우에 남자들은 남자들끼리 여자들은 여자들끼리 자리를 같이 한다. 이런 것은 서양에서 부부가 자리를 같이 하는 것과 대조된다.

5) 가족농(家族農) 형태

가족은 전통적 농경사회에서 생산의 단위이자 소비의 단위였다(이광규 1998: 54). 가족은 혈연을 이어나가는 곳일뿐더러 경제 운영의 주체였다. 생산과 소비, 분배가 가족을 중심으로 이루어졌다. 우리나라는 전통적으로 농경문화 가운데에서도 벼농사를 주로 하였고 가족 노동력이 주가 되었다(이광규 1994: 13). 가족들은 함께 농사를 지음으로 생계를 유지해 나갔다. 생산의 일차적 목적은 가내소비를 위한 것이었다. 가족이 생활의 단위이기 때문에 가족에 속하지 않는 사람은 의식주를 해결할 수 없었다(13).

이러한 배경에서 일손이 많이 요구됨으로 자식이 많은 것은 복으로 간주되었다. 특히 아들이 많다는 것은 노동력이 많은 것을 의미했으며 부를 상징하는 것이기도 했다. 그래서 전통사회에서는 부귀다남(富貴多男)이 높은 가치를 가졌다(이광규 1998:54). 남아가 선호되는 배경에 경제적인 이유도 있었다는 것을 보게 된다.

6) 조상 제사

한국에서 부계적으로 이어지는 혈연 유대는 조상제사제도를 통해서 더욱 결속되었다. 자손들은 생전에 부모에게 효를 해야 할 뿐만 아니라 부모가 돌아간 후에도 정성을 다하여 제사를 지내야 진정으로 효를 다하는 것으로 간주되었다(이광규 1994: 18). 조상 대대로 부계로 이어지는 가족 구성원들은 재산을 물려받은 이유로 가까운 거리에 이웃하여 살게 되는데 조상제사는 이들을 더욱 결속시키는 기능을 갖는다(이광규 1988: 55).

특히 유교에서 주자가례를 적극적으로 보급하며 유교 이념을 근간으로 하는 통치 체제를 강화해 나가는 가운데 제례의 책임과 권리는 남계 자손에게만 국한되었다. 그것도 장남과 장손에게만 주어지는 권리이고 재산 상속마저 적장자를 우대하는 것이 보편화 되었다. 따라서 가족에서의 모든 힘이 적장자에게 집중되게 되었다(신수진 1998: 223). 상례의 경우에도 친소 관계를 중심으로 죽은 자와의 관계에 따라 상복의 복제를 본종(本宗), 외가, 처가, 인척 등으로 구분하여 적용하는 식의 차등적인 제도가 자리를 잡아갔다(223-24).

7) 가족주의

전통사회에서 가족은 경제적 단위를 이루기 때문에 모든 사람은 가족에 소속되어야 하며 사회적 단위인 가족, 경제적 단위인 가족을 개인의 상위에 두었다(이광규 1988: 194). 이와 같이 가족이란 사회집단을 가족을 구성하고 있는 가족원의 상위에 두는 것을 '가족주의'라 한다(194). 전통사회에서는 사회적, 경제적 조건과 환경으로 인해 가족을 무엇보다 소중히 여기는 '가족주의'가 이루어진 것이다(195).

'가족주의'는 가족을 사회의 어떤 집단보다 우선시하는 가족의 절대성, 개인이 가족에서 독립하지 못하는 미분화성, 가족 내 서열 관계가 뚜렷한 부계 조상 중심의 가부장적 가족 형태를 특징으로 한다(신수진 1998: 215). 그러한 특징은 내가 살고 있는 곳을 '나'의 집이 아니라, '우리' 집이라 표현하고, 내가 몸담은 나라를 '나'의 나라가 아닌 '우리' 나라라고 표현하는 언어 습관 속에서도 찾아볼 수 있다. 그래서 우리(가족, 나라)의 행복과 성공이 곧 나의 행복과 성공이라는 도식을 머릿속에 갖게 했다(219).

조선 전기 이래로 유교식 통치 이념에 근거하여 관혼상제를 유교식으로 변환시키는 과정을 거치면서 전통 가족에서는 유교가 지향하는 원리에 따라 가부장권 중심의 수직적 위계 관계가 강화되어 왔다(224). 신수진에 의하면 가족을 중심으로 자신의 정체감을 확인하던 습관은 지금 '우리 가족만'의 가족 이기주의로, 내가 속한 혈연, 지연, 학연의 연줄망을 확대된 나로 해석하는 집단주의 문화로 계속 지속되고 있다. 이러한 집단주의 문화에서는 자아를 집단의 일부로 파악함으로써 집단의 목표를 개인의 목표에 선행시키며, 집단의 원활한 결속을 매우 중요시한다(228). 또한 이러한 집단주의는 자기가 속한 집단과 그렇지 않은 '남'의 집단을 차별하기 쉽다(229).

이처럼 가족을 중요시하고, 그 안에서의 서열과 차별성을 엄격히 지키던 우리의 '전통'은 지금 우리의 가족생활에, 그리고 사회의 인간관계에 큰 영향을 미치고 있다(229).

2. 친족 집단

한국 전통사회의 혈연 유대는 가족을 넘어서 핏줄기를 같이 하는 친족 집단에까지 이어진다. 혈연 중에서도 부계 혈연만이 중요시되고 모계 혈연에 대해서는 그다지 큰 비중이 주어지지 않는다.[28] 한국의 친족 체계는 부계 혈연 유대를 중심으로 강한 결속력을 갖는 사회를 구성한다. 친족들은 부모의 토지를 상속하는 관계로 근거리에 위치하는 경우가 많았는데 그러한 경우 상호간의 혈연 유대를 바탕으로 서로 돕고 협력하는 관계를 발전시켰다. 그러한 결속력은 같은 조상을 제사하는 의례를 통하여 더욱 강화된다.

조상을 섬기는 제사에 있어서 직계 장손은 매우 중요한 위치를 차지한다. 동일한 고조부를 함께 제사하는 관계에 놓인 친족 집단을 당내(堂內)라고 부른다(이광규 1994: 24). 따라서 당내는 친척 중 동고조팔촌(同高祖八寸)까지를 그 범위로 한다(이광규 1990: 177). 당내의 가장 중요한 기능은 4대까지의 조상에 대한 기제(忌祭)와 차례를 지내는 것이다(186). 기제는 망인(亡人)의 기일 자정에 망인을 추념하기 위해 지내는 제사이다(187). 차례는 근년에 연 2회, 정월 1일과 추석에 지내는 것이 일반적이지만 예전에는 연 4회, 즉 정월 1일, 유월 유두(流頭) 또는 단오나 칠월 칠석, 팔월 추석 그리고 시월 동지에 지냈었다(190).

5대조 윗대의 조상들을 모시는 조직으로 시조로부터 문중의

---

28) 이처럼 혈연이라는 관념도 부계 혈연이냐 모계 혈연이냐에 따라서 그 의미부여가 달라진다. 단순히 생물학적으로 피를 나눈 관계를 넘어서서 문화적으로 부여된 의미가 중요시되는 것을 볼 수 있다.

중심인물을 모시는 조직을 일컬어 문중이라고 한다(이광규 1994: 27). 문중 소유의 재산을 보존 관리하는 것과 더불어 문중에게 주어진 가장 중요한 기능은 5대조 윗대의 조상의 제사를 봉사(奉祀)하는 것이다(이광규 1990: 229). 1년 1회 봉사하는 시제(時祭)야말로 대외적으로 종파 문중을 과시하는 유일한 기회이며 대내적으로는 종원의 단결을 도모하는 기회이다. 시제는 묘제라고도 하며, 조상들의 제사를 묘소에서 행하는 것으로 1년에 1회의 특정한 날에 행한다(229). 문중은 또한 족보를 편찬했으며, 종중(宗中)의 자제를 위한 서당을 지어 교육 사업을 진행하기도 했으며, 문중 예하의 족인(族人)들의 도의에 대한 문책을 가하기도 했다(233-34).

같은 조상으로부터 핏줄기를 이어받았다는 관념을 근거로 하여 이루어진 조직인 당내와 문중은 부계 혈연 유대를 바탕으로 대내적인 관계뿐만 아니라 대외적으로 격이 같은 문중끼리 관계망을 형성해 나가는 등 세력권을 형성하기도 하였다(238-242).

친족 집단은 혈연 유대를 바탕으로 지역적으로도 함께 하는 마을을 형성하기도 하였다. 전통사회는 토지가 가장 중요한 생산수단이었고 이것을 부모로부터 상속받았기 때문에 분가 후에도 형제들이 같은 마을에 사는 경우가 많았고 당내 소문중들이 한 마을에 거주하는 집단이 되기 쉬웠다(이광규 1990: 243). 따라서 친족들을 중심으로 형성된 동족 부락(同族 部落)들이 많았다.

3. 마을 공동체

가족과 친족 집단이 혈연 유대를 근거로 형성된 혈연 공동체라고 한다면, 같은 지역에 거주하는 지역 유대를 바탕으로 형성된 지역 공동체가 바로 전통적인 '마을'이다. 그런데 전통사회는 농경

사회이고 토지를 주요한 생산수단으로 하였기 때문에 한 부모에게 상속을 받은 형제들은 흔히 동일한 거주 지역에서 생활하는 성향이 있었다(이광규 1994: 40). 형제들의 후손들도 같은 방법으로 같은 마을에서 거주하게 되어 우리나라에는 동족마을이 많이 형성되었다. 그렇지만 동족마을이라 하여도 실제로 그 마을 전가구가 한 성씨로 이루어지기는 어렵다(40). 동족성의 양반부락에서도 노동력이 있어야 그 마을이 유지되기 때문에 완전한 단성동족마을은 있을 수 없는 일이다(이광규 1990: 251). 다만, 그 마을에 어느 성씨가 최초로 거주하기 시작하였느냐에 따라 어느 성씨의 마을이라 하거나 그 마을에 많이 거주하는 성씨를 따라 마을 이름을 붙였다(이광규 1994: 40).

마을은 크게 둘로 나누어서 평범한 사람들이 모여 사는 민촌(民村)과 혈연적 유대가 보다 강하고 사회적 지위가 높은 반촌(班村)으로 구분될 수 있다(40). 민촌이란 보통 평민들이 사는 마을이기에 여러 성씨가 동거하여 일명 잡성(雜性) 마을이라고도 한다(49-50). 반면 반촌은 양반이 거주하고 한 성씨가 지배적이어서 동족(同族) 마을이라고도 한다(50). 동족마을의 특성이 쉽게 눈에 띄는 것은 마을 입구에 건립한 비각(碑閣), 재각(齋閣) 등이다(이광규 1990: 246-47). 모든 동족마을에 반드시 이러한 건물이 있는 것은 아니지만 이러한 것이 있는 마을은 일단 동족마을이라 생각해도 무방하다(247). 한 종족의 일파가 한 마을에 거주할 때 이것은 대부분 한 조상의 후손들이 분가를 이루어 형성한 것이기에 동족 중에서도 근친인 경우가 많다. 그들이 한 마을에 이웃하여 마을을 형성하고 살 때 일상생활에서 매일 접촉하는 면식집단을 형성하고 어려운 일이 있으면 상호 협동하여 동고동락하는 이른바 운명공동체를 형성한다(253).

동족마을의 두드러진 특색은 첫째, 동족 내의 항렬과 연령 등이 마을의 서열이 되고 연장자는 연하자를 모두 동족 근친으로 생각하여 혹시 불미스러운 행위를 하면 이를 타이르고 꾸짖기도 한다. 두 번째는 교육열이 높다는 것이다. 가문의 성쇠는 자손의 교육에 달려 있다고 생각하여 동족마을에서는 서당을 짓고 동족 자손들에게 교육을 시켰다. 셋째, 동족마을은 혼상례에 상호부조하고 협력하는 것이 일반부락보다 강하다. 또한 동족마을에서는 노쇠하거나 가난한 동족을 돕는 동족구휼(同族救恤)의 사업을 하거나 노인당을 세우거나 또는 재실(齋室)을 이런 목적으로 사용하여 상호 협력하는 특성을 갖는다(253).

평범한 민촌의 경우, 마을은 자연적으로 이루어진 마을을 말한다(이광규 1994: 40). 이러한 마을이 반드시 행정단위인 리(里)를 형성하는 것은 아니다(40-41). 적은 마을이 합하여 하나의 리를 형성하고 큰 마을이 몇 개의 리로 나누어지기도 한다. 행정체계에서는 이장이 관할하는 리가 중요한 단위이지만 주민들의 생활에는 자연마을이 중요한 단위를 이룬다(41). 전통적인 마을들은 지역공동체적인 성격을 갖고 있으며, 순박한 정서를 지니고 있어 전통적인 생활양식을 보존하고 있다(42).

전통적인 마을에서 가장 특징적인 부분은 오랜 전통을 갖고 있는 자발적인 조직인 두레, 품앗이, 계 등이 존속해 왔다는 것이다(43).

두레는 농번기에 일손이 부족할 때 마을의 유능한 사람을 중심으로 공동으로 작업을 추진하는 조직이다(43).

품앗이는 개별적인 계약의 형식으로 노동을 교환하는 것이다(44). 그런데 품앗이는 농사에만 제한되지 아니하고 혼상례와 같은 집안의 대사에 몸부조를 하면 다음 그 집에서 유사한 대사에 직면한 경우 유사한 정도의 몸부조를 하여 상부상조하는 일종의 노동교환이다(44). 품앗이는 호혜적 행위를 일컫는 말로 사용 범위가 넓고 한국사회에서 인간관계의 기본으로 작용한다(김주희

1988: 69).[29] 즉 상호관계를 품앗이의 개념을 갖고 이해하게 되는데, 상대방과의 관계에서 주고받는 관계가 원활할 때 정(情) 혹은 인정의 관계가 깊어지는 반면 그렇지 못할 때에 섭섭한 감정이 들게 되고 나아가서는 반목과 불화가 싹트게 된다(78, 82-84). '정(情)'은 한국인의 인간관계에서 발생하는 감정을 지칭하는 것으로 친근과 애정을 동시에 의미하는 말이다. 그런데 품앗이는 '정(情)'과 긴밀하게 관계된다. 품앗이를 행함으로써 '정(情)'의 관계가 시작되고 품앗이의 빈도수가 증가됨에 따라 '정(情)'이 깊어지고 양자 간에 결속력도 높아진다(81-82). 한 연구가 밝히는 바와 같이 '정'과 더불어 섭섭함의 감정이 마을 주민들의 주된 대화의 내용이 된다는 것은 한국인들 사이에서 '인정(人情)'과 '인심'이 얼마나 중시되는지를 잘 보여 준다(84). 즉 품앗이 관계에서 요구되는 기대를 상대방이 충족시키지 못할 때 그런 것이 섭섭함의 감정으로 이어진다는 것이다. "인정머리 없다"나 "저 집은 인심이 박하다"는 말은 그러한 감정이 담긴 말로써 마을에서 많이 회자되는 말이다.

계는 일종의 재화를 통한 신용거래이며 위기나 대사와 같은 비용이 많이 드는 기회를 준비하는 저축의 성격을 띤다(이광규 1994: 44).

이처럼 전통사회는 다양한 방식의 협력과 협조를 통해서 위기를 함께 헤쳐 나아가는 슬기를 발휘해 왔다. 전통적인 마을에서는 또한 '말 다니기' 혹은 '마실 다니기'라고 불리는 교제 관계를 맺음으로서 친분을 이어나가고 함께 생활하면서 생겨나는 갈등과 스트레스를 해소해 나가는 지혜를 보여 준다. '말 다니기'의 구체적인 모습은 여름 저녁 혹은 겨울밤에 남자 어른들은 어른끼리, 시어머니들은 시어머니들끼리, 며느리는 며느리들끼리 모여 앉아 잡

---

29) 품앗이는 통속적으로 호혜행위를 뜻하는 말로 널리 사용된다 (김주희 1988: 85).

담을 하고 놀다 밤이 늦어서야 돌아오는 것이다(48). 그처럼 끈끈한 정(情)에 바탕을 둔 관계는 일종의 놀이문화로서의 기능 또한 감당한다.[30] 이처럼 한국의 전통사회에서는 인간관계에 있어서 상하 수직관계만 발달한 것이 아니라, 수평적인 인간관계 또한 분명하게 자리 잡고 있었던 것을 볼 수 있다. 특히 마을 내의 연배 그룹들끼리 긴밀한 관계를 맺는 가운데 놀이 혹은 휴식문화를 즐겼던 것을 볼 수 있다. 이와 같이 사무적인 인간관계를 넘어선 다정스럽고 인정미 흐르는 것을 선호하는 성향을 김경동 교수는 '인정주의'라고 일컫는다(김경동 1993: 142).

이처럼 전통사회에서 사회를 조직하는 가장 기본적인 원리는 혈연이 아니면 지연이 된다. 그리하여 내 집단(우리 집단) 의식이 강하게 작용한다. 연고에 의해서 집단을 형성하려는 성향은 같은 학교 출신의 학연, 같은 우두머리를 좇는 파벌로 이어지면서 연고 위주의 집합주의를 양산하는 측면도 있다(141).

---

30) 문제는 오늘날 그와 같은 다양한 기능을 감당하던 지역공동체로서의 '마을'이 사라졌다는 것이다. 물리적인 이웃은 존재하지만 심리적인 이웃은 존재하지 않는 현상을 일컬어 '가족 고립화 현상'이라고 부른다. 이광규 교수는 "도시에서 볼 수 있는 현상으로 좁은 공간에 많은 이웃집이 있으나 심리적인 이웃은 없다"고 언급한다 (이광규 1994: 11).

3장 서구 문화의 유입과 한국의 사회변동

　문화는 끊임없는 변화의 과정을 밟는다. 우리나라는 전통사회에서 근대화의 과정을 거치면서 급격한 변화의 과정을 밟아왔다. 또한 근대화 과정을 거쳐서 이제는 탈근대(postmodernity), 그리고 정보화와 세계화에 이르는 끊임없는 변화의 과정을 밟아 가고 있다. 이러한 과정들을 통해서 한국사회가 어떻게 변화하는지 살펴보는 것은 오늘날에 적합한 복음을 전달하기 위해서 꼭 살펴보아야 하는 과제이다.

　한국은 오늘날 'IT 강국'이란 별명까지 얻어들을 정도로 변화의 최첨단을 달리는 나라가 되었다. 근대화에서 세계화에 이르기까지 급속히 변화하는 가운데 한국문화 속에는 서구 문화적 요소가 차지하는 비중이 점차 커지고 있다. 연령별로는 노년층보다 젊은 층 사이에서, 지역적으로는 농촌지역보다 도심지역에서 서구 문화적 요소의 비중이 상대적으로 높게 나타난다. 현재 진행되는 세계화와 정보화 추세를 감안할 때, 향후 한국문화 속에서 서구 문화적 요소가 차지하는 비중은 더욱 증가하리라고 예측된다.

　근대화의 과정을 통하여 유입되기 시작한 서구의 문물은 시간의 흐름과 더불어 지속적으로 우리 사회 속으로 침투해 들어와서 우리 사회의 구조를 급격히 변화시키고 있다. 서구사회에서 시작된 정보화, 세계화를 비롯한 탈근대성(포스트모더니티)의 유입 등으로 우리 사회는 동일한 공간에 전통과 근대(모더니티) 그리고 탈근대(포스트모더니티)가 동시에 공존하는 독특한 형태를 갖추게 되었다. 우리사회는 정보화의 흐름을 주도하는 정보 강국으로 자리 잡게 되었으며, 세계화를 통해서 다문화 사회로 급속히 변모해 나가고 있다.

서구 문화적 요소들이 유입되는 과정을 살펴보기 위해서 먼저 근대화와 한국사회의 변모 과정 그리고 서구 세계관과 문화를 살펴보고 전통과 근대가 혼재하는 현상과 계속해서 전개되는 정보화와 세계화 및 탈근대(포스트모더니티) 상황으로의 진입 등을 살펴볼 필요가 있다. 특히 빠르게 변화하는 문화적, 사회적 상황은 각 세대로 하여금 독특한 하위문화를 형성케 하고 있다. 그러한 하위문화에 대해서도 주목할 필요가 있다.

I. 근대화와 한국사회의 변동

1960년대 초 이후 본격화된 근대화와 산업화 과정은 한국사회의 구조를 급격히 변모시켰다. 그 이전에도 물론 근대화 과정이 진행되어져 왔지만 급격한 사회구조의 변동은 1960년대 초 경제개발계획이 진행되면서 본격적으로 이루어졌다. 근대화 과정을 살펴볼 때 한국사회 속에서 전통 문화적 요소와 서구의 근대 문화적 요소들이 어떻게 융합 내지 혼재하게 되었는지 살펴볼 수 있다. 이 변화는 숱한 긍정적인 파급효과를 산출했지만 동시에 새로운 문제를 야기하는 것이었다.

1) 근대화 과정

근대화라는 말은 전근대적인 전통사회에서 현대사회로 전환해 온 과정을 의미한다(강신표 1988: 17). 근대화의 근원지는 서양이고 그 과정은 일종의 서양사회로부터의 문화접변(acculturation)임을 무시할 수 없다(김경동 1983: 80-82). 문화접변 과정에서 한국의 전통 문화와 서구의 근대 문화가 어떠한 역학 과정을 거쳐서 오늘날의 혼합된 문화를 형성했는지 살펴볼 때 오늘날의 문화에 대한 바른 이해와 해석이 가능할 것이다.

이 땅에서 근대화를 추구하기 시작한 것은 표면상 19세기 후반 쇄국의 탈을 씻고 정식으로 문호를 개방하는 개항을 기점으로 잡을 수 있다(김경동 1993: 92-93). 하지만 이것은 공식적인 접촉을 언급하는 것이고 실제에 있어서 문화접변의 경험 자체로 보면 천주교의 전래를 통해 사회가 상당한 정도 과거의 틀에 대한 충격을 받은 시기가 근대화의 시초로 판단된다(93). 천주교에 대한 최초의 반응은 일반 백성이나 권력에서 소외된 지식인 사대부의 경우에는 호의적이었으나 권력층은 적대적으로 반응했다. 천주교를 통한 최초의 문화접변을 통해서 천주교 신도가 늘어나면서 생각과 신념의 체계, 행위와 관습의 체계 등에서 새로운 변화의 싹이 움트기 시작했다. 또한 실학과 같은 새로운 기풍의 학문이 배태되는 계기가 주어지기도 하였다. 하지만 변화에 적극적인 반응을 보인 세력들이 주로 소외된 계층 출신이었으므로 적극적인 변화의 원동력 구실은 하지 못하였고, 오히려 정치적으로 핍박의 대상이 되었다(93).

19세기 말의 개항을 전후해서 본격적인 근대화가 이루어졌다고 말할 수 있지만, 제국들의 각축장이 되는 가운데 결국 일제의 식민지 지배하에 들어가게 되었다(93-94). 일제하의 근대화는 식민 종주국의 자본주의적 근대화의 계획에 따라 강제로 진행되었고, 그 결과 우리 사회의 발전에 역행하는 왜곡된 근대화로 규정된다(94). 해방 뒤에도 국토 분단과 전쟁으로 인해서 민주사회를 이룩하고 경제를 다시 일으키는 일은 지체될 수밖에 없었다. 결국 1960년대 초의 자율화 풍토는 군사쿠테타에 의해서 종식되었고 그 뒤로부터는 국가가 주도하는 근대화가 본격적으로 추진되었다(94).

이 땅에서 본격적으로 근대화라는 기치를 내걸고 의식적으로 근대화 과업을 추구하기 시작한 것은 1960년대 이후이다. 그 시기에 우리나라는 서양 중심의 근대화론에 새롭게 접하게 된다(95). 경제 개발계획은 자유당 말기에도 성안되었지만, 4.19로 물러나는 바람에 실행되지 못했고, 민주당 정권 하에서 다시 시행하고자 준비 중에 붕괴됨으로써 결과적으로 군사 정권에서 실천에 옮겨졌다(95).

1960년대의 근대화는 경제 성장 그 자체와 거의 같은 것으로 이해되었다. 근대화를 경제 성장으로 풀이하는 것은 주변국의 신세를 면해 보자는 것과 가난의 한을 풀어보겠다는 발상, 그리고 남북 분단의 조건 아래 끊임없이 주어지는 불안감에 대한 해소책으로, 그리고 군사정변으로 권력을 장악한 정권이 정당성을 얻고자 하는 동기가 복합적으로 작용한 데 기인한다(95-96).

이처럼 박정희 정부에 의해 주도된 경제개발 계획에서 본격적으로 근대화 과정을 시작한 이래 중단 없는 전진을 추구했다. "우리도 한번 잘 살아 보세"라는 새마을 운동의 노래 가사는 가난을 벗어나서 물질적인 부를 누려보고 싶다는 온 국민의 염원을 잘 반영한다(강신표 1988: 19). 부요를 꿈꾸는 마음 자세가 근대화를 추구하는 밑바닥에 깔려 있었다. 결과적으로 우리나라가 매년 평균적으로 10퍼센트 내외의 고도 경제 성장을 이룩하는 데 성공하였다(김경동 1993: 96). 이와 같은 고도성장은 수출 지향의 공업화를 주축으로 이루어졌다(96). 공업화를 바탕으로 공업적인 생산양식이 널리 보급되고 비농업 부문, 특히 제조업과 이를 직접적으로 뒷받침해 주는 사회간접자본의 확대가 일어나게 되었다 (184).

한국 공업화의 특징은 정부가 주축이 되어 계획적인 투자와 건설을 추진한 점이다(186). 필요한 자본과 자원과 기술이 갖추어지지 않은 상태에서 남의 것을 빌려 오지 않을 수 없었으며 국내에서 활용할 수 있었던 유일하고, 핵심적인 생산요소인 인적 자원을 효율적으로 동원 조직하게 되었다. 그리하여 수출 위주의 공업화, 정부 주도의 공업화, 도시 지향의 공업화, 대기업 중심의 공업화, 분배보다 성장 우선의 공업화, 급속한 공업화 등을 추구하게 되었다(186).

2) 한국사회의 변동

근대화 과정을 거치면서 한국사회는 엄청난 격변을 이루었다. 근대화는 긍정적인 면에서 변화를 가져다주기도 하였지만 동시에 새로운 문제를 야기하기도 하였다. 근대화는 한국사회 속에 서구 문화적 요소들을 더욱 증가시킴과 동시에 전통 문화적인 요소들을 감소시키는 경향을 보여 준다.

① 인구변동

1960년대 이후 30년도 안 되는 짧은 기간 동안에 한국사회는 사회경제적 발전 및 인구정책으로 고출산율과 고사망률 시대에서 저출산율과 저사망률 시대로의 인구변천을 경험하였다(박경애 1997: 133). 인구변동에 따라 자녀양육 및 교육기간이 줄어들고, 자녀가 집을 떠나 부부만 남게 되는 빈 둥우리 시기가 길어지며, 남편 사망 이후 여성이 홀로 된 기간이 길어짐에 따라 이를 위한 개인적 및 사회적 대책이 필요하게 되었다(33).

또한 1960년대의 경제발전과 함께 공업화와 도시화가 급속도로 진전됨에 따라 농어촌의 인구가 도시 및 개발지역으로 이동하는 이촌향도(移村向都) 현상이 급증하였고 이에 따라 농어촌의 과소화 및 대도시의 비대화 현상이 나타났다.[31] 도시거주 인구비는 1949년 17.2%에서 1995년 78.5%로 증가하였는데, 이는 여타 선진국과 같이 인구의 도시집중화가 진행되었음을 나타낸다(임현진 외 2003: 197). 반면, 1970년대부터 본격화된 농촌인구의 감소현상은 농가구 및 농가인구의 감소를 가져온 동시에 미혼 청장년층 인구의 이농 현상으로 농촌의 연령구조가 표주박 형으로 나타나게 되었고, 노동력의 고령화와 여성화 현상을 가져왔으며, 농촌인력 부족현상을 초래하였다(박경애 1997: 32).

인구이동의 결과로 나타나는 현상은, 젊은 연령층이 주로 이동하기 때문에 이들의 전입이 많아지는 도시인구는 젊어지게 되고, 반대로 농촌인구는 고령화되는 것이다(32). 이와 같은 인구의 국내 이동의 흐름은 도시와 농촌의 사회경제적 기회의 불균등에 기인하는 것으로 도시화와 지역 간 불균형을 가속화시킨다.[32]

농업에 종사하는 인구들이 대도시로 이동하는 가장 큰 이유는 교육과 경제적인 취업이다. 교육은 종래의 지위획득 수단으로서의 교육관이 보강되는 한편, 새로운 지위상승의 수단으로 부각되어서 교육에 관심이 집중되고 경쟁적으로 자녀 교육을 위해서 투자를 아끼지 않았던 것이다(김경동 1983: 117). 산업화 이전에는 가족단위의 가계농이 주요한 경제수단이었다면, 산업화가 시작되면서 공장이 들어서고 일자리가 필요해짐에 따라 직업을 찾아 이동하는 일이 잦아지고 그에 따라 인구 구성상의 변화가 발생

31) 이와 같은 대도시로의 대규모 인구 이동은 대도시의 과밀문제, 즉 주택난, 교통난, 환경오염의 악화를 가져왔다 (박경애 1997: 29-30).
32) 이는 산업화 과정에서 국가의 주요 정책 및 기능들이 도시와 수도권을 중심으로 진행된 데에도 기인하는 바가 크다 (박경애 1997: 33-34).

한 것이다.[33]

② 경제적인 변화

한국사회는 1960년대 이래로 경제적인 면에서 놀랍게 변모했다. 세계 최빈국으로부터 OECD(Organization for Economic Co-operation and Development) 가입국이 되기까지 놀라운 경제성장의 드라마로 세계를 깜짝 놀라게 했다. 근대화 과정을 통해서 한국사회는 농경사회에서 산업사회로 구조적인 변화를 겪게 되었다(김경동 1983: 32). 1953년부터 1998년까지 45년간 농업, 임업, 어업 등 1차 산업의 비율은 47.3%에서 5.0%로 현저하게 감소한 반면, 제조업과 서비스 및 사회간접자본 분야의 비율은 각각 10.1%와 42.6%에서 31.2%, 63.8%로 각각 증가하여 선진국형 산업구조와 유사해지는 양상을 보인다(임현진 외 2003: 199-200).

산업화와 도시화는 자영업주 및 가족종사자의 감소 및 조직생활자의 증가라는 변화를 수반한다(홍두승 1997: 51). 1960년에는 전체 취업자 중 고용주, 자영업주 및 가족종사자가 8할 가까이에 이르고 있었으나, 30여 년이 지난 1995년이 되면 이들의 비율은 사 할에 그치고 마는 반면, 전체 근로자 중 임금, 봉급 근로자의 비율은 1960년에는 22.2%에 불과하였으나 지속적으로 증가하여 1990년대에 들어서면서 60%를 상회하게 되었다.[34]

이러한 직업구조의 변화로 말미암아 고도의 기술력이 요구되

33) 정부에서도 이러한 인구 이동에 따른 문제점을 의식하고 1964년부터 이에 대한 대책을 강구했다. 1964년의 대도시 인구집중 방지책을 효시로 제1차 국토종합개발계획(1971년), 수도권인구재배치기본계획(1977년), 제2차 국토종합개발계획(1981년), 수도권정비기본계획(1984년) 등을 통하여 수도권내 공장의 신, 증설 억제 및 이전 유도, 공공기관의 지방이전, 서울 소재 대학의 신, 증설 억제, 개발제한구역 지정 등의 주요 정책들을 시행하였다. 하지만 그러한 노력들은 그다지 큰 성과를 거두지 못한 것으로 평가된다 (박경애 1997: 32-33).
34) 이처럼 임금, 봉급 근로자가 증가하고 있다는 것은 자신의 사업을 스스로 꾸려가는 고용주 또는 자영업주의 비율이 감소하면서 그 대신 조직생활자와 관료조직의 증가를 나타내는 지표가 된다 (홍두승 1997: 51).

는 직종이 증가되고 이러한 일을 수행하기 위한 노동인력의 교육 수준도 높아질 수밖에 없었다(51). 우리나라 성인인구의 학력별 분포를 보면 1955년에는 9할 이상이 국졸 이하의 학력을 가진 반면 중졸 이상의 학력자는 5%에 그치는 수준이었는데 1990년대에 들어서면 국졸 이하는 1/3 정도에 불과한 반면에 대졸 이상 14%를 포함하여 고졸 이상의 학력자가 성인인구의 절반을 이루게 된다(51).

직업구조상의 변화에 있어서 주목할 점은 여성의 경제활동 참가율이 남성에 비해 크게 증가하였다는 것이다(62). 특히 사무직 종사자의 경우, 1955년에는 6.6%에 불과하였지만 1990년에는 종사자의 반수 이상이 여성인 것으로 나타났다(62).

이와 같은 직업구조의 변화와 더불어 직업관이 바뀌게 되는데 가장 두드러진 점은 소위 '3D(dirty, difficult, dangerous) 업종'으로 일컬어지는 힘들고 위험한 직종을 기피하는 현상의 확산이다(64). '3D 업종' 기피현상은 결과적으로 남성 직종에 대한 여성인력의 참여 증가를 초래했으며, 1980년대 말 이래로 대거 유입하기 시작한 외국인 근로자들은 이러한 국내 노동시장에서의 빈 공간을 메워주는 기능을 담당하게 되었다(65).

한편 경제적인 변화에 있어서 주목할 점은 가계의 소비와 지출면의 변화이다. 노동자의 소득증가는 소비의 증가와 더불어 소비성향에도 변화를 가져왔다. 1970년에서 1999년까지 식료품비는 46.5%에서 27.7%로, 피복, 신발비는 12.5%에서 5.6%로 각각 감소한 반면, 외식비는 0.9%에서 10.4%로, 교육 및 오락비와 교통, 통신비는 8.8%에서 15.6%, 5.4%에서 16.1%로 각각 증가하였다(임현진 외 2003: 201). 가계의 전체 소비 중에서 생활필수품의 구매비중은 낮아진 반면, 문화생활을 위한 지출은 대폭 증가되는 경향을 보여 준다(201).

위의 여러 가지 지표상의 변화는 한국사회가 후진국형 경제 구조에서 선진국형 경제구조로 급격히 변모해 가고 있음을 나타낸다. 자급형 사회에서 조직 사회로의 변천, 직업의 다양화와 다변화, 여성들의 활발한 직장 생활, 문화생활을 위한 지출의 증가 등 사회 전반적인 변화가 진행되고 있음을 알 수 있다.

③ 교육면의 변화

경제성장 과정에서 우리 민족 특유의 높은 교육열이 불붙게 됨으로 교육 부문은 경제 분야와 더불어 가장 두드러진 변화를 일으킨 부분이다.[35] 교육시설과 인원, 투자수준은 물론이고 국민의 평균교육수준에 관련된 각종 수치들은 교육부문의 눈부신 성장세를 보여 준다(204).

학교 수는 해방 이후 2000년에 이르기까지 초등학교는 2배 정도, 중학교는 41배, 고등학교는 7배 이상, 전문대는 22배 그리고 대학교는 8배 가까이 증가하였다(204). 교사의 숫자 또한 초등학교, 중학교, 고등학교, 전문대/대학교가 각각 7배, 77배, 45배, 45배씩 증가하였다(204-205).

국민의 학력구성비에 있어서도 1995년 기준으로 전 국민의 58% 가량이 고등학교 이상의 학력을 보유하고 있으며 대졸 이상의 학력소유자만 해도 20%에 달하고 있다(206). 이는 OECD 평균치(초중졸 40%, 고졸 40%, 대졸 18%)와 비교해도 손색이 없는 수치이다(206).

④ 건강 및 보건 분야의 변화

경제성장에 따라 국민의 영양상태 및 보건환경 또한 크게 개선되었다(201). 영양섭취면에서 1일 1인당 평균열량이 1,943kcal(1962년)에서 2,819kcal(1999년)로 증가함으로써

---

35) 유교 이념의 영향으로 우리 민족은 원래부터 교육에 높은 가치를 부여했으며, 서원, 향교를 앞 다투어 세우는 일 등을 통해서 높은 향학열을 보여 주었다.

국민의 전반적인 영양섭취량이 크게 증가했다(201). 17세를 기준으로 한 남녀의 키와 몸무게 변화를 보면, 1980년에서 1999년까지 남자의 키는 167.4cm에서 172.7cm로 증가하였으며, 몸무게는 58.5kg에서 64.6kg으로 증가하여 평균적으로 5.3cm와 6.1kg이 증가했다(202). 같은 기간 여자의 키는 157.2cm에서 160.6cm로 증가하였으며, 몸무게는 52.5kg에서 54.5kg으로 평균 3.4cm와 2.0kg이 증가했다(202).

　의료시설을 살펴보면, 1970년에서 1999년까지 의료기관 수는 병원이 10,301개에서 36,829개로 약 3.6배 증가했으며, 병상 수는 16,538개에서 197,602개로 12배가량 증가하여, 병상 1개당 인구수는 1970년 1,901명에서 1999년에는 237명으로 줄어들었다(203). 의료 인력의 경우 1960년에서부터 1999년까지 의사는 7,765명에서 69,724명으로, 간호사와 약사도 각각 4,836명과 4,696명에서 389,807명과 49,214명으로 증가하여 국민들의 의료서비스에 대한 접근도가 높아지고 국민보건생활이 향상되었음을 알 수 있다(203-204). 이처럼 영양상태 및 보건환경의 개선으로 한국인의 평균수명은 해마다 꾸준히 증가하여, 지난 1955년에는 남자 51.1세, 여자 53.7세에서 1991년에는 각각 67.8세와 75.7세로 연장되었다(204).

　⑤ 가족제도의 변화
　산업화 과정이 가족제도에 미친 영향도 커서, '핵가족화'로 알려진, 부부중심가족이 증가하고, 부모의 권위가 쇠퇴하며, 개인주의적 요소가 강화되는 가운데 전통적인 가치와 긴장 관계를 낳으면서 새로운 가족 문제가 급부상하게 되었다(김경동 1983: 117). 이를 통계상으로 보면 1960년 당시 436만 가구에 해당하던 총가구수는 35년 후인 1995년 1,296만 가구로 증가하였으며, 평균 가구원 수는 같은 기간 가구당 5.7명에서 3.3명으로 감소하여 우리 사회에서 핵가족화가 현저하게 진행되었음을 알 수 있다(임현진 외 2003: 197).

전통사회에서도 부부가족이 많았지만 현대로 넘어오면서 장남도 부모와 별거하여 부부가족이 더 많아진 것이 가장 큰 가족제도상의 변화이다(이광규 1998: 57). 장남도 도시에 직장을 갖고 있기 때문에 부득이하게 부모와 별거하게 되었다. 장남의 가족만 부부가족이 되는 것이 아니라 농촌에 남은 부모도 부부가족을 이루게 되면서 부부가족이 더욱 급증하게 되었다(57-58).

근대 가족의 또 하나의 특징은 소인수 가족화하는 경향이다. 자녀의 양육비를 생각해서 자녀를 적게 낳다보니 가족 수가 감소하게 되었다. 더욱이 근대화를 추구하는 기간 동안 산아제한을 장려했기 때문에 자녀수는 더욱 감소하게 되었다(58).

또한 근대 도시 가족들은 농촌과는 달리 이웃과의 거리는 가깝지만 서로 정(情)을 주고받는 관계는 개발하지 못한 채 가족이 고립화되는 특색을 나타낸다(58). 아파트의 경우에도 앞집, 위아래 집에 누가 있는지도 모르고 서로 인사도 주고받지 않는 서먹서먹한 관계를 맺고 지내는 경우가 많다. 남편들은 직장에서 퇴근해서 잠만 자고 다시 직장으로 출근하다 보면 이웃이 누군지도 모르게 된다. 집이란 그저 잠만 자는 곳이 되고 아파트촌이 베드타운화 되는 경향이 있다. 지역사회로서의 공동체성을 상실하게 된 것은 큰 손실이라고 생각된다. 아이들의 경우에도 집 밖으로 나가도 같이 놀 또래 친구들을 발견하기 힘들다고 한다. 온갖 학원 수업을 쫓아다니느라 또래들과 어울려서 노는 풍속이 사라진 것이다.

위에서 언급한 특징은 외형상 드러나는 변화인데 반해서 내적으로 드러나는 변화 또한 무시할 수 없다. 근대 가족으로 변화하는 과정에서 남녀유별의 원칙이 더욱 강화되는 성향을 볼 수 있다(59). 남자는 전적으로 외부에서 활동하고 직장에 충실하게 되면서 여자의 역할은 점점 더 커져서, 관청을 출입한다든가 은행을 출입하는 등의 바깥일도 여자들의 몫이 되었다. 또한 아버지가 바깥일에 몰두하는 가운데 집에서 자녀들과 함께 하는 시간을 내기 힘들게 된 반면 여자들은 자녀 교육까지 감당하게 되었다(59).

여자들은 편리한 기계들 덕택에 식생활, 의생활 등 경제적인 면에서 많이 편해졌지만 가족 휴식의 기능을 떠 앉게 된 점은 부담으로 작용한다(60). 전통 가족에서는 '말 다니기' 등을 통해서 충분한 휴식과 여가를 즐길 수 있었다. 가족들은 이웃들과의 교류를 통해서 마을 내에서 휴식과 여가시간을 가질 수 있었다. 반면 심리적 이웃이 없는 근대 가족은 가족 내에서 그러한 기능이 충족되어야 한다(61). 전통 가족에 없던 새로운 역할이 추가된 것이다. 하지만 문제는 그처럼 새롭게 추가된 역할을 감당할 만한 준비기간이 너무 부족했다는 것이다. 부부 간의 관계가 더욱 친밀해지고 상호간에 인격적으로 존중하는 관계를 개발할 것이 요구되지만 그러한 새로운 행위 유형을 습득하기에는 변화의 속도가 너무 빨리 진행되었다(62). 그리하여 기대와 현실 사이의 괴리로 인하여 가정이 재충전의 장소가 되기보다는 오히려 새로운 갈등을 유발시키는 곳이 될 우려가 높아졌다.[36)]

자녀들은 부부재현상(父不在現象)과 모(母)의 새로운 역할에 대한 부적응 가운데 부모나 선생보다도 TV에게서 많은 영향을 받게 된다(63). 전통가족에서는 사회전체의 교육 이념도 부모의 말씀이나 선생님의 말씀이나 모두 같은 내용인데 반해 근대가족에서는 친구, TV 등과 같은 곳에서 윗세대가 주는 것과는 전연 다른 차원의 메시지에 접하게 된다(63). 그리하여 부모 세대와 자녀 세대 사이에서 사고방식이나 가치관이 단절될 위험이 크다. 부모와 자녀간의 의사소통이 단절되고 자녀가 부모에 대해서 불만을

---

36) TV 시청에 있어서도 스포츠를 선호하느냐 드라마를 선호하느냐에 따라서 갈등이 발생할 수 있다. 함께 TV를 보는 경우에도 TV에 집중하느라 상대방과의 인격적인 교류는 힘들게 된다. 게다가 각자 다른 방에서 TV를 시청한다면 그것은 그나마 짧게 주어진 가족과 함께 하는 시간을 더욱 축소시키는 일이 된다.

갖게 될 때 자녀들은 부모에게 반항하거나 가출을 하게 되며 심지어는 비행을 저지르기도 한다(63). 근대 가족에서 부부 문제는 자녀 문제로 이어진다.

또한 근대가족에서 심각하게 문제시되는 것이 노인 문제이다(64). 장남 가족과 떨어져서 따로 지낸다는 마음의 준비도 없이 지내온 노인부부의 경우, 장남 부부가 부양을 거부할 때 큰 충격을 받게 된다(64). 급변하는 문화 속에서 가족 제도도 빠른 속도로 변화해 가고 있다. 가족 구성원들이 급변하는 환경에 적응하는 것은 쉬운 일이 아니다. 이처럼 급변하는 환경 속에서 많은 가정이 깨어지는 아픔을 겪기도 한다. 또한 부부관계의 문제가 자녀문제로 노인문제로 그 파장을 넓혀나가는 것을 보게 된다.

⑥ '마을'의 변화

근대화는 가족이 거처하는 지역사회, 즉 '마을'의 모습도 변모시켰다. 급격한 도시화로 인해 새로운 도시가 생겨나고 인구의 이동으로 인해서 도시는 도시대로, 농촌은 농촌대로 또한 도시 근교 지역은 그곳대로 연쇄적으로 변화의 과정을 밟아가고 있다. 빌딩 숲이 하루아침에 형성되는가 하면, 빈곤 지역이 생겨나고, 농촌의 공동화 현상이 나타나는가 하면 도농복합도시가 새롭게 형성되는 등 변화의 무풍지대를 찾아보기 힘들게 되었다.

앞 장에서 살펴보았던 대가족 분위기를 형성하며 동고동락하던 지역공동체로서의 '마을'의 모습은 점차 찾아보기 힘들게 되었다. 그것은 농촌 마을도 예외는 아니다. 젊은 층이 대거 이출함으로써 농촌 마을은 활기를 잃어가는 가운데 새로운 문제에 직면하고 있다. 농촌인구가 급속도로 노령화되는 동시에 극심한 노동력 부족 현상을 드러내고 있다(임희섭 1994: 77). 또한 농촌의 인구구성은 성별구성에서도 크게 왜곡되어 장년층에서는 여성이 많고 청년층에서는 여성이 적어 혼인적령기의 농촌청년들이 결혼을 하지 못하는 사태가 발생했다(78).

농민들은 60년대 이후 공업화 과정에서 농업의 상대적인 저성
장과 일관성 없는 농정으로 인한 거듭된 농축산물의 가격변동, 그
리고 농산물시장 대외개방압력 등으로 상실감과 소외감을 크게
맛보았다. 전통적으로 유지되어 오던 '농자천하지대본'이라는 자
긍심을 거의 상실하게 되었다(78). 더욱이 농촌에서의 지역개발
사업의 대부분이 지역주민의 참여와 주도에 의해 이루어지지 못하
고, 개발사업의 진행과정에서 외지인들이 몰려오고 현지주민들은
밀려나는 가운데 오히려 농촌공동체가 해체되는 쓰라린 경험도 맛
보았다(79). 현지 주민들은 어느 정도 오른 땅값을 받는 것으로 만
족하고 다른 거주지와 생업을 찾아 자신들의 고향을 떠나게 되는
것이 지금까지 대부분의 지역개발 사업이 가져온 결과였다(80).

반면 학업을 위해 혹은 직장을 찾아 도시로 이주하여 정착한
도시 주민들도 지역사회에서 새로운 공동체를 창출하기보다는 끊
임없이 분주하게 이주해야만 하는 유랑민적 성격을 강하게 나타
낸다. 직장의 이동에 따른 거주지 이동은 불가피하다고 할지라도
그 외에 자녀 교육과 개발 이익을 쫓는 추세에 따라 도시 내에서
이동은 더욱 빈번해지고 있다(82). 그리하여 도시 주민들의 경우
에 대부분이 자신들의 새로운 거주지를 공동체로 받아들이려 하
지 않고 공동체성을 상실한 채 도시 지역사회를 하나의 '이익사
회'(Gesellshaft)로만 인식하는 경향이 있다(80). 특별한 이해
관계가 일치되기 전에는 함께 움직이는 경우를 찾아보기 힘들게
되었다.

도회지로 인구가 몰리는 가운데 새로운 거주지역이 생겨나지만
그곳은 전통적인 마을과 같은 인정과 따스함이 스며 있는 곳이라
기보다는 베드타운화 하는 경향이 강하다. 밤에 들어와서 잠만 자
고 아침이면 떠나는 하숙촌과 같은 모습의 거주단지들을 보게 된
다. 하지만 그러한 도시민들 속에도 공동체에 대한 향수가 강하게

남아 있다는 것은 설날이나 추석 명절에 인구의 절반에 해당되는 사람들이 고향과 친지를 찾아 대이동에 나서는 모습 속에 잘 드러난다(80). 고향에 돌아가서 사랑과 정을 흠뻑 나누고 돌아오는 가운데 "이 때만 같아라"라는 고백이 절로 솟아나게 된다.[37]

도시인들이 살고 있는 지역사회는 대부분 낯선 사람들이 살고 있는 거주지역일 뿐이며 그들의 일상적인 공동체 욕구를 충족시키는 집단은 지역사회가 아닌 다른 집단들이다(80). 혈연, 지연, 학연 등과 같은 개인적인 연고에 의해 유대 되는 사적 연줄망(personal network)이 '마을'이 갖던 기능을 대체하고 있다(80-81). 가정의 경조사가 있을 때에도 이웃집 사람들보다는 사적 연줄망 속의 친척, 친구, 친지들의 도움을 받는 것이 보다 일반적이다(81). 반면 대부분의 도시인들은 자신이 속한 지역사회에 대해서는 충성심이나 유대감, 동일시 감정 등을 갖지 않는다. 지극히 개인주의적인 태도가 팽배하여 지역사회의 일은 관청이 알아서 할 일이라고 간주한 채 무관심으로 일관한다(81). 이러한 가운데 도시 지역 개발 및 재개발 사업의 경우도 농촌 지역과 마찬가지로 현지의 오래된 주민들을 다른 지역으로 내보내고 그 대신 끊임없이 개발이익을 찾아 투기하는 개인적, 가족적, 집단적 이기주의자들만을 불러들임으로써 오히려 공동체의 해체에 일익을 담당하는 형편이다(82-83).

한편 대도시 주변의 농촌들은 개발 계획을 제대로 수립할 틈도 없이 군소 아파트, 공장, 그리고 물류 단지들이 무분별하게 몰려드는 가운데 난개발로 인한 몸살을 앓고 있다. 새롭게 도로가 개통되면 보상을 받은 '원주민들'은 뿔뿔이 흩어지고 도로 주변으로 음식점, 점포 등이 들어서면서 '원주민들'과 '이주민들'로 이원화된 지역사회가 형성된다. '원주민들'과 '이주민들'은 근거리에 살면

---

37) 이 표현은 2009년도 추석 명절을 지낸 후에 어느 일간지 칼럼니스트가 밝힌 소회에 나오는 내용이다.

서도 전혀 섞이지 못한 채 지낸다. 이것은 소형 아파트들이 들어서는 곳에서도 마찬가지이다. 새롭게 이주해 들어오는 이주민들과 원주민들은 전연 물과 기름처럼 섞이지 못하는 형편이다. 더욱이 전세 입주자들의 경우는 빠르게 이주해 나가므로 친해질 겨를도 없다. 도회지 주변의 전원마을의 경우도 마찬가지이다. 이주민들이 많은 숫자를 차지해도 원래부터 공동체를 유지해오던 소수 원주민들이 이장 선출을 비롯한 제반 마을 일들을 주도하는 형국이고 이주민들은 뿔뿔이 흩어진 채 단합되지 못하는 모습을 드러낸다. 오늘날 이웃을 잃어버린 지역사회들이 예전의 '마을'공동체의 모습을 되찾는 길은 무엇인지 심각하게 질문하지 않을 수 없는 처지가 되었다.

3) 근대화 과정의 폐해

경제 성장을 통해서 얻게 된 혜택들에 관해서는 앞에서 살펴본 경제, 교육, 보건 등 모든 면의 수치상의 변화를 통해서 분명히 알 수 있었다. 근대화를 통해서 후진국형의 경제 구조, 교육 환경, 보건 환경이 선진국형으로 바뀌어가는 것을 볼 수 있었다. 이처럼 한국은 근대화 과정을 거치면서 경제성장과 더불어 인구, 교육, 의료, 보건 등 모든 면에서 놀라운 변화를 이루었지만 그 과정에서 발생한 각종 폐해 또한 간과할 수 없다. 특히 한국의 근대화 과정은 정부 주도적으로 성과 지향적으로, 무리하게 진행되는 가운데, 소외되거나 피해를 입은 계층들이 많았으며, 많은 사회적 문제가 야기되고, 부작용 또한 컸다. 산업화가 가져오는 긍정적인 측면도 컸지만, 입시과열, 가치관의 혼란, 산업화 과정에서 자연 자원의 소모, 자연 환경의 훼손, 도시 생활의 생태적 오염과 인간관계의 변질 등 부작용이 나타나기도 하였다(김경동 1983: 115).

특히 교육 부문에서 나타나는 문제는 입시위주의 교육이 치열한 경쟁을 불러오고, 교육이 단지 신분상승을 위한 도구 또는 권력과 부를 획득하는 수단으로 자리 잡게 되었다는 점이다(임현진 외 2003: 208). 입시위주의 학습과정은 많은 청소년들에게 심각한 스트레스로 작용하고, 성적비관자살과 같은 비상식적인 행태를 산출하고 있다. 또한 취직이 어려운 시대적 여건과 맞물리면서 대학마저 취직을 위주로 하는 교육의 현장이 되는 경향을 보인다(208-209). 취업에 유리한 일부 학과에 학생들이 몰리고 그 밖의 인문과학과 기초과학분야의 여러 학과는 학생들로부터 외면당할 뿐만 아니라, 대학교 2학년부터 본격적인 취업준비 위주의 교육에 몰두하는 학생들이 많아지고 있다(209-210).

특히 공교육의 낙후성과 과열된 입시분위기로 말미암은 사교육 부문의 과잉 비대화는 국민 전체에게 엄청난 교육비 부담을 안겨주고 있다(210). 2000년 통계에 의하면, "소득에 비해 자녀 교육비가 부담이 된다"고 느끼는 국민이 66.7%를 차지하여(매우 부담 24.2%, 약간 부담 42.5%), "보통이다"의 24.2% 혹은 "부담이 되지 않는다"의 9.1%(별로 부담이 안 됨 7.5%, 전혀 부담 안 됨 1.6%)에 비해 압도적으로 높은 비율임을 나타낸다(211-212). 이러한 사교육비의 주된 부담요인에 대해서도 62.9%가 '각종 과외비'라고 응답함으로써, 사교육비문제의 핵심은 바로 심각한 과외열풍에 있음을 보여 준다(212).

또한 경제성장 위주의 근대화를 추진하는 가운데 소홀히 할수밖에 없는 부분은 사회복지 분야이다. 사회복지 분야의 안전망이 갖추어지지 못한 상태에서 경제발전을 추진하는 가운데 희생되거나, 경제성장의 혜택으로부터 소외된 계층들이 생겨나고 심각한 사회적 갈등을 초래하기도 했다. 특히 저소득계층 및 노인층 그리고 장애계층 등 소외계층의 열악한 삶의 환경에 대한 공적 부조는 극히 취약한 실정이고, 의료보험, 사회연금 등과 같은 전 국민을 대상으로 하는 사회보험제도가 극히 낙후된 수준에 머무르고 있다(213).

어느 사회학자는 이러한 발전 모델을 '압축적 근대화 패러다임'이라고 일컫는다(임현진 외 2003: 227). 옆과 뒤를 돌아보지 않고 앞만 보고 질주함으로써 빠른 시일 내에 놀라운 양적 성취를 이루어 내었지만 그 과정에서 국민들의 삶의 질은 안중에 둘 수 없었다는 것이다(228). 그리하여 앞에서 지적한 바와 같은 소외계층 양산, 입시 과열, 사회복지 분야의 안전망 미비, 환경 파괴와 같은 과제를 남겨 놓게 된 것이다.

2. 서구의 과학적 세계관

산업화 과정은 경제적이고 물질적인 면의 변화에 초점을 맞춘다. 근대화로 인해서 물질적인 면에서 많은 혜택을 입은 점은 그 누구도 부인할 수 없을 것이다. 또한 근면하고 성실하게 일함으로써 "하면 된다"는 자신감을 갖게 된 것도 근대화 과정에서 얻게 된 큰 수확이라고 할 수 있다. 하지만 근대화 과정을 거치면서 의식적인 면에서 지나치게 물질 중심적이고 황금만능주의적인 가치관이 자리 잡게 된 점은 반성을 요하는 대목이다. 또한 경제에서의 성과를 중시하는 모델이 삶의 각 분야에 성공 모델로 자리 잡게 됨으로써, 수단방법을 가리지 않고 목표를 성취하려는 성과 지향적 내지는 업적 지향적 태도가 사회도처에 만연하게 된 것도 재검토되어야 할 점이다(임현진 외 2003: 233).

눈앞의 성과에만 집착하여서 '미래에 대한 전망'을 놓치게 되고 자라나는 어린이, 청소년과 같은 미래세대에 대한 관심과 투자가 미미한 것도 지나친 현세주의와 성과주의가 놓친 점이라고 할 수 있다(233-34). 또한 공동체의 복지보다도 나만 잘 먹고 잘살면 그만이라는 개인주의의 팽배는 공동체의 부재라는 아픔과 손실을 가져다주었다.

산업화를 수반하는 문화접변 과정에서 한국인의 의식구조는 가치관, 태도 등에서 '근대화' 혹은 '서구화'되고 있는 것으로 드러난다(김경동 1983: 118). 단순히 서구 문물만을 받아들이는 것이 아니라 서구의 산업화가 일어나기까지 그 밑바닥에서 기본원리와 관점, 조회 틀로 작용한 서구의 과학적 세계관까지 받아들인 것이다. 그러한 까닭에 한국사회와 문화의 변동을 이해하려면 서구의 근대적 사고의 틀을 형성한 계몽주의와 서구의 과학적 세계관에 대한 이해가 필요하다.

1) 계몽주의

계몽주의는 중세의 신적 권위를 부인하고 인간의 자율적 이성의 토대 위에서 새로운 세상을 만들 수 있다는 신념에 근거한다. 계몽주의는 이성의 각성과 계몽을 통하여 인간 자신만의 힘으로 새로운 세상을 만들 수 있다는 사고이다. 그러한 패러다임은 과학과 기술에 무한한 신뢰를 주며 인간의 자율적인 이성의 기능을 최대한 활용하고자 한다. 계몽주의는 근대의 과학적 세계관에 입각하여 과학과 이성을 무한히 신뢰하고 그 이외의 어떠한 권위도 인정하지 않는다. 이처럼 인간의 이성을 신뢰하고, 역사의 진보를 믿는 계몽주의는 인간 스스로의 힘으로 이 땅 위에 유토피아를 건설할 수 있다는 장밋빛 꿈에 젖어서 미래를 낙관적으로 전망했다.

계몽주의 사상가들은 이성을 매우 존중했다. 그들에게 있어서 이성이란 인간들로 하여금 실재를 온전하게 이해하게 하고 그럼으로써 자연의 온전한 지배에 이르게 하는 분석적이고 수학적인 능력을 의미하였다(Newbigin 1986: 25). 이성은 사실들(facts)로 판명된 것 이외에는 어떤 다른 권위 앞에서도 머리를 숙이지 않는다(25). "계몽주의가 무엇인가?"라는 질문에 대해서 칸트

(Immanuel Kant)는 한 마디로 "감히 알고자 하라"("Dare to know")란 모토로 답했는데 그것이 계몽주의의 핵심을 전해준다 (25). 어떠한 도그마도 알고자 하는 권리를 방해할 수 없으며 어떠한 권위도 생명, 자유, 그리고 자산에 대한 권리를 부정할 수 없다는 것이다. 여기에서 '인간의 권리'라는 새로운 개념이 중심 개념의 자리를 차지하게 되었다(26). 이처럼 계몽주의를 거치면서 현대 서구 민족들에게는 자연이 궁극적 실재로서 하나님의 위치를 대신하게 되었고, 민족 국가(nation-state)가 행복, 건강 그리고 복지를 제공하는 근원으로서 하나님의 위치를 대신하게 된 것이다(27).

전 세계의 많은 나라들이 근대화 과정을 거치면서 노동의 분업과 기계화, 시장 경제의 발전, 사적 세계와 공적 세계의 이분법, 그리고 거대한 도시들의 성장과 같은 근대 서구 문화의 특징을 공유해 가고 있다(32). 뉴비긴에 의하면, "세계의 거의 모든 나라에서 근대화하는 것은 서구적인 방식으로 사물을 보는 것과 일을 행하는 것을 받아들이는 것이다"(40). 근대화 과정을 통하여 근대 서구 문화가 현재 세계 문화로 자리를 잡아가고 있으며 어디서나 주도적인 역할을 수행하게 되었다(40).

2) 근대의 계몽주의 세계관

18세기 중엽 서구 유럽의 생각하는 사람들 가운데 새로운 세대가 왔는데, 그것의 본질적 성격은 "계몽"이라는 심오하고 널리 공유된 감정이다(23). 그들이 공유한 비전은 과학에 의해 그리고 무엇보다도 뉴턴(Isaac Newton)의 작업에 의해 알게 된 실재의 본성에 대한 비전이었다(23-24).

여기에서 '근대의 계몽주의 세계관'이란 계몽주의에 뿌리를 두고 그것으로부터 유래된 세계관을 말한다. 그것은 이성을 중시하

며 과학과 기술을 신뢰하는 특징을 갖고 과학적 관점으로 이해되
는 세상의 모습이 사실(facts)에 해당한다고 보는 총체적인 관점
을 말한다. 계몽주의 관점도 나름대로 세상에 대한 분명한 이해와
미래에 대한 청사진을 갖추는 등 자체 내에 체계를 갖추었다는 점
에서 세계관의 특성을 잘 나타내고 있다.

그런 점에서 서구의 근대 세계관을 '계몽주의 세계관'으로 부
르고자 한다. 앞에서 무속, 불교, 유교 각각을 하나의 세계관으
로 보고 그 포괄적인 면 혹은 총체적인 면을 보기 위해서 6가지 차
원으로 나누어서 살펴 본 것처럼 계몽주의 세계관도 여러 차원으
로 나누어 살펴볼 것이다. 이 표에서 의례적 차원이 생략된 것은
일명 '세속주의'로도 불리는 계몽주의 세계관에서 의례적 차원이
약하게 나타나기 때문이다. 의례적 차원이 약한 점이 계몽주의 세
계관이 다른 종교적 세계관과 두드러지게 대조되는 점이다. 그러
한 계몽주의 세계관의 여러 차원은 다음과 같이 표로 나타낼 수
있다 (표 3-1).

차원	계몽주의 세계관
교리적 차원	계몽 프로젝트, 과학과 기술에 대한 신뢰, 사실과 가치의 이원론
윤리적 차원	도덕의 자율성, 공리주의, 인간중심주의(humanism)
경험적 차원	개인주의, 환원적 해석
신화적 차원	진화론, 역사의 진보
사회적 차원	클럽(club), 회사(Corporations), 백인의 짐, 문명의 전파, 개발(development)

표 3-1. 계몽주의 세계관의 여러 차원

① 교리적 차원: '계몽 프로젝트'

서구의 계몽주의 세계관의 교리적 차원을 이해하려면 먼저 '계
몽 프로젝트'를 살펴볼 필요가 있다. '계몽 프로젝트'란 인간의 이

성에 의해서 사람들을 계몽시킬 때, 인간 사회를 유토피아로 만들 수 있다는 비전과 그러한 비전에 입각한 실천을 말한다. 계몽주의는 당시의 지식인들로 하여금 큰 그림을 볼 수 있게 해 주었다. 그들은 이성에 의한 인간의 계몽, 역사의 진보를 믿었으며 과학과 기술을 활용하여 그러한 이상 사회를 건설할 수 있다고 믿었다.

중세 사상이 신적 목적이 자연 세계의 도처에 반영된다고 보는 실재관인데 비해, 과학 작업에 의해 드러난 실재 세계는 목적에 의해 통치되는 것이 아니라 원인(cause)과 결과(effect)의 자연 법칙에 의해서 통치되는 것이었다(24). 따라서 근대 과학적 세계관의 중요한 특징 중의 하나는 사실과 가치의 세계를 구분하는 점이다. 사실의 세계는 과학과 이성에 의해서 입증될 수 있는 영역이고 공적인 세계는 이러한 사실에 입각하여 수립된다. 반면 가치는 개인적인 세계이고 이러한 영역에서 다양한 종교들이 자리 잡을 여지가 있다. 이러한 과정을 거치면서 서구 기독교는 과학적으로 입증할 수 있는 사실들에 의해서 주도되는 공적인 영역에서 밀려나서 사적인 가치의 영역으로 퇴각하게 되었고 그나마 가치의 영역에서조차 다양한 종교들 중의 하나로 전락하게 되었다(14).

이제 기독교는 서구 유럽에서 계몽주의 이전까지 누리던 기독교 국가(Christendom)의 위치를 더 이상 향유할 수 없게 되었다. 기독교 국가(Christendom)의 지위에 있을 때에 그 사회의 타당성 구조는 하나님의 존재를 당연시하고 모든 사건이나 현상을 하나님의 섭리 가운데 이해하는 것이었다. 이제 근대 과학적 세계관이 득세하는 시점에는 자연 법칙이 그 위치를 차지하게 된 것이다.

② 윤리적 차원

위와 같은 교리적 차원의 주장은 윤리적 차원에서의 논의로 이어진다. 그리하여 신적 권위에 근거하지 않은 도덕의 자율성을 추구하게 되었다. 외적 권위에 의해서 타율적으로 주어지는 규범이 없어도 자율적으로 도덕을 수립할 수 있다고 본 것이다. 칸트의 실천이성비판이 이처럼 스스로 도덕률을 세우고자 하는 대표적인 시도이다. 그리고 최대다수의 최대행복을 구하는 공리주의도 계몽주의적 사고와 맥을 같이 한다.

이처럼 인간의 이성을 높이 평가하는 사고 체계에서 최고의 가치는 인간에게 주어진다. 인간성에 대한 낙관적인 이해를 바탕으로 인간에 내재된 가능성과 잠재성을 높게 평가한다. 그리하여 가치의 근원을 인간에 두는 휴머니즘을 바탕으로 인간중심주의적 윤리를 추구하게 된다.

③ 경험적 차원: 개인주의 성향

경험적 차원에서 서구의 계몽주의 세계관은 개인의 권리를 내세우는 가운데 개인주의적인 성향을 강하게 나타낸다. 공동체의 일원으로 공동체에 소속됨으로 얻는 정체성보다는 개인으로서의 정체성을 더 강조하며 공동체는 개인의 목적을 추구하는 데에 얼마나 도움을 주느냐에 따라서 평가된다. 그래서 개인의 목적을 추구하는 데에 도움이 되는 클럽(club)과 같은 자발적 결사체들이 많이 생겨나게 된다.

서구의 과학적 세계관을 끝까지 밀고 나가면 초월적인 영역마저 부정하게 된다(Smart 1996: 100). 그러할 때 인간은 물질적인 우주(material cosmos)에 갇혀 있는 존재로 이해된다(100). 신에 대한 관념은 인간 자신의 투사로서 해석되며 인간들의 종교 체험에 대해서도 무의식이나 사회적인 현상에 기인한 것으로 간주된다. 그들의 전제가 우주 밖에 있는 초월적인 존재를 부정하므로 자연히 종교 체험을 대할 때에도 심리적 혹은 사회적 원인에 기인한 것으로 해석하는 경향을 띠게 된다(101).

④ 신화적 차원: 진화와 진보

근대 계몽주의 세계관은 진화론적 사고와 맥락을 같이 한다. 진화론은 세상을 해석하는 또 하나의 관점을 제공한다. 그것이 비록 과학적 자료들에 근거하고 있지만 또한 동시에 세상에 대한 전제에 근거한 주장이다. 진화론자들 또한 눈에 보이는 세상이 전부라는 검증될 수 없는 전제를 받아들이고 있다. 창조론자들이 창조를 믿음으로 받아들이는 것과 같이 진화론을 받아들인다는 것은 사실을 수용하는 것이 아니고 하나의 관점을 신앙하는 것이 된다.

또한 계몽주의 세계관에서 '역사의 진보'를 믿는 것도 일종의 신앙에 해당된다. 19세기 중반까지 낙관론적 진보 사관이 팽배하였다. 곧 유토피아가 이 땅 위에 이루어진다는 장밋빛 낙관론에 근거하여 미래를 전망하였던 것이 계몽주의적 역사관이었다. 하지만 역사적 현실은 그러한 비전이 인간의 또 다른 어두운 면을 보지 못했다는 것을 말해 준다.

⑤ 사회적 차원: '이익집단'

앞에서도 보았듯이 계몽주의적 세계관에서는 개인이 사회보다 더 중시되는 면이 강하다. 그래서 상호간의 취미나 관심사가 비슷한 사람들끼리 자발적으로 형성하는 클럽이 활성화된다. 그리고 개인들이 모여서 계약에 의해서 관계를 맺고 이익을 추구하는 회사 형태가 발달하며 회사에서는 상호간에 인격적인 관계를 맺는 것 보다 조직 내에서 필요로 하는 기능 내지 역할을 제대로 감당하는 것이 더 중시된다. 공동체보다는 이익집단의 성격이 강한 회사의 일원으로서 조직이 요구하는 역할을 제대로 수행할 때 조직으로부터 인정받게 된다.

계몽주의적 관점은 자신들이 이룩한 문명화된 사회를 가장 발전된 사회로 보았다는 점에서 '자민족중심주의'를 못 벗어났다. 서구인들은 '백인의 짐' 내지는 의무감을 느끼며 전 세계를 상대로 자신들의 문명을 퍼뜨려야 한다고 생각했다. 그리하여 서구 문명을 전파하며 전 세계를 상대로 계몽해서 낙후된 지역과 민족들을 개발시킬 수 있다는 낙관론에 입각해서 전 세계로 진출했다. 하지만 그러한 명분의 배후에는 노예제도, 식민주의, 인종차별, 전쟁 도발 등 얼룩진 현실의 그림자가 길게 드리워져 있다. 지난 역사는 상대편의 문화 전통을 무시한 채 서구인 주도적으로 개발을 밀어 붙이는 것은 결국 실패로 끝나고 오히려 새로운 문제를 야기한다는 교훈을 남겨 주었다. "네 속의 들보를 먼저 빼어 내라"는 주님의 말씀에 귀 기울이지 못하고, 먼저 "남의 눈의 티를 빼는" 가운데 오히려 전 세계에서 다수를 차지하는 민족들(Majority World)에게 큰 상처를 남긴 점은 반성이 요구되는 대목이다.

3. 정보화와 세계화

오늘날의 한국은 근대화를 성공적으로 달성함과 동시에 민주화까지 이룩한 유례없는 사례로 국제사회로부터 높은 평가를 받고 있다. 짧은 시간 내에 급속한 변화를 경험한 한국사회는 숨 돌릴 틈도 없이 계속해서 변화의 소용돌이 속을 헤쳐 나가고 있다. 특히 정보화의 빠른 진전은 한국사회를 급속도로 변모시키고 있다. 인터넷의 보급으로 인한 정보화의 여파는 정치와 경제를 비롯한 각 문화 영역으로 광범위하게 확산되고 있다.

정보화와 더불어 세계화 또한 앞으로 더욱 심화되어갈 전망이다. 세계가 하나의 거대한 시장으로 변모하며 인구 이동이 급증하는 가운데 세계화는 전 지구적으로 엄청난 파장을 일으킬 것으로 전망된다. 우리나라도 세계화로 인해서 외국인 근로자들이 들어오고 결혼 이주 여성들이 들어오는 가운데 다문화 가정이라는

새로운 형태의 가정과 '코시안'이란 새로운 한국인 범주가 만들어
지고 있다.

1) 정보화

한국은 정보화의 과정을 거치는 데 있어서 산업화와 마찬가지
로 후발주자로 뛰어들었지만, 단기간에 놀라운 신장세를 보여 주
고 있다(박길성 2003: 189). 정보화란 "정보의 생산 및 유통량이
점점 늘어나면서 이를 효율적으로 처리하거나 분배할 수 있는 기
술이 고도화되고, 경제적으로나 사회적으로 정보의 가치가 커지
는 과정"이란 말로 정의된다(배규한 1999: 452). 이 땅에서 정보
화 과정은 컴퓨터와 인터넷, 그리고 핸드폰을 비롯한 정보통신기
기의 보급과 결코 무관하지 않다. 한국사회는 정보 통신 기기 산업
이 발전하고 각종 관련 과학기술자와 교육자가 크게 증가되는 가
운데 정보서비스의 대량소비 단계로 나아가고 있다.[38]
한국에서 컴퓨터라는 용어가 처음 등장하기 시작한 것은 1967
년도였다. 1960년대 말에 대학과 연구소에 컴퓨터가 도입되기 시
작하여, 1970년대 들어와 거의 모든 4년제 대학과 주요 연구소
에 대형 또는 중형 컴퓨터가 설치되었다(469). 그리고 1980년대
중반 애플사의 8비트 컴퓨터가 국내에 시판되기 시작하고, 80년
대 말에는 16비트 컴퓨터가 보급되었으며, 컴퓨터 통신도 붐을 이
루게 되었다(박길성 2003: 191). 1980년대 후반부터 전자공간
이 형성되기 시작해서, 컴퓨터들이 네트워크로 연결되기 시작했
다. 그리하여 마침내 1990년대에 인터넷 연결이 이루어졌다(배규
한 1999: 469). '월드와이드웹(www)'은 90년대 초반 미국에서
사용량이 폭발적으로 늘면서 이른바 '인터넷 시대'를 열게 되었으

---

38) 네이스빗과 같은 학자는 1990년대의 세계는 산업사회에서 정보사회로 바뀌어 가고
있다고 주장했다 (배규한 1999: 452-53).

며 한국에서는 1994년부터 상용인터넷 서비스가 시작되었다(박길성 2003: 191-92).

그 이후 PC 보급, 인터넷 사용자, 휴대폰 사용자의 증가 추세는 획기적이었고 2001년 현재 한국은 정보화수준에 있어서 세계 16위에까지 도달함으로 정보화 추세는 가파른 상승세를 나타낸다(77). 2001년 당시, 전자화 지표상으로 인터넷 사용인구 비중은 세계 3위이고 전자 정부는 세계 최고라는 평가를 받았다. 한국의 인터넷 사용자는 1999년 1천만 명을 넘고, 2001년에 2,400만 명을 돌파하여 인터넷 사용자가 전체 인구의 50%를 상회하는 놀라운 기록을 보여준다(189). 이러한 정보화 과정은 특히 80-90년대에 성장하는 세대였던 N세대의 출현에 거시적 배경을 제공했다(189).

이처럼 정보 사회로 진입한다는 것은 재산보다도 지식과 정보가 권력의 기반으로 기능한다는 것을 의미한다(배규한 1999: 460). 이러한 변화는 산업구조와 직업 형태상의 변화 뿐 아니라 새로운 차원의 사회제도와 문화를 형성해 나가는 계기도 된다.

또한 정보통신기술의 발달은 세계적 차원의 네트워크 구성을 가능하게 함으로써 공간적 제약을 극복하게 할 뿐 아니라 커뮤니케이션의 시간적 제약까지 극복할 수 있는 토대를 제공해 준다(466). 컴퓨터 네트워크를 통하여 형성되는 전자공간은 시공을 초월하여, 참여자의 범위에 무한한 융통성을 허용한다. 이러한 변화된 환경을 바탕으로 이전에 존재하지 않았던 새로운 형태의 교육, 비즈니스 등이 등장하면서 산업구조와 조직문화의 변화는 물론 일반인들의 생활양식도 변모되어 가고 있다(466-67).

정보사회의 사회관계는 시공간의 제약에서 벗어난 만큼 교류의 범위가 무한하며, 직접 대면보다는 비대면적 접촉이 주를 이루고, 일방적이기보다는 쌍방향적이고, 폐쇄적이기보다는 개방적이고, 지속적이기보다는 일시적이고, 긴 시간을 요하기보다는 단편적이고, 상대적으로 정서적 몰입이 배제되는 특징을 띠면서, 새로운 정치적, 사회적 파장을 낳고 있다(박길성 2003: 52). 특히 2008년 쇠고기 파동과 촛불시위는 인터넷 공간의 활용과 쌍방향 소통을 통해서 기존 매체를 능가하는 커뮤니케이션이 가능하다는 점을 주지시킨 사건이었다. 그 사건은 동영상으로 현장을 촬영하고 무선인터넷으로 그 화면을 동시에 전송함으로써 현장 상황을 생중계하는 새로운 시위 문화를 선보인 사건이었다. 이 때 사용자 참여 중심의 인터넷 환경을 뜻하는 '웹2.0'이란 말이 새롭게 유행하게 되었다.[39] 또한 온라인상으로 형성되는 '온라인 공동체(on-line community)', '가상 공동체(virtual community)' 등은 전통적인 지역사회 공동체가 와해되어 가는 이때에 새로운 관심의 영역으로 부상하고 있다(85-86).

이처럼 정보기술혁명은 1970년대부터 시작하여 불과 20~30년도 채 되기 전에 전 지구로 확산되면서 새로운 사용자와 시장을 형성해 가고 있다(66). 또한 신기술의 개발에 엄청난 투자가 요구되기 때문에 여러 나라의 기업체들 사이에 전략적 제휴나 기업 간 네트워크를 촉진시키고 있다(72). 앞으로 정보화의 파급효과가 어떠한 형태로 전개될지 귀추가 주목된다.

다음에 살펴볼 세계화는 정보화의 추세와 무관하지 않은 것으로, 정보화와 더불어 지구상의 여러 나라들에 커다란 변화의 파도를 일으키고 있다(배규한 1999: 455).

2) 세계화

제2차 대전 이후의 서구 자본주의 국가와 사회주의 국가의 양극적인 대립을 특징으로 하는 냉전체제는 1989년 소련 제국의 붕

---

39) "인터넷상에서 정보를 모아 보여주기만 하는 웹 1.0에 비해 웹2.0은 사용자가 직접 데이터를 다룰 수 있도록 데이터를 제공하는 플랫폼이 정보를 더 쉽게 공유하고 서비스 받을 수 있도록 만들어져 있다" (네이버백과사전).

괴와 더불어 막을 내리고 전 세계가 경제적인 측면에서 상품 판매와 소비를 중심으로 움직이는 시장 원리에 따라 재편되는 현상이 일어났다(Escobar 2004: 63-64). 냉전체제의 붕괴는 단순히 동서 이데올로기의 종식을 넘어 신자유주의와 시장의 지배로 이어졌다(박길성 2003: 30). 세계의 거의 모든 나라들이 자본주의 시장경제체제에 편입되면서 세계경제의 개방화와 통합화는 하루가 다르게 빠른 속도로 진행되었다(안병영 2000: 25).

세계화는 매우 복합적인 현상들이 교차하면서 생겨나는 추세를 나타내는 말로서 다양한 방향에서 접근될 수 있다. 김영삼 정부는 세계화에 대해서 매우 낙관적인 전망을 갖고 이를 국정지표로까지 내세우면서 하루 빨리 우리 삶의 모든 영역을 세계화해야 한다는 입장을 내세웠다. 하지만 철저한 준비가 이루어지고 개혁이 동반되지 못한 상황에서 무분별한 규제 철폐로 금융시장의 빗장이 풀리면서 외환위기를 맞이하고 'IMF(International Monetary Fund)'의 구제 금융을 받아들이는 상황에 몰리게 되었다. 그리하여 IMF 관리 체제 아래에서 구조조정을 강요당하는 혹독한 대가를 치렀다(안본영 2000: 42-46).[40]

① 세계화의 파급효과

세계화가 미치는 파장과 전망과 관련하여 다양한 방향에서 다양한 견해와 평가가 제시된다(Arujo 2004: 112).[41] 세계화의 핵심요소로 제시되는 것은, 첫째, 세계화는 기본적으로 경제적 이유에 의해 야기된다는 것이고, 둘째, 세계화는 인간의 문제를 해결하기 위한 최상의 토대는 급속한 경제성장과 효율성에 의해 고

---

40) 박길성은 "유입된 자본을 생산적 사용처로 이끌 수 있는 적절한 경제 관리시스템 없이 금융시장을 국내외 단기 투자자들이 마음껏 휘젓고 다닐 수 있도록 개방한 것이 외환위기의 가장 직접적인 화근이었다"고 주장한다 (박길성 2003: 4-5).

41) 세계화에 대한 많은 논의에도 불구하고 세계화에 관해 모두가 수긍하는 합의된 이론이나 평가는 없는 실정이다. 그 이유는 "세계화의 구성과 내용이 매우 다차원적이며, 동시에 세계화의 각 차원이 독자적인 논리를 지니고 있기 때문"이다 (박길성 2003: 20-21).

취된다는 것이며, 셋째, 세계화는 강력하게 서구적인 성향을 띠고 있으며, 주로 미국의 문화적 흔적을 반영하며, 넷째, 세계화는 주로 최근의 커뮤니케이션 테크놀로지의 발전에 의존하고, 다섯째, 세계화는 자유 시장 자본주의의 전통에 서 있는 사람들과 커뮤니케이션 테크놀로지를 선도하는 사람들을 선호한다는 것이다(113).

많은 학자들이 세계화를 20세기 말과 21세기 초의 우리 삶을 규정하는 가장 강력한 흐름으로 파악한다(안병영 2000: 25; 박길성 2003: 23). 특히 톰 사인(Tom Sine)은 세계화를 상징하는 말로 '맥세상'이란 표현을 사용한다. 맥도날드 상표는 이제 코카콜라 상표를 앞질러 전 세계에 가장 잘 알려진 상표가 되었다. 그는 미래에 있어서 우리의 삶, 가정, 교회, 그리고 세상의 모습을 형성할 가장 큰 세력을 세계화로 보고 있다(Sine 2001: 29, 31, 75). 현재 상황은 자본, 재화, 노동, 정보, 문화가 국경을 넘어 전 지구적으로 교류, 확산되며, 글로벌 생산 네트워크가 형성되고, 금융체제의 세계화가 급속도로 진행되는 상황이다(안병영 2000: 25).

세계화는 무엇보다도 먼저 경제적 세계화로 규정지을 수 있을만큼 경제 분야에 미치는 파급효과가 가장 크다. 새롭게 전개되는 환경 속에서 정보통신기술의 발달과 정치, 경제적 환경의 변화는 국가 간 경제협력의 필요성을 급속하게 증대시키고 있다(배규한 1999: 454-55). 또한 국가 간의 경제활동의 상호의존이 심화되는 동시에 국가 간의 경쟁도 날이 갈수록 치열해져서 무한경쟁시대로 치닫고 있다(안병영 2000: 26). 또한 증가하는 세계시장의 불확실성에 대처하기 위해 기업들도 기업 간 연합, 조인트 벤처(joint venture), 아웃 소싱(outsourcing), 상품체인(commodity chain)과 같은 탈중심적이고 네트워크화된 조직형태를 갖추는 등 기업 간의 협력을 강화하고 있다(박길성 2003:

44-45).

세계화는 경제 영역에 미치는 영향 외에도 우리의 삶에서 '시-공의 개념'을 급진적으로 변화시키고 있다(안병영 2000: 25). 많은 사람들이 지구촌을 휩쓰는 미국문화의 위력을 목도하고 있다. 맥도널드 햄버거와 코카콜라, 24시간 뉴스인 CNN, 음악채널 MTV, 그리고 할리우드 영화, 미국 드라마[42]로 대표되는 미국문화는 이제 전 지구적으로 확산되고 있다(안병영 2000: 36). 우리나라 도시에서도 미국식 레스토랑들과 커피숍뿐만 아니라, 헬스클럽, 대형 쇼핑 매장들이 줄지어 들어서는 것을 보게 된다.

② 세계화의 혜택과 폐해

오늘날의 세계를 사는 우리는 세계화가 가져다주는 혜택을 누린다. 세계 각처로부터 쏟아져 나오는 다양한 상품들을 이전보다 손쉽게 구입할 수 있고, 세계 어떤 곳으로도 자유롭게 여행할 수 있게 되었다. 해외여행이 자유화되는 가운데 해외 노동자와 해외 이민 그리고 국제결혼 등을 통한 세계적인 이주 현상은 세계를 더욱 다문화 상황으로 변모시키고 있다(Pocock et al. 2008: 29). 오늘날은 다른 나라에 있는 사람들과 보다 쉽게 통화할 수 있으며 새로운 기술들에도 쉽게 접할 수 있다(Sine 2001: 30-31).

그렇지만 세계화는 혜택뿐만 아니라 심각한 문제를 제기하기도 한다. 가장 큰 문제는 세계화 과정이 전개되면서 세계화 과정의 혜택을 입는 계층과 그렇지 못한 계층 사이에 양극화가 심화된다는 것이다. 세계화는 첨단 정보를 활용하여 거액의 돈을 전 지구상으로 이동시키면서 부를 확장해 나가는 사람들에게는 기회로 작용하지만, 가난한 사람들은 이러한 기회를 활용하는 것과는 거

---

42) '미국 드라마'는 미국에서 제작된 드라마를 일컫는 말로서 줄여서 '미드'란 말로 사용된다 (위키백과).

리가 멀다(박길성 2003: 23). 세계 시장이 확대됨으로 고품질의 제품을 싸게 구입하는 장점이 있는 반면, 지역시장, 작은 상점, 지역문화가 파괴되는 부정적인 면 또한 크다(22). 따라서 세계화의 격류에 휘말려 낙오되는 사회적 패자를 보살피는 일이 국가에게 주어진 주요한 과제로 부상하고 있다(안병영 2000: 52). 또한 치열하게 경쟁으로 치닫는 가운데 환경과 생태계를 훼손하는 문제도 심각하다(35).

세계화는 자유 기업과 자유 무역을 위한 세계적 체제를 마련하는 것을 넘어서서 그러한 체제를 뒷받침하는 의도와 가치관을 내포하고 있다는 점에 관심을 기울일 필요가 있다(Sine 2001: 32-33). 세계화를 적극적으로 옹호하는 자들은 경제 성장과 경제 효율성을 최선으로 규정하는 사고방식에 의거하여 국경을 초월한 경제 질서를 구축하는 것이 최상의 결과를 가져다 줄 것이라고 전망한다(75). 지난 수십 년간 상업 무역이 국제화되는 과정에서 현대 서구 사회의 가치관과 취향이 일시에 세계로 수출되면서 세계 전역에 있는 사람들의 삶에서 무엇이 가장 중요하고 가치 있는가를 재설정하는 역할마저 수행하는 실정이다(33). 이들은 궁극적인 가치까지도 경제적인 측면에서 규정하고자 하는 경제주의(Economism)의 신봉자들이다(100). 문화적인 의미나 가치의 주된 원천으로 경제적 목적이나 요인을 으뜸으로 꼽게 될 때, 인간을 포함한 피조물의 대부분이 점차 가격이 책정되는 상품으로 전락되지는 않을까 우려되는 상황으로 가고 있다(100).

3) 다문화 사회로 진입하는 한국사회

세계화와 관련해서 주목하지 않을 수 없는 점은 급격한 인구 이동과 이주 현상이다. 우리나라도 이러한 세계화의 흐름과 무관하지 않다. 많은 외국인 근로자와 결혼이주여성들의 유입으로 인하여 우리나라도 빠른 속도로 다문화 사회로 변모해 가고 있다.

국가 간의 경제적인 격차는 소득수준이 낮은 국가로부터 높은 국가로의 이주 요인을 제공한다. 노동인력의 유입과 더불어 결혼이주여성들이 증가하는 현상은 우리 사회의 외형을 바꾸어 가고 있으며 한국사회가 직면해야 하는 새로운 도전을 제기하고 있다.

행정안전부의 2009년 통계 보고에 의하면, 국내 거주 외국인 주민이 2009년 5월 1일 현재 110만 6,884명으로 주민등록 인구(4,959만 3,665명)의 2.2%이며 지난해 보다 24.2%(21만 5,543명) 증가했다(한국염 2009: 583). 이렇게 이주민이 백만 명을 넘어서게 되는 시대를 맞이하여 최근 정부와 언론에서는 한국이 '다문화 사회'에 진입했다고 공표했다(583-84).

이러한 변화 가운데 결혼이주여성들이 급증하는 추세는 주목할 필요가 있다. 1990년대 들어 아시아에서는 '이주의 여성화'(feminized migration)라는 현상이 부각된다(김민정 외 2006: 159). 한국에서 국제결혼은 1993년에는 6천 545건으로 총 혼인건수의 1.6%에 불과하였으나, 10년이 지난 2004년에는 3만 5천 447건으로 총 혼인의 11.4%에 달한다(160). 1991년부터 2003년 사이 한국 여성과 외국 남성과의 혼인건수는 4,349건에서 6,444건으로 1.5배 증가한 반면, 한국 남성과 외국 여성과의 혼인건수는 663건에서 19,214건으로 29배 증가하였다(160). 그리하여 2005년 4월 현재 한국에 거주하고 있는 외국인 아내는 모두 66,912명이며, 이들의 출신국 분포는 중국 64.7%(이 중 중국 동포는 47.4%), 일본 10.6%, 필리핀 8.2%, 베트남 7.0%, 태국 2.0%, 몽골 1.6% 순이다(160).

결혼이주여성들의 급증현상은 '농촌총각 장가보내기'라는 국내 사정과 맞물려서 진행되는 가운데 이 땅에 '다문화 가정'이란 새로운 가족형태가 확산되고 있으며, 그곳에서 태어난 새로운 범주의 한국인[43]이 증가하고 있다. 이제 '시민권으로서의 한국인' 개념에 의하면 한국인에는 '혈연관계, 출생 및 성장지, 문화, 국적 등의 측면에서 일관되게 한국인'인 사람과 '혈연관계나 출생 및 성장지의 측면에서는 외국인'이나, 문화적으로는 부분적으로 '한국화'되고, 법적 등록 상으로는 '한국인'(귀화자)이거나 '반 한국인'(영주권자나 국민 배우자 비자 소지자)인 사람과 그들 사이에서 태어나서 이상의 모든 범주에 '이중으로 소속'되어 있으며, 그중 어딘가에서 자신의 정체성을 형성해 나가게 될 사람 등 다양한 한국인의 범주가 형성되는 상황이다(김민정 2008: 60).

4. 탈근대 (포스트모던) 시대의 도래

오늘날 '근대'(modernity)를 지양하는 '탈근대'(postmodernity)에 대한 활발한 논의가 이루어지고 있으며 그러한 '탈근대'라는 이야기가 매체 등을 통해서 활발히 회자되고 있다. 변화의 첨단을 달리고 있는 한국사회를 제대로 이해하려면 탈근대적인 특성이 어떻게 자리를 잡아가고 있는지 살펴볼 필요가 있다.

처음에는 주로 건축과 문학 등 예술 분야와 철학에서 논의되던 '포스트모더니즘'이 오늘날에는 문화 전체의 성격을 규정하는 지시어로서 자리를 잡아가고 있다(신국원 1999: 13). 한국에서도 '포스트모던'이라는 어휘는 어느새 학술 전문 서적뿐 아니라 언론 매체에도 자주 등장할 정도로 친숙해졌다(13). 그래서 비록 포스트모더니즘의 역사가 오래되지 않았음에도 불구하고 한국이 이미 포스트모던 사회가 되고 있다는 주장이 한국사회 일각에서 나올

---

43) 한국인 아버지와 아시아인 어머니 사이에서 태어난 2세들을 일컬어 "코시안"이라 일컫는데 이 말이 차별적인 뉘앙스를 띠고 있다는 이유로 한국국립연구원은 "온누리안"이라는 대체어를 제안하였지만, 그 용어는 아직 대중적으로 회자되는 데까지 이르지 못하고 있다. 지금은 인구구성비상으로 그렇게 큰 비중을 차지하지 못하지만 2020년이 되면 대한민국 전체 아동의 30%까지 이르게 될 것으로 예상된다 (위키백과).

정도이다(248-49).

'포스트모던'이란 어휘가 문화 전반에 대한 묘사어로 처음 사용된 것은 1956년판 토인비(Arnold Toynbee)의 「역사가의 종교 이해」(An Historian's Approach to Religion)에서이다 (14). 토인비는 그 책에서 포스트모던 시대의 특징을 자포자기, 도피주의, 표류라고 보았다. 그 책에 의하면, 근대 시대(modern era)에 이어서 전개되는 포스트모던 시기는 제1차 세계대전 또는 1870년대 이후의 세계를 의미하는데, 토인비는 그 시대를 언어, 관습, 종교 등 사회 문화의 모든 영역에서 아무것이나 무차별적으로 수용하는 초점 없는 혼합주의와 무비판적 관용의 시대로 특징지었다. 그는 이러한 현상을 대중적 정신의 승리라고도 표현했다. 이러한 토인비의 포스트모던에 대한 정의는 오늘날 사용되는 뜻에 상당히 근접한 것으로 보인다(14).

1970년대에 이르면, '포스트모던'이란 어휘가 건축에서 시작해서 문학 비평과 철학을 거쳐 문화-사회 전반에 중요한 말로 부각되었고, 문학 비평가나 문화 이론가들이 새로운 문학과 문화의 추세를 포스트모더니즘으로 규정함으로써 이 말은 한층 더 유행하기 시작했다(15-16).

이러한 포스트모던 논의의 핵심은 근대적 인식론과 존재론 그리고 윤리 토대의 상실로부터 기인하는 여러 현상이라는 점에 있다(24). 포스트모더니즘은 근대의 과학적 세계관이 믿고 신뢰했던 과학과 기술, 그리고 인간의 이성에 대한 신뢰가 무너지면서 인간 문화의 다양성을 그대로 인정해야 한다는 사고방식이다. 포스트모더니즘은 18세기부터 20세기까지 지속된 '계몽 프로젝트'에 대한 회의에 근거한다(Hiebert 2008: 5). 과학과 기술의 힘을 통해서 세계의 문제들을 해결하고 진보를 이룰 수 있다는 비전이 깨어지면서, 결국 계몽 프로젝트란 것도 한 사회 내의 특수한 계층 내지는 집단의 이익을 대변하는 이데올로기였다는 점이 지적되었다.

포스트모던 사상가들은 반과학주의적이고 반기술주의적(antitechnological)인 입장을 내세운다(Hiebert 2008: 214). 그들에 의하면 모든 지식은 특정한 관점과 개인적 의제를 가진 관찰자에 의해서 지적으로 구성된다(214). 탈근대적 사고(postmodernity)는 근대 사고의 보편적이고 종합적인 성격을 불신하고 파편화(fragmentation), 비결정론(indeterminacy), 그리고 실용주의(pragmatism)를 근대의 전횡에 대항하는 힘으로 본다(215). 포스트모던 세계관은 실재(reality)를 무질서하고 궁극적으로 알 수 없는 것으로 본다(217). 인간의 지식은 단지 실용적인 목적을 갖는 것으로 본다(217).

포스트모던 주의자들은 세상이 인지적으로 다양한 시대에 다양한 사람들에 의해서 다양하게 구성된다는 것을 강조한다(225). 이처럼 실재에 대한 다양한 구성물이 존재하게 될 때 그 어느 것도 실재에 대한 우위를 주장할 수 없다. 다만 서로 평화롭게 공존해야 하는 다원주의가 추구될 뿐이다. 구성주의자들의 최선의 희망은 느긋한 다원주의뿐이다(Middleton et al. 2007: 340). 그들은 평화로운 공존 관계 속에서 함께 살기를 바란다(340). 왜냐하면 서로 진리라고 주장하는 것들 중에서 진리를 판단할 준거점이 없기 때문이다(340).

포스트모던 주창자들에게는 과학도 다양한 이질적인 주장들 가운데 하나일 뿐 그것에 다른 의견들의 기준이 되는 특권적인 지위를 부여하지 않는다(Hiebert 2008: 221). 그들은 과학이 실재를 볼 수 있는 외부적으로 유리한 지점은 없다고 주장한다(221). 과학자들의 관찰도 그들의 문화, 역사, 그리고 사회 속에서의 위치에 근거한다(226). 그들도 자신의 개인적 이해를 추구하는 자들이기 때문에 결국 과학도 종교나 다른 이데올로기들과 다르지 않다는 것이다(226).

이처럼 탈근대적 사고에 의하면, 지식은 더 이상 진리의 문제가 아니라 힘과 통제의 문제일 뿐이다(227). 따라서 탈근대적 사고는 모든 문화들의 가치를 수긍하고 관용과 인지적, 도덕적 상대주의를 내세운다(214). 절대적인 판단 기준이 인정되지 않은 채 상충되는 세계관들과 가치관들의 절충을 모색하게 된다. 자기의 이해를 타 세계관을 가진 사람들에게 주입하려는 순간 폭력과 제국주의적 지배가 시작되기 때문에 그러한 것은 용납될 수 없다는 것이 포스트모던 사고이다. 그 결과로 타 세계관을 가진 자들에 대해서 관용하고 용납하는 다원주의와 상대주의에 도달하게 된다. 이제 각개 다양한 계층의 관점을 인정해주고 서로를 받아들여야 한다는 문화적 다원주의는 한 걸음 더 나아가 종교적 다원주의로 이어지는 상황이 전개되고 있다.

5. 전통과 근대의 혼재화(混在化) 현상

현대 한국문화는 전통적인 요소와 서구적인 요소가 혼재한 가운데 다양한 형태의 혼성화 현상을 나타내고 있다. 한국의 전통 세계관과 문화뿐만 아니라 서구의 세계관과 문화가 만나서 현대 한국문화를 이루고 있다.

한국의 전통 문화와 근대 서구 문화 가운데 어느 부분이 더 크게 영향을 미치느냐 하는 것은 연령대에 따라서, 또 계층별, 지역별, 학력별, 성별, 종교에 따라 다양한 차이를 나타낸다. 또한 서구 문화를 받아들이는 데 있어서 보수적이냐 진보적이냐 하는 성향에 따라 다르다.

여기에서 한국의 전통적인 요소란 서구의 근대화의 물결이 들어오기 이전에 자리 잡고 있었던 유교, 불교, 샤머니즘 등의 문화 전통과 연속적으로 이어지는 부분을 말한다. 그러나 엄밀히 말한다면 유교나 불교도 우리의 고유 전통이라고 말할 수는 없다. 하지만 서구의 근대 문화와 구별하기 위해서 근대 이전의 문화적 요소를 전통적인 요소로 묶어서 고찰하고자 한다.

앞에서 보았듯이 서구 근대 문화의 유입은 천주교의 유입과 실학파에까지 소급될 수 있다. 실학파 이후에도 서구 문물은 구한말과 개화기, 일제치하기에도 지속적으로 유입되었으며 그러한 유입으로 인하여 한국사회는 끊임없이 변모해 왔다. 그러나 앞에서도 보았듯이, 서구 문화의 유입으로 인해서 한국사회의 전반적인 구조가 본격적으로, 급격하게 변화되기 시작한 것은 1962년부터 시작된 경제 개발 계획의 추진과 더불어서였다(김경동 1983: 99).

서구의 근대 문화가 유입되면서 한국사회가 구체적으로 어떠한 구조상의 변화를 겪게 되었는지는 앞에서 개략적으로나마 살펴보았다. 서구의 근대적 요소가 유입되면서 단순히 기계문명, 물질문명만 유입되는 것이 아니라 전통적인 가치관과는 대조되는 서구의 개인주의, 물질주의, 평등주의 등의 가치관과 자연 과학적 세계관 등이 동시에 유입되면서 가치관의 혼란과 다원주의 내지는 다문화 상황으로의 변천과정을 급속히 밟아왔다.

클라크혼(Clyde Kluckhohn)은 가치를 "한 개인에게 독특하거나 집단에 특징적인, 암묵적이거나 명시적으로 바람직한 것에 관한 개념으로서, 입수가능한 행위의 양식, 수단, 그리고 목적들 가운데 선택하는데 영향을 주는 것"으로 정의한다(Kluckhohn 1951:395; 양종회 1999: 59에서 재인용). 그러한 정의에 입각해서 전통적인 가치와 서구적인 가치를 구분해 보면 각각 다음과 같이 나타낼 수 있다.

첫째, 전통적인 가치에 있어서 가장 중요한 면은 혈연을 중심으로 하는 가족주의이다. 가족은 삶을 영위하기 위한 기본 단위이다. 개인은 가족의 구성원으로서의 정체성이 강하고 가족을 위해서라면 얼마든지 희생할 수 있다고 생각한다. 이에 반하여 서구적인 가치에서는 가족보다 개인에게 더 큰 우선권이 주어진다. 가족이 개인을 위해서 존재한다고 생각하는 경향이 더 강하다.

둘째로, 전통적 가치에 의하면 가족의 우두머리가 되는 가장이 매우 중심적인 위치를 차지한다. 가족은 부계혈통을 중심으로 결속되며, 강한 가부장 제도가 시행된다. 가장은 주요한 결정을 내리고 가족성원들은 그러한 결정에 따라야 한다. '장유유서'라는 말이 의미하듯이 연령에 따라서 상하 서열이 매겨지는데 하급자는 상급자에 대해서 복종하며 존경을 표하는 것이 마땅하다고 생각된다. 그리고 그러한 가부장제 질서가 유지되기 위해서 '효'는 중요한 덕목으로 강조된다. '효'의 윤리는 가족을 이끌어 나가기 위한 가족 윤리의 근간이며 집 밖에서는 연장자들을 존중하는 것으로 이어진다. 그리하여 한국사회 전반에 오륜의 하나인 '장유유서'가 전통적 가치로 매우 큰 자리를 차지하고 있다. 이러한 전통적 가치를 좇다 보면 상하로 규정되는 위계서열적 권위주의로 나아가는 경향이 강하다.

이러한 상하관계를 규정하는 윤리 규범은 지역사회를 넘어서서 국가 통치이념으로까지 전개된다. 가정에서 부모에게 효도하듯이 국가의 우두머리인 국왕에 대해서 충성을 다하는 것이 기본 도리로 간주된다. 이에 반해서 서구의 근대적 가치관에서는 이성과 합리적 판단을 중시하는 계몽주의의 영향으로 중세 이래 지속된 전근대적인 권위에 대한 강한 거부감을 드러낸다. 그 결과 모든 개인들은 법 앞에 평등하다는 평등주의적인 면이 강하다.

셋째, 모든 것이 남성 중심적으로 이루어지는 부계 혈통 사회에서 여성들의 위치는 남성들에게 종속적일 수밖에 없다. '삼종지도(三從之道)'라는 말이 그러한 실정을 잘 나타낸다. 여성은, 어려서는 아버지를 따르고, 커서는 남편을 따르고, 늙어서는 아들을 의지한다는 개념이다. 또한 '남녀내외'란 말이 있듯이 남성들과 여성들의 역할은 뚜렷이 구분된다. 가족은 장남과 장손이 중심이 되고, 상속을 비롯한 사회의 중심 기능이 남성 중심적으로 이루어진다. 반면에 서구 사회의 가치관은 우리의 전통적 가치관에 비해서 보다 남녀 평등적인 면이 강하다. 남녀평등이 강하게 뿌리를 내리는 데에 있어서 기독교적인 가치와 여성 해방 운동이 기여한 바가 크다고 생각된다.

넷째로, 전통적인 가치에 있어서는 유교문화의 영향으로 인해서 사람을 중시하고 본분과 예의를 강조하는 인간주의적 성향이 강한데 비해서 서구적 가치는 물질을 중시하며 이윤과 능률을 강조하는 물질주의적인 면이 강하다.

마지막으로 전통적 세계관과 서구의 계몽주의적 세계관이 두드러지게 대조되는 것을 볼 수 있다. 전통적 세계관에서는 '하느님'을 비롯한 지고신뿐 아니라 다양한 초자연적, 영적 존재들을 상정하는데 반해서 서구 세계관 특히 계몽주의의 영향을 강하게 받은 과학적 세계관은 그러한 눈에 보이지 않는 초자연적이고 영적인 존재들을 인정하지 않는다. 기독교 세계(Christendom)라고 불릴 만큼 하나님을 중심으로 모든 것이 움직여지던 서구 사회였지만 계몽주의가 등장하면서부터 상황은 전연 다른 방향으로 흐르게 된다. 계몽주의 초기에는 그나마 이신론(Deism)이라는 형태로 하나님의 존재를 인정했지만, 하나님이 삶에 미치는 영향력은 급격하게 줄어들었다. 사회의 공적 영역은 과학과 기술이 주도하는 사회가 되어서 하나님 없이 모든 것을 해 낼 수 있다는 사고방식이 생겨났다. 그리하여 모든 것을 인간이 주도하는 세속화 과정을 거치면서 자연주의적 세계관이 더욱 강하게 뿌리를 내리게 되었다(Pearcey 2004: 206).

현재 한국사회 속에서 살아가는 사람들 가운데 이러한 전통적 요소와 서구적 요소가 혼재해 있다고 판단된다. 어느 쪽 영향을 더 많이 받느냐 하는 점은 집단에 따라서 또 개인들의 취향에 따라서 다양한 차이를 나타낼 것으로 사료된다. 전통적인 요소를 보다 많이 반영하는 집단과 개인이 있는 반면, 서구적 영향을 강하게 받는 집단과 개인이 있을 것이다. 이러한 차이점들이 집단별로 어떻게 나타나는지 고찰해 볼 필요가 있다.

먼저 연령별로 볼 때, 전통적 요소와 근대적 요소의 복합 비율에 있어서 차이가 나타난다. 노년층의 경우에는 전통적 요소의 영향이 크고 연령대가 낮아질수록 서구적 요소의 영향이 큰 것을 볼 수 있다. 연령대가 높은 집단일수록 근대적 생각과 규범을 지닌다고 하여도 전통적인 규범과 관행으로부터 자유롭지 못하다. 반면 진보적이고 자유롭게 사고하는 젊은 층은 전통적인 규범과 관행에 구속되지 않고 자유롭게 행동한다(신수진 외 2002: 166). 높은 연령대가 전통적인 유교와 무속, 불교문화에 대한 인식 수준이 높은 데 반해 낮은 연령대는 전통 문화에 대한 낮은 인식 수준을 드러낸다(172).

많은 연구들이 한국사회가 가치관의 혼란을 경험하는 가장 큰 요인은 연령별, 세대별로 서구의 근대적 요소들을 받아들이는 데 있어서의 차이점에 있다고 본다(171). 젊은 세대로 내려갈수록 전통적 요소들의 영향력은 감소되고 각종 매체와 교육 등을 통해서 받아들이게 되는 서구의 근대적 요소들의 영향력은 증가된다. 이러한 가치관의 차이는 한국사회 속에 세대 간의 갈등을 유발하는 요인이 된다.

지역별로는 도시 사람들은 농촌 사람들에 비해서 서구 문화의 영향을 더 많이 받고, 농촌 사람들은 도시 사람들에 비해서 전통 문화의 영향을 더 많이 받는다고 볼 수 있다. 도시는 서구화가 급속도로 진행되는 반면 농촌 지역은 도시에 비해서 변화의 속도가 느리다. 이러한 변화의 속도 차이로 인하여 농촌 지역은 도시 지역에 비해서 전통적인 요소를 보다 많이 간직한다. 도시 지역이 농촌지역으로 확산되는 과정을 거치면서 도시 근교에 도농복합도시들이 형성되는데 이런 지역은 도시와 농촌의 중간 지대에 해당되

는 모습을 드러낸다.[44)]

학력별로는 서구적인 교육 기관에서 더 오랜 시간을 보낸 고학력층이 그렇지 못한 저학력층보다 서구적인 요소를 보다 많이 내포할 것으로 추정된다.

남성과 여성의 경우에는 어떠한가? 전통사회에서 여성들에 비해서 특권에 가까운 혜택을 누린 한국 남성들은 한국 여성들보다 전통적인 질서에 대한 거부감이 적다고 생각된다. 반면에 여성들의 경우 서구의 근대적 요소, 특히 여성해방운동에 대해서 적극적으로 수용하는 면이 남성들보다 높은 것으로 판단된다. 특히 중학교까지는 의무교육이 시행되고 그 이후에도 여성들의 대학 진학률이 점점 높아져가는 상황에서 여성들의 남녀평등에 관한 의식은 점점 높아지는 것으로 판단된다.

종교에 따른 차이를 보면, 기독교를 믿는 사람들은 불교나 민간신앙을 따르는 사람들에 비해서 서구문화의 영향을 강하게 받는 것으로 평가된다. 또한 보수적인 성향의 사람들이 진보적인 사람들에 비해서 전통적인 요소를 더 많이 지니는 것으로 사료된다.

이처럼 전통 문화와 근대 문화가 다양한 형태로 혼합되면서 다양한 하위문화를 만들어 가고 있는 것이 오늘날 한국문화의 현주소이다.

---

44) 본인이 근무하는 신학교가 위치한 경기도 광주시는 전형적인 도농복합도시이다. 식사를 하러 식당에 가면 많은 경우 신발을 벗고 들어가야만 한다. 서울은 서구식으로 신발을 신은 채 테이블에서 식사를 하는 식당의 비율이 더 높다. 광주시는 아직도 전통적인 안방식 문화가 서울에 비해서 더 많이 남아 있는 것을 볼 수 있다. 그리고 테이블이 있는 식당이라도 반드시 신발 벗고 들어가서 안방다리하고 앉아서 먹을 수 있는 장소가 같이 제공된다는 점이 특이하다. 테이블 만 있는 식당은 중국집 등 몇 곳을 제외하고는 거의 찾아보기 힘들다. 중국집의 경우는 식탁을 주로 사용하는 중국문화의 영향을 반영하는 것으로 보인다.

6. 세대별 문화적 특징

한국에는 다양한 하위문화들이 존재한다. 한국사회 속의 다양한 집단들이 급격한 사회변동 과정 속에서 다양한 형태로 분화했다. 농촌문화, 도시문화, 도농복합문화, 아파트 단지 문화, 산업단지문화, 전원마을문화 등 다양한 형태로 사회는 분화해 나갔다. 게다가 한국은 근대화 이전에도 다문화, 다종교 사회라 불릴 정도로 이미 종교적으로 다양한 하위문화를 형성하였다. 불교문화, 유교문화도 모두 중국을 거쳐서 이 나라에 들어왔는데, 기존의 무속과 다양한 형태로 섞이면서 한국사회를 다문화 사회, 다종교 사회로 형성해 왔다. 게다가 천주교와 기독교의 전래를 통해서 사회는 더욱 다변화되었다.[45] 이러한 바탕 위에 근대화를 통한 서구 문화의 급작스러운 유입은 기존의 다문화, 다종교 사회로 하여금 더욱 그 다양성의 정도를 심화시키는 것이었다.

그 중 가장 주목할 필요가 있는 것은 세대별로 문화적 성향이 다르게 나타난다는 점이다. 오늘날 매스컴 상에서 오르내리는 바와 같이 젊은 층과 노년층이 사고와 의식면에서 접점을 찾기 힘들게 되었다. 이러한 세대 차이는 지난 2002년 대선 때에 두드러지게 나타났다. 연령대별 나뉨 현상은 가족, 직장, 교회 구분할 것 없이 일관되게 나타났다. 그래서 한 가족 내에서도 누구를 지지하느냐에 따라 부모와 자식 간에 마찰과 갈등이 빚어지기까지 하였다. 어느 세대가 선거에 적극적으로 참여하느냐가 선거의 판세를 결정짓는다는 말이 나돌 정도로 세대별 정치 성향은 전연 대조적이었다.

한 세대란 평균적으로 개인의 출생에서부터 그 개인의 첫 자녀

---

45) 기독교 가정에서 모태신앙으로 태어나서 성장한 필자가 대학원 학생시절 무당과 굿을 처음 접하게 되었을 때의 충격은 너무나도 컸다. 같은 한국문화 속에서 자라났다고 하여도 종교별, 지역별, 산업별, 계층별로 어떤 하위 문화권에서 성장하였느냐에 따라서 그 밖의 다른 하위문화에 대해서는 전연 문외한이 될 수도 있다.

가 태어날 때까지를 지칭한다(박길성 외 2005: 20). 따라서 한 세대는 대략 15년부터 30년 사이가 되는데 세대란 단순한 시간개념에 입각하여 규정되는 것은 아니다(20). 세대란 "사회 변화의 역동적 과정 속에서 생물학과 역사가 만나는 지점에서 형성되는 사회현상"이란 점이 중요하다(20). 칼 만하임(Karl Mannheim)은 어린 시절로부터 동일한 역사적 경험을 공유했다는 사실로부터 세대를 묶어주는 힘(generational bond)이 나오고 그러한 힘이 사회변화의 동력으로 작용한다고 보았다(22). 한 시대의 획을 긋는 사건이나 사회구조적 변화, 문화적 격변 등을 역사적 시간이라 하는데, "서로 다른 역사적 시간을 통과해 온 세대는 각기 다른 역사적 경험으로 인해 다양한 가치관으로 채색된 안경을 끼고 세상을 바라보게 된다"(25). 한국사회도 전쟁, 민주화, 정보화 등 다양한 정치적, 문화적 격변을 치루면서 급격히 변화해 왔기 때문에 자신들만의 색깔이 분명한 세대를 형성하게 되었다.

그런 면에서 각 세대별로 어떠한 경험들을 공유하면서 자신들만의 독특한 관점을 갖게 되었는지 파악하는 것은 매우 중요한 과제이다. 그러한 세대별 특징들을 파악할 때 그들에 적합한 복음전파의 형태 또한 발견할 수 있을 것이다. 세대별로 다양한 문화를 띠고 있는 현실 속에서 내가 사역하는 대상이 어디에 해당되는지 파악하고 그들의 문화적 특성에 맞는 접근법을 찾아내는 것이 우리에게 주어지는 과제이다.

박재흥은 청소년기의 역사적 경험에 따라 네 개의 세대로 구분하였는데, 이는 첫째로 식민지, 전쟁 체험 세대, 둘째로 산업화, 민주화 운동 세대, 셋째로 386세대, 넷째로 탈이념, 정보화 세대이다(박재흥 2003: 236). 이를 출생 시점에 따라 살펴보면 첫째와 둘째는 1940년을 분기점으로, 둘째와 셋째는 1950년대 말을 분기점으로, 셋째와 넷째는 1970년경을 분기점으로 하여 구분이 된다(236-37). 이러한 구분을 근거로 하여 네 세대를 비교해서 살펴볼 때 앞선 세대로 갈수록 전통 문화의 영향이 강하게 나타나는 반면, 젊은 세대로 갈수록 서구 문화의 영향이 강하게 나타나는 것을 볼 수 있다.

1) 식민지, 전쟁 체험 세대

이 세대는 일제 식민지 시대, 남북 분단, 한국전쟁 등의 모진 세파를 꿋꿋하게 견뎌낸 세대로서, 2000년 현재 1940년 이전 출생자 기준으로 전체 인구 중 11% 정도를 차지한다(237). 이 세대는 대략 1930년대 말 이전에 출생하여 일제에 의한 식민지 체험을 한 세대이다(237). 이들은 일제 치하를 경험했으며, 해방 이후에 곧 발생한 한국전쟁의 아픔을 겪었다. 그러나 이들은 동시에 1960~1970년대 경제발전의 주역으로서 한강의 기적을 일궈내서 오늘의 풍요로운 한국을 창조한 근대화의 첨병이기도 하다(238).

이 세대는 인간관계를 상하 위계서열로 파악하는 권위주의, 개인보다는 공동체를 중시하는 집합주의, 물질적 성공보다는 예의, 염치, 신의, 인정 등의 가치를 중시하는 정신주의적 특징을 많이 갖고 있다(238). 이들은 절대빈곤의 경험에 기초하여 근면과 절약 정신이 몸에 뺐으며, 생사를 오가는 격동의 역사 속에서 강한 생존본능과 불굴의 의지를 갖게 되었다(238).

2) 산업화, 민주화운동 세대

이 세대는 1960~1970년대 도시화, 산업화와 민주화운동 경험을 청소년기에 겪은 세대로서, 인구 구성비는 2000년 현재 1941~1960년 출생자 기준 25% 정도에 달한다(239). 개인적인 차이는 있겠지만 이들 대부분은 청소년기에 혹독한 경제적 궁핍을 겪었다(239). 이들이 앞선 세대와 공유하는 점은 이들 역시 1960~1970년대의 경제발전에 일정 부분 기여했다는 점이다(239). 1960~1970년대는 산업화와 도시화가 가속화된 시기로 볼 수 있는데, 이 시기에 이들 대부분은 농촌에서 자라나서 교육이나 취업을 위해 대도시로 이주하였고, 20대 전후의 직장 초년병으로서 자신의 발전을 국가나 직장의 발전과 동일시하는 근대화의 일꾼들이었다(239).

이들은 공식 교육기관에서 한글로 교육을 받기 시작한 세대이며 동시에 자유와 평등, 개인주의라는 서구적 가치를 어려서부터 학습했다는 점에서 이전 세대와 구분된다(239). 이들의 세대특성은 전통적 가치와 근대적 가치가 혼재한다는 점에서, 진보적 논리를 어느 정도 수용하지만 일정 범위를 넘어선 주장은 용납하지 않는다는 점에서 이중적이고 모호하다(239). 한편으로는 서구적 가치관의 학습으로 인해 전통적 가치에 대해 일정한 거리를 두고 있지만 다른 한편 전통적 예법, 상하 서열관계, 인정주의, 공동체적 질서에 대해서 은근한 향수를 느낀다(239-40). 약자를 배려해야 한다는 명분에 동조하고 북한 사람도 껴안아야 할 대상이라는 점에는 동의하지만 1980년대 학생운동에서 나타나는 변혁이념이나 친북논리, 학생과 노동자들의 과격한 투쟁방법에 대해서는 강한 거부감을 갖는다(240). 근대적 가치를 추구하지만 전통적 가치로부터 자유롭지 못하며, 진보를 추구하지만 보수적 면도 함께 가지고 있기 때문에 윗세대와 아랫세대로부터 공격을 받으면서도 양 세대를 잇는 가교 역할을 하는 세대이다(240).

한편 박길성, 함인희, 조대엽의 연구는 사회현상을 중시하여 베이비 붐 세대를 따로 범주화하였는데 그들은 전쟁 후 다산의 시대에 출생한 집단으로 1955-1961년 사이에 태어난 세대이다(박길성 외 2005: 32). 이 세대는 경제개발 5개년 계획으로 상징되는 조국 근대화 과정과 더불어 어린 시절을 보냈으며, 반공 이데올로기를 내면화했고, 유신의 시대를 경험했다(32). 이들은 다른 세대들에 비해서 수적 다수를 차지함으로써 상급학교 진학에 있어서도 그에 상응하는 혹독한 입시 경쟁을 치러야만 했다. 위로부터는 권위에 눌리고 아래로부터는 기세에 밀리는 끼어 있는 세대로서의 경험을 갖고 있다(33).

베이비 붐 세대는 전통 문화적 요소가 약화되며 근대 서구 문화적 요소가 강화되는 상황 속에서 이리 치이고 저리 부대낀 세대로 볼 수 있다. 그들은 전통도 알고 근대 문화도 경험했다. 그렇기 때문에 보다 전통적인 전 세대와 보다 현대화된 후 세대를 아우르는 중개적인 역할을 감당할 수 있는 세대이기도 하다.

3) 386 세대

386세대는 1980년 광주항쟁으로부터 1980년대 말 방북투쟁에 이르기까지의 기간 중에 대학생활을 한 세대로서, 이들 세대가 공유하는 결정적 집단경험과 기억은 1980년 5월 신군부에 의한 광주학살의 비극이다(1961~1970년 출생 집단의 경우 전체 인구의 18%)(박재흥 2003: 240). 이들의 공통 경험은 다음과 같이 요약될 수 있다.

"대학 재학 중 혹은 진학 후 1980년의 진실을 선배들로부터 전해 들은 학생들은 악몽으로부터 헤어나지 못하고 한편으로는 신군부와 미국에 대한 적개심을, 다른 한편으로는 사회주의적 변혁의 꿈을 키워가며 세대적 동질감과 연대의식을 다져 나갔다"(241).

이들에 주목하는 것은 이들의 주 활동 무대가 1980년대 민주변혁기일 뿐 아니라 1987년 6월 항쟁을 통해서 민주화를 이루어낸 경험을 소지했다는 점이다(박길성 외 2005: 33). 그들은 가장 권위주의적이었던 박정희 군사독재시대에 성장하여 신군부의 독재에 몸으로 저항함으로써 절망의 조건 속에서 희망을 실현해 낸 세대로 언급된다(33).

386세대를 1950년대 말에서 1970년경까지 태어난 사람들로 볼 때, 이들은 어린 시절에 경제적 어려움과 개발독재에 대한 경험도 어느 정도 갖고 있다(박재흥 2003: 241). 그렇지만 이들은 첫째로 대체로 절대 빈곤의 상황까지 체험하지는 못했고, 둘째로 민주주의, 민족주의적 지향을 넘어서 반미 사회주의적인 이념적 지향을 보이며 그에 따라 레드 콤플렉스로부터 벗어나 있으며, 셋째로 동일 세대내의 연대감이 학창시절에는 물론이거니와 대학 졸업 후에도 어느 정도 유지되고 있고, 넷째로 컴퓨터에 익숙한 첫 세대이며 1990년대 사회 정보화의 기수였다는 점에서, 산업화, 민주화운동 세대와 구분된다(241). 하지만 이들도 이전 세대들의 문화로부터 일정 부분 영향을 받은 관계로, 공동체적, 집합주의적 경향, 권위주의, 유교적 문화, 연고주의적인 특성을 나타내기도 한다(241).

4) 탈이념, 정보화 세대

이 세대는 대략 1970년경 이후에 태어나 경제적 어려움을 거의 겪어보지 못한 산업화의 수혜 세대, 풍요의 세대로서, 2000년 현재 1981~2000년 출생자 기준 인구구성비 29%를 차지한다(242). 이들은 고도경제성장의 성과가 일정 정도 드러나는 시점 이후에 출생, 혹은 성장하여 큰 어려움을 모르고 자라났다. 특히 1990년을 전후하여 소련 및 동구권 사회주의 국가들이 붕괴하여 탈냉전시대가 도래하였고, 국내적으로는 1988년 절차적 민주주의의 정당성을 확보한 노태우 정부의 등장, 1993년 군부의 입김이 확실하게 배제된 김영삼 문민정부의 등장으로 정치 안정을 되찾았다는 것 등이 그들의 성장기의 정치적 환경이었다(242).

이러한 새로운 국내외 정치적 지형 하에서 탈이념, 탈정치적 지향을 보이는 이들은 1980년대 후반 이래 형성된 대중소비문화의 환경에서 소비를 통하여 자신을 표현하고 자신의 다양한 관심과 욕구를 일상생활의 여러 영역에서 충족, 표출시키는 특성을 보인다(242-43). 이들은 한국사회의 소비 패턴이 필수적 소비로부터 문화적 소비로 들어선 시대에 등장한 최초의 세대이다(박길성 외 2005: 33).

이 세대의 중요한 경험은 이들이 1980년대 후반 이래 세계화(globalization), 정보화의 추세 속에서 성장했다는 점이다(박재홍 2003: 243). 이들은 1980년대 후반 아시안 게임과 서울올림픽, 1989년 해외여행 자율화, 1990년대 배낭여행 대중화라는 환경하에서 세계화를 일찍이 경험했고, 1980년대 후반 이래 급속하게 진행된 정보화의 추세 속에서 컴퓨터를 생활필수품으로 여기며 정보통신 테크놀로지의 발전과 함께 성장했다(243). 이 세대 중에서도 특히 1970년대 말 이후에 태어난 사람들은 돈 탭스콧(Don Tapscott)이 명명한 바 N-세대(net generation)로서, 이들은 PC통신과 인터넷을 통해 가상공간에서 다른 사람들과 자유로이 접속한다(243).

이들은 경제적으로 풍요로운 환경, 국제정치적으로 탈냉전의 상황, 문화와 테크놀로지의 면에서 세계화와 정보화라는 추세 속에서 성장하여 이전 세대와 뚜렷이 구분되는 사고방식과 행위양식을 보이는데, 그것은 소비주의, 개인주의, 탈권위주의적 지향으로 요약된다(243). 386세대까지만 해도 남아 있던 전통적 가치의 잔영(공동체적, 집합주의적 지향, 권위주의, 유교적 문화 등)이 이들 탈이념, 정보화 세대에서는 거의 나타나지 않는다(243). 이들은 기존의 사회구성과 사회질서를 강하게 거부하는 세대이다(박길성 외 2005: 34).

가사노동은 여성이 책임져야 한다든가 여성은 가정에서 아이를 키우는 데 주력해야 한다는 등의 통념에 대해 이들은 분명한 거부입장을 드러내고 있다. 90% 가량의 중, 고등학생들은 남자도 부엌일을 해야 한다고 생각하며, 기혼여성의 직장생활에 대해서도 절대다수가 찬성하는 입장을 보인다. 같은 맥락에서 맞벌이 부부의 가사분담에 대해서도 부부공동의 책임이라거나 남편이든 아내든 덜 바쁜 사람이 하면 된다는 의견이 대다수이다(184).

이들에게서 전통적인 가족 문화와 단절되는 면이 분명히 드러난다.

이들은 가문이나 혈통의 유지에 우선적 가치를 부여하여 성인이 되면 늦기 전에 반드시 결혼을 하고, 일단 결혼한 부부는 해로하고, 장남이 부모를 모시며 가족을 승계하는 식의 한국의 전통적인 가족상을 순수히 받아들이려 하지 않는다. 또한 이들이 생각하는 가족상은 부부가 공동으로 생계를 위한 노동을 하고 공동으로 가사노동과 자녀양육을 수행하는 모습이다(185).

그들은 기존의 권위적인 질서에 대해서도 당차게 거부한다(153). 특히 1989년 출범한 전교조는 교육현장에서 국가의 일방적이고도 하향식인 정책이 그대로 적용되던 관례를 깨뜨린 시발점이 되었다(163).

우리나라에서 탈이념, 정보화 세대와 식민지, 전쟁 체험 세대 간의 격차는 매우 크다(박재흥 2003: 244). 탈이념, 정보화 세대는 성장기에 경제적 어려움을 겪지 못했고 전통적 가치관에 대해서도 거부감을 갖기에 식민지, 전쟁 체험 세대와 갈등을 겪을 개연성이 높다. 그들 사이에 위치한 산업화, 민주화 운동 세대와 386세대는 양 세대의 특성을 부분적으로 공유한다는 점에서 양

극에 위치한 두 세대 간의 세대갈등 완화에 기여할 수 있을 것으로 기대된다(244).

2부: 한국문화와 복음

1부에서는 한국문화에 대해서 살펴보았다. 전통 세계관과 문화 그리고 근대화 과정과 서구 계몽주의 세계관, 정보화와 세계화, 그리고 탈근대의 도래, 전통과 근대의 혼재화 현상과 세대별 문화적 특성들을 살펴보았다. 너무나도 짧은 시간 내에 사회구조가 바뀌는 가운데 변화의 파급효과를 제대로 파악하기도 전에 계속해서 새로운 변화의 파도가 밀어닥치는 것을 볼 수 있었다.

2부에서는 한국문화와 복음의 관계를 다룬다. 급변하는 한국사회 속에서 복음이란 무엇을 의미하는 것이며, 어떠한 형태로 전달될 때 가장 효과적인 복음의 의사소통이 이루어질 수 있는지, 그리고 문화를 변혁시키기 위해서 어떠한 일들이 일어나야 하는지를 검토할 것이다.

한국문화와 관련하여 복음을 살펴볼 때 먼저 복음과 문화가 전반적으로 어떠한 관계인지 살펴보는 것이 필요하다. 리차드 니버(H. Richard Niebuhr)는 복음의 핵심이 되시는 그리스도께서 문화와 맺게 되는 무수한 관계들을 다섯 가지 유형으로 분류하였다(Niebuhr 1958). 첫째로 문화와 대립하는 그리스도, 둘째로 문화와 그리스도, 셋째로 문화 속의 그리스도, 넷째로 문화 위의 그리스도, 다섯째는 문화를 변혁시키는 그리스도이다. 이러한 니버의 구분은 복음이 문화와 맺는 다양한 관계를 다섯 가지 유형으로 명쾌하게 분류한 점에서 기여한 바가 크다.

하지만 시간의 흐름에 따라서 복음과 문화의 관계가 변할 수 있다는 점을 고려하지 못했다는 점에서 실제 복음화 사역을 분석하는 데에는 큰 도움이 되지 못한다. 그의 유형론적 접근법의 한계는 지구상에 펼쳐지는 숱한 사례들을 다섯 가지 유형에 담으려 하는 데서 억지와 무리가 개입될 수 있다는 것이다. 다섯 가지 유형에 맞추려다 보면 다양한 사례들이 갖는 역사적 독특성과 구체성이 많이 상실된다. 상황의 구체적인 특수성과 현장성이 상실되고 유형에 맞추어 추상화되는 가운데 복음화 사역을 수행하는데 구체적이고 실제적인 도움을 받기는 힘들다.

반면에 히버트(Paul G. Hiebert)는 복음이 문화와 관련하여 갖는 관련성을 특정 지역의 문화를 중심으로 통시적으로 고찰한다. 그것은 일정한 범위를 갖는 지역 속에서 복음이 그 지역의 문화와 맺는 관계를 제한적으로 다루기 때문에 구체적이며, 동시에 시간의 흐름에 따른 전개 과정상의 역동성을 보여 준다는 점에서 실제적인 도움을 준다.

이 책에서는 히버트의 구분을 활용하여 한국문화가 복음과 맺는 관련성을 통시적으로 고찰해 볼 것이다. 복음과 문화와의 관계를 관찰할 때 단면적으로만 고찰할 때 시간의 전개에 따른 강조점 내지 전략상의 변화의 필요성에 대해서 논의할 여지가 없다. 복음과 문화는 대립적인 관계를 갖기도 하지만, 그럼에도 불구하고 매우 긴밀한 관계를 맺는다. 서로를 구분해야 하는 동시에 복음을 문화적 형태에 담아서 전달해야 하고 또한 복음으로 문화를 변혁시켜 나가야 한다. 이처럼 복음과 문화의 관계는 역동적이어서 상황에 따라서 그 강조점과 관심사를 달리해야만 한다. 이러한 역동성을 깊이 이해하고 사역에 임할 때, 복음 사역자는 복음이 문화 속에 깊이 뿌리내리는 동시에 그 생동감을 잃지 않고 문화를 변화시키는 힘으로 작용하는 것을 목도할 것이다.

21세기에는 그 이전의 어떠한 세기보다 더욱 문화와 세계관의 영역에서 치열한 전투가 벌어지고 있다. 밀러(Darrow L. Miller)는 21세기의 선교를 세계관 전쟁으로 규정한다(1998: 29-30). 복음적 관점과 전통 문화적 관점, 세속적 관점 사이에 치열한 세계관 전쟁이 벌어지고 있다. 이러한 전투는 먼저 신자들의 생각 속에서 벌어진다. 신자들이 복음적 관점으로 사고할 수 있을 때, 그들은 가족, 직장, 사회, 세상으로 전투의 반경을 넓혀 나갈 수 있을 것이다. 하나님 나라가 먼저 신자들의 마음속에, 생각 속에 임할 때 그것이 교회와 가족, 직장, 사회, 민족, 세계로 확장될 수 있다.

복음은 신실하신 하나님께서 인간을 포함한 창조세계의 회복을 위하여 행하시는 놀라운 구속의 이야기이다. 하나님께서는 약속하신 대로 독생자를 인간의 몸으로 이 땅에 보내 주셨다. 예수가 바로 그 하나님의 독생자이시다. 그분은 이 땅에서 하나님 나라의 복음을 선포하시고 그 하나님 나라가 어떤 것인지 보여 주셨고 친히 십자가에 달려 돌아가시고 부활하심으로 그 나라에 들어갈 수 있는 길을 열어 주셨다. 하나님은 예수를 부활시키심으로 예수의 선포가 진실임을 확증하셨으며 예수는 사망 권세를 깨뜨리고 부활의 첫 열매가 되시고, 온 인류와 우주의 주님으로 하나님 보좌 우편에서 통치하시고 계신다.

이제 새로운 종말의 역사가 전개되고 있는데 주님께서 다시 오실 때에 종말은 완성될 것이다. 복음은 창조와 타락, 그리고 구속과 종말이라는 틀 속에서 주어지는 것이기 때문에 문화와 대립되면서도 동시에 접촉점을 갖고 문화 속을 파고든다. 문화의 형태를 띠지만, 복음은 문화 속에 포로가 되는 것이 아니라 문화를 변혁시켜서 주님 안에서 만물이 통일이 되도록 이끄는 힘이다.

히버트는 복음과 문화의 역동적인 관계를 첫째로 문화와 대조되는 복음, 둘째로 문화 속의 복음, 셋째로 문화를 변혁시키는 복음으로 크게 구분한다(1996: 74-79). 이러한 구분법에 따라 먼저, 복음의 핵심(4장)과 한국문화와 대조되는 복음의 특징을 살펴보고(5장), 한국문화 속에서 복음은 어떤 식으로 구체화될지 검토하며(6장), 마지막으로 복음으로 한국문화를 변혁시키는 과제 부분을 다룰 것이다(7장).

4장 복음의 핵심 요소와 복음적 삶의 총체성

　복음은 인류 역사상 발생한 독특한 사건에 근거하고 있다. 그것은 유(類)가 없는 사건이다. 복음은 하나님의 약속에 따라 인간의 몸을 입고 이 땅에 오신 '하나님의 아들'이 십자가에 달려 돌아가시고 사흘 만에 부활하셔서 하나님의 아들 되심을 확증하시고, 주로 높임을 받으신 사건에 근거하고 있다. 또한 복음은 그 사건을 목격한 증인들에 의해서 증거되었다. 그러한 점에서 복음에는 분명한 사건적 요소들이 있으며, 사건들은 계시적인 성격을 띠고 있다.

　복음에는 그 다른 어떤 것으로도 환원될 수 없는 핵심적인 요소들이 있다. 이 핵심적 요소들은 무엇이며 핵심적 요소들이 복음이 한 문화 속에 뿌리를 내리는 과정에서 어떻게 다양한 차원으로 표현되는지 살펴볼 필요가 있다.

　복음이 수용되고 한 문화 속에서 실천될 때 그것은 삶의 다양한 차원에 걸쳐서 표현된다. 삶의 다양한 차원에서 실천될 때 복음이 진정으로 뿌리를 내렸다고 말할 수 있다. 그렇지 않다면 그것은 온전하지 못한 복음, 부분적인 복음, 축소된 복음이다. 복음을 수용하는 과정에서 왜곡 현상이 일어났다고 말할 수 있을 것이다.

복음은 '주어진' 것이지만 또한 복음을 듣는 자들에게 제대로 전달되려면 그들의 문화적인 형태로 전달되어야 한다(Stott 1999: 43). 신약 성경을 보면, 동일한 복음이지만 다양한 문화와 상황 속에서 강조점을 달리 했으며, 그것을 기록한 환경에 따라서 초점을 달리 하였다. 그렇지만 복음에는 문화와 상황을 초월하는 핵심적인 요소를 찾아 볼 수 있다.

문화와 관련하여 복음을 이해하는 데에 있어서 두 가지 극단을 피해야 한다(43). 그 하나는 극단적 유동성으로 그것은 복음이 복음이 되는 것은 특정 문화 속에 들어갔을 경우에만 가능하다는 견해이다. 복음 전도자로서 복음을 전해야 하는 상황에 아무 것도 가져 갈 것이 없고, 그 상황에 들어가서야 비로소 복음을 발견할 수 있다는 견해이다. 다른 하나는 극단적 경직성이다. 그것은 복음에는 구체적인 내용이 있어서 이것이 어느 문화에나 그대로 다 해당된다고 보는 견해이다(43). 우리는 이러한 두 가지 극단적인 경우를 피하면서 복음의 내용에 있어서 핵심이 되는 면을 보는 동시에 그것이 전파되는 곳의 문화적 상황에 맞추어 다양한 형태로 표현할 수 있어야 한다. 복음은 무엇보다도 계시적으로 주어졌다는 점에서 복음 이해에 있어서 계시된 사실에 충실해야 한다.[46)]

1. 복음의 핵심 요소

'복음'이란 말은 신약 저자들에게 있어서 기독교 신앙의 기본적인 내용을 요약하는 일종의 코드 용어(cord word)이다(Brownson 1996: 241). 신약 저자와 최초의 독자/청자의 특정한 상황,

---

46) 존 스토트(John R. W. Stott)는 이처럼 복음의 계시적 사실에 충실하면서 동시에 상황화라는 과제에도 충실한 제 삼의 길을 제시한다 (1999: 44). 즉 극단적 유동성으로 복음의 계시적 사실을 놓치는 것과 극단적 경직성으로 인해 현지 문화를 고려하지 못하는 양 극단을 피하는 제삼의 길을 제시하는 것이다. 상황화의 과제는 6장에서 다루도록 한다.

문화, 그리고 세계관은 성경 저자가 그들 자신을 표현하는 방식에 상당한 정도로 영향을 미쳤다(245). 구체적인 상황에 따라서 강조점과 초점을 달리하지만 그럼에도 불구하고 그러한 다양한 표현의 밑바닥에는 복음에 대한 기본적인 이해가 놓여 있다. 그러므로 다양한 차이점에도 불구하고 신약의 복음 이해를 특징짓는 공통적인 주제(common themes), 이미지(images), 그리고 동기(motifs)를 찾아볼 수 있다(250).

'복음'이란 말은 전쟁에서 승리했다든가, 누군가가 왕위에 올랐다든가 하는 소식(news)을 언급하기도 하고, 한 아기가 태어났다는 식의 보다 세속적인 선언(announcement)에 대해서 혹은 다가오는 결혼 소식 등에 대해서 사용되는 용어이다(250). '복음'이란 말은 기독교 신앙을 모든 사람들과 온 세계에 대해서 의미를 지닌 소식(news)으로 규정한다(251). 그것은 단순히 내밀하게 전달되는 지식이 아니다. 그것은 분명한 공적인 성격을 지닌다. '복음'이란 용어에는 특히 '소식'(news)의 사건 지향적인 요소(event-oriented element)가 담겨져 있다. 그것은 전쟁에서의 승리, 왕위 등극, 정치적 업적등과 같은 특별한 의미를 지닌 사건 혹은 해프닝(happening)에 대해 보고하는 데에 초점을 둔다(251).

복음에 대한 실로 다양한 표현들과 설명들이 주어지지만, 신약 저자들에게 있어서 복음은 나사렛 예수의 정체성(identity), 죽음, 그리고 부활-전 세계를 위하여 소망에 찬 약속을 제공하는 하나님의 행동으로 선언되는 이야기-과 긴밀하게 연관된다. 신약은 예수의 죽음과 부활을 포함하는 그분의 인격이 들려질 필요가 있는 공적인 의미를 갖는 '소식'(news)이라는 확신을 출발점으로 삼는다(252).

예수가 누구인가 하는 것은 복음의 핵심에 해당된다. 예수는 구약의 약속을 성취하기 위하여 하나님으로부터 보내심 받은 '메시아'이시다(Padilla 1993: 85). '메시아'는 '기름부음 받은 자'라는 뜻을 가진 히브리말이고, 그것을 문자적으로 번역한 그리스어가 '크리스토스' 즉 '그리스도'이다. '메시아'라는 말은 중간사 시대(구약과 신약의 사이 시대, 대략 BC 200년~AD 30년)에 유대인들이 종말에 있을 하나님의 구속에 대해 간절히 기대하면서부터 하나님의 종말의 구원을 이루도록 세워질 일꾼을 지칭하는 고유명사로 발전했다(김세윤 2003: 152). 그래서 신약시대에 이르러 '메시아'는 '종말의 구원자'라는 뜻을 갖게 된 것이다(152).

그는 이 땅에 와서 하나님 나라를 선포하시고 치유와 이적을 통해서 그 나라의 능력을 나타내 보여 주심으로 그 나라가 어떤 것인지 알려 주셨다(128). 또한 여러 가지 비유를 사용하셔서 그 나라의 모습을 알기 쉽게 말씀해 주셨다. 또한 그 나라의 백성이 될 수 있도록 길을 열어 주시기 위해서 십자가에 달려 돌아가셨다(133-134). 그리고 하나님에 의해서 부활하심으로써 자신의 주장이 진실임을 입증하셨다. 그분이 생전에 주장하신대로 그분이 '하나님의 아들'이심이 그분의 부활을 통하여 확증된 것이다.

부활하신 주님을 만나본 제자들은 살아생전 그분이 하신 말씀이 진실임을 깨닫고 그분의 죽음이 "우리의 죄를 위해서" 죽으신 것이라고 고백했다(고전 15:3)(145). 그들은 "그리스도의 죽음이 우리를 위한 대속의 제사요 새 언약의 제사로서 우리의 죄 문제를 해결하고, 우리를 하나님께 회복시켜 하나님의 의로운 백성, 곧 하나님의 자녀들이 되게 한 사건"임을 선포했다(148-49). 부활하신 주님은 제자들에게 지상명령을 위임하시고 승천하셔서 하나님 보좌 우편에서 온 세상의 '주'로서 통치하신다.

신약성경을 통해서 예수의 정체성, 죽음, 부활에 부여된 의미는 그 소식이 구원하는 의미를 갖는다는 점이 매우 분명하게 드러난다(Brownson 1996: 252). 신약은 무엇보다도 '구원'(소테리아)의 종교로서 가난한 자를 위한 좋은 소식(good news), 죄인을 위한 용서, 몸에 대한 온전함, 자유, 기쁨, 소망, 그리고 영생(eternal life)을 약속한다(252). 신약 신앙의 중심에는 예수의 삶, 죽음 그리고 부활 가운데 하나님께서 세상을 구원하시는 목적을 완전히 드러내셨고 그것을 믿음으로 받아들일 수 있다는 확신이 자리 잡고 있다(253).

복음에 중심적인 것은 하나님께서 인간들에 대해서 무관심하고 소극적인 분이 아니라 인간을, 아니 전 세상을 찾고 계신다는 개념이다(255). 기본적인 의미에서 복음은 하나님의 부름(the call of God)을 나타내며 그러한 부름에 대해서 세상과 인간은 반응할 것을 요청받는다(255). 믿음의 응답은 예수가 주이심-그리스도안에서 하나님의 이 세상에 대한 보편적인 요구가 타당하며 그러한 요구를 받아들이는 것-을 고백하는 것이다(255). 복음이 우주적인 의미를 갖는 좋은 소식들을 제공한다는 주장은 그리스도인들로 하여금 그들 자신의 익숙한 생활 반경을 넘어서 그들 주변의 문화와 세상에 그리스도께서 '주'시라는 은혜롭고 소망스런 주장을 갖고 나아가도록 도전한다(258).

복음 선포에 대해서 믿음으로 응답하게 될 때 그/그녀의 죄는 사함을 받고 그/그녀는 하나님 나라의 백성이 되고 자녀가 된다. 이 때 믿음이란 단순한 지식적인 동의가 아니라 예수가 종말의 구원자이신 '메시아'이시고 온 우주의 '주'이심을 믿으며, 예수를 주님으로 모시고 따르기로 결단하는 의지적인 면을 내포한다. 종말에 이미 임한 하나님 나라의 백성으로써 정체성을 갖고 산다는 것은 구원받은 백성으로써 하나님의 통치에 순종하는 삶을 살기로 다짐하고 결단했다는 것을 함축한다.

이제 예수 그리스도의 사역으로 말미암아 인간이 지금 여기에서 장차 올 시대의 능력을 맛보는 것이 가능하게 되었다(Padilla

1993: 83). 구약에서 약속했던 결정적인 종말론적인 사건이 이미 일어났으며 그 결과 '메시아'가 하나님 나라를 완성하실 그 날을 기대할 수 있게 된 것이다(83). 미래에 완성될 하나님 나라지만 그 것은 이미 이 땅 위에 실현되었다(83). 믿음으로 죄사함을 받고 하나님 나라의 백성이 된 자들은 이 땅에서 하나님 나라를 맛볼 수 있으며 그 나라의 확장을 위하여 부름 받은 존재들이며, 그 나라의 완성을 소망하는 자들이다.

이제 하나님 나라의 백성은 이 땅에서의 시간에 대한 새로운 이해를 갖게 된다. 종말이 이미 시작된 것이다. 하나님의 통치가 이 땅 위에서 이미 이루어지고 있다. 그들은 하나님의 통치에 순종하는 삶을 살게 된다. 주님의 통치는 신자들이 살아가면서 부닥치게 되는 가치판단의 매 순간마다 사랑의 이중계명으로 다가온다(김세윤 2003: 193). "예수가 주이시다"라는 고백에는 주님의 요구에 순종해야 하는 윤리적 책임감이 함축되어져 있다(194). 하나님을 사랑하고 이웃을 사랑하라는 계명에 순종할 때마다 이 땅에 하나님 나라가 실현되고 그분의 통치가 확산되어 간다(194). 이미 임한 하나님의 나라와 장차 완성될 하나님의 나라 사이에 주어진 시간은 무엇보다도 선교를 위해서 주어진 유예 기간이다. 하나님의 백성들은 그 기간 동안에 하나님의 통치를 받으면서 하나님의 실재를 증거하는 가운데 하나님 나라의 확장을 위하여 일하는 사명을 감당해야 한다.

2. 복음적 삶의 총체성

복음은 세계관의 핵심에 해당되는 헌신의 대상을 변화시키는 것이기 때문에 복음은 삶의 다양한 차원에 걸쳐서 파급효과를 도출한다. 종교학자인 니니안 스마트는 특정 종교와 세계관은 포괄적인 성격을 갖기 때문에 종교와 세계관이 교리적 차원, 제의적 차원, 윤리적 차원, 경험적 차원, 신화적 (이야기) 차원, 그리고 사회적 차원에 걸쳐서 상호 연관성을 갖고 표현된다고 했다(Smart 1986:14). 이 주장은 복음과 복음적 삶에도 해당되는 내용이다. 즉, 복음도 단지 교리 차원에서만 복음으로 나타나는 것이 아니라, 삶의 전 영역으로 표현된다. 따라서 여러 차원으로 나누어서 살펴볼 때 그 총체적인 면과 포괄적인 면 그리고 다양한 차원 사이의 상호 연관성을 더 잘 파악할 수 있다. 복음의 여섯 가지 차원이 어떻게 나타나는지 살펴보면 다음과 같다(표 4-1).

차원	복음
교리적 차원	창조, 타락, 구속, 예수와 하나님 나라의 복음, 십자가와 부활의 복음, 종말
제의적 차원	예배, 세례, 성만찬, 장례식과 추도예배
윤리적 차원	주되심(Lordship)과 제자도, 사랑의 이중계명, 성화론, 소명론
경험적 차원	회심과 회개, 죄사함, 성령의 내주, 성령의 열매, 하나님의 주권적 개입과 섭리적 인도하심, 영성, 주님과 동행하는 삶, 예배하는 삶, 수련회와 부흥회, 성령충만, 성령의 은사
이야기 (신화적) 차원	창조, 타락, 구속, 예수 그리스도의 삶과 사역, 죽음과 부활, 승천, 통치(주 되심), 재림
사회적 차원	세상의 빛, 소금, 산 위의 동네, 하나님의 나라

표 4-1. 복음의 6가지 차원

1) 교리적 차원: '하나님의 구속의 계획'

교리적 차원에서 복음은 하나님께서 천지를 창조하셨다는 것을 전제한다. 천지를 창조하신 하나님이 인간을 자신의 형상에 따라 만드셨다. 최초 인간인 아담과 하와가 선악과를 따 먹음으로 에덴동산에서 쫓겨나고 아담의 타락한 본성을 이어받은 인류는 타락한 세상을 형성케 된다.

이러한 타락한 인류를 그대로 내버려 두지 않으시고 하나님께서 구속 계획(Redemption Project)을 수립하시고 실천하셨다. 아브라함 한 사람을 부르는 것에서 시작하여 그 씨를 통하여 천하만민이 복을 받게 하시는 하나님의 구속 계획이 인간들의 역사 속에서 전개된다(창 12:1-3; 갈 3:8, 14, 16). 구속 계획은 하나님께서 외아들을 세상에 보내신 데에서 그 절정에 도달한다. 복음은 바로 그 외아들이신 예수 그리스도의 삶과 죽음 그리고 부활이란 사건이 인류 구원을 위한 사건이라는 데에 있다.

신약성경에 의하면, 복음 전파는 예수 그리스도께서 하나님 나라의 복음을 선포하면서부터 시작되고, 초대교회 사도들이 그분의 십자가와 부활의 복음을 선포하는 데로 이어진다. 예수님께서 잔치, 상속 등의 다양한 그림으로 하나님 나라의 복음을 선포하시고 약속하신 후, 십자가에 달려 돌아가심으로 그러한 약속을 성취하시고 종말의 하나님의 백성들의 공동체를 창조하셨다(김세윤 2003: 127-34). 부활하신 예수님을 만난 제자들은 예수님의 부활 사건을 통해서 하나님께서 예수님의 옳으심을 선언하시는 것을 깨달았다(144-45). 이제 제자들은 하나님 나라의 복음을 성취하신 예수의 죽음과 그분의 죽음이 우리를 위한 구원사건이라는 것을 증명해 주는 부활에 초점을 맞추게 된 것이다(148-49). 이처럼 예수의 하나님 나라 복음 선포를 통한 '약속'과 그의 죽음을 통한 그 약속의 '성취,' 그리고 그의 부활을 통한 그 성취의 '확인'이라는 세 가지는 불가분의 관계에 놓여 있다(150).

사도들은 이처럼 예수 그리스도의 죽음과 부활을 통해 우리를 위한 하나님의 구원이 이루어졌다는 기쁜 소식을 구약과 예수의 가르침에서 얻은 다양한 그림 언어들(imageries; metaphors)을 동원하여 선포했는데, 그러한 그림 언어들을 활용한 복음 선포에는 '의인으로 선언됨(Justification),' '화해시킴(Reconciliation)' 외에도 '예수가 메시아다,' '예수가 하나님의 아들이다,' '예수가 주이다,' 등의 다양한 형태가 있다(151-200). 이처럼 신약성경 기자들의 다양한 복음 선포는 다양한 상황에 따라 구체적 적합성(relevance)을 띠는 방식으로 복음을 선포한 선례를 보여준다(205).

복음의 총체적인 면을 고려할 때, 한국교회에서 복음과 복음적 삶을 교리적 차원을 넘어 윤리적 차원, 사회적 차원 등으로 제대로 전개시키지 못한 점은 깊은 반성이 요구된다. 한국교회에서 칭의론은 매우 중요한 위치를 차지한다. 하지만 칭의론이 교리적인 차원에만 머무르고 윤리적 차원, 사회적 차원의 실천으로 이어지지 못하는 점은 시급한 시정을 요한다. 어디에서 칭의론에 대한 왜곡된 이해가 발생했는지 찾아보고 시정하는 조처가 이루어져야 할 것이다.

죄인을 의롭다고 선언하시는 '칭의'의 복음을 믿음으로 구원받아서 이제 하나님의 자녀가 되고 백성이 되었는데 그 이후에 하나님의 백성으로서 이 땅에서 살아가는 모습이 그다지 빛 되고 소금 되지 못한 이유는 무엇일까? 많은 사람들이 이에 대하여 의아하게 생각한다.

너무나 오랫동안 한국교회는 종교개혁 전통에서 '의인됨'을 법정적인 개념으로만 이해하고, 부정적인 측면만 강조해서 칭의론을 가르쳐 왔다(김세윤 2008: 31). "우리의 죄가 용서되고 사면되었으므로 하나님의 심판대에서 의인이라 무죄 선언되었다"는 측면으로만 이해되었다(31-32). 그런데 '의'란 근본적으로 관계론적인 개념이어서, '무죄 선언됨'(acquittal)은 동시에 "하나님과의 올바른 관계로 회복됨"이다(32). 그래서 믿음으로 의인된 사람은 죄 용서(무죄 선언)만 받은 것이 아니라 하나님과의 올바른 관계에 들어가 그 속에 서 있게 된 사람이다(32).

한국교회에서 복음을 '믿음'으로 구원받는다고 할 때의 '믿음'

이 종종 단순히 지적인 동의를 의미하는 말로 사용된다. 많은 경우 명제화된 칭의 교리에 대해서 지적으로 동의만 하면 구원받는다고 가르치는 가운데 그리스도에 대한 의지적 헌신을 갖추지 못한 사람들도 구원받았다고 선언하는 일이 일어났다. 이처럼 '값싼 은혜'를 선포할 때 복음이 축소되고 왜곡되는 현상이 일어난다. 복음을 축소하고 왜곡시키는 것을 넘어서서 총체적으로 복음을 수용하고 복음에 합당한 삶을 살려면, 성경에서 말하는 '믿음'에 대한 바른 이해를 갖출 필요가 있다.

성경에서 '믿음'을 이야기할 때 가장 본질적인 의미는 선포된 복음을 받아들이는 것이다(김세윤 1981: 57). "예수가 우리를 위해 죽고 부활했다"는 것이 복음(Kerygma)의 구원론적 정의이다(고전 15:3).[47] "우리를 위해서"라는 말에는 우리 대신에, 우리의 대표로, 우리에게 이득을 가져오기 위해서라는 의미가 담겨 있다(58-59). 그래서 예수 그리스도의 십자가에서의 죽음은 나를 대신하여, 우리 모두를 한꺼번에 대표하여 죽으셨다는 뜻이다(59). 이러한 대신적 죽음, 대표적 죽음이란 개념을 합치면 '내포적 대신'(Inclusive Substitution)이란 개념이 성립된다(59). 따라서 예수의 죽음은 죄 없는 예수가 우리 대신에 우리 입장에 서서 죽었으므로 대신적이고 또 우리를 위한 대표적인 죽음이어서 그 안에 우리의 죽음을 내포한다(60).

'믿음'으로 이 객관적인 구원의 사건을 우리 자신에게 적용할 때 그 사건이 우리에게 효력을 발생한다(60). 믿는 자들은 예수의 죽음이 그들을 위한 대신적, 대표적 죽음이라고 인정함으로써 개개인이 그의 죽음을 효과적으로 자기 자신의 죽음으로 만든다(60-61). 이처럼 믿음으로 스스로를 자신의 대신이고 대표인 예수와 그의 십자가의 죽음에 하나 되게 한(연합되게 한) 자는 그의

---

47) 선포된 복음은 "예수가 주(主)다. 예수가 그리스도다. 예수가 하나님의 아들이다"라고 기독론적으로 말할 수 있지만, "예수가 우리를 위해 죽고 부활했다"라고 구원론적으로도 말할 수 있다 (김세윤 1981: 57-58).

부활에서도 예수와 하나가 된다(롬 6:3~11)(61). 이와 같이 믿음은 우리를 그리스도 안에 내포시켜서 '그리스도 안'에 있게 한다(61).

그리하여 우리가 더 이상 하나님께 등을 지고 자기를 주장하며 자기 힘으로 살려고 하는 거스른 관계 속에 있는 것이 아니라 하나님과 언약의 관계를 갖는 인간들이 된 것이다(66). 하나님의 백성이 되어서 하나님만을 의지하며 하나님의 무한하신 부요하심을 힘입는 삶을 살아가는 것이 하나님과의 올바른 관계 속에서 살아가는 삶이다.

성경에서 말하는 '믿음'이란 지식적인 면도 있지만 그것을 넘어서서 의지하는 요소, 순종하는 요소, 소망하는 요소, 두려워하는 요소를 내포한다(57). 한국교회에서 믿음을 너무 지식적인 요소로 축소해서 이해한 점은 반성을 요하는 점이다. 믿음은 단지 지식적인 동의가 아니라 전 인격이 동반된 위탁이요 신뢰이며 헌신이다. 새로운 세계관과 정체성을 수용하고 새로운 피조물로서의 삶을 살아가는 것이다.

그런데 내가 믿어서 의롭게 되었으므로 이제 천국은 보장된 것이고, 이제 이후로의 삶은 내 맘대로 살아도 무관하다는 식으로 생각하고 행동하는 것은 그의 믿음에 있어서 문제가 있음을 보여 준다. 주님보다 내가 더 중시되는 나 중심주의적인 사고는 아직도 주님의 죽음과 부활에 믿음으로 연합하지 못하고 불신앙에 머물고 있음을 보여 주는 단서가 될 수 있다.

여기에서 또 하나 살펴보아야 할 것은 구원을 너무 개인의 영혼의 구원으로 한정짓는 것이다. 칭의의 복음을 믿음으로 영혼이 구원받았으니 이제는 나 스스로의 힘으로 내 삶을 헤쳐 나갈 수 있다는 생각은 비복음적인 사고이다. 구원을 인간의 영혼에만 해당되는 것으로 이해하고, 신앙과 행동을 분리해서 이해하는 이원론적인 삶의 양태 또한 시급하게 시정되어야 한다. 위와 같은 이원론을 극복하려면 전인적이고 총체적인 복음과 구원 이해를 갖는 것이 필요하다. 구원을 영혼에만 해당되는 것으로 간주하는 것은 복음을 축소시키는 것이다. 복음은 삶의 모든 면을 변화시키는 총체적인 복음이고, 성경에서 말하는 구원도 전인적인 구원이다. 하나님의 백성들은 단지 영혼만 구원받는 데에서 멈추는 것이 아니라, 전 인격적인 응답을 통하여 그리스도의 제자로서 삶의 한 가운데에서 복음의 실재가 드러나는 삶을 사는 것이 요구된다.

구원받은 존재로서, 하나님과 화해한 존재로서, 그리스도인은 이제 하나님께서 창조시 의도하셨던 하나님 중심적인 삶을 회복해야 한다. 하나님의 구속 역사가 전 우주적인 회복의 역사란 것을 생각할 때 이제 하나님의 백성으로서 새로운 사명의 삶을 살아가게 된 것이다. 자신의 제한된 능력에만 의존해서 사는 삶에서 이제는 하나님의 무한하신 능력을 힘입어 살 수 있게 되었으므로 그러한 능력을 힘입기 위해서 기도하며 하나님과 소통하며 순종하는 삶을 살게 된 것이다. 이처럼 총체적으로 삶의 모든 영역에서 구원의 능력을 나타내는 삶은 지식적으로 동의하고 구원받았다는 거짓 확신에 사로잡혀 사는 삶과 대조된다.

삶의 총체적인 차원에서 그리스도와의 연관성은 찾아보기 힘들고 여전히 나 자신이 중심이 된 삶을 살고 있다면, 그 사람은 자신이 진정으로 구원받았는지 되돌아봐야 할 것이다. 오늘날 한국교인들은 교회 밖의 사람들로부터 신앙과 행위가 다르다는 말을 많이 듣는다. 또한 그리스도인들의 위선을 지적하며 적개적인 태도를 표명하는 안티 기독교인들이 늘어나고 있다. 이런 상황에서 고린도 교인들에게 주는 사도 바울의 권면은 현대를 사는 한국의 교인들이 귀담아 들을 필요가 있다. "너희는 믿음 안에 있는가 너희 자신을 시험하고 너희 자신을 확증하라. 예수 그리스도께서 너희 안에 계신 줄을 너희가 스스로 알지 못하느냐 그렇지 않으면 너희는 버림 받은 자니라"(고후 13:5).

이처럼 믿음으로 그리스도 안에 내포된 하나님의 백성들은 하나님과의 올바른 관계를 계속 지탱해 나가야 한다. 구원하신 분이 주님이시고 그분이 온 세상의 주요 창조주 하나님으로서 전체 인류를 포함한 전 세계를 회복시키시는 분임을 믿는다면, 창조세계를 포함하여 전체 인류를 회복시키는 그분의 구원 역사에 보다 적극적으로 참여하는 것이 그분의 백성으로서 온당한 태도일 것이다.

예수 그리스도께서 약속하시고 그 약속을 성취하심으로 하나님의 나라는 이미 이 땅에 이루어졌는데 교회는 믿음으로 그 나라의 백성이 되고, 하나님의 통치에 순종하는 무리들이다. 교회는 또한 하나님 나라를 보여 주는 '표징'이다. 교회는 예수 그리스도의 죽음에 의해서 형성된 종말의 하나님의 백성으로써 이 땅에 하나님 나라를 확장하는 사명을 띠고 세상으로 파송되었다. 선교의 사명을 충실히 감당할 때 하나님 나라가 확장되는데 귀한 도구로 사용 받을 것이다. 주님께서 다시 오실 때에 하나님 나라는 온전히 이루어질 것이고 세상 만물 모든 것이 주 안에서 통일될 것이며(엡 1:10), 하나님이 만유의 주로서 영광을 받으실 것이다(고전 15:28). 그 때 하나님의 구속의 계획은 완성될 것이다.

2) 의례적 차원

복음에 대한 반응은 무엇보다도 예배로 표현된다. 예배는 개인적인 차원에서도 드려질 수 있지만 구원받은 개인은 공동체의 일원이라는 점에서 회중들이 함께 모여서 드리는 공적 예배의 중요성을 간과할 수 없다. 교회를 형성하고 있는 부름 받은 무리들이 함께 모여서 창조주 하나님의 은총과 예수 그리스도의 구속의 사역을 기리며 감격적으로 응답하는 것이 공적 예배이다(정장복 1985: 25-26). 공적 예배에서는 하나님의 백성된 기쁨과 감격이 예배의 감격으로 그대로 표현된다. 위대한 일을 행하시는 하나님을 찬양하고 높이는 일이 구원받은 백성에게는 너무나도 마땅한 일이다. 예배는 구원하시는 하나님, 은혜를 베푸시는 하나님의 사랑에 대해 감사한 마음을 표현하는 현장이다. 예수 그리스도 안에서 자신을 계시해 주신 하나님과 그 하나님 앞에 뜨겁게 응답하는 대화의 현장이 이 예배 가운데 일어나야 한다(12). 일리온 존스(Ilion T. Jones)는 복음에서 발견되는 하나님의 목적과 특성에 조화되는 '복음적 예배'의 본질과 특성을 다음과 같이 정리했다(Jones 1988: 232).

> 복음적 예배는 인간으로 하여금 생각하도록 하고, 예배할 때 온 생각과 마음을 다 드리도록 하며, 도덕적인 면에서의 하나님을 의식하도록 한다. 그리고 하나님의 영이 인간의 의지를 움직여 도덕적 판단을 하게 함으로써 자신의 뜻을 포기하도록 할 뿐만 아니라, 예배에서 얻는 감동을 구체적으로 그들의 성격과 일상의 인간관계, 인간적인 본능을 변화시키는 데 사용하도록 요구한다.

예배의 감동은 생활 속에서 지속되어야 한다(정장복 1985: 16). 예배를 통하여 연합된 그리스도의 흔적이 우리의 생활 속에서 나타나는지 끊임없이 질문하면서 예배와 생활과의 연속성을 이어나가야 한다(17). 또한 예배는 교회 밖의 세상에 대한 사명을 수행하는 것과 연계되어야 한다. 나 외의 수많은 사람들에게 나아가 자신의 교회를 그들 속의 교회로 만들어야 할 사명이 예배자에게 주어진다(16).

예배 가운데는 세례가 성만찬과 함께 소중한 성례전으로 지켜져 왔다(159). 세례는 하나님 나라의 백성이 되는 표지인 동시에 세상에 대해서 죽고 그리스도안에서 새로운 삶을 시작한다는 것을 극적으로 표현하는 소중한 예식이다. 세례식을 통해서 하나님 백성이 되는 감격과 더불어 세상에 대해서 죽고 그리스도와 함께 하는 새로운 삶을 살겠다는 결단과 각오가 드러나야 한다.

성만찬은 주님께서 직접 제정해 주신 예식으로써 복음의 진수를 가장 잘 드러내는 예식이다. 성만찬을 통해서 그리스도의 공동체는 지금까지 들었던 하나님의 말씀을 눈으로 보고 하나님의 은총을 온 몸과 마음으로 체험하게 된다(180). 칼뱅은 "내 살을 먹고 내 피를 마시는 자는 내 안에 거하고 나도 그의 안에 거하나니"(요 6:56)라는 말씀을 근거로 예수 그리스도의 살과 피를 먹고 마시는 자마다 그와 하나가 되어 그 안에서 살아가는 불가분리의 관계가 맺어짐을 강조한다(201). 성만찬은 그리스도의 희생을 선포하는 가장 소중한 예전이다(202). 초대교회에서의 성만찬은 무엇보다도 이 주님의 살과 피의 희생을 경험하고 십자가의 의미를 재현하는 데 주안점을 두었다(203).

성만찬을 통하여 그리스도를 중심하여 하나의 결정체를 이루는 특수한 공동체가 형성되는 것도 성만찬의 본질에 해당된다. "세계 어디서나 성만찬의 성례전을 거행하는 무리들은 동일한 그리스도의 지체들임을 진지하게 인식하여야 한다"(203). 그리고 성만찬이 십자가 위에서 수난으로 끝나는 그리스도만을 의미하는 것이 아니라 부활하셔서 성령의 역사를 통해 성만찬 현장에 임재하신 그리스도를 뵙는 신앙적 경험이란 점도 간과되어서는 안 된다(204).

장례식과 추도예배의 경우에도 복음과의 연관성을 고려하여 집례하는 것이 중요하다. 복음을 믿을 때 죽음의 의미가 바뀐다. 이제 그리스도 예수 안에 거하는 자로서 죽음을 맞이할 때, 죽음이란 끝이 아니다. 그것은 부활하신 주님과 함께 새로운 삶을 시작하는 것이다. 주님은 부활의 첫 열매이시고, 주님의 부활과 같은 부활이 신자들을 기다리고 있기 때문이다. 추도예배도 조상들을 구원해 주신 하나님의 은혜와 사랑에 다시 한 번 감사하는 예배가 되어야 하며 주님 안에서 안식하는 조상들의 신앙을 회고하며 신앙적 삶을 살도록 결단하는 시간이 되어야 한다. 또한 조상들을 통하여 생명을 얻은 것을 감사하며 조상의 뜻을 기려서 후손들 간의 연합을 도모하는 시간이 되어야 할 것이다.

3) 윤리적 차원

복음은 윤리적 차원을 내포한다. 구원받은 하나님의 백성은 옛사람이 그리스도와 함께 장사된 것으로 고백하고 그리스도와 연합한 자로 새 생명 가운데 산다고 고백한다(롬 6:3-5). 이제는 죽은 자 가운데서 다시 살아난 자 같이 그들을 하나님께 드리며 자신의 지체를 의의 무기로 하나님께 드리는 삶을 살아야 한다(롬 6:13). 죄의 종으로 살던 삶에서 의의 종으로 거룩함에 이르는 삶을 살아야 한다(롬 6:19). 종말의 하나님의 백성으로서 그리스도인은 하나님의 통치를 받는다. 그는 주님의 주 되심을 인정하고 순종하며 따라가는 가운데 주님의 제자된 삶을 살아야 한다. 특히 주님의 '주 되심'(Lordship)이 사랑의 이중계명으로 시시각각 주어질 때마다 순종하는 가운데 주님의 형상을 닮은 모습으로 변화되고 성화되어 가는 것이 그리스도인의 삶이다. 그처럼 주님의 주 되심을 인정하고 주님의 뜻을 좇는 것이 그리스도인이 마땅히 가져야 할 믿음의 반응이다. 이러한 반응을 통하여 주님의 형상으로 끊임없이 자라나고 성화해 나가야 할 책임이 그리스도인에게 있다.

오늘날의 그리스도인들은 복음의 기쁨과 감격을 윤리적 삶과 사회적 실천으로 표출하는 면을 심각하게 반성할 필요가 있다. 주변의 따가운 지적 때문이기도 하지만 그보다는 성경 말씀이 그러한 면을 분명히 말씀하기 때문이다. 성경에서는 "행함이 없는 믿음은 죽은 것이니라"(약 2:26)는 말씀과 같이 교리는 항상 윤리적 실천으로 이어짐을 강조한다.

구원받았으니 이제는 내 맘대로 살아도 된다는 식의 사고는 "두렵고 떨림으로 구원을 이루라"는 바울의 가르침과도 균형을 이루지 못한다. 성경에는 구원의 확신과 안도감을 주는 말씀도 분명히 있지만, 동시에 경계하고 근신을 요구하는 말씀도 동일하게 주어져 있다(김세윤 2003: 60). 영혼의 구원을 확보했으니 이제는 나 자신을 의지하고 살아갈 수 있다는 것은 사탄에게 틈을 내 주는 행위요, 광야에 엎드러진 이스라엘 백성들과 같이 하나님에 대한 불신앙의 행동이다(고전 10:1-12). 이제 주님의 공로로 구원받고 하나님의 백성이 되었으니, 이제는 주어진 삶의 현장에서 주님의 제자로서 주님의 주권을 인정하며 순종의 삶을 살아야 한다.

그리스도인은 이처럼 끊임없이 주어지는 결단의 순간마다 너 자신을 위해 살고 육신의 욕구를 좇으라고 속삭이는 사탄의 소리와 하나님을 사랑하고 이웃을 사랑하라고 들려 주시는 성령의 세미한 음성 가운데 선택하면서 살아가야 한다. 구원받기 이전에는 사탄의 소리를 이겨낼 힘이 없고, 육신의 욕구를 뿌리칠 능력이 없었지만, 이제 새로운 성품이 부여되고, 새로운 삶의 가능성이 주어졌다. 그러한 새로운 삶의 가능성이 구체화되기 위해서는 끊임없이 말씀을 가까이 하며 내 몸을 쳐서 복종시키는 훈련 과정이 요구된다(고전 9:27).

영혼의 구원이 보장되었으니 이제는 내 마음대로 행해도 무관하다는 식의 생각은 전연 성경적인 균형을 잃어버린 사고이다. 이러한 사고를 갖고 행동할 때 그리스도인으로서 빛이 되고 소금이 되며 불신자들로 하여금 복음에 대해서 질문하고 싶은 마음이 들게 하는 삶을 살 수 없을 것이다(벧전 3:15).

또한 그리스도인이 구원받은 것은 하나님의 선한 일에 쓰임받기 위함임을 잊지 말아야 한다(엡 2:10; 딛 2:14). 구원은 소명을 내포한다. 하나님의 구속 계획이 펼쳐지는 가운데 우리는 구원받았으며 이제 하나님께서 하시는 일에 동참할 수 있는 기회가 주어진 것이다. 성경에 의하면 포도원에 넣어주는 것이 은혜이다 (마 20:1-16). 할 일이 주어지고 사명이 주어진 것 자체가 하나님의 크신 은혜이다(고전 15:10). 그리스도인은 하나님께서 구원하신 이유가 무엇인지 끊임없이 질문하는 가운데 하나님께서 그를 통하여 이루고자 하시는 선한 일에 전심전력하는 삶을 살아야 한다. 자신을 통하여 이루고자 하시는 하나님의 계획이 무엇인지 깨닫고 그 소명을 이루기 위해서 열정을 다해서 섬기는 삶이 그리스도인의 삶이다. 전도서에 의하면 기쁜 마음으로 수고하는 삶이 하나님께서 자신에게 허락하신 분복을 누리는 삶이기도 하다(전 3:22; 5:18; 9:10).

4) 경험적 차원

복음은 또한 경험적 차원의 변화를 야기한다. 복음을 받아들이는 과정이 '회심'이다. 회심과 그 이후 계속되는 회개의 삶을 통하여 그리스도인은 옛 사람을 벗어버리고 계속 심령까지 새로워지며 거룩한 새 사람을 입게 된다(엡 4:22-24).

베드로의 복음 선포에 의하면 복음을 받아들여서 회개하고 세례를 받게 되면 '죄사함'과 '성령의 선물'을 받게 될 것이라고 약속한다(행 2:38)(Stott 1981: 66). 회심한 신자는 죄사함의 감격을 맛볼뿐더러 그들 속에 성령께서 내주하시게 됨을 약속받는다. 성령은 신자들 속에 내주하시는 하나님이시다. 성령께서 내주하시게 되면, 신자의 내면에서는 본래 자리 잡고 있던 죄악된 본성인 육신의 소욕과 성령의 소욕이 충돌하게 된다(갈 5:17). 그러한 가운데 가치판단의 순간마다 육신을 좇지 않고 성령을 좇아 행하는 것이 신자들에게 요구된다(갈 5:16). 그러할 때 성령의 열매가 신자들의 삶에 맺혀진다(갈 5:22-23).

이제 구원받은 하나님의 백성들에게 하나님은 계속적으로 주권적으로 개입하시며 또한 섭리적으로 인도하신다(Clinton 1989: 94-96). 그리스도인은 하나님의 통치를 인식하며 순종하는 하나님 나라의 백성이다. 그러한 하나님의 통치를 인식하는 영성이 천국의 삶을 이 땅에서 살기 위해서 필요하다(송인설 2008: 4). 영적인 감각이 있을 때 그는 이 땅에서 천국의 기쁨을 누릴 수 있다(5). 믿음으로 하나님께서 주도적으로 행하시는 일에 반응할 때, 하나님의 뜻이 그의 삶 속에서 이루어지게 된다(Clinton 1989: 386). 하나님께서 그를 통해서 이루시고자 하시는 일이 성취되는 감격을 맛보게 될 것이다(눅 2:29).

복음적 영성은 삶의 한 복판에서 하나님의 역사를 볼 수 있는 믿음의 안목을 제공한다. 우리에게 주어지는 모든 삶의 과정 과정에서 하나님의 손길을 볼 수 있을 때 평범해 보이는 일상 가운데에서도 하나님의 역사를 볼 수 있고 믿음으로 응답할 수 있다(Clinton 1989: 94-95). 하나님의 통치를 인식하고 반응할 때 그는 이 땅에서 하나님과 동행하며, 하나님의 손에 의해서 빚어지는 하나님의 작품(엡 2:10)이 될 것이다.

하나님에 대한 체험이 삶의 한 가운데에서 주어질 수도 있고 예배 시간을 통해서 주어질 수도 있다. 때때로 수련회나 부흥회를 통하여 복음에 대한 감격을 새롭게 하는 계기가 주어질 수도 있다.

성령은 또한 권능의 영이다. 그리스도인이 증인이 되기 위해서는 성령의 권능이 위로부터 임해야 한다. 그러할 때 그리스도인은 이 땅에서 주님의 증인이 될 수 있다(행 1:8). 늘 깨어서 기도하는 가운데 성령의 충만을 위해서 기도해야 할 필요가 여기에 있다. 성령의 은사를 주신 것은 우리의 소명과 무관하지 않다. 하나님께서 우리에게 맡기시는 사명이 있고 그러한 사명을 감당하도록 신자 각 개인에게 성령의 은사를 주셨다. 그러한 하나님의 뜻을 분별하며 그 뜻에 맞도록 은사를 활용하여 하나님께 영광을 돌려야 하는 것이 신자의 삶이다.

5) 이야기 차원

복음은 예수 그리스도의 삶과 사역, 죽음 그리고 부활에 관한 이야기이다. 그것은 하나님께서 천지를 창조하시고, 타락한 인류에 대해서 구속의 계획을 세우시고 집행하시는 이야기와 연관된다. 하나님의 구속의 프로젝트의 중심에 예수 그리스도께서 서 계시다. 그분께서는 부활하신 이후 자신의 제자들에게 지상명령을 주셨으며, 승천하여 하늘과 땅의 '주'가 되셨다. 또한 약속하신대로 제자들에게 성령을 부어 주셔서 땅 끝까지 증인이 되는 사명을 감당하게 하셨다(행 1:8).

제자들에게 성령이 임하였을 때 그들은 성령의 충만을 받고 권능의 사람이 되어서 그리스도를 증거하며 복음을 전파하는 삶을 살았다. 사도행전은 성령께서 주도적으로 역사하시는 가운데 복음이 예루살렘과 사마리아와 땅 끝까지 전파되는 과정을 잘 보여준다. 그러한 사도행전의 역사는 오늘날까지 지속되고 있다.

이제 그분이 다시 재림하실 때는 구속의 파노라마가 완성되는 순간이다. 주님께서 승천하신 이후로 재림하실 때까지 주신 기간은 선교를 위한 유예기간이다. 이 기간 동안에 복음이 땅 끝까지 전파되고 열방과 족속들이 주님께 돌아오도록 하나님께서 계속 선교의 역사를 이루고 계시다. 교회는 주님에 의해서 부름 받은 백성으로서 하나님께서 세상에 대해서 하시는 일에 동참하도록 이 세상 속으로 파송된 하나님의 백성이다.

6) 사회적 차원

복음은 사회적 차원을 내포한다. 주님께서 제자들을 향하여 너희는 세상의 소금이라 하셨고 세상의 빛이라고 하셨다(마 5:13-14). 또한 그들을 가리켜 "산 위에 있는 동네"(마 5:14)라고 하셨다. 그들의 착한 행실을 통해서 사람들이 하늘에 계신 그들의 아버지께 영광을 돌리게끔 하는 삶을 살아야 한다고 말씀하신다(마 5:16).

그들은 또한 이 땅에서 무엇보다도 먼저 "그 나라와 그 의를 구해야"(마 6:33)하는 하나님의 백성들이다. 그렇게 하면 그들에게 있어야 하는 모든 것을 더해 주시겠다고 주님은 약속하신다. 하나님의 나라가 벌써 이 땅에 임했으며, 주님의 통치 영역은 우주적이다. 그러므로 복음은 개인의 영혼을 구원하는 것을 넘어서서, 사회, 경제, 정치 영역 모든 곳이 하나님께서 원래 의도하셨던 본래의 모습으로 구속되는 것을 목표로 한다. 그처럼 사회 곳곳에 하나님의 나라가 임하도록 기도하고 헌신할 때, 그러한 영역에 견고한 진으로 자리 잡고 있는 세상의 이데올로기나 가치관 그리고 정사와 권세에 대적해서 그리스도인들은 영적 전쟁에 참여한다(엡 6:12).

하나님께서 보내 주신 삶과 직업의 현장에서 하나님의 나라가 임하도록 추구하는 일은 주님께서 능력과 지혜를 공급해 주실 때 가능한 일이다. 주님께서 다시 오실 때 그러한 구속은 완성될 것이지만 그 때까지 우리는 미래를 꿈꾸면서 변화의 일꾼이 되어야 한다. 세상의 가치관을 하나님 나라의 가치관으로 바꾸며 하나님의 통치가 사회 구석 곳곳에 스며들도록 기도하면서 헌신해야 할 것이다. 그리스도인들이 현실에 안주하거나 현실 상황을 묵인한 채 포기하는 것이 아니라 하나님의 나라가 이 땅에 임할 때까지 낙심하지 않고 기도하며 헌신할 때 하나님께서 그들의 간절한 기도에 응답해 주실 것이다(눅 18:1-8)(Wells 1999: 94-95).

5장 한국문화와 대조되는 복음

앞 장에서 복음의 핵심적인 요소들을 살펴보았으며 그러한 핵심적인 요소들이 어떻게 여섯 가지의 다양한 차원으로 표현되는지 살펴보았다. 복음의 핵심적인 요소들과 그것들이 함축하고 있는 포괄적이고 총체적인 면들은 복음이 전파된 문화와 구분된다.

교회와 선교의 역사를 보면, 매우 긍정적인 취지에서 문화와 복음을 통합하고자 한 많은 시도들이 있었지만 복음적 관점이 문화적 관점에 의해서 축소, 왜곡되는 경우가 빈번하게 발생하였다. 복음이 문화 속에 심기어지는 과정에서 복음의 본래적 의미가 상실되는 경우를 가리켜서 혼합주의(syncretism)라고 일컫는다. 교회사를 돌이켜 보면 혼합주의의 위험은 아무리 강조한다 해도 지나치지 않다.

인간이 아무리 복음을 깊이 있게 이해하고 복음에 합당한 삶을 살려고 노력해도 그가 문화적, 사회적 산물이기 때문에 본인도 의식하지 못한 채 복음의 진리를 왜곡해서 받아들일 수 있다. 문화의 핵심을 형성하고 있는 세계관은 의식의 밑바닥에서 기본 전제 내지는 가정으로 작용하기 때문에 비복음적인 전제와 가정에 따라 사고하고 행동하면서도 본인은 정작 그러한 사실에 대해서 의식하지 못할 수 있다. 그래서 자신의 문화적 전제에 근거하여 복음을 '이현령 비헌령'으로 자기 취향에 맞게 수용할 수 있다. 문화적 존재인 인간이 복음을 받아들이고 복음적 관점으로 세상과 사물을 바라볼 수 있으려면, 오랜 시간의 성화의 과정을 거쳐야 한다. 그런 점에서 새롭게 회심한 자들에 대해서 성급히 정죄하고 판단하기보다는 시간을 갖고 인내하고 기다려 주는 것이 필요하다. 그리스도의 장성한 분량에 이르기까지는 오랜 시간이 걸릴 것이다.

그럼에도 불구하고 "너희는 이 세대를 본받지 말고 오직 마음을 새롭게 함으로 변화를 받아 하나님의 선하시고 기뻐하시고 온전하신 뜻이 무엇인지 분별하도록 하라"(롬 12:2)는 하나님의 명령에 근거하여 끊임없이 마음을 새롭게 하는 작업을 소홀히 한다면 복음을 왜곡해서 수용하는 위험에 쉽게 떨어질 수 있다. 혼합주의가 심각한 문제를 야기하는 것은 자신의 잘못된 점을 깨닫지 못한 채 그 상태로 고착되는 경우이다. 어린 아이도 시간이 지남에 따라 어른으로 성장해야 하는데 그러지 못하고 어린아이의 모습에 머무른다면 그/그녀는 부모의 마음을 아프게 할 것이다. 이것은 복음을 믿고 받아들인 사람에게도 그대로 해당된다. 시간이 걸리더라도 조금씩 자라나고 성장해야지 그렇지 못하다면 하늘 아버지의 마음을 아프게 하는 일이 될 것이다.

레슬리 뉴비긴(Lesslie Newbigin)은 문화적 관점으로 복음을 잘못 수용하는 위험을 피하기 위해서는 다른 문화권의 그리스도인 형제, 자매들이 꼭 필요하다고 언급한다. 그는 다양한 문화적 관점을 가진 주 안의 형제, 자매들이 자신이 이해한 복음에 대해서 서로 나누며 상호 교정하는 절차를 끊임없이 밟아 나아갈 때 온전한 복음 이해에 도달할 수 있다고 한다(Newbigin 1998: 316). 혼합주의적인 복음 이해에 고착되는 것이 아니라, 참된 복음 안에서 성장하기 원한다면, 상호 교정을 기꺼이 받아들이는 겸손의 태도가 요청된다. 특히 지구촌화하는 환경 속에서 함께 하나님의 나라를 추구해야 하는 하나님의 백성들에게 그러한 겸손은 꼭 필요한 자세라고 생각된다.

인도 선교사로서 35년 사역하고 다시 본국인 영국으로 돌아온 레슬리 뉴비긴의 눈에 비친 영국은 복음의 나라가 아닌 이교도의 나라가 되어 있었다. 타문화를 접하고 돌아온 그의 눈에 비친 영국 문화는 복음에 뿌리를 두고 있지만 이제 그 뿌리와는 전연 동떨어진 곳에 도달해 있었다. 그것은 현대 과학적 세계관에 의해서 주도되는 문화였다.[48] 뉴비긴은 서구사회에서 기독교는 공적 영역에서 더 이상 설 자리를 잃었으며, 단지 사적인 영역에서 여러 가지 다양한 가치들과 각축하는 수많은 종교 중의 하나로 전락한 현실을 날카롭게 지적한다. 공적 영역은 과학과 기술에 의하여 규정되는 사실들(facts)이 주도하는 세계가 되었다고 그는 주장한다 (Newbigin 1986: 17-19). 그에 의하면 공적 영역에서 종교에 입각한 가치들은 자신들의 주장을 펼 자리를 상실했다(14).

이러한 현실에 이르게 된 데에는 복음에 대한 왜곡된 이해가 큰 몫을 차지했다. 세상의 논리에 맞추어 복음을 이해하는 가운데 사적인 영역에만 해당하는 복음으로 잘못 이해한 것이 문제이다. 복음적 관점에 의거해서 세상을 변화시키는 것이 아니라 세상의 문화적 관점에 의거해서 복음을 이해하는 가운데 복음이 문화에 포로가 되는 일이 일어난 것이다(50).

이처럼 문화와 복음을 구분하는 데 실패함으로 복음적 관점이 아닌 문화적 관점에 의거하여 선교하고 사역을 행한 것에 대해서 세계 선교학계는 뼈아프게 반성하고 있다.[49] 서구 선교의 역사로부터 주어지는 교훈을 한국교회는 주의 깊게 받아들여야 한다. 한

---

48) 뉴비긴은 그의 책 (Foolishness to the Greeks: The Gospel and Western Culture)에서 현대 서구문화가 복음과 전연 다른 타당성 구조(Plausibility Structure)를 갖고 있다는 것을 밝히면서 복음과 서구 문화와의 선교적 만남을 시도한다 (Newbigin 1986: 1).
49) 데이비드 보쉬(David J. Bosch)는 18~20세기 선교에 미친 계몽주의 패러다임의 부정적인 영향에 대해서 언급한다 (Bosch 2000: 515-16).

국문화와 복음을 구분 짓는 작업은 서구 선교의 전철을 밟지 않기 위해서 꼭 선결되어야 하는 작업이다.

한국문화 속에서 복음이 효과적으로 전파되고 온 세계 기독교인들로부터 기적이라고 일컫는 부흥과 성장을 한국교회는 경험했다. 하지만 이제 성장률이 정체되는 것을 지나서 오히려 마이너스 성장으로 돌아선 것이 아닌가 의문시되는 시점에 도달했다.[50] 이제 한국교회는 한국문화 속에서 이해된 복음이 온전한 복음인지 점검할 필요가 있다. 복음보다는 문화적 관점을 더 많이 반영하고 있지는 않은지 심각하게 질문할 필요가 있다.

이번 장에서도 앞에서와 마찬가지로 니니안 스마트의 여섯 가지 범주를 활용할 것이다. 스마트의 범주는 각 종교 혹은 세계관이 여섯 가지 차원에 걸쳐서 갖고 있는 포괄성 내지 총체성을 잘 보여 준다. 이제 한국문화와 복음의 대조점을 살펴볼 때에도 각 차원을 중심으로 고찰한다면 그 대조점들이 보다 구체적으로 들어날 것이다. 이러한 작업은 문화적 관점을 복음적 관점으로 변화시켜 나가려면 선결되어야 하는 일이다.[51] 특히 한국의 그리스도인들과 한국교회가 한국문화와 복음의 사이에서 어느 쪽에 서 있고 어느 방향으로 나아가야 하는지를 잘 볼 수 있게 해 줄 것이다.

무속적 관점과 복음을 대조하는 것에서부터 시작해서 복음적 관점이 불교, 유교, 계몽주의 관점과 어떻게 대조되는지 살펴볼 것이다.

---

50) 통계청이 2005년 발표한 "인구주택총조사 전수집계 결과(인구부문)"에 의하면 개신교인이 861만 6000명으로 집계되었다. 이것은 1995년에 발표된 숫자에 비해서 14만 4000명이 감소된 수치이다. 반면 천주교는 1995년에서 2005년 사이에 295만여 명에서 514만여 명으로 219만 5000명이 증가한 것으로 집계되었다 (조성돈 2007: 95).

51) 교인들과 교회의 관점을 문화적 관점에서 복음적 관점으로 변화시키는 일은 7장에서 다룬다.

1. 무속 vs 복음

먼저 무속의 세계관과 문화 가운데 복음과 대조되는 면을 찾아보고자 한다. 무속신앙의 영향을 많이 받는 신자들은 무속적인 사고와 삶의 양식에서 복음적인 사고와 삶의 양식으로 변화해 나갈 필요가 있다. 또한 교회가 전반적으로 무속적인 사고와 행동양식으로 영향을 많이 받고 있는 경우에는 그러한 부분들을 복음적 관점으로 변화시켜 나가야 하는 과제가 주어진다.

또한 교회가 무속권에 속한 불신자들을 대상으로 복음을 전해야 하는 과제를 달성하고자 할 때 먼저 무속과 복음의 대조점을 분명히 하고 나아가는 것이 필요하다. 많은 경우 무속이 오랜 과정을 통해서 전통 문화로 자리 잡아 왔기 때문에 신자들이 무속과 복음의 대조점을 인식하기란 그리 쉽지 않다. 자칫 잘못하면 무속적인 사고방식을 가진 채 그대로 교회 안에 머무를 수 있다. 무속과 복음의 대조점을 분명히 식별할 수 있을 때 무속과 혼합되는 위험에 떨어지지 않은 채 그들에게 복음을 전파할 수 있을 것이다.

먼저 무속과 복음의 대조점을 표로 나타내면 다음과 같다(표 5-1. 무속 vs 복음).

	무속	복음
교리적 차원	영육 이원론과 영혼의 구원	전인적 인간 이해와 총체적 구원
	혈연주의	하나님 신앙
	신통력	성령의 은사
제의적 차원	주술성	예배성
윤리적 차원	거래적 태도	순종적 태도
경험적 차원	능력 현시에 초점	균형 추구에 초점
신화적 차원	저승길 여행	천국
사회적 차원	위계적 권위주의	종의 리더십

표 5-1. 무속 vs 복음

1) 교리적 차원

① 영육 이원론 vs 전인적 인간 이해

무속에서 주목할 부분은 영육 이원론이다. 인간에게 영혼과 육체가 있는데 인간은 죽게 되더라도 영혼은 계속 존속한다는 관념이다. 이것은 인류에게 매우 보편적인 관념이다. 특히 원시사회나 부족사회에 사는 사람들은 대개 이러한 관념을 갖고 있다.

그런데 무속에서는 이러한 관념이 더욱 강하게 나타난다. 사람이 죽은 후에도 그 사람의 영혼은 계속 존속하는 것으로 간주된다. 죽어서 존속하는 영혼들은 귀신 혹은 신령적인 존재들이 되어서 산 사람들에게 영향을 끼친다고 믿는다. 그래서 그러한 존재들을 제사하고 대접하는 의례가 발달했으며, 인간에게 발생하는 문제들의 많은 부분이 그러한 존재들로 인해서 생겨난다는 인과율(causality)도 갖고 있다. 그런 존재들은 무당의 육체를 빌려서 생자들과 접촉하기도 한다.

특히 무속에서 중요시되는 것은 원한을 품은 채 죽은 영혼들이다. 그러한 존재들은 특히 공포의 대상이 된다. 무속에서 섬기는 신들 중에도 그러한 존재들이 많다. '처녀귀신', '총각귀신' 등이 공포의 대상이 되는 것도 그러한 관념을 반영한다. 무속에서 사령굿이 발달한 것도 그러한 존재들을 잘 위로하고 대접해 줌으로써 그들로부터 주어지는 재난과 불행을 피하고 신적 위치에 도달한 사령(死靈)들을 통해서 복을 받고자 하는 신념의 표출로 볼 수 있다.

무속에서는 인간 사후의 영혼이 지대한 관심의 대상이 된다는 점이 중요하며 그러한 영혼이 기대고 의지할 수 있는 곳은 혈육밖에 없다고 생각한다. 가족은 혈연으로 결속된 혈연공동체로서 죽음 이후에 전개되는 불안정한 상황도 결국에는 가족을 통해서 극복해야 된다는 사고가 강하다. 그래서 굿에서 주송(呪誦)되는 바리공주 신화에 보면 죽어서 저승세계를 떠도는 사령들 중에서 가장 불행한 존재들은 제사를 지내줄 자손이 없는 경우이다. 그들은 지옥으로 향한 배를 타고 가는 존재들보다 더 비참한 것으로 묘사된다(장남혁 2002: 33-34).

무속에서는 죽은 사령들도 자손들의 대접을 받을 수 있고 그러한 혈연간의 유대를 통하여 불안정한 현재는 물론 사후까지 이어지는 불안정성을 극복하고자 한다(장남혁 1986: 27). 무당을 찾아가고 굿을 의뢰하는 것은 무당이 영혼들과 신적인 존재들을 자유롭게 빙의하고 소통할 수 있는 존재이기 때문이다. 문제의 원인도 영혼들과 신령들에게 있고 그에 대한 해결책도 영혼들과 신령들에게 있다고 믿기 때문에 그러한 영혼들과 신령들을 자유롭게 빙의하여 인간과 소통하게 할뿐더러 그 힘을 활용할 수 있게 해 주는 무당은 거의 신적인 존재에 해당하는 권위를 부여받는다.

영육 이원론에 근거하여 죽음 이후의 영혼의 향배에 지나치게 관심을 집중시키는 것은 한국 그리스도인들에게도 큰 영향을 끼친다고 사료된다. 한국 그리스도인들이 개인의 영혼 구원에만 지나치게 관심을 집중하는 것은 무속의 영육 이원론과 무관하다고 할 수 없을 것이다. 개인의 영혼 구원에만 관심을 갖고 구원받은 자로서의 윤리적 삶이나 사회적 책임을 등한시하는 것은 성경적인 균형을 잃은 처사이다.

영육 이원론적인 사고는 영혼과 육체 모두를 중시하는 성경적 관점으로 대체되어야 한다. 영혼만 중요한 것이 아니라 몸도 마찬가지로 중요하다. "너희 몸으로 하나님께 영광을 돌리라"(고전 6:20)는 말씀과 같이 성령의 거하는 전으로(6:19) 몸을 소중히 여기고 청지기로서의 직분을 다해야 할 것이다. 죽음 후에 가는 하늘나라만 소중한 것이 아니다. 하나님께서 어느 곳으로 보내셨든지 그곳에 하나님의 나라가 임하도록 그곳에서 사명과 소명을 충실히 감당하는 것도 마찬가지로 중요하다.

그 동안 지나치게 죽은 후에 가는 하늘나라만 강조하면서 이 땅에 임하는 하나님 나라를 소홀히 다룬 면이 있는데 두 가지가 균형을 이룰 때 온전한 신앙이라고 할 것이다. 너무 영혼 구원 한쪽만을 강조하는 데에서 영혼 구원과 함께 이 땅에 하나님의 나라가 임함으로써 사회적 차원의 구원도 임하도록 추구하는 것이 필요하다. 전인적 구원관이 보다 성경에 충실한 관점이다. 개인의 영혼구원과 더불어 물질계와 사회 차원에도 총체적으로 구원이 임하도록 힘쓰는 것이 오늘을 사는 그리스도인들에게 주어진 도전이다. 복음은 개인의 영혼 구원과 더불어 육체적, 정신적, 사회적 차원 모두에 총체적으로 구원을 가져다주는 특성을 갖는다.

② 혈연주의 vs 하나님 신앙
혈연주의란 혈연의 유대를 중시하며 그러한 유대를 통해서 삶 가운데 직면하게 되는 위기와 위험요인들을 극복할 수 있다는 신념체계이다. 무속에서는 이러한 혈연주의적인 면이 특히 강하다. 생전뿐 아니라 죽음 후까지 이어지는 불안정한 실존을 혈연 유대를 통해서 극복하고자 한다.
우리 전통사회는 가족을 중심으로 강력한 결속력을 갖는 가족주의가 형성되고 가족을 위해서는 나 하나쯤은 희생할 수 있다는 생각이 강했다. 가족을 소중히 여기는 것은 인간이라면 누구에게나 해당되는 보편적인 정서일 것이다. 그러나 가족을 통하여 모든 문제를 해결할 수 있다는 생각이 지나치면 가족에 집착하게 되고 가족이 우상이 될 수 있다.
그리스도인들에게는 참으로 믿고 의지할 대상이 계시다. 하나님을 믿고 의지해야 하는 데 그 자리에 가족이 놓여 있다면 이는 우선순위가 잘못 매겨진 것이다. 먼저 하나님으로 하나님 되게 하는 가운데 사랑의 대상으로, 상호 돌봄의 대상으로 가족을 대할 때 건강한 가족관계를 발전시켜 나갈 수 있을 것이다.

③ 신통력 vs 성령의 은사

성경에 나오는 은사들 가운데에는 초자연적인 능력을 나타내는 은사들도 있다. 그러한 은사들을 부여받은 자들은 성령께서 그것을 주신 목적에 합당하게 그 은사들을 활용하여야 한다. 무속 문화적 배경을 가진 한국사회 속에서 그러한 은사를 나타내다 보면 사람들의 관심은 그 은사자에게 집중될 수 있다.

무속의례인 굿에서 무당은 신으로 전환되어 신의 말을 전해 주며 신의 입장에서 행동한다. 또한 굿에서는 작두 타기, 숟가락 거꾸로 세우기, 대내림, 예언 등과 같이 신통력을 드러내는 데에 모든 관심이 집중된다. 이러한 문화 전통 속에서 자칫 잘못하면 샤머니즘적 패러다임 속에서 성령의 은사를 해석하고 수용할 수 있다. 단순히 초자연적 은사를 과시하며 사람들의 관심을 신비한 일과 그것을 행하는 사람에게 모을 수 있다. 하나님보다도 능력과 능력을 행하는 사람에게 더 큰 관심을 쏟게 할 수 있다.

성경적 맥락에서 은사를 주신 분의 뜻을 헤아리며 그분께 영광을 돌리며 그리스도의 성품을 드러내는 방식으로 은사를 사용한다면, 그 사람은 사도 바울과 같이 사명을 잘 완수하는 자리에까지 도달할 것이다.[52] 하나님께서 은사를 주신 목적과 그 사람을 통하여 이루시고자 하시는 바를 생각하며 전체 그리스도의 몸에 유익이 되도록 은사를 활용할 때, 하나님께 영광을 돌리는 방식으로 은사를 지혜롭게 활용할 수 있을 것이다. 그러할 때에 그 사람의 영향력의 반경은 넓어질 것이다.[53] 그러할 때에 사탄의 시험

---

52) 성경에는 사울과 같이 하나님의 부르심을 받았지만 끝맺음을 잘 하지 못하는 불행스러운 경우가 많이 나타난다. 기독교 지도자들을 분석해 보면, 중도 탈락하는 극소수와 정체된 대부분, 꾸준히 단련하는 소수, 지속적인 성장을 이루고 끝맺음을 잘하는 약간의 지도자로 구성되어 있다 (Clinton 1993: 218).

53) 클린턴 (J. Robert Clinton) 교수는 평생개발의 관점에서 은사 발견 과정, 은사 활용의 증가, 은사-믹스(gift-mix), 은사꾸러미(gift-cluster) 발견, 은사 꾸러미 숙성 등, 은사개발과 관련된 다양한 용어들과 유형들을 설명한다. 성숙한 지도자에게 나타나는 수렴 단계에서는 하나님과의 관계가 심화되면서 수평적인 사역의 영역이 확장되는 상향 발전 유형(upward development)을 드러내게 된다. 즉 수직적인 관계와 수평적인 관계가 상호 시너지 효과를 내면서 나선형으로 상승하는 형태를 나타낸

에 떨어져서 은사를 남용하거나 자신을 높이는 교만한 자리에 앉게 되지 않을 것이다.

병고침, 방언, 방언통역, 예언 등 초자연적 은사를 받아서 행하는 사람일수록 무속적 환경 속에서 주어지는 시험을 극복하기 위하여 진리의 말씀 위에 굳게 서야 할 것이다. 아무리 본인이 올바르게 은사를 활용하고자 하여도 무속적 배경을 가진 주변 사람들의 끈질긴 기복적 욕구에 응하다 보면 자신도 모르게 은사를 주신 분의 뜻을 떠나서 은사를 남용하는 자리에 설 수 있기 때문이다.

2) 의례적 차원: 주술성 vs 예배성

무속의 의례에서는 주술적인 면이 강하게 나타난다. 신들에 대한 태도에도 도구적으로 신을 이용하고자 하는 태도가 강하다(임석제 1970; 장남혁 2002: 35에서 재인용). 평상시에는 별로 관련이 없는 신들이라고 하여도 위기 상황을 만난다든지 재난을 극복해야 하는 상황이 되면 그들의 힘을 활용하고자 한다. 평상시에 그 신들과 어떠한 관계를 맺고 지내느냐 하는 것은 별로 중요하지 않다. 신들과의 인격적인 관계보다는 신들이 가진 초자연적인 힘을 활용하고자 하는 동기가 더욱 강하게 작용한다.

이에 반해서 하나님께서는 자신을 그렇게 도구적으로 활용하는 태도를 용납하지 않으신다. 평상시에 하나님을 의지하고 의뢰하는 삶을 사는 것이 중요하다. 하나님과 언약을 맺은 하나님의 백성들에 대해서 하나님께서는 언약에 충실할 것을 요구하신다. 그것은 주님을 의지하면서 그분의 뜻을 좇고 그분의 계명에 순종하는 것이다. 예배는 그러한 삶의 결정체로써 드려진다. 예배를 통해

다. 그 단계에서 은사와 자신에게 주어진 역할과 사역의 형태 이 모든 것이 하나님의 섭리 가운데 최적의 조합을 이루어 영향력을 극대화하게 된다. 수렴 단계 이후에 끝맺음을 잘하는(Finish Well) 단계, 즉 사명을 완수하는 단계에 도달한다 (Clinton 1989: 365, 376-77).

서 하나님께서 행하신 일이 기억되며 하나님께 영광이 돌려진다. 하나님의 임재를 체험하는 가운데 하나님께서 살아서 역사하시는 분이심을 다시 한 번 확인한다. 하나님의 말씀을 들으면서 하나님의 백성으로 합당한 삶을 배워나가며 교회를 나설 때 사명자로 세상에 파송되는 것이다.

하나님과 동행하는 삶과는 전연 거리가 먼 삶을 살다가 형식적인 예배를 드린다거나 자신의 기복적인 목적을 달성하기 위하여 예배에 참석하는 행위는 재고되어야만 한다. 특히 삶의 현장에서 주님의 명령을 순종하는 것에는 관심이 없고 이적적인 것에만 반응을 보이는 신자들이라면 바른 예배의 회복에 대해서 진지하게 고민할 필요가 있다.

3) 윤리적 차원: 거래적 태도 vs 순종적 태도

무속은 현실에서 직면하는 재난들을 극복하고자 하며, 부(富)와 귀(貴)를 동경한다. 이처럼 현실의 제약 상황-병, 재난, 가난 등-을 벗어나서 부귀영화(富貴榮華)를 누리고자 하는 동기를 가리켜서 기복동기라고 한다. 무속에서는 이러한 동기가 강하게 나타난다.

무속에서는 기복동기와 관련하여 문제의 원인도 해결책도 정령(精靈)들에 있다는 사고가 강하다. 정령들이 인간의 삶에 이처럼 지대한 영향을 미치기 때문에 그들을 달래고 대접하는 의례가 많이 행해진다. 의례를 통해서 정령을 대할 때에도, 이렇게 현실에서 직면하는 문제들을 해결하고자 하는 제재초복(除災招福)의 동기가 강하게 작용하고 있다. 이처럼 무속에서는 제재초복을 중심으로 인간들과 정령들이 긴밀하게 상호 작용하는 면이 강하다. 정령들을 대하는 태도에서 철저하게 정령들의 뜻을 분별하거나 따르려는 면은 찾아보기 힘들다. 주로 인간들이 바라는 희망사항들을 알리고 그러한 것들을 이루기 위하여 그들의 초자연적인 힘을 활용하는 데 주안점이 주어진다. 정령들도 자신을 어떻게 대접하느냐 하는 것에 관심을 갖지, 무속신앙인들이 평상시에 어떠한 삶을 사느냐 하는 데에는 별로 관심이 없다. 이러한 태도를 가리켜서 거래적 태도라고 말할 수 있을 것이다. 내가 이렇게 대접했으니까 재난을 거두고 복을 달라는 식이다.

이에 반해서 하나님은 기복동기보다도 평상시에 어떠한 삶을 살아가느냐 하는 데에 관심을 갖고 계신다. 평상시에 하나님의 백성으로서 하나님의 뜻과 무관한 삶을 살면서 하나님을 잘 대접하기만 하면 된다는 사고를 용납하지 않으신다. 이러한 면은 특히 이사야 1장에 잘 나타난다. 그분은 "성회와 아울러 악을 행하는 것을 내가 견디지 못하겠노라"(13절)고 말씀하신다. 하나님은 행위가 따르지 않는 제사에 대해서 기뻐하지 않으신다. "너희의 무수한 제물이 내게 무엇이 유익하뇨 나는 숫양의 번제와 살진 짐승의 기름에 배불렀고 나는 수송아지나 어린 양이나 숫염소의 피를 기뻐하지 아니하노라"(11절). 하나님께서는 삶 속에서 하나님의 언약 백성답게 하나님을 의뢰하고 그분의 뜻을 따르는 삶을 원하신다. 그러한 삶이 동반되지 않은 채 형식적으로 제물만 가져오는 것을 용납하지 않으신다. 즉 거래적인 태도를 용납하지 않으시고 순종적 태도를 요구하신다.

4) 경험적 차원: 능력 현시 vs 균형 추구

무속신앙인들의 주 관심사는 초자연적 능력의 나타남이다. 그들은 현실에서 직면하는 문제들을 해결하려면 초자연적인 능력, 즉 신통력(神通力)이 필요하다는 것을 강하게 인식한다. 굿에는 초자연적 존재들이 임하여서 초자연적인 능력을 드러내는 과정들이 곳곳에 있다. 돼지머리를 삼지창 위에 세우는 것에서부터 공수를 통하여 자연적인 방법으로는 알 수 없는 정보를 제공한다든 가 대내림을 통해서 초자연적 존재의 임함을 알리는 것과 같이 초 자연적인 존재들이 임하고 초자연적인 능력이 과시되는 것이 매우 중요시된다. 무당을 찾는 것도 무당이 바로 그러한 초자연적인 존 재를 마음대로 빙의할 수 있고 그 힘을 의뢰인의 요구에 맞도록 활 용할 수 있는 존재라는 믿음에 근거한 것이다. 이처럼 무속에서는 능력을 현시하는 것이 최고의 관심사이다.

이에 반해서 성경은 초자연적인 능력을 나타내는 것도 중요하 지만 동시에 그것이 어떠한 의미를 갖느냐 하는 것이 더 중요시된 다. 성경에 의하면, 성령께서 그 뜻에 따라 은사를 나누어 주시는 분이지만(고전 12:11), 동시에 성령께서는 잘못을 행할 때 질책하 기도 하시고(행 5:3-4), 육체의 소욕과 반대되는 것을 행하도록 바라시고(갈 5:17), 성품의 열매를 맺게 하신다(갈 5:22-23). 고 린도 교회에서 은사의 그릇된 사용으로 인하여 문제가 야기되었 을 때 사도 바울은 은사를 부여받았다고 과시적으로 사용하는 가 운데 분쟁을 일으키는 것보다 덕을 세우는 것이 더 중요하다고 가 르친다. "모든 것을 덕을 세우기 위하여 하라"(고전 14:26). 경쟁 적으로 누가 크냐를 드러내기 위한 목적으로 성령의 은사를 사용 할 때 공동체는 깨어지고 파당이 생겨나게 될 것이다. 그것보다는 그리스도의 몸의 지체들로서 서로 합력하여 그리스도의 몸을 세 우는 목적을 위해서 지혜롭게 사용해야 할 것이다.

5) 신화적 차원: 저승길 여행 vs 천국

무속에는 죽음 이후의 세계에 대한 여러 가지 관념들이 복합되 어 나타난다. 다양한 종교 혹은 전통들과 습합되는 과정에서 죽 음 후의 세계에 대해서 여러 다양한 관념들이 한데 섞인 것을 볼 수 있다. 그러나 그러한 가운데에서도 죽으면 저승길을 떠나간다는 관념이 가장 무속의 본래적인 관념으로 보인다(장남혁 1986: 20-22). 그처럼 험난한 저승길을 통해서 가게 되는 사후세계이지만 조상이 된 망자(亡者)들은 언제든지 무당을 통해서 유가족들을 만날 수 있다(24). 사후세계는 현실세계의 복사판으로 묘사되고 그곳에서의 생존은 현실세계 못지않게 불안정한 것으로 이해되며 후손들이 제사나 굿등으로 돌보아 주는 것이 절실히 필요한 상황으로 이해된다.

무속적 사후 세계와는 대조적으로 복음을 믿고 구원받은 자는 주님과 함께 거하게 된다. 사도 바울은 세상을 떠나서 그리스도와 함께 있는 것이 현실의 삶보다도 훨씬 더 좋다고 고백한다(빌 1:23). 그리스도의 보혈로 인하여 죄사함 받고 그리스도의 의로 옷 입은 하나님의 백성에게 죽음은 복된 것이며, 그들은 모든 수고를 그치고 쉬게 된다(계 14:13).

주님께서 부활의 첫 열매가 되셨듯이 그들에게도 부활의 소망이 주어졌다. "형제들아 자는 자들에 관하여는 너희가 알지 못함을 우리가 원하지 아니하노니 이는 소망 없는 다른 이와 같이 슬퍼하지 않게 하려 함이라. 우리가 예수께서 죽으셨다가 다시 살아나심을 믿을진대 이와 같이 예수 안에서 자는 자들도 하나님이 그와 함께 데리고 오시리라"(살전 4:13-14). 구원받은 자들은 이미 죽은 자들이나 아직 살아 있는 자들이나 다같이 주님 오실 때 다시 부활하게 될 것이라고 성경은 전한다. "주께서 호령과 천사장의 소리와 하나님의 나팔 소리로 친히 하늘로부터 강림하시리니 그리스도 안에서 죽은 자들이 먼저 일어나고 그 후에 우리 살아남은 자들도 그들과 함께 구름 속으로 끌어 올려 공중에서 주를 영접하게 하시리니 그리하여 우리가 항상 주와 함께 있으리라"(살전 4:16-17).

6) 사회적 차원: 위계적 권위주의 vs 종의 리더십

굿에서 무당은 거의 신적인 권위를 행사한다. 신의 입장으로 전환되어서 신의 말을 줄 때 그 말에 대해서 인간은 항변할 수 없다. 신의 요구에 그대로 따라야 한다. 초자연적 존재와 생존에 시달리는 연약한 인간 사이의 간격은 무당과 무속신앙인 사이의 간격으로 그대로 이어진다. 교회에서도 목회자가 하나님의 말씀을 대변한다고 하면서 권위를 행사할 때에 어려움이 발생될 수 있다. 자칫 잘못하면 하나님께 대항하는 일이 될 수 있기 때문이다. 이러한 점이 교회 생활에서 어려움을 초래할 수 있다. 신적 권위를 남용하는 일이 생길 수 있다.

그렇지만 주님은 종의 리더십을 가르쳐주신다. "너희 중에는 그렇지 않을지니 너희 중에 누구든지 크고자 하는 자는 너희를 섬기는 자가 되고, 너희 중에 누구든지 으뜸이 되고자 하는 자는 모든 사람의 종이 되어야 하리라. 인자가 온 것은 섬김을 받으려 함이 아니라 도리어 섬기려 하고 자기 목숨을 많은 사람의 대속물로 주려 함이니라"(막 10:43-45). 주님은 종의 리더십이 무엇인지 몸소 실천에 옮기심으로 생생한 모델을 제시해 주셨다.

목회자가 회중들을 섬기는 마음으로 최선을 다해서 말씀을 준비하고 전달할 때 회중들에게 하나님의 은혜가 임하는 통로로 쓰임 받게 될 것이다. 하나님의 사역을 성실히 감당할 때 하나님께서 그에게 권위를 덧입혀 주실 것이다.[54] 그렇지만 본인 스스로 신적 권위를 내세우고 자신을 주장하는 자세를 취한다면 권위주의에 떨어질 위험이 크다.

---

54) 클린턴 교수는 그리스도인 지도자에게 있어서 영적 권위의 중요성을 강조한다. 하나님께서 그의 삶을 이끄시며 그를 세워주실 때, 그리고 자신에게 주어진 은사들을 바르게 행사하는 수많은 과정들을 통해서 그에게 영적 권위가 부여된다. 그리스도인 지도자들도 다양한 형태의 권위를 사용하게 된다. 전문가로서의 훈련과 그에게 주어진 지위, 설득력, 합리성 등 다양한 차원에서 권위가 부여된다. 그런데 그러한 지도자들이 성숙한 단계에 도달할수록 그는 인간적인 권위를 내려놓고 영적인 권위를 활용하는 특성을 나타낸다 (1989: 172).

2. 불교 vs 복음

불교 또한 1600여년을 거쳐 내려오면서 한국인의 문화 속에 깊은 뿌리를 내리고 있다. 이러한 불교 토양 속에서 성장한 교인들과 교회 속에서 불교적인 요소들을 쉽게 찾아볼 수 있다. 불교와 복음의 차이점을 분명히 하게 될 때 복음의 역동성과 생동감을 살려 나갈 수 있을 것이다. 불교권에 있는 사람들에게 복음을 전파하기에 앞서서 먼저 불교와 복음의 차이점을 분명히 하고 나아가는 것이 시급한 과제이다.

불교와 복음의 대조점을 먼저 표로 나타내면 다음과 같다(표 5-2).

	불교	복음
교리적 차원	연기법	창조주 하나님
	깨달음	믿음
	자력구원	타력구원
제의적 차원	사십구재	추도예배
윤리적 차원	업보	심판
	보살도	제자도
경험적 차원	해탈	신 임재의 체험
	선정(禪定)	영성훈련
신화적 차원	윤회	종말
사회적 차원	보살행(菩薩行)	성령행전(聖靈行典)

표 5-2. 불교 vs 복

1) 교리적 차원

① 궁극적 실재(ultimate reality): 연기법 vs 창조주
불교에서는 궁극적인 존재, 원리 또는 경지에 관해서 신을 그

자리에 놓지 않는다(동국불교위원회 1997: 28).[55] 석가모니, 혹은 아미타불(阿彌陀佛), 관세음보살 등을 다분히 신으로 관념화하고 숭배하는 면이 있지만 그것이 본령의 불교 교의에 입각한 신행이라고 할 수 없다(28-29). 심지어 신들도 중생에 속한다고까지 말한다(29). 불교에서는 신들이 궁극적 존재가 아닌 것이다(29).

불교에서 궁극적 실재에 해당되는 것은 '연기법'(緣起法)이다(29). 연기법은 어느 누가 만든 것도, 시작된 때도, 없어질 때도 없는 세상의 본래 모습을 가리킨다(29). 불교에서는 그 연기법을 깨달은 이가 궁극적 존재이고 그 깨달음의 세계가 궁극적인 경지이다(29). 이처럼 불교의 궁극적 존재는 고정되어 있는 것이 아니며, 누구나 세상의 진상(眞像)을 깨달으면 궁극적인 존재가 된다(29). 누구나 궁극적 실재를 깨달을 수 있다는 점에서 부처와 인간이 평등한 존재이다(교양교재위원회 2008: 20).

성불(成佛)의 길이 아무리 어렵고 먼 것이라 하여도 이성을 가지고 있는 인간은 누구나 성불의 가능성을 보장받는다. 부처와 중생과의 사이에 건널 수 없는 심연 같은 것은 인정되지 않는다. 불타는 절대자도 아니고 절대타자(絶對他者)도 아니다. 인간은 누구나 자신의 마음을 어둡게 가리고 있는 무명(無明)을 걷어버리고 청정심(淸淨心)을 되찾으면 그에게는 붓다의 지혜(智慧)도 이제 불가사의한 것이 될 수 없고 성불의 문은 훤히 열려지는 것이라고 가르친다(20).

성경에서는 창조주께서 궁극적 존재이며, 그분이 창조함으로 이 세상은 존재한다. 하나님과 인간은 창조주 대 피조물의 관계이다. 양자 사이에는 건널 수 없는 질적인 차이가 존재한다. 하나님은 절대 타자이자 초월적인 존재이다. 그리고 이 세상은 하나님

55) 동국불교위원회는 동국대학교 불교문화대학 불교교재편찬위원회의 약칭이다.

의 섭리에 의하여 움직여진다. 하나님께서 계획에 따라 이 세상을 만드시고 목적을 갖고 이 세상을 운행하고 계시다고 성경은 말한다.

반면에 불교에서는 이 세상과 인간이 언제 어떻게 해서 생겨났는가, 또 언제 어떻게 해서 멸망할 것인가 하는 문제는 설명할 것도 관심을 둘 것도 아니라고 한다(동국불교위원회 1997: 29). 그런 의문은 무아(無我), 무상(無常), 연기(緣起) 등 세상의 진상을 모르는 어리석음과, 그 어리석음 때문에 일으키는 성냄(瞋) 및 탐냄 등 중생의 질병을 고치는 데 아무런 도움이 안 되고 오히려 장애가 된다(29). 그런 쓸데없는 문제에 매달리다가 정작 급한 병 고치기에 관심을 돌리지 않기 때문이다(29-30).

불교에서는 삼라만상이 각자 개별적 존재이면서도 동시에 연기적인 존재로서 한 덩어리로 얽혀 있다고 본다(29). 무수한 개별자가 각자 개체인 동시에 그 개체성을 없애지 않은 채 모두 하나라는 극단적인 역설을 이야기한다(30).

불교와 기독교는 기본적으로 세상의 모습에 대해서 전연 다른 이해를 갖고 있다. 기독교에서 세상은 하나님의 창조에 기인한 것으로 보는 데 반하여 불교에서는 세상에는 연기법만이 존재하고 다양한 개체들은 연기적인 존재로 한 덩어리로 얽혀 있다고 본다. 이러한 차이점은 인간관, 구원관, 윤리, 경험, 제의 등에 그대로 반영되어 나타난다.

② 깨달음 vs 믿음

불교에서는 인간의 모든 문제가 인간에서 비롯되고 인간에 의해서만 해결된다고 본다(30). 아미타불이나 관세음보살 같은 강력한 존재가 주는 '밖으로부터의 도움'을 믿기도 하지만, 그들도 신은 아니라고 본다(30). 또한 그들의 도움도 신의 절대적인 의지에 달린 은총이기보다는 인간의 노력에 대한 인과응보로서의 성격이 강하다(30). 불교에서는 스스로 세상의 원리를 깨우칠 때 해탈하게 되고 문제 상황을 벗어난다고 본다.

성경적 세계관에서는 인간 스스로의 힘으로 구원을 얻을 수 없음을 강조한다. 하나님께서 은총을 베풀어 주셔야 한다. 하나님께서 베풀어 주시는 은혜를 믿음으로 구원을 받고 이 땅에서 하나님의 백성으로서 살아갈 수 있게 된다.

③ 자력구원 vs 타력구원

불교에서는 끝없이 이어지는 윤회의 사슬에서 벗어나는 해탈을 추구한다. 인간을 구제할 수 있는 것은 오직 자기 자신일 뿐, 죄에 대한 참회보다는 지적인 깨달음을 강조한다(교양교재위원회 2008: 316). 불교에서 괴로움에 빠진 인간은 오직 스스로의 수행에 의한 깨달음을 통해서 괴로움을 근본적으로 극복할 수 있다(322). 대승불교의 경우에는 이러한 해탈 추구의 과정에 중생들의 구제를 위한 보살행이 추가된다.

그런데 불교 교설이 제시하는 길에는 두 가지 길이 있는데, 하나는 자력문(自力門)인 성도문(聖道門)의 교설이고 다른 하나는 타력문(他力門)인 정토문(淨土門)의 교설이다(19). 자력문(自力門)은 자력구원에 해당하고, 정토문과 같은 타력문에는 타력구원적인 면이 강하다. 타력문의 교설은 인간의 무력함과 무거운 죄업의 자각을 바탕으로 자력이 아닌 타력에 의한 구제의 길을 전개한다(21).

이와 같이 이성의 자만과 수행의 자신이 여지없이 깨어지고 무너진 자리에 남은 것은 무엇인가. 불안한 공포에 떨며 고독에 눈물짓는 인간의 처량한 모습이 초연히 서 있을 뿐이다. 이러한 인간에게 구원의 길이 있다면 절대 자비의 손이 있을 뿐 그 무엇도 있을 수 없다. 이 때 그의 앞에 펼쳐지는 자비의 손은 믿을 것인가 믿지 않을 것인가 하는 자력의 판단마저도 개입할 여지가 없는 절대 신앙의 길이다(22).

이처럼 타력문(他力門) 교설에서는 해탈열반의 길을 위한 자력의 길은 자취를 감추고 염불왕생(念佛往生)과 같은 타력의 넓고 평탄한 길이 열린다(22). 죄업이 깊고 무거워 번뇌가 끊이지 않는 중생도 이 절대타자인 아미타불(阿彌陀佛)의 자비의 손길에 의하여 구원될 수 있다고 타력문의 교설은 설명한다(22).

하지만 미타(彌陀)의 서방정토(西方淨土)가 정토 중에서 가장 빼어난 것으로 상정되지만, 그곳은 물리적으로나 정신적으로나 수도하는 데에 부족함이 없는 환경이라고 언급된다(270). 정토가 궁극적인 목적지가 아닌 것을 보게 된다. 정토에서도 이 땅에서와 마찬가지로 해탈을 추구할 것이 요청되는 것이다. 이처럼 불교에서는 타력문도 인정하지만 그래도 자력문이 불교 본연의 교리이다. 전반적으로, 불교의 정예전통에는 자력구원이 강하지만, 대중전통에는 타력구원적인 요소도 많이 나타난다.

유교에서 인간의 수양과 도덕규범의 준수를 강조하는 데 비하여 불교에서는 한 걸음 더 나아가서 모든 사물은 영원한 실체를 갖고 있지 않다고 본다. 그리고 그것을 깨닫는 것을 중시한다. 이처럼 유교와 불교가 세계관이나 그 내용면에서 상당한 차이점을 내포하고 있지만 그럼에도 불구하고 인간 스스로 구원을 얻을 수 있다고 보는 면에서는 일치한다.

불교에서 자력구원론은 복음의 타력구원론과 대조된다. 불교에서는 인간 스스로 문제를 해결하고 해탈의 경지에 도달할 수 있다고 보는 반면에 기독교에서는 하나님께서 구원의 손길을 내밀어 주실 때 외에는 구원의 길이 없다고 본다.

2) 제의적 차원: 사십구재 (四十九齋) vs 추도예배

불교의례에는 다양한 것들이 있지만(1장 참조) 그 중에서 가장 눈에 띄는 것 중의 하나가 사십구재이다. 사십구재는 불교에서 사람이 죽은 후 49일 동안 지내는 재(齋)를 의미한다(한국종교사회연구소 1991:347).

사람이 죽은 날로부터 매 7일 째마다 7회에 걸쳐서 행해지는데, 죽은 사람이 좋은 생을 받기를 바라는 뜻에서 살아 있는 사람들이 49일 동안 기원해 주면 좋은 곳에 태어날 수 있다는 믿음으로 행해진다(347). 즉, 망자(亡者)를 위해서 재를 올리며 불경을 읽어 주는 등 공덕을 지어 주면, 불보살의 보살핌으로 훌륭한 공덕을 이루어 보다 좋은 인연처로 태어난다는 것이다(불교문화연구원 2009: 198-99). 이러한 사십구재의 내용 속에는 민간재래의 신앙요소가 자연스럽게 수용되어 있다(한국종교사회연구소 1991: 347-48).

각종 제례가 발달된 한국 상황에서 많은 기독교인들이 조상제사를 거부함으로 큰 박해를 받았다. 그러나 일부는 조상의 기일을 지키기도 하였는데 그 방식은 전통적인 제사를 드리기도 하고 예배를 드리는 것이기도 했다(차은정 1999: 116). 기독교 역사를 통해서 제례를 지키는 것과 관련된 찬반 논란이 뜨거웠으며 근래에 와서는 '토착화'와 '상황화'라는 입장에서 추도예배를 어떤 식으로 드리느냐 하는 것에 관심이 쏠리고 있다.[56] 최근에 개신교

---

56) 천주교에서는 조상숭배와 관련하여 예전논쟁(禮典論爭)을 거치며 정책이 뒤바뀌는 과정을 거쳐 오다가 제2차 바티칸 공의회(1962-1965)를 기점으로 종교문화 유산을 적극적으로 포용하는 정책을 분명히 천명하였다 (경동교회 가정의례연구위원회 2000: 49-50). 19세기 후반 한국에 파송된 개신교 선교사들은 조상숭배에 관한 한 이를 절대로 용납하지 않는 입장을 취했다 (49). 한국 개신교에 속한 많은 신자들이 이 문제로 인해서 많은 어려움을 겪었다 (50). 이 문제로 인해서 진보와 보수로 나뉘어져 부모공경이냐 조상숭배냐를 놓고 갑론을박을 벌여 왔지만 그런 과정을 거쳐서 추도예배를 제정하는 자리에 이르게 되었다. 문제는 추도예배를 해야 하느냐 안해야 하느냐 하는 것이 아니라, 어떤 식으로 추도예배를 해야 하느냐 하는 것이다. 기독교가 우리 전통 문화의 조상 숭배와 관련하여 수용할 수 없는 요소들과 수용할 수 있는 요소들을 어떻게 구분하느냐 하는 것이 관건이 된다 (현요한 2000: 39).

교단들도 총회차원에서 추도예식을 제정해서 보급하는 가운데 그 것은 기독교 예식으로 정착해 가고 있다(한국일 2005: 414). 그 렇지만 전통적으로 전래된 제사의식의 수용범위에 대해서는 여전 히 논쟁 중에 있다(415).

불교의 사십구재와 기독교의 추도예배를 대조해 보면, 사후 세 계와 관련된 관념이 어떻게 다른지 볼 수 있다. 불교의 사십구재 의 경우, 사자(死者)의 사후 계속되는 윤회 과정에 대해서 생자(生者)들이 영향을 미칠 수 있다는 관념을 보게 된다. 기독교 역사 상 천주교에서 연옥설에 근거해서 면죄부를 판매한 데에서 사자(死者)의 사후 운명에 생자(生者)가 영향을 미칠 수 있다는 관념이 있었던 것을 볼 수 있다.

그렇지만 성경적 관점에 의하면, 생자가 그 어떠한 방법을 사용 하더라도 죽은 조상의 사후 운명에 영향을 미칠 수 없다. 죽은 후 의 일은 심판자이신 하나님께서 맡아서 주관하실 일이지 인간이 개입할 성격의 일이 아닌 것이다. 추도예식을 편찬하여 보급할 때 에도 이 점은 추도예식의 범위 내지는 한계로 분명히 설정되어야 한다.[57] 추도예식은 가족들이 함께 모여서 고인을 공경하며, 그를 기억하고 회고하는 가운데 추모하는 것이지 그의 사후 운명에 영 향을 미치고자 하는 것은 아니다.

3) 윤리적 차원

윤리적 차원에서 불교에서는 '업보'에 따라서 다음 삶이 결정되 는 반면, 복음은 한번 뿐인 삶에 대해서 창조주에 의한 심판을 받 는다. 불교의 보살도는 복음의 제자도와 대조된다.

---

57) 현요한은 죽은 조상이 불신자였을 경우 총회에서 편찬된 추모예식의 내용이 잘 맞 지 않음을 지적한다. 그는 그러한 경우, 구원론적 접근보다는 창조론적 접근법을 사 용하여 하나님의 일반 은혜에 감사하는 예배를 드릴 것을 제안한다. 불신자였던 부모 를 모셨던 이들도 함께 부를 수 있는 찬송가의 개발이 필요하다는 점을 그는 역설한다 (2000: 43-44).

① 업보(業報) vs 심판

불교에서는 인과응보(因果應報)의 사상에 근거해서 선행과 악행에 대한 결과가 주어진다(동국불교위원회 1997: 303). 즉 선(善)에는 그에 상응하는 바람직한 과보가 있는 것이고 불선(不善)에는 마찬가지로 그에 상응하는 '바람직하지 못한 과보가 있는 것'이다(303). 이처럼 행위와 결과 사이에 필연적인 관계를 인정한다. 이는 도덕적 가치판단의 근거를 업(業, karman)사상에 두고 있음을 의미한다(303). 업(業)은 '행위'라고 번역되지만 실제로는 '행위와, 그 행위가 행위자에게 주는 영향력'이라는 뜻이 내포되어 있다. 따라서 업은 행위의 인과관계를 문제로 하고 있으며, 그것은 '선인낙과 악인고과(善因樂果 惡因苦果)'라는 인과응보의 사상으로 표출된다(303).

구체적으로 선(善)의 내용에 있어서 10선(十善)과 10불선(十不善)을 거론한다. 10선은 신체에 의한 행위, 언어에 의한 행위, 마음에 의한 행위의 세 가지로 분류되어 다음의 조항으로 되어 있다(303-304).

1. 생물을 죽이는 짓에서 떠나는 일
2. 주지 않은 것을 취하는 짓에서 떠나는 일
3. 갖가지 애욕의 사된 행에서 떠나는 일

<이상은 신업(身業)>

4. 거짓말에서 떠나는 일
5. 중상하는 말에서 떠나는 일
6. 욕말에서 떠나는 일
7. 아첨과 수다 떠는 말에서 떠나는 일

<이상은 어업(語業)>

8. 탐욕에서 떠나는 일

9. 증오에서 떠나는 일

10. 바른 견해를 가지는 일

<이상은 의업(意業)>

이 10선의 반대 조항이 10불선인데, 초기 불교에서는 이를 가지고 선악의 규준(規準)을 삼았다(304). 성경의 10계명과 구분되는 점은 하나님에 관련된 계명이 없다는 점이다. 10계명의 경우에는 앞에서 4번째 계명까지가 하나님에 관련되어서 지켜야 하는 계명이다. 불교의 10선의 경우 신과 관련된 것이 하나도 없다는 것은 불교의 실재관의 당연한 귀결로 볼 수 있다.

10선 10불선법 외에 8정도와 8사도가 선악의 규준 내지 내용이 되는 중요한 가르침이다(304). 먼저 8정도를 살펴보면 다음과 같다(305).

1. 정견(正見) - 바른 견해

2. 정사(正思) - 바른 사유

3. 정어(正語) - 바른 언어

4. 정업(正業) - 바른 행위

5. 정명(正命) - 바른 생활

6. 정정진 (正精進) - 바른 노력

7. 정념(正念) - 바른 기억

8. 정정(正定) - 바른 명상

이러한 8정도와 반대되는 8사도(八邪道)는 '8가지의 사악한 것'으로 위 8정도 항목의 '바른'을 '사악한'이라는 말로 대치한 것이다(305). 8정도와 8사도는 10선보다 한층 포괄적이며 대표적인 선악 규준이다(306).

또한 초기 불교에서 재가(在家) 신도가 지켜야 할 근본적인 계율로서 오계(五戒)가 있는데 이는 불살생(不殺生), 불투도(不偸盜), 불사음(不邪淫), 불망어(不妄語), 불음주(不飮酒)이다 (315).

불교의 가장 오래된 경전인 '숫타니파타'[58]에 기술된 내용을 보면, 불살생(不殺生)은 "살아 있는 것을 스스로 해쳐서는 안 되고 또 '다른 사람을 시켜' 죽이게 해서도 안 된다. 세상에서 힘이 세거나 또 약하거나 살아 있는 모든 것에 대해 폭력을 거두어야 한다"는 것이다(316).

불투도(不偸盜)에 대해서는 "가르침을 들은 사람은 주지 않는 것을 어떠한 것이라도 또 어디에 있든지 남의 것인 줄 알면서 그것을 갖지 마라. 또 '다른 사람을 시켜' 가지게 하거나 '다른 사람이' 가지는 것을 보고 기뻐해서도 안 된다. 주어지지 않은 것은 무엇이든지 가져서는 안 된다"는 내용이다(316).

불사음(不邪淫)은 "슬기로운 사람은 음행을 피해야 한다. 붉게 타오르는 불구덩이를 피하는 것처럼, 만약 불음(不淫)을 닦을 수 없다면 '적어도' 남의 아내를 범해서는 안 된다"는 내용이다(316).

불망어(不妄語)는 "집회 장소에 있든, 단체 가운데 있든, 누구도 다른 사람에게 거짓말을 해서는 안 된다. 또 '다른 사람을 시켜' 거짓말을 하게 해서도 안 된다. 또 다른 사람이 거짓말하는 것을 듣고 기뻐해서도 안 된다. 모든 허망한 말을 회피하라"는 의미이다 (316).

마지막으로 불음주(不飮酒)는 "술을 마셔서는 안 된다. 이 '불음주'의 가르침을 기쁘게 받아들이는 재가자는 다른 사람에게 술을 마시게 해서도 안 된다. 다른 사람이 술 마시는 것을 보고 기뻐

---

58) '숫타니파타(sutta-nipata)'에서 'sutta'는 경(經), 'nipata'는 집성(집성)이라는 뜻이므로 경집(經集)이라 번역된다. 가지각색의 시와 이야기를 모은 시문집(詩文集)으로, 5장으로 나뉘어 있고 각 장에 여러 개의 경(經)이 수록되어 있다 (곽철환 2003: 406).

해서도 안 된다. 이것은 끝내 사람을 취하게 하고 미치게 하는 것임을 알라"는 내용이다(316).

여기에서 오계를 지키는 것은 스스로 몸을 삼갈 뿐 아니라 적극적인 삶의 방식으로 다른 사람에게 그것을 권장한다는 의미도 내포함을 보게 된다(316-17). 오계를 지키며 팔정도에 따라 생활하는 것이 불교도의 윤리적 행위의 기본이다(317).

불교에서 보시(布施)와 지계(持戒)는 가장 적극적인 선행이다(315). 이는 사후에 천신(天神)으로 태어나는 업인(業因)이 되는데, 도리천(忉利天)[59]의 주(主)인 석제환인(釋提桓因)[60] 같은 신(神)도 인간으로 있을 때 능히 보시행을 닦아 그러한 과보(果報)를 받았으며, 대범천왕(大梵天王)[61]같은 신(神)도 사무량심(四無量心)[62]을 닦아 그러한 과보(果報)를 받은 것이라 한다(315).

불교의 계명은 인과응보론과같이 선과 악은 그 결과가 이어진다는 업보(業報) 사상과 연기 사상의 배경에서 이해되는 데 반해 기독교의 십계명은 하나님에 의해서 주어진 것으로 창조주의 뜻이 규범적 의미를 내포한다. 계명을 지키고 위반한 데 따른 인과응보보다 심판이 더 중요한 위치를 차지한다. 히브리서에서는 "한번 죽는 것은 사람에게 정해진 것이요, 그 후에는 심판이 있으리니"(9장 27절)라 하여 삶이란 한 번의 주어진 기회라는 것과 그 후 그것에 대한 심판이 있음을 분명히 언급한다.

---

59) '도리'는 33이라는 뜻이고 '천(天)'은 신들이 사는 곳이라는 뜻이다. 즉 33신(神)들이 사는 곳인데 수미산 정상에 있으며 중앙에 왕인 제석(帝釋)이 있고 사방의 봉우리에 각각 8신이 있어 33신이 된다 (곽철환 2003: 140).

60) 석제환인(釋提桓因)은 신들의 제왕인 '샤크라'의 음사이다. 제석(帝釋), 천제석(天帝釋)이라 번역한다. 수미산 정상에 있는 도리천의 왕으로, 사천왕과 32신을 통솔하면서 불법을 지킨다고 함 (곽철환 2003: 360).

61) 색계 초선천(初禪天)의 왕으로, 이름은 '시기(尸棄)'라 하고 도리천의 왕인 제석(帝釋)과 함께 불법을 수호한다고 함 (곽철환 2003: 127).

62) 사무량심(四無量心)은 '남'이라는 존재에 대한 새로운 인식 위에서 출발하는 것으로, 1) 자무량심(慈無量心)은 남을 나의 진정한 친우로 받아들이는 마음이고, 2) 비무량심(悲無量心)은 남의 괴로움을 나의 괴로움처럼 슬퍼하는 마음이며, 3) 희무량심(喜無量心)은 남의 즐거움을 나의 즐거움처럼 기뻐하는 마음이고, 4) 사무량심(捨無量心)은 남이 비록 나의 뜻을 몰라주어도 평정을 잃지 않는 마음을 뜻한다 (동국불교위원회 1997: 314-15).

② 보살도 vs 제자도

불교는 자력으로 해탈에 이르고자 하는 종교이기 때문에 수련과 수행이 매우 중요하다. '육바라밀'에서 보았듯이 엄격한 계율을 지키면서 해탈에 도달하기 위하여 힘쓰는 것이 자신을 구원하는 길이 된다. 불교의 구도적, 금욕적 삶의 태도는 자기 욕망을 절제하여 삶을 정제하고자 하는 면이 강하다(윤이흠 외 2001: 257). 자기 욕망을 다스리기 위하여 식욕, 수면, 성욕을 다스리는 금욕 행위를 통해 수행한다(257).

대승불교에서는 보살사상이 핵심적인 위치를 차지하는데, 보살이란 "깨달음을 추구하는 중생"이란 뜻으로 "위로는 깨달음을 추구하고, 아래로는 중생을 구제하고자 노력하는" 사람이다(동국불교위원회 1997: 138). 불교에서는 범부라도 붓다가 되고자 발심하여 노력한다면 언젠가는 붓다가 될 수 있다고 본다(139). 보살은 반드시 출가자에 한정되지 않고 성불의 서원을 세운 재가자들에게도 해당된다. 대승불교에서는, 대승교설을 믿고 보리심(지혜의 마음)을 일으켜 보살도를 실천하려고 발원한 이도 보살로 간주한다(139).

대승불교에서 보살은 '육바라밀'을 닦음으로 궁극의 깨달음을 얻을 수 있다고 본다(143). '바라밀'은 완성이란 뜻인데, 무차별, 공(空)에 입각한 실천이기 때문에 특정한 도달이나 완성을 목적으로 하지 않으며, 따라서 결과에 집착하지 않고 끊임없이 닦아가야 하는 것이 '바라밀'의 참뜻이다(144). '육바라밀'은 보시(布施)바라밀, 지계(持戒)바라밀, 인욕(忍辱)바라밀, 정진(精進)바라밀, 선정(禪定)바라밀, 반야(般若)바라밀로 구성된다(144-47). 모든 보살은 보리심을 일으켜 '육바라밀'을 하나하나 닦음으로써 마침내 붓다의 경지에 이르게 된다(147). 이처럼 대승불교에서는 모든 존재의 실상을 들어내어 일체 중생을 이익되게 하는 보살행을 강조한다(동국불교위원회 1997: 147-48).

이와 같이 불교의 보살행에는 해탈에 도달하기 위한 수행의 성격이 강한데 반해 성경의 윤리는 하나님의 백성이 되고 하나님의 자녀가 되었으므로 당연히 하나님과 동행하며 그분의 뜻을 따라야 한다는 당위적 성격이 강하다. 불교에서는 윤리 실천도 해탈에 도달하기 위한 한 과정이 된다. 반면에 복음을 믿어서 하나님의 백성이 된 자들은 하나님의 백성으로서의 새로운 삶을 실천하는 것이 중요시된다. 제자도(弟子道)는 구원받기 위한 목적보다는 예수의 주 되심을 고백한 자들이, 즉 구원을 경험한 자들이 예수를 주로 모시고 따르는 삶이다. 이 땅에서 주님의 통치를 받는 삶이 제자의 삶이다. 한걸음 더 나아가서 예수 그리스도께서 온 세상의 주 되심을 선포하며 증거하는 것이 제자들의 길이요 사명이다. 제자들을 향하여 주님은 그들이 세상의 소금이요 빛이라고 말씀하셨다(마 5:13-16). 주님의 영이 그들에게 주어질 때 그들은 이 세상에서 소금과 빛 되는 삶을 살 수 있으며 주님을 증거하는 삶을 살아가게 된다(행 1:8).

보살도가 해탈을 추구하는 과정에서 중생들을 구제하는 일들을 감당하려는 데 반해서 제자도는 주님의 뜻이 이 땅 위에 이루어지도록 주님의 뜻을 좇고 따르는 것이다. 양쪽 모두 사회 속에서의 적극적인 실천을 내포하고 있지만, 전자가 수행의 윤리라면 후자는 동행의 윤리라고 할 수 있다.

4) 경험적 차원

불교의 경험적 차원에서 해탈이 가장 중요한 위치를 차지한다. 반면 복음에서는 성령충만을 비롯한 신 임재의 체험이 중요하다. 불교에서 선정(禪定)이 수행 방법으로 중요시되는 반면, 복음은 복음에 합당한 삶을 수행하는 데에 영성훈련의 필요성이 제기된다.

① 해탈 vs 신임재의 체험

불교의 메시지의 핵심부에는 신들이나 신에 대한 경험이 있는 것이 아니고 해탈(liberation)이라는 일원론적인 경험이 있다(Smart 1986: 86). 이러한 해탈은 공(空)의 경험, 또는 순수 의식의 경험이며, 나아가서 모든 사물의 본질은 공(空)이며 모든 사물은 영원한 실체를 가지고 있지 않다는 것을 깨닫는 것을 말한다(86).

불교에서는 세상의 원리를 깨달음으로 해탈의 자리로 나아가고자 하는 데 반해서 기독교는 하나님 임재의 경험이 중시된다. 하나님의 섭리를 깨닫고 바르게 반응함으로 이 땅에서 하나님의 백성으로서 하나님의 뜻을 이루는 삶을 사는 것이 중요하다. 또한 삼위일체 하나님 가운데 성령 하나님께서 인간의 마음속에 거하시며, 인도하시며 깨우치며 권능을 주시기 때문에 성령으로 충만하게 되는 것이 중요하다.

성경에 의하면, 그리스도인은 가치판단과 윤리적 선택의 매순간마다 육체의 소욕과 성령의 소욕이 갈등을 일으키게 되는데 이러한 때에 성령의 소욕을 따라 행할 때에 성령의 인도하심을 받고 성령의 열매를 맺는다(갈 5:16, 22-23). 특히 가치판단의 매 순간마다 성령께서는 사랑의 이중계명을 통해서 그리스도의 뜻을 일깨워 주신다. 하나님을 사랑하고 이웃을 사랑하라는 주님의 계명에 비추어서 판단하고 결정을 내릴 때 성령의 열매 맺는 삶을 살게 된다(김세윤 2003: 109, 112).

② 선정(禪定) vs 영성훈련

불교에서 특히 체험과 관련된 기본적인 수련방식이 선정(禪定)이다. 선정이란 마음을 고요히 가라앉히고 한 곳에 집중하는 것을 의미한다(곽철환 2003: 368). 선정의 내용은 지(止)와 관(觀)으로 구성되는데, 지(止)는 '집중하다'라는 의미이고, 관(觀)

은 '지혜로 사물을 관찰하는 것'을 말한다(동국불교위원회 1997: 274). 선정은 불교의 정신을 배우고 직접 실천하여 각자가 스스로 진리를 체득하게 하는 가장 기본적이고 필수적인 수행이다(275). 선(禪)은 붓다가 제시한 깨달음의 종교인 불교를 각자가 직접 실천하되, 자기화하고, 생활화하고, 인격화하는 구체적인 실천이며 수행생활이다(275). 그러한 수행생활을 통해서 선 수행자가 목적하는 바는 견성성불(見性成佛)하는 것이다(289). 불교에서는 좌선 수행과 깨달음의 직접적인 체험을 통하여 불법의 세계를 자각하여 붓다의 말씀을 직접 확인하고 더 이상 추호의 의심도 없는 확신을 갖게 되는 것을 깨달음이라고 한다(286). 이러한 깨달음은 지금까지 경전이나 조사의 어록을 통해서 알고 있던 지식적인 불교의 이해와 한계성을 각자의 수행과 체험으로 불법의 사실을 확인하고 확신을 얻음으로써 자기의 생활종교로 만들고 확립하는 것을 말한다(286).

이와 같이 불교의 선정은 깨달음을 체화하고 생활화하는 데까지 나아가고 있다. 이러한 것은 복음적 영성훈련과 대조해 볼 수 있다. 복음적 영성훈련이란 복음적 삶을 일상화하는 훈련이라고 말할 수 있다. 하나님의 나라는 하나님의 통치인데 이제 주 예수 그리스도를 믿음으로 하나님의 통치를 받는 하나님 나라의 백성이 되었다. 인간의 생활이 하나님 나라의 지배를 받으며 하나님 나라에 통합되는 정도에 비례하여 신령한 사람이라고 할 수 있다(Willard 1993: 83). 복음적 '영성 생활'이란 사람들이 하나님—그리고 하나님의 인격과 행위로부터 나오는 영적 질서—과 협력하여 상호 작용하는 활동의 영역 속에 존재한다(83). 그러한 삶을 살게 되면 그 결과로 새 능력들에 상응하는 전면적으로 새로운 인간 실존을 경험하게 된다(83). 이러한 영성 생활을 영위하기 위해서 영성훈련이 필요한데, 그것은 우리의 인격과 전 존재를 신적 질서에 효과적으로 연합시키기 위해 의도적으로 정신과 몸을 연마

하는 활동이다(84). 훈련은 우리로 하여금 우리 자신을 초월하는 능력, 영적 영역에서 파생되어 나온 능력 안에서 살 수 있게 해 준다. 그런데 한 사람이 자기의 전 존재를 얼마나 하나님 나라에 통합시키는지에 대한 책임은 그 자신에게 주어진다(84). 하나님께서 역사하시는 것이 우선적이지만 그러한 역사에 대해서 올바르게 반응해야 하는 책임은 사람 편에 주어진다.

이처럼 하나님 나라의 백성으로 합당한 삶을 살기 위해서는 기도하고, 묵상하며, 말씀을 읽으면서, 삶의 한 복판에서 순종을 실천하기 위해서 끊임없이 자기를 쳐서 복종시키는 훈련이 필요하다. 사도바울도 "내 몸을 쳐 복종하게 하나니"라고 고백한다(고전 9:27). 바울에게 "남에게 전파한 후에 자신이 도리어 버림을 당할까 두려워"하는 마음이 있었다(고전 9:27). 그는 여타 그리스도인들에게도 권면한다. "선 줄로 생각하는 자는 넘어질까 조심하라"(고전 10:12). 이러한 말씀은 "항상 복종하여 두렵고 떨림으로 너희 구원을 이루라"는 권면의 말씀과 맥을 같이 한다(빌 2:12). 이처럼 구원받은 하나님의 백성이라고 하여도 이 땅에서 하나님의 뜻에 합당한 삶을 살기 위해서는 하나님의 뜻을 분별하며 따르는 훈련이 필요하다. 특히 이 세상의 "통치자들과 권세들과 이 어둠의 세상 주관자들과 하늘에 있는 악의 영들을" 대상으로 씨름해야 하는 것이 성도들의 삶이기에 하나님의 전신 갑주를 취하는 것이 필수적이다(엡 6:12-13). 그러할 때에 "너희가 능히 대적하고 모든 일을 행한 후에 서기 위함이라"는 말씀이 그들의 삶 가운데 이루어질 것이다(엡 6:13).

불교의 선정(禪定)과 복음적 영성훈련의 차이는 전자는 전적으로 자력으로 깨우치고자 하는 수행인데 반하여 후자는 하나님의 통치를 분별하고 그것에 맞추고자 하는 것이 차이점이다. 선정의 경우 철저하게 자신의 힘으로 깨우침을 얻고자 정진하는데 반해서 영성훈련은 하나님의 역사하심을 인식하고 그것에 합당하게 반응하기 위하여 노력하고 애쓰는 것이 다르다.

5) 신화적 차원: 윤회 vs 종말

불교와 복음은 시간과 역사 이해에 있어서 대조적이다. 불교
는 끝없이 윤회하는 삶을 전제한다. "한 존재가 죽으면 이 세상이
나 다른 세상에 새로운 몸을 받아 태어나게 되고 그 곳에서 살다
가 죽으면 다시 그 곳이나 다른 세상에 태어난다"(동국불교위원회
1997: 112).

윤회는 욕계(欲界), 색계(色界), 무색계(無色界) 등 3계(三界),
또는 지옥도(地獄道), 아귀도(餓鬼道), 축생도(畜生道), 아수라도
(阿修羅道)[63], 인간도(人間道), 천상도(天上道) 등 육도(六道)를
전전한다(112). 욕계란 욕망의 생활을 하는 존재들이 살고 있는
곳으로 지옥, 아귀, 축생, 아수라, 인간 그리고 저급한 신들이 사
는 세계이다. 색계는 욕망을 떠났으나 아직 육체를 가지고 있는 존
재들이 사는 곳이다. 이곳에 있는 존재는 '천상의 존재'나 '신'(神)
이라 불리지만 유일하고 절대적인 존재로서의 신은 아니다(112).
무색계는 욕망은 말할 것도 없지만 육체조차도 없는 존재들이 사
는 세계로서 이들은 순전히 정신적인 존재들이다(112-113). 지
옥, 아귀, 축생 등 3도는 나쁜 세계이므로 악도(惡途)라 한다. 아
수라도는 항상 신들을 상대로 싸움을 하는 존재들이 사는 곳이
다. 인간과 천상의 2도는 선업을 지은 존재들이 사는 좋은 세계로
선도(善途)라 한다(113).

이처럼 불교에서 시간은 시작도 없고 끝도 없이 흘러간다. 시간
의 사슬을 벗어나는 길은 해탈하는 길 뿐이다. 인간이 살아 있는
동안에 짓는 모든 업(業)은 틀림없이 결과를 낳게 되고 그 결과가

---

[63] '아수라'란 늘 싸움만을 일삼는 귀신들을 일컫는 말이다. '아수라도'는 아수라들
이 위치한 세계로 수미산과 지쌍산 사이의 바다 밑에 있다고 한다 (곽철환 2003: 465-
466).

다음 생(生)을 존재하게 만든다고 생각한다(112).

반면 복음적 관점에 의하면 종말이 존재한다. 성경에 의하면, 예수 그리스도께서 이 땅에 오셔서 하나님 나라를 선포하고 치유와 이적을 행하셨을 때 종말이 이미(already) 이 땅에 임한 것이다. 이미 시작된 종말이지만 그 완성은 아직(not yet) 이루어지지 않았다. 완성은 주님께서 다시 재림하실 때에 이루어진다. 그러므로 우리가 오늘 살아가는 현세는 종말의 때를 사는 것이라고 말할 수 있다. 그리스도께서 다시 오실 때 모든 만물이 그리스도 예수 안에서 통일되게 될 것이며 그분의 통치가 온전히 이루어질 것이다(엡 1:10).

이러한 시간과 역사에 대한 이해의 차이는 삶의 태도를 달리하게 만든다. 불교에서는 덧없이 흘러가는 세월로 보는 염세적 관점이 강하다. 그리고 시간의 흐름에 대한 긴박성도 떨어진다. 성경에서도 삶의 헛됨을 이야기하기도 하지만(전 1:2), 그것은 청년의 때에 너의 창조주를 기억하라(전 12:1)는 결론으로 나아가는 하나의 논거이지 마지막 결론은 아니다. 성경은 우리에게 주어진 세월은 동시에 최대한 선용해야 할 기회임을 강조한다(엡 5:16). 우리에게 주어진 짧은 생애를 통해서 자신에게 주어진 은사를 불일 듯이 활용하여서 소명을 감당할 때, 주님으로부터 칭찬을 듣게 될 것이다. 그렇지 않고 은사를 땅에 묻고 활용하지 못한다면, 주님이 부지불식간에 오셔서 엄하게 꾸짖고 질책하실 것이다(마 25:14-30; 눅 19:11-27).

6) 사회적 차원: 보살행 vs 성령의 역사

대승불교에서 보살 사상은 매우 중요한 위치를 차지한다. 보살은 자신만의 구원을 추구하는 데에서 한 걸음 더 나아가서 타인을 생각하며 중생을 구제하기 위하여 자신의 구원을 늦추는 자이다.

보살의 수행에 있어서 보시(布施)는 재물뿐만 아니라 진리, 마음의 안정을 나누어 주는 자비의 사상을 내포한다.

그럼에도 불구하고 보살행에 있어서 중요한 점은 인간이 중심이 된다는 것이다. 인간이 수행을 하는 가운데 사회적 실천면도 감당하는 것이다. 반면 복음적 관점에서는 하나님이 중심이다. 하나님께서 아들을 세상에 보내시고 아들은 제자들을 세상으로 보내신다. 그렇지만 그들 자신의 힘만으로는 세상 속에서 사명을 감당할 수 없기에 주님께서 성령을 보내신다. 그리고 제자들에게는 약속한 성령을 기다리라고 명하신다(행 1:4). 오순절에 성령께서 임하심으로 말미암아 그들은 비로소 증인의 사명을 잘 감당하게 된다(행 1:8; 2:1-4). 그런 점에서 사도행전의 또 다른 별칭이 '성령행전'이라고 하는 것은 시사하는 바가 크다. 성령께서 역사하심으로 말미암아 2000년 역사를 통해서 온 땅에 복음이 전파될 수 있었던 것이다. 사도행전은 성령께서 이끄시고 사도들은 순종함으로써 복음이 전파되는 것을 잘 보여 준다. 성령께서 지시하시고 이끄시고 비전을 보여 주셨으며 사도들은 이러한 성령의 주도하시는 역사에 반응함으로써 놀라운 일을 목도하게 된다. 오늘날에도 성령의 이끄시고 능력 주심을 믿고 순종하는 자들을 통하여 세상 속에 하나님 나라가 확장되는 일이 계속 진행된다.

3. 유교 vs 복음

유교는 한국교회에 가장 큰 영향을 끼친 종교요 문화라고 할 수 있다. 한국교회 일각에서는 복음적 관점보다 유교적 관점 위에 서서 사고하며 행동하는 경향이 크다. 유교와 복음이 어떠한 면에서 대조되는 지를 분명히 아는 것은 매우 중요하다. 한국 교인들은 자칫 잘못하면 본인도 의식하지 못하는 가운데 유교적 관념에 근거하여 사고하고 행동할 수 있기 때문이다. 유교적 관점을 갖는다는 것 자체가 문제일 수는 없을 것이다. 그러나 성경과 분명히 대조되는 점에서 유교적 관점으로 사고하고 행동한다는 것은 일종의 혼합주의로서 시급히 시정되어야만 한다. 그리스도인들이 유교적 관점과 대조되는 복음적 관점을 분명히 정리하고 자신들이 양쪽 중 어느 쪽에 더 가깝게 위치하고 있는지 살펴보는 것은 교회 속의 유교문화를 성경적 문화로 변화시키는 과제를 실행하기 위해서 꼭 필요한 과정이다.

유교와 복음의 대조점은 다음의 표와 같이 정리될 수 있다(표 5-3).

	유교	복음
교리적 차원	유교의 천	성경의 하나님
	수양을 통한 완성	믿음을 통한 구원
	낙관적 인간 이해	비관적 인간 이해
제의적 차원	의례의 형식 중시	예배자의 태도 중시
윤리적 차원	현세 지향적 윤리	종말론적 윤리
경험적 차원	자기통제	자아부정
신화적 차원	요순시대	하나님 나라
사회적 차원	위계서열적 권위주의	종의 리더십
	연고위주의 집합주의	세상을 향해 개방된 공동체

표 5-3. 유교 vs 복음

1) 교리적 차원

교리적 차원에서 대조되는 점은 먼저 유교의 천(天)과 성경의 하나님 관념이다. 유교의 천에 비해서 성경적 하나님은 보다 인격적이고 역동적이고 역사를 주도하신다. 유교에서는 수양을 통한 완성을 추구하는 데 비해서 성경은 믿음으로 하나님의 역사에 반응할 것을 요청한다. 인간이해에 있어서 유교는 낙관적인데 비해서 성경은 보다 비관적이다.

① 유교의 천(天) vs 성경의 하나님

유교에서는 천(天)에 대한 관념이 크게 두 가지로 대별된다. 인격적 지고신(至高神)으로서의 천(天)과 우주규범으로서의 천(天)으로 구분되는데, 전자보다는 후자가 더 발달된 것을 보게 된다. 이광호에 의하면, "원시유학에서는 상제(上帝)를 중시하는 사상의 종교적 성향이 강하였으나, 공맹유학의 시대를 거치며 상제 중시의 종교적 성향은 약화되고, 성리학에 와서는 상제는 절대 진리인 리(理)의 주재적 측면을 지시하는 데 불과하게 되었다"(이광호 2004: 89). 원시유학에서 천(天)의 개념은 "인간의 길흉화복의 주관자이자 국가의 운명의 결정자로서 덕 있는 자를 찾아 인민들을 대신 다스리게 하는 인격적 존재였다"(67). 천(天)은 덕이 있는 자를 찾아 자신의 아들로 삼아 그에게 인민들을 다스리게 하였기 때문에 왕은 천자(天子)로 불렸다(67). 이러한 원시유학의 인격적 지고신으로서의 천(天) 개념은 시간이 흐름에 따라서 점차 약화되어 성리학에 이르게 되면, 그러한 성격을 찾아보기 힘들게 된다. 성리학에서 상제보다 리(理)라고 하는 진리가 절대이며, 상제는 진리의 한 측면에 대한 표현으로 간주된다(67).

인격적 지고신에 대한 제사는 중국의 황제만 드릴 수 있다고 규정한 것도 매우 독특한 이해를 반영한다. 그러한 관념은 인격적 지고신으로서의 천(天)은 너무 높아서 평민들은 감히 제사드릴 수 없고 중국 황제만이 제사드릴 수 있다는 봉건적 위계사상의 반영으로 보인다.

이러한 유교의 천(天)개념은 성경의 하나님 사상과는 매우 동떨어진 이해를 나타낸다. 성경의 하나님은 창조주로서 최고신의 지위에 계시는 인격신이다. 그분은 인간의 주관자이시며 심판주로서 왕을 세우기도 하시고 폐위시키기도 하시는 분이시다. 그분은 역사의 주관자로서 오늘날도 인간의 역사 속에서 자신의 뜻을 펼쳐가고 계신다. 원시유교로 올라갈수록 성경적 하나님 사상과 유사성이 높아지지만 후대로 내려갈수록 대조점이 커지게 되는 것을 볼 수 있다. 특히 송 대의 성리학에 이르면 대조점이 가장 극명하게 드러난다. 성리학에서 말하는 절대 진리인 리(理)에는 인격신적인 면이 거의 남아 있지 않게 된다.

상제(上帝)는 너무 높은 존재라서 천자(天子)인 황제만이 제사드릴 수 있다는 관념 또한 성경의 만인 대제사장설과 대조된다. 예수 그리스도의 십자가 대속의 죽음으로 말미암아 믿는 자는 그 누구나 그리스도의 보혈을 의지하고 하나님의 보좌 앞으로 담대히 나아갈 수 있다는 것이 성경의 가르침이다. "우리는 긍휼하심을 받고 때를 따라 돕는 은혜를 얻기 위하여 은혜의 보좌 앞에 담대히 나아갈 것이니라"(히 4:16).

② 수양을 통한 완성 vs 믿음을 통한 구원

유교에서는 인간을 이해할 때 존재 이유와 삶의 목적을 갖고 태어난 존재로 이해한다. 비록 육신을 갖고 있기 때문에 불완전할 수 있지만 하늘이 부여한 성품이 심기어져 있기에 완전하게 될 가능성을 동시에 갖고 있다(금장태 1996: 93). 그리하여 자신에게 하늘이 부여한 성품을 따름으로써 인간완성의 길을 갈 수 있다고 믿는다.

인간은 하늘로부터 부여된 존재요 하늘의 명령을 받은 존재이므로 인간이 하늘의 뜻과 일치되는 것은 자신의 의무와 정당성을 충족시키는 자기완성의 길이다(93-94). 공자가 70세에 "마음이 하고자 하는 바를 따라도 법도에 어긋나지 않는" 단계에 도달했다고 고백하는데 이러한 단계가 바로 하늘과 인간이 일치하는 유교적 삶의 목표와 이상에 도달한 모습이다(94).

그렇지만 그러한 목표와 이상에 도달하기 위하여서는 욕망의 충동을 억제하고 하늘의 명령을 받아들여 수행해야 한다(94). 이처럼 인간완성의 목적을 실현할 수 있도록 다양한 도덕규범을 제시하고 그것을 실천하여 성(性)을 인식하면 마침내 하늘과 조화를 이룰 수 있다고 본 것이다(96). 그러한 목적을 이루고자 자신의 욕심을 억제하고 도덕규범을 실천하는 데 노력하여 마침내 자기 의지와 도덕규범을 일치시키는 데까지 나아가고자 하였던 것이다(96-97). 이러한 유교의 이상을 실현하기 위해서는 엄격한 윤리적 생활과 수양이 요구되며, 수신(修身)에서부터 시작해서 올바른 인간관계를 이루어 가정을 바로 세우고(齊家), 나라를 다스리고(治國) 천하를 평화롭게 하는(平天下) 단계에 이를 수 있다고 본다(97).

이처럼 유교에서는 하늘과 일치하는 단계에 도달하는 것을 완성으로 보았으며 자기 수양을 통해 도덕규범을 준수함으로 이러한 단계에 도달할 수 있다고 보았다. 외적인 구세주가 필요한 것이 아니라 자기 스스로 구원에 이룰 수 있다고 보는 데에서 자력구원체계라고 할 수 있다.

이러한 자력구원체계는 성경적인 관점과 대조된다. 인간은 자기 스스로의 힘으로 구원에 이를 수 없다고 성경은 말한다. "모든 사람이 죄를 범하였으매 하나님의 영광에 이르지 못하더니"(롬 3:23). 또한 "의인은 없나니 하나도 없으며 깨닫는 자도 없고 하나님을 찾는 자도 없고 다 치우쳐 함께 무익하게 되고 선을 행하는 자는 없나니 하나도 없도다"(롬 3:10~12)라고 인간의 죄악상과 한계성을 역설한다. 예레미아 17장에서는 인간의 마음의 부패함을 지적한다. "만물보다 거짓되고 심히 부패한 것은 마음이라 누가 능히 이를 알리요마는"(9절). 이러한 것은 로마서 7장에서 더 분명하게 표명된다. "내 속 곧 내 육신에 선한 것이 거하지 아니하는 줄을 아노니 원함은 내게 있으나 선을 행하는 것은 없노라"(18

절). 비록 선을 원하는 마음은 있으나 단지 원하는 마음뿐이고 그것을 실행할 수 있는 능력이 없음을 인정한다. 오히려 "내가 원하는 바 선은 행하지 아니하고 도리어 원하지 아니하는바 악을 행하는도다"(19절)라고 고백한다. 결국 자신의 속에는 죄가 도사리고 있음을 인정한다. "만일 내가 원하지 아니하는 그것을 하면 이를 행하는 자는 내가 아니요 내 속에 거하는 죄니라"(20절).

정약용은 마음속에서 일어나는 본성과 육욕 사이의 교전에서 승리할 수 있다고 장담했지만 바울은 마음속의 교전에서 패할 수밖에 없다고 고백한다. "내 지체 속에서 한 다른 법이 내 마음의 법과 싸워 내 지체 속에 있는 죄의 법으로 나를 사로잡는 것을 보는도다"(23절). 이러한 인정과 고백은 결국 탄식으로 이어진다. "오호라 나는 곤고한 사람이로다. 이 사망의 몸에서 누가 나를 건져내랴"(24절).

유교에서 도덕규범을 강조하듯이 성경에서도 하나님의 뜻이 담긴 율법을 강조하지만 율법을 지킴으로서 의에 이를 수 없음을 또한 강조한다. 육신의 연약함으로 말미암아 율법을 지켜서 구원받을 수 없음을 나타낸다. 바울은 율법으로는 의롭게 될 수 없다고 율법의 한계를 명확하게 나타낸다. "내가 하나님의 은혜를 폐하지 아니하노니 만일 의롭게 되는 것이 율법으로 말미암으면 그리스도께서 헛되이 죽으셨느니라"(갈 2:21). 바울은 율법을 통해서 이룰 수 없는 구원이 하나님을 통해서 이루어지게 됨을 증거한다. "율법이 육신으로 말미암아 연약하여 할 수 없는 그것을 하나님은 하시나니"(롬 8:3).

이처럼 자력 구원의 한계를 드러내는 것은 또 다른 구원의 길이 주어졌기 때문이다. 바울은 그러한 또 다른 의롭게 되는 길을 선포한다. "이제는 율법 외에 하나님의 한 의가 나타났으니 율법과 선지자들에게 증거를 받은 것이라"(롬 3:21). 그 의는 율법을 지킴으로 주어지는 의로움이 아니라 믿음으로 주어지는 의이다. "곧 예수 그리스도를 믿음으로 말미암아 모든 믿는 자에게 미치는 하나님의 의니 차별이 없느니라"(22절).

인간에게는 죄 된 성품이 존재해서 마음이 원하는 선은 행하지 못하게 하고 원치 않는 악만 행하도록 나를 이끌어간다. 로마서는 "죄의 삯은 사망이요"(6:23)라고 선언한다. 성경이 나타내는 인간은 죄를 지을 수밖에 없고, 죄 지은 결과 사망 판결을 받아 절망 가운데 하나님의 심판을 기다릴 수밖에 없는 존재이다. 그렇지만 하나님의 아들이신 예수 그리스도께서 인간의 몸으로 오셔서 십자가에 달리신 것은 바로 그러한 인간들을 구원하기 위한 역사였다.

하나님의 아들로서 죄도 짓지 않고 흠도 없으신 분께서 죄인들이 받아야 할 형벌을 대신 받으셨다. 우리의 죄에 대한 형벌을 그분이 대신 받으셨기 때문에 우리는 하나님 앞에서 의로운 자로 설수 있다는 것이 칭의의 복음이다. 믿음으로 이러한 하나님의 역사에 반응할 때, "그리스도 예수 안에 있는 속량으로 말미암아 하나님의 은혜로 값없이 의롭다 하심을 얻은 자"(3:24)가 된다. '속량'이란 노예를 자유롭게 해 준다는 의미를 지닌다(조광호 2008: 94).

시장에서 노예를 구해 주기 위해서 돈 주고 사서 풀어주듯이 죄의 노예가 된 우리를 '속량'하시기 위하여 값을 치르신 것이다. 이와 같이 예수 그리스도의 죽음이 우리의 죄에 대한 몸값을 치룬 행위이다(김세윤 1981: 49). "인자가 온 것은 섬김을 받으려 함이 아니라 도리어 섬기려 하고 자기 목숨을 많은 사람의 대속물로 주려 함이니라"(막 10:45)는 말씀과 같이 죄의 노예된 우리를 죄와 사탄과 율법과 죽음의 노예 상태에서 해방시키기 위하여 자기 목숨을 대속물 즉 몸값으로 지불하신 것이다(49-50). 이러한 '속량' 혹은 '구속'의 결과 자유를 얻게 된 것이다(50).

그리스도께서 우리의 죄를 짊어지고 죄인으로 심판을 받으신 것은 우리를 하나님 앞에서 의인으로 세우기 위한 희생의 사건이었다. 우리의 죄가 그리스도에게 전가되고 그리스도의 의는 우리에게 전가됨으로 하나님 앞에 의로운 자로 설 수 있게 되었다. "하나님이 죄를 알지도 못하신 이를 우리를 대신하여 죄로 삼으신 것은 우리로 하여금 그 안에서 하나님의 의가 되게 하려 하심이라" (고후 5:21).

③ 낙관적 인간 이해 vs 비관적 인간 이해

인간의 본성에 대한 이해의 차이가 결국 자력구원과 타력구원의 차이로 나타나게 되는 것을 보게 된다. 유교에서는 인간의 본성을 낙관적으로 보고 수양의 길을 통해서 하늘의 뜻을 이루는 데까지 이룰 수 있다고 본 반면, 복음은 인간의 육신은 죄로 말미암아 도저히 율법의 요구를 수행할 수 없는 상태이며 인간은 자기 스스로의 힘으로 구원을 이룰 수 없는 존재로 이해한다. 그러한 인간이지만 하나님의 아들인 예수 그리스도께서 인간의 죄에 대한 형벌을 대신 담당하기 위하여 십자가에 달리셨으며, 이러한 그리스도 안에 있는 구속(속량)으로 말미암아 죄의 노예 상태에서 자유하게 해 주셨다고 선포한다. 이러한 복음을 믿을 때 우리의 죄는 그리스도에게 전가되고, 그리스도의 의는 죄인인 우리에게 전가되는 놀라운 구원의 역사가 발생한다.

2) 제의적 차원: 의례의 형식 중시 vs 예배자의 태도 중시

예절을 강조하는 유교에서는 의례의 형식을 중시하는 면이 강하다. 몇 년 상을 치러야 하는지, 복식은 어떠한 것을 갖추어야 하는지와 같은 사소한 문제를 갖고 논쟁했던 역사가 그러한 점을 잘 보여 준다.

유교는 인간의 육신 속에 깃들인 욕심을 극복함으로 하늘이 부여한 본성을 실현하고자 수양을 한다는 것을 앞에서 살펴보았다. 그런데 수양의 방편은 의례주의, 즉 예법을 숭상하는 것이다. 극기복례(克己復禮)라는 말이 이를 잘 나타낸다. 유교에서 도덕이나 예는 하늘의 뜻을 좇아 인간이 사회 속에서 올바로 살아가는 길과 법도와 절차와 규범을 규정하는 원리들이다(김경동 1993: 145). 그런데 법도와 규범을 강조하다 보면 위선적인 도덕주의로 전락하기 쉽고, 예의를 떠받들고 그에 매이다 보면 형식적인 의례주의로 흐르기 쉽다(145).

성경에서 보면, 바리새인들이 지나치게 의례주의로 치우치는 가운데 율법의 본뜻은 져버리고 그 형식만을 준수하는 자리에 떨어졌다. 그들은 주님으로부터 질책을 받았다. "화 있을진저 외식하는 서기관들과 바리새인들이여 너희가 박하와 회향과 근채의 십일조는 드리되 율법의 더 중한 바 정의와 긍휼과 믿음은 버렸도다. 그러나 이것도 행하고 저것도 버리지 말아야 할지니라"(마 23:23). 바리새인처럼 형식주의에 사로잡혀 진리 되시는 주님을 정죄하는 어리석음을 범하는 것이 아니라 본질적인 내용에 충실하기 위하여 형식을 변경시킬 수 있는 용기와 지혜가 요청된다.

특히 오늘날과 같이 극심하게 변화하는 문화와 사회 환경 속에서 하나님께 드리는 예배가 신령과 진정으로 드리는 예배가 되기 위하여서는 전통만을 고집해서는 안 된다. 새로운 환경 속에서 초대 교인들이 드렸던 예배의 의미를 등가적(等價的)으로 재현하려면 형식적인 면에서 과감한 변화가 주어져야만 한다(Kraft 2007: 281-82). 새롭게 변화된 환경과 새롭게 발명된 물질들을 최대한 활용해서 초대교회 교인들이 드렸던 그 감동의 예배를 드리도록 해야 할 것이다. 그러한 예배는 삶의 경험적 차원, 물질적 차원, 사회적 차원, 교리적 차원이 총체적으로 표현된 예배가 될 것이다. 중요한 것은 형식이 아니라 변화된 마음이다.

3) 윤리적 차원: 현세 지향적 윤리 vs 종말론적 윤리

천지인(天地人) 삼재(三才) 사상에 근거한 유교사상에는 하늘과 땅과 인간에게 공통적으로 통용되는 이치가 존재한다. 유교는 이러한 이치에 근거하여 적절한 행동을 닦고 수행해 나갈 때 건강한 가족과 아름다운 사회를 만들 수 있다고 보았다. 먼저 자신을 닦고 남을 이롭게 하는 것을 통해서 이 세상에 안정을 가져올 수 있다고 보는 것이 유교적 이념이다. 유교 윤리는 현세지향적인 특성을 띤다. 윤리적 행위의 동기는 내세의 보상을 위하기보다는 현세 가운데 안정된 사회를 만들며 다함께 잘 살기를 바라는 것이다. 어떻게 하면 다함께 잘 살 수 있는 이상 사회를 건설할까 하는 것이 유교 윤리의 종착점이다.

반면에 복음적 관점에 의하면 복음을 받아들이고 회심하는 순간 그는 하나님 나라의 백성으로 새롭게 태어난다. 그는 벌써 이 땅에 임한 하나님 나라의 일원이 된다. 그의 몸에는 성령께서 내주하게 된다. 하나님 나라는 무엇보다도 하나님의 통치를 의미한다. 장소적인 의미보다는 다스림을 받는 것이 더 중요하다. 시시각각 가치판단의 순간에 주님의 주권을 인정하고 순종할 때, 주님의 다스림을 받게 된다. 그러한 다스림은 사랑의 이중계명으로 주어진다(김세윤 2003: 112-16).

그렇지만 이 땅은 아직 주님의 통치가 완전히 임한 곳은 아니다. 아직도 어둠의 권세가 지배하고 있는 세상이다. 사탄의 세력은 결정적인 패배를 당했지만 아직도 최후의 항전을 하고 있다. 그렇기 때문에 이 세상에는 고통이 있고 영적인 전투가 진행되고 있다. 그러한 가운데에서 하나님의 백성들은 이미 임한 하나님 나라의 시민으로서의 정체성(identity)을 갖고 그 나라와 그 의를 지향하며 살아간다. 그렇지만 이미 시작된 하나님의 나라는 우리 손으로 완성되는 것이 아니라, 주님께서 다시 오실 때 완성될 것이다. 이러한 '이미'(already)와 '아직 아니'(not yet) 사이의 긴장 속에서 살아가는 것이 그리스도인의 윤리적 실존이다. '이미'와 '아직 아니'의 기간은 선교적 유예기간이다. 그 기간 동안에 그들은 하나님 나라를 이 땅에 임하게 하도록 기도하고 헌신할 사명을 띤다. 이러한 종말론적 전망을 갖고 이 땅에 주어진 시간을 선교적인 기회로 최대한 선용하는 것이 하나님의 백성들에게 주어진 사명이다.

4) 경험적 차원: 자기통제 vs 자기부정

유교에서 자기 자신은 철저하게 통제해야 할 대상이다. 그래서 '신독(愼獨)'이란 관념이 있다. 그것은 혼자 있을 때를 삼가라는 것이다. 자기 수양을 강조하는 유교에서 인의(仁義)의 체득 및 실현과 관련된 타인 중심적 정서는 적극 권장되는 반면에 외적 조건이나 상황에 의해 촉발되는 자아 중심적 정서는 적극 억제된다(조긍호 2003: 397). 감정의 통제와 조절은 군자가 언행을 일치시키거나 자기 잘못을 고쳐, 자기 개선을 이루는 근본으로 간주된다(397).

특히 조선조 성리학자들의 사단칠정론(四端七情論) 논의에서 이러한 점이 잘 드러난다. 인간에게는 곤경에 빠진 사람을 불쌍히 여기는 측은지심(惻隱之心), 자기와 남의 옳지 않음을 부끄러워하는 수오지심(羞惡之心), 남에게 양보하는 마음인 사양지심(辭讓之心), 그리고 옳고 그름을 가리려는 마음인 시비지심(是非之心)의 사단(四端)이 있는데, 그러한 사단은 성(性)으로부터 발로되어 "선하기만 한 것"이다(412). 반면에 희(喜), 노(怒), 애(哀), 구(懼), 애(愛), 오(惡), 욕(欲)의 칠정(七情)은 "선악이 정하여지지 않은 것이거나, 본래는 선하지만 악으로 흐르기 쉬운 것"이라고 퇴계는 이해했다(415). 조선조 성리학에서는 이처럼 인간의 정서를 인간관계에서 타인의 심정 속성을 대상으로 하여 느끼는 선한 정서인 사단(四端)과 사물이나 타인의 물리적 존재를 대상으로 하여 느끼는 선악 미정인, 그러나 악으로 흐를 가능성이 높은 칠정(七情)으로 나누어서 이해하는 전통이 수립되었다(417).

이처럼 성리학은 이기적인 욕구에 물든 마음인 인심(人心)을 버리고, 천리를 간직한 마음인 도심(道心)을 지향해 나아가는 것을 사람의 도리로 본다(417). 다시 말해서 사단을 중심으로 하는 타인 및 규범 중심적 정서의 권장과 칠정(七情)을 중심으로 하는 자기중심적 정서의 억제는 유학적 수신(修身)의 핵심 과정이다(420). 이 때 사람의 욕심을 버리고 천리를 보존하는 방법으로 제시되는 것이 경(敬) 상태에 머무르는 거경(居敬)의 원리이다(417).

정이천(程伊川)은 경(敬)을 가리켜 마음을 한 군데에 집중하고 다른 데에 마음을 쓰지 않는 주일무적(主一無適)이라고 보았다(418). 율곡은 경(敬)이란 글자의 뜻은 "오로지 두려워하는 것에 가장 가깝다"고 보고, 두려워하고 삼가는 일인 외경(畏敬)을 거경의 또 한 가지 방법으로 제시한다(467). 이러한 거경(居敬)을 통하여 인간의 삶에서 칠정(七情)의 작용을 억제하여, 선한 방향으로 이끌어가고자 했으며, 인간관계에서 언제나 칠정(七情)보다는 사단(四端)이 발로되도록 하는 것을 중요시 했다(319). 이처럼 경(敬)에 의해 생물적, 이기적 욕구를 제어할 수 있다고 보고, 이러한 욕구통제의 기능을 통해 온갖 사악함을 다 이기고 나아가서 자기개선을 이루고자 한 것이 유교 수양론이다(469-70).

특히 사회질서의 조화를 추구하는 유교에서 자기 자신을 철저하게 억제하고 은폐하는 경향이 강하게 나타난다. 가능하면 자기를 들어내지 않고 억제하기를 권장한다(499). 질서와 조화를 유지하기 위하여 자기의 개인적 욕구나 정서 상태를 억제하고, 가능한 한 자기표현을 삼가며, 모든 일의 책임을 자기에게서 찾는 자세가 요구된다(369).

이처럼 유교에서는 자기 속에 있는 부정적인 경향들을 통제하면서 자기 속에 있는 긍정적인 측면인 도심(道心)을 개발해 나아가고자 한다. 반면에 성경은 자기 스스로 자기를 통제할 수 있는 가능성을 부인하고 자아를 부인할 것을 강조한다. 바울은 육신적 존재가 율법을 스스로 이룰 수 있는 가능성을 부인한다. "율법이 육신으로 말미암아 연약하여 할 수 없는 그것을 하나님은 하시나니"(롬 8:3). 율법의 요구를 이루는 길은 "육신을 따르지 않고 그 영을 따라 행하는" 길이다(8:4).

예수 그리스도를 믿음으로 우리 속에 주어진 성령(聖靈)을 따라 행할 때에 비로소 하나님의 뜻인 율법의 요구를 이룰 수 있다는 것이다(갈 5:16). 이처럼 성령을 좇아 살아가려면 자기 자신에 대한 강한 부정이 요구된다. 바울은 자기 자신이 십자가에 못 박혔다고 고백한다. "내가 그리스도와 함께 십자가에 못 박혔나니 그런즉 이제는 내가 사는 것이 아니요 오직 내 안에 그리스도께서 사는 것이라"(갈 2:20). 그리스도인들이 육체의 소욕과 성령의 소욕이 충돌하는 가운데 성령의 소욕을 좇아 살기 위해서는 자아를 강하게 부인하는 것이 필요함을 바울은 끊임없이 상기시킨다. "그리스도 예수의 사람들은 육체와 함께 그 정욕과 탐심을 십자가에 못 박았느니라"(갈 5:24).

그리스도인의 영이 일단 중생하면 계속 자라게 된다. 영이 성장하는 과정에서 자아 부정은 가장 어려운 과정이다(송인설 2003: 66). 자아 부정은 중생한 영으로 옛 사람의 본성인 자아를 부정하는 것을 의미한다(66-67). 송인설에 의하면 자아는 자기의식이요, 자기 정체성이며 자기 의지이다(67). 자아는 인격의 성장에서 아주 본질적인 것이고 독립적 인격이 되는 과정에서 꼭 필요한 것이다(67). 이처럼 자아 그 자체는 선한 것이지만 중생한 영이 성장하는 과정에서 자아는 영에게 대적하는 존재가 될 수 있다(68). 그것은 새로 중생한 영이 하나님의 뜻을 따르려고 할 때마다 이미 형성되어 있던 옛 자아가 방해하기 때문이다(68). 그리스도인은 예수 그리스도를 믿을 때 그분과 함께 십자가에 못 박히면서 동시에 부활하는 경험을 하는데, 그것은 육적 자아가 죽고 영이 산다는 것이다(70). 그러므로 영이 자라나는 과정에서 옛 자아가 다시금 고개를 내밀 때마다 자아의 죽음을 선포해야 한다(71). "무릇 그리스도 예수와 합하여 세례를 받은 우리는 그의 죽으심과 합하여 세례를 받은 줄을 알지 못하느냐"(롬 6:3). 이처럼 자아 부정은 세례시에만 일회적으로 행해지는 것이 아니라, 그리스도인의 새로운 습성으로 자리 잡혀야 한다. "이와 같이 너희도 너희 자신을 죄에 대하여는 죽은 자요 그리스도 예수 안에서 하나님께 대하여는 살아있는 자로 여길지어다"(롬 6:11).

또한 자아 부정을 위해서는 기도로 자아의 의지를 꺾어야 하는데, 기도 중에 영의 의지를 강화하고 자아의 의지를 꺾는 과정이 계속 진행되기 때문이다(72). 우리 영이 스스로 자아를 부정하지 못한다면 하나님이 직접 우리 자아를 꺾을 수밖에 없는데 그러한 과정이 고난으로 나타난다. 우리가 자아와 동일시하는 세상적인 것을 무너뜨리는데, 때로는 돈을 가져가시고 높은 지위에서 내려오게도 하시고, 가족을 흔드시고, 실패를 주시기도 함으로써 자아를 무너뜨리신다(72). 영이 자아를 부정하면 그 결과로 옛 자아는 물러가고 영 중심의 새 자아가 나타나게 된다(73). '새로운 피조물'(고전 5:17)로서 새 자아의 의식이 형성된다(73). 이제는 육신 중심적이던 옛 자아 대신 영 중심적인 새 자아가 인격의 중심을 차지하게 되어 하나님의 말씀에 순종함으로 열매 맺는 삶으로 나아가게 된다(74).

그리스도인의 삶은 단순히 자기를 통제하며 이상적인 자아를 실현하기보다는 자기 자신에 대한 과격한 부정을 통하여 하나님의 뜻을 전적으로 따르는 새로운 자아를 형성하는 과정이라고 할 수 있다.

5) 신화적 차원: 요순시대 vs 하나님 나라

유교의 이상향은 과거에 있다. 과거에 있었던 요(堯)나라와 순(舜)나라, 주(周)나라를 동경하고 그 나라들을 모델로 삼는다. 요순시대를 이상시대로 삼는 것은 춘추시대의 혼란상을 겪으면서 그 혼란을 잠재우고 질서를 되찾고자 요순시대를 모델로 설정한데 기인한다(윤이흠 외 2001: 71). 그런데 과거의 황금시대를 유교적 이상시대로 인지하여 현재와 미래의 모델로 세우는데 결정적으로 기여한 자들은 특히 송, 명대에 등장한 신유학자들이다(Ching 1993: 246).

주희는 "태고(太古)는 하늘의 원리에 의해서 다스려지던 시대였으며 하늘이 부여한 인, 의, 예, 지의 덕에 따라서 요와 순 같은 성왕의 다스림 아래서 살고 있었다"고 기술하였다 (246). 그런데 그러한 과거 황금시대는 인간의 욕망(人慾)에 의해 지배되는 다른 시대로 넘어가게 되고 불행한 시대가 왔다는 것이다(246). 주희는 과거의 황금시대로 돌이킬 수 있는 관건은 "도덕의 함양과 군주의 신중한 선출에 있다"고 보았다(246). 이처럼 과거 황금시대를 모델로 하여 이상 사회를 회복할 수 있다고 생각하는 것은 '순환적' 시간 개념에 해당된다. 이러한 시간 개념은 기독교의 '직선적'인 시간 개념과 대조된다(247).

성경에는 하나님의 나라, 메시아 왕국이 이상향으로 그려진다. 구약 시대로부터 선지자들은 하나님의 통치가 충만하게 경험될―이스라엘뿐만 아니라 온 세계에 의해―날을 소망해 왔다(Ladd 1985: 64). 그러한 하나님의 나라는 메시아 되시는 예수 그리스도께서 오심으로 이 땅 위에 본격적으로 세워지게 된다. 예수님께서는 말씀으로 하나님 나라의 도래를 선포하심과 더불어 각종 비유로써 그 나라가 어떠한 나라인지 설명해 주셨다(김세윤 2003: 52-58). 그리고 치유와 이적을 행하심으로 그 나라의 구원을 시위(demonstration)하시고 그 나라의 구원을 현재화(actualization)시키셨다(77). 그분께서 십자가상에 달려 돌아가심도 그 나라의 백성을 만드시기 위한 '새 언약'의 제사로서의 죽음이셨다 (132-33).

이제 그 나라의 백성이 된 자들은 하나님의 통치의 축복을 맛보게 된다. 그렇지만 그 나라의 완성은 주님께서 다시 오실 때에 이루어질 것이다. 오늘날에도 그리스도인들은 "나라이 임하옵시며"라고 기도하는 가운데 자신이 처한 가정, 직장, 나라, 세계 속에서 하나님의 나라가 임하도록 헌신해야 한다. 그러나 잊지 말아야 할 것은 그 하나님의 나라는 인간의 노력에 의해서 쟁취하는 것이 아니라 하나님이 은혜로 주시는 것이라는 점이다(김세윤 2000: 126-27). 성경은 하나님 나라의 초월성과 은혜성을 강조한다(127).

그렇다고 해서 그리스도의 통치와는 대조되는 현실에 그대로 순응하는 것이 그리스도인의 바른 자세는 아니다. 그리스도께서 온 우주의 주 되심을 믿는다면 그분의 통치가 이 땅 위에 이루어지도록 기도하며 헌신하는 것이 마땅하다. 주어진 현실이 도저히 변화될 수 없다고 인간적으로 판단되는 상황에서도, 체념하고 그 체제에 그대로 순응하는 것은 바른 자세가 아니다. 오히려 낙심하지 아니하고 기도하면서 하나님께서 그 기도에 응답해 주실 것을 기대하며 나아가야 한다(눅 18:1-8)(Wells 1999: 95). 하나님께서는 그들의 간절한 기도에 응답해 주실 것이다(96). "하나님께서 그 밤낮 부르짖는 택하신 자들의 원한을 풀어 주지 아니하시겠느냐"(눅 18:7).

6) 사회적 차원

유교와 복음은 사회적 차원에서 크게 대조된다. 가장 극명하

게 대조되는 것은 유교의 위계서열적 권위주의와 성경이 말하는
종의 리더십이다. 그리고 유교 사회 일각에서 표출되는 연고위주
의 집합주의와 성경이 그리고 있는 세상을 향한 개방형 공동체가
대조될 수 있다.

① 위계서열적 권위주의 vs 종의 리더십

유교가 한국문화에 가장 크게 영향을 미친 것이 가족과 마을
문화이다. 유교의 영향력은 일반 가족과 마을뿐만 아니라 그리스
도인 가족과 교회 공동체 속에도 깊숙이 침투해 있다고 판단된다.
이러한 점들을 분별하고 복음적 관점과 구분하는 일은 복음적인
가족 문화와 공동체 문화를 형성해야 하는 과제에 비추어 볼 때
매우 중요한 일이다.

유교가 가족 문화에 미친 영향 가운데 가장 두드러진 것은 가
부장적 권위주의를 양산한 점이다. 막대한 권한을 소유한 가장은
가족원들의 의사를 묻지 않고 중요한 결정을 내리는 거의 독재에
가까운 권위와 권한을 행사하였다(이광규 1994: 19). 이처럼 가
부장적 권위주의 하의 가족 내에서는 형제간에, 부모 자식 간에
대화와 토론의 문화가 발달할 수 없었다(권문상 2006: 67). 특히
맹자는 효와 함께 제(悌)를 같이 강조해 장유유서로 확장시킴으로
써 동생은 형에게 공손해야 한다는 덕목이 곧 이웃과 인간관계를
규정하는 원리로 작용하게 되었다(135). 나이가 적은 사람은 먼저
태어난 사람에게 무조건 공손해야 한다는 것이었다(135). 생전 처
음 보는 사람 사이라도 서로 나이가 확인되면 나이가 적은 사람은
말투와 행동을 고쳐야 했고 마치 자신의 친형에게 하듯이 고개를
숙인다든지, 경어를 쓴다든지 해야 했던 것이다(135).

우리 문화는 이러한 상하의 구분을 매우 강조한다. 특히 우리
말의 존댓말, 존칭, 반말 사용에 관한 까다로운 규정이 이러한 점
을 뚜렷이 보여 준다. 유교적 세계관은 도덕적, 규범적으로 위계서

열에 입각한 질서관을 바탕으로 한다(김경동 1993: 138). 장유
유서뿐만 아니라 남녀 성별에 입각한 부부유별(夫婦有別), 임금과
신하의 관계를 논하는 군신유의(君臣有義) 모두 그러한 질서관에
근거하여 위계서열을 세우는 의미가 크다. 이러한 위계서열적 조
직원리를 성격상 권위주의적이라 규정하게 된다.[64] 권위란 제도화
의 과정에서 정당성을 인정받는 힘의 관계를 일컫는데 그러한 관
계가 지배적인 조직원리를 권위주의라고 한다 (139). 권위주의는
대체로 다음의 특징을 갖는다.

> 권위의 관계는 권위를 더 많이 부여받은 지위에 대한 존중심이 두
> 드러지고, 그러한 지위에 있는 이의 명령은 복종하도록 되어 있다.
> 권위주의는 그러한 힘의 집중이 현저하고, 그처럼 힘을 집중적으로
> 갖는 지위에 대한 지향이 매우 강한 심성과 그것이 작용하는 조직원
> 리를 말한다. 따라서 일방적인 힘의 작용이 특징이 된다. 명령과 복
> 종이 무조건적으로 되기 쉽고, 의사결정 과정에서는 힘을 집중적으
> 로 가진 소수가 결정행사를 좌우하게 된다. 다수의 저변층이나 일
> 반성원이 결정행사에 참여할 기회는 제한되어 있고, 이들의 의사나
> 고충을 반영하는 방법과 통로도 상층의 권위적 위치에 있는 이들에
> 의하여 좌우된다(139).

위의 묘사는 유교가 지배했던 한국 전통사회의 모습을 아주
잘 반영한다. 한국의 전통사회는 권위의 불평등 배분을 당연시
하는 위계서열의 질서가 지배하는 사회조직원리를 가진 사회였다
(139). 이러한 위계서열적 권위주의는 유교가 지도이념이었던 조
선조 이래 오늘에 이르기까지 끊임없이 한국사회를 조직하고 질서

---

64) 여기서 조직원리라 함은 한국 사람들이 일상적인 삶에서 구체적으로 드러내는 상
호작용과 인간관계와 집단구성을 좌우해 주는 지침으로 작용하면서 우리 사회의 문화
구조와 사회구성체의 기본 요소로 그 속에 담겨 있는 것이란 뜻으로 사용된다 (김경동
1993: 136, 138-39).

지우며 지탱하는 원리로 내려오고 있다(139).

문제는 이러한 유교문화가 한국교회 안에 들어와 내재화되었고 교회가 갈등을 겪을 때마다 성경적인 공동체 사상은 온데간데 없이 사라지고 폐쇄적 가족주의와 장유유서라는 서열 문화가 고개를 쳐드는 것이다(권문상 2006: 67). 성경적 가치체계에서 교회란 영적으로 성숙한 사람이 미성숙한 사람을 섬기는 곳이지, 단지 나이 어린 사람이 나이 많은 사람을 섬겨야 하는 곳은 아니다(안점식 2008: 175). 그럼에도 불구하고 한국교회의 현실은 섬김의 리더십보다는 권위주의적 지도 체제에 익숙하다(권문상 2006: 228).

예수님의 말씀은 종의 리더십(servant leadership)을 분명히 제시한다. "이방인의 집권자들이 그들을 임의로 주관하고 그 고관들이 그들에게 권세를 부리는 줄을 너희가 알거니와, 너희 중에는 그렇지 않을지니 너희 중에 누구든지 크고자 하는 자는 너희를 섬기는 자가 되고 너희 중에 누구든지 으뜸이 되고자 하는 자는 모든 사람의 종이 되어야 하리라"(막 10:42-44). 예수님께서는 그러한 섬김의 지도자의 대표적인 사례이다. "인자가 온 것은 섬김을 받으려 함이 아니라 도리어 섬기려 하고 자기 목숨을 많은 사람의 대속물로 주려 함이니라"(막 10:45).

② 연고위주의 집합주의 vs 세상을 향해 개방된 공동체

전통적으로 한국은 혈연으로 이어진 가족에 최우선적인 가치를 부여했다. 개인보다 가족이 더 우위에 위치한다는 사고를 바탕으로 가족을 위해서 개인은 얼마든지 희생할 수 있었다. 이러한 사고는 지나치게 자기 가족만을 우선시하는 가족주의 가치를 낳게 되었다(이광규 1998: 194).

가족을 확대한 것이 친족이다. 전통사회에서 친족은 제사공동체로 기능을 수행하면서 더욱 긴밀한 관계를 유지, 발전해 왔다.

전통사회의 개인은 친족의 구성원으로서 또는 마을의 일원으로서의 자아정체성을 갖게 된다. 이처럼 개인이 특정 집합체의 일원이라는 소속감을 바탕으로 자아정체성을 갖게 되는 성향을 집합주의라고 부른다(김경동 1993: 140-41). 그런 사회에서 개인은 집합체 속에 자아를 몰입시킬 때 더 강한 자아정체성을 갖게 된다(141). 집합주의는 개인을 평가함에 있어서 개인의 특성보다는 그가 가진 연고나 그가 소속한 집합체와의 특수한 관계를 중시하는 성향이 강하다(141).

우리 전통사회에서는 다양한 집합체 중에서 가족과 문중, 그리고 친족 같은 혈연적 집합체가 중심을 이루었다(141). 이러한 집합주의는 직접 혈연적인 관계가 없는 이들과의 관계마저 일차적으로는 혈연적인 연고로 환원시킴으로써 내 집단(또는 우리 집단)을 형성하고자 하는 성향이 있다.[65] 그러한 내 집단 의식은 혈연이 아니면 다른 연고라도 찾아서 우리 집단으로 병합시키고자 하는 의식으로 표출된다. 그리하여 같은 지역 출신의 지연, 같은 학교 출신의 학연, 같은 우두머리를 좇는 파벌 같은 것을 중심으로 새로운 집합주의를 이루게 된다(141).

이처럼 혈연, 지연, 학연, 파벌 등의 연고를 위주로 형성되는 집합주의는 많은 부작용을 낳게 된다. 내 집단에 속한 자들에 대해서는 잘 대해 주지만, 내 집단이 아닌 자들에 대해서는 적을 대하듯이 냉대한다. 심지어 교회 안에서 이러한 연고위주의 집합주의가 슬그머니 자리를 잡게 되고, 새롭게 교회의 일원이 되고자 하는 사람들로 하여금 도무지 교회의 일원으로 소속감을 갖지 못하게 하기도 한다. 그러한 교회는 전도의 문이 막히고 교회 내의 몇 가족 혹은 몇 명의 우두머리를 중심으로 형성된 파벌이 헤게모니를 장악하게 된다. 교회는 스스로 자체 내에 스며든 연고위주의 집

---

65) 친구의 어머니도 어머니, 형의 친구도 형 등이 되며, 생판 낯선 이도 아저씨, 아주머니가 되는 것도 그러한 사례가 된다 (김경동 1993: 141).

합주의를 극복해야 한다. 그리고 공동체성이 약화되어 가는 현 사회 속에 진정한 공동체성을 보여 주어야 한다. 그러려면 먼저 폐쇄된 집단을 개방된 공동체로 바꾸는 일을 내부에서부터 실천해 나가는 것이 급선무이다(권문상 2006: 199).

성경에서는 나그네와 행인을 잘 대접하고(딤전 3:2), 손 대접하기를 힘쓰라(롬 12:13)고 권면한다. 또한 하나님은 모든 사람이 구원을 받기를 원하신다(딤전 2:4). 개교회주의도 일종의 연고위주의 집합주의로 볼 수 있다. "개교회주의란 한 교회의 영향력이나 사역과 성장을 그리스도 교회 전체의 영향력이나 사역과 성장보다 더 중요시하고, 같은 그리스도를 전하고 섬기는 다른 교회와 경쟁적인 관계에 서는 경향을 뜻한다"(손봉호 1995: 87; 재인용 권문상 2006: 306). '하나의' 교회를 세우는 데 관심을 갖기보다는 '자기의' 교회만 중시하는 것이다(권문상 2006: 306). 이는 결국 다른 교회를 협력의 대상으로 삼기보다는 경쟁의 대상으로 여겨 교회 연합에 무관심하게 만드는 것이다(306).

개교회주의를 탈피하지 못할 때, 하나님 나라를 보는 더 큰 그림을 놓치게 되고 하나님 나라가 이 땅에 이루어지도록 교회들이 힘을 합하기 어렵게 될 것이다. 그리스도의 몸된 교회가 그리스도 안에서 하나 되고 교회 밖의 사람들에 대해서도 하나님의 마음으로 다가가서 섬길 때, 그리스도의 몸이 확장될 것이다. 그러한 공동체는 폐쇄된 집단이 아니라 교회 밖의 세상을 향하여 개방된 공동체가 될 것이다.

4. 근대 계몽주의 vs 복음

근대 계몽주의와 복음의 대조점은 다음과 같다 (표 5-4).

	근대 계몽주의	복음
교리적 차원	과학주의	하나님 중심주의
	계몽 프로젝트	구속 프로젝트
윤리적 차원	자율적 윤리	계시적 윤리
	결과 중시 사고	과정 중시 사고
	출세위주 교육	잠재력 개발 교육
경험적 차원	자연법칙	하나님의 섭리
신화적 차원	진화	창조
	역사적 진보	하나님의 구속사
사회적 차원	사실과 가치의 이원론	사실과 가치의 통합

표 5-4. 근대 계몽주의 vs 복음

1) 교리적 차원

교리적 차원의 대조점은 과학주의 vs 하나님 중심주의, 그리고 계몽 프로젝트 vs 구속 프로젝트를 들 수 있다.

① 과학주의 vs 하나님 중심주의

근대의 사조는 계몽주의에서 비롯되었다. 계몽주의는 이성을 무한히 신뢰하고 인간 스스로의 힘으로 이룩한 문명(civilization)을 바탕으로 이 땅에 유토피아를 이룰 수 있다고 믿었다는 점에서 낙관론적 인간 이해를 그 특징으로 지닌다. 하지만 계몽 프로젝트가 실패로 끝나면서 이러한 장밋빛 환상은 여지없이 무너지게 되었다. 그렇지만 아직도 많은 사람들이 인간의 노력을 신뢰하고 자신의 힘을 믿고 살아가는 것을 보게 된다. 심지어 교인들 가운데에도 근대 계몽주의적 사고의 틀을 벗어나지 못하고 하나님에 대한 의존과 성령의 능력으로 사역하기보다는 과학과 교육 시스템 등을 보다 의존하며 사역하는 경우를 보게 된다.

계몽주의는 스스로 과학과 기술을 신뢰하고 그것들을 통하여 인간들의 문제들을 해결할 수 있다고 보았지만 오히려 과학과 기술은 인간의 통제를 벗어나는 핵무기를 생산하고, 환경 공해를 유발하고 빈곤과 양극화 문제를 더욱 심화시키는 등 원치 않는 결과를 초래했다. 과학으로 모든 문제를 다 해결할 수 있다는 것을 '과학주의'라고 말할 수 있다. 이제는 '과학주의'에서 돌이켜 복음의 하나님께로 다시 나아가야 할 것이다. 과학을 하나님의 자리까지 올려놓는 것은 과학을 우상시하는 행위이다. 인간은 지금 그 대가를 치루고 있다. 성경은 하나님만이 참으로 의뢰하고 신뢰할 대상이란 점을 분명히 말한다. 하나님으로 하나님 되게 하고 과학이 도구로서 본래 놓여야 할 곳에 놓이게 될 때 하나님으로부터 오는 진정한 하나님의 나라가 이 땅에 임하게 될 것이다.

② 계몽 프로젝트 vs 구속 프로젝트

김세윤은 인간의 제한된 자원 때문에 악과 고난이 발생하는데 제한된 자원을 가진 인간 스스로 악과 고난의 문제를 해결할 수 있다고 생각한다면 그것은 논리적인 모순이라고 주장한다(김세윤 1981: 21). 그는 우리가 자신을 구원할 수 있는 힘이 있다면 애초에 구원받아야 할 이유가 발생하지 않았을 것이며, 인간이 스스로를 구원할 수 있다고 생각하는 것은 모순이고 환상이라고 한다(21).

그런데 근대 계몽주의는 인간이 스스로의 문제를 해결할 수 있다는 낙관론에 근거하여 유토피아를 건설하려는 실험을 감행하였다. 계몽 프로젝트는 사람들에게 큰 그림을 볼 수 있게 해 주었지만 결론은 그러한 큰 그림이 잘못되었다는 것이다. 특히 제1,2차 세계대전을 비롯해서 인종 청소와 민족 간의 분규, 종교와 이데올로기로 인한 대립 등을 경험하면서, 제한된 인간의 자원만으로 인간의 근본 문제인 악과 고난을 해결할 수 없음을 분명히 깨닫게 되었다(22).

이처럼 인간의 제한된 자원으로 인해 발생하는 악과 고난의 문제는 인간의 내재되어 있는 힘으로 해결할 수 없고 인간 밖에 있고 우주 밖에 있는 하나님으로부터만 해결될 수 있는 것이다(23). 김세윤에 의하면 우리 밖의 무한한 힘을 가진 초월자로부터, 우리를 위해서 구원의 힘이 왔을 때만 진정한 구원이 이루어질 수 있다(23). 그런데 복음은 그처럼 무한한 능력으로 세상을 창조하신 초월자 하나님께서 제한된 자원 속에서 죽어가는 인간들을 위해서 놀라운 구원의 역사를 이루셨다는 것이다(24).

이처럼 하나님께서 예수를 높이시고, 예수께서 약속하신 성령을 아버지께 받아서 초대교회의 제자 공동체에게 부어주셨다(행 2:33). 약속하신 성령의 부으심을 받은 그들을 통해서 복음이 예루살렘과 온 유대와 사마리아와 땅 끝까지 전파되었다(행 1:8). 제자들의 무리가 그처럼 쓰임 받게 된 것은 그들 자신의 힘이 아니라 오직 성령께서 임하셨기 때문에 가능한 일이었다. 그 동일한 성령이 오늘날에도 신자들에게 부어져서 그들로 하여금 증인의 역사를 감당하게 하심으로 복음이 계속 퍼져 나가고 있다. 이처럼 구속 프로젝트를 세우시고 실현하시는 삼위 일체 하나님의 역사로 말미암아 복음은 계속 확산되고 있으며 하나님의 나라는 점점 확장되고 있다. 결국 예수 그리스도께서 다시 오시는 그날 구속 프로젝트는 완성될 것이다.

2) 윤리적 차원

윤리적 차원에서 대조되는 점은 먼저 자율적 윤리와 계시적 윤리이다. 결과를 중시하는 계몽주의 관점은 과정을 중시하는 성경적 관점과 대조된다. 또한 오늘날 팽배한 출세위주의 교육은 잠재력 개발 위주의 성경적 교육관과 대조된다.

① 자율적 윤리 vs 계시적 윤리

근대 계몽주의 세계관의 윤리는 한마디로 자율적 윤리이다. 그 어떤 타율적인 권위도 인정하지 않는 가운데, 자명한 이성의 빛 안에서 자율적으로 수립되는 윤리를 추구한다.

대표적인 계몽주의 사상가인 칸트에 의하면 첫째로 도덕적인 존재가 원하는 것이 옳은 것이기 위해서는 보편적인 법칙, 즉 모든 사람이 따를 수 있는 법칙이 되어야만 하고, 둘째, 다른 사람들을 단순히 수단으로만 여겨서는 안 되며 항상 목적으로 취급해야만 한다(Smart 1986: 165). 칸트는 옳고 그른 것의 기준인 지상명령(categorical imperative)은 절대적이며 무조건적으로 적용된다고 보았다(165). 이러한 지상명령은 외부에서 인간에게 부과되는 것이 아니며, 인간이 스스로 도덕법칙을 인식하고 적용할 수 있다고 보았다. 이처럼 인간은 이성에 의해서 옳고 그른 것을 확립할 수 있으며 도덕은 도덕적 입법자인 각 개인으로부터 생긴다고 이해했다. 하지만 칸트는 이 세상에서 올바르게 사는 사람이 거기에 합당한 행복을 얻지 못할 수도 있으므로 도덕 법칙은 신과 내세, 그리고 불멸을 요청한다고 보았다(166-67).

그러나 많은 계몽주의 사상가들은 칸트의 이론이 신을 추론하는 등 많은 한계점과 모순을 갖고 있다고 보았다(167-68). 그래서 그러한 어려움을 극복하고자 나온 것이 결과를 보고 옳고 그른 것을 판단하는 공리주의(utilitarianism)이다. 공리주의에 의하면 하나의 법칙이나 제도, 또는 행위에 대한 도덕적인 판단 기준은 그것이 최대 다수의 최대 행복, 또는 최대 소수의 최소 불행을 목적으로 하고 있느냐 하는 것이다(168).

이처럼 계몽주의 세계관에서는 인간의 이성에 근거한 자율적 윤리를 수립하기 위해서 노력하며 어떠한 외부적인 권위도 인정하지 않는다. 반면에 성경은 인간 스스로의 힘으로 윤리를 실천할 수 있다는 가능성에 대해서 부정적이다. 성경은 아담에 의해서 인류가 재난에 빠지게 되었으며 그 결과 아담의 후손인 인간은 돌이킬 수 없을 정도로 타락한 상태에 떨어지게 되었다고 말한다(162). 인간은 스스로의 힘으로 선행을 할 수 없으며 은총을 통해서 하나님의 도움을 받아야만 한다. 기독교는 인간을 자기 자신의 행위로 완성된 단계에 이를 수 없는 존재로 본다. 그/그녀는 오직 그리스도의 권능과 은총에 의해서만 도덕적인 성장을 할 수 있다(162).

하나님의 은혜로 구원을 받고 하나님의 백성이 된 사람들은 하나님의 뜻이 담긴 하나님의 계명을 적극적으로 따라야 한다. 기독교는 초기 유대교 전통의 대부분을 그대로 계승하고 있기는 하지만 그것을 다르게 해석한다(161). 기독교는 십계명과 같이 전래되어온 율법을 상당수 인정하고 있기는 하지만 그리스도 자신을 삶의 새로운 모델로 간주하고 그의 삶, 죽음, 부활을 통해서 하나님과의 새로운 언약이 성립되었다고 주장한다. 기독교인들은 비록 하나님과 이스라엘 사람들 사이의 언약이 하나님의 계시에 의한 것이라는 사실을 인정하고는 있지만 율법을 말 그대로 지켜야 할 필요는 없다고 생각한다(161).

기독교 윤리의 핵심에는 하나님과 이웃을 사랑하라는 아가페 관념이 있다(162). 그리스도는 율법의 정신을 하나님을 사랑하고, 이웃을 사랑하라는 사랑의 이중계명으로 요약해서 정리해 주셨다. 이것은 그리스도인들이 그리스도를 주로 섬기면서 살아갈 때에, 가치판단과 윤리적 결정을 내리는 순간에 중요한 지침이 된다(김세윤 2003: 109, 112-116).

그리스도인들은 그리스도를 주님으로 모시고 그분의 통치에 순종하는 자들이다. 그들이 주님께서 지상계명으로 요약하신 사랑의 이중계명에 순종할 때 그리스도의 제자로서, 하나님의 백성으로서 윤리를 실천하게 되는 것이다.

② 결과 중시 사고 vs 과정 중시 사고

근대화를 추진하는 과정에서 한국사회는 물질적인 면에서의 변화뿐만 아니라 가치관에 있어서도 엄청난 변화를 거치게 되었다. 전통적 가치관이 약화되는 반면 도덕성을 띠지 않는 기술적인 효용이 그 자체로서 하나의 목표인양 추진되는 과정에서 심각한 가치전도 혹은 목적 전치 현상을 초래하였다(김경동 1993: 155). 허약한 도덕적 근거에서 출발한 산업화가 면면히 이어져 온 도의적인 전통을 쉽사리 손상시킬 위험이 컸다(155-56). 전통적으로 도의를 중시했던 사회는 "편법성향의 이면에 깔린 준법정신의 결여, 공중 도의심의 약화, 얌체로 탈바꿈한 염치, 의리 대신에 이기, 예절 대신에 방종, 인애(仁愛) 대신에 타산, 안빈낙도(安貧樂道) 대신에 전시효과(환경파괴를 포함한) 등이 만연한 사회"로 변모한 것이다(156).

이처럼 기술적인 효용과 결과와 업적에만 치중하는 성공주의, 결과주의, 실적주의, 성과지상주의 사고가 만연한 것이 오늘날 우리 사회의 모습이 되어가고 있다. 이러한 성공주의는 물질적 풍요를 추구하는 물질만능사상, 배금사상, 경제제일주의와 맞물려 우리 사회를 '대박'을 추구하는 사회로 몰아가는 경향이 있다. 이처럼 물질적 풍요를 추구하는 과정에서 편법이라도 개의치 않고, 이해득실에 밝은 실리추구형의 인간이 양산되는 것이다.

한국교회는 이러한 산업화 과정에서 어떠한 역할과 기능을 감당했는지 돌이켜 볼 필요가 있다. 산업화라는 엄청난 변동 과정을 거쳐 갈 때 분명한 가치관을 제시해 줌으로써 변화에 따르는 피해와 부작용을 극소화하는 역할을 했는지 아니면 산업화 과정에 무비판적으로 편승하여 성공주의, 성과 지상주의적인 가치관을 조장했는지 심각한 검토와 반성이 필요하다.

성경적 가치관은 결과보다도 과정을 중시한다. "지극히 작은 것에 충성된 자는 큰 것에도 충성되고 지극히 작은 것에 불의한 자는 큰 것에도 불의하니라. 너희가 만일 불의한 재물에도 충성하지 아니하면 누가 참된 것으로 너희에게 맡기겠느냐"(눅 16:10-11)고 주님은 말씀하신다. 성경적 관점에 의하면, 우리에게 주어지는 매 순간 매 기회에 대해서 충성스럽게 감당할 때 하나님께서는 그 사람에게 더 큰 기회를 제공해 주신다. 아주 사소한 부정직도 하나님께서는 결코 용납하지 아니하신다. 아간의 이야기는 바로 그러한 사례이다. 하나님의 백성이 가나안 땅을 정복하는 매우 중요한 시점에서 하나님은 아간이라는 한 사람의 부정직을 그냥 눈감고 넘어가지 않으셨다(수 7:11-12). 결국 악을 제거하는 과정을 거친 후에야 다음 단계로 나아간다. 또한 초대교회가 세워지는 과정에서 아나니아와 삽비라 부부의 사건이 발생하게 되는데 그들이 비록 교회를 위하여 큰돈을 바쳤지만 그 과정에서라도 거짓말을 하는 것은 용납되지 않았다(행 5:1-11).

③ 출세위주 교육 vs 잠재력 개발 교육

산업화 과정을 거치면서 한국사회에서 가장 큰 변화를 일으킨 부분 중의 하나가 교육 부문이다. 산업화를 거치면서 출세를 위해서는 교육을 제대로 받아야 한다는 생각이 자리를 잡게 되면서, 가정마다 앞다투어 교육에 투자하게 되었다. 그리하여 교육이 신분 상승의 도구로 간주되는 현실이 된 것이다. 이러한 부모들의 가치관이 어린아이들에게까지 영향을 미쳐서 어린 시절부터 과부하를 받으며 입시 경쟁에 시달리게 되었다. 어린 나이부터 학원이다, 과외다 떠돌며 온갖 스트레스에 시달리는 것이 요즈음 어린아이들의 모습이다.[66]

이러한 입시위주 교육은 성공주의 가치관과 맞물려서 인격보

---

66) 동네에 나가도 또래 아이들이 다 학원에 가는 바람에 놀 친구가 없는 것이 오늘날 동네의 모습이다. 또한 교회에서 교육 부문 파트타임으로 봉사하는 전도사들의 말에 의하면 초등학교 3학년 이후로는 학원 스케줄로 인해서 여름 수련회 등 교회 학교 프로그램 진행에 어려움이 있다고 한다.

다는 기능만을 갖춘 인간을 양산할 수 있다. 성공과 출세를 위하여 남을 배려할 줄 모르는 출세지향형의 인간들로 가득한 사회를 만들 수 있다. '승자독식'의 사회란 말이 있듯이 사회는 승자와 패자로 나뉘고, 치열한 경쟁의 와중에서 공동체성은 점차 사라져가고 있다.

성경에 의하면 하나님께서는 각 사람을 독특한 존재로, 신묘막측한 존재로 고유한 특성을 갖춘 존재로 창조하셨다(시 139:13-14). 각자에게 주신 은사와 달란트, 성품, 기질이 다르지만, 그것들은 창조주에 의해서 각자에게 공평하게 분배되었다. 자신에게 준 잠재력을 잘 활용하여 극대화하는 것이 행복의 길이고 하나님께서 주신 분복을 누리는 길이다. 자신의 적성에 맞는 일을 찾아서 그 일을 즐겁게 행하는 가운데 일의 대가를 누리는 삶이 진정으로 행복한 삶이다(전 2:24).

전도서 기자의 다음과 같은 고백은 출세 지향적 가치관에 물든 이 시대의 사람들에게 시사하는 바가 크다. "그러므로 나는 사람이 자기 일에 즐거워하는 것보다 더 나은 것이 없음을 보았나니 이는 그것이 그의 몫이기 때문이라"(전 3:22). 자신에게 맞는 일을 찾아서 기쁨으로 감당하다 보면 좋은 성과와 결실도 거둘 수 있을 것이다.

3) 경험적 차원: 자연법칙 vs 하나님의 섭리

근대의 계몽주의적 사고방식이 우리 속에 점점 자리를 잡아가면서 세속적인 차원에서 원인과 결과를 설명하는 체계가 우리 사고 속에 깊은 영향을 미치고 있다. 학교 교육은 이러한 과학주의적 세계관과 사고방식을 퍼뜨리는 데 크게 기여했다. 세계에는 탄성의 법칙, 중력의 법칙과 같은 자연법칙이 존재한다. 하나님 없이도 세상의 모든 이치를 설명할 수 있다고 보는 자연주의적 세계관은 근대를 지배하는 세계관이다. 과학에 의해 밝혀진 세계는 목적에 의해서 통치되는 것이 아니라 원인(cause)과 결과(effect)의 자연 법칙에 의해 움직이는 세계이다(Newbigin 1986: 24). 이러한 세계관에서는 과학과 기술을 활용하는 것이 무엇보다도 중시된다.

근대 과학적 세계관에서는 모든 현상의 원인과 결과를 자연 법칙 내에서 발견함으로서 인간이 직면하는 모든 문제를 해결할 수 있다고 생각하는 반면 성경은 하나님의 목적이 인간이 행하는 모든 것의 지향점이 된다고 본다(67). 목적을 잃어버린 인간은 삶에 주어지는 고난과 재난에 대해서 대처하기 힘들게 된다. 원인과 결과를 추론함으로써 문제를 해결할 수 있다는 사고는 지진, 산불, 홍수, 쓰나미와 같은 천재지변을 겪으면서 그 한계를 노정하게 되었다. 천재지변은 인간이 과학과 기술을 통해서 자연을 통제하며 다스릴 수 있다는 생각이 얼마나 교만한 생각인지를 잘 보여 주었다.

인간이 삶에서 겪는 고난의 문제도 과학적으로 원인과 결과만을 따져서는 그 의미를 헤아릴 수 없고, 오히려 절망에 떨어지게 만든다. 예를 들면, 자동차 사고로 자식을 잃은 어머니에게 술 먹고 운전한 것이 사고의 원인이라고 설명해 주는 것은 아무런 위로도 주지 못한다. 인간이 종교적 인간이 되는 것은 고난이나 재난에 처한 인간이 그 상황을 극복하려면 그 사건의 의미를 발견해야 하기 때문이다. 과학적 세계관이 제공해 주지 못하는 사건의 의미를 종교가 제공해 주기 때문에 사람들은 여전히 종교에 귀의하게 되는 것이다.

근대 과학적 세계관을 다른 말로 세속주의 세계관이라 부르는데, 많은 학자들은 세속주의의 도래와 더불어 종교의 영향력은 쇠퇴할 것으로 보았다. 그러나 오히려 세속주의에도 불구하고 종교들은 더욱 번창해 가고 있는 것이 현실이다(Pocock et al.

2008: 103). 근대 과학적 세계관이 주도하는 세상 속에서도 종교들이 더욱 부흥하고 득세하는 현상은 '근대성'(modernity)이라고 불렸던 것이 인간의 영혼에 충분한 자양분을 공급하지 못한다는 사실을 증명해 준다(Newbigin 1998: 342). 그것은 또한 인간의 영혼은 '왜?'라는 질문에 대해 대답을 주지 못하는 형태의 근대적 합리성(modern rationality)과는 영구적으로 함께 살 수 없다는 사실을 증거해 준다(342). 고난과 재난으로 가득한 현실 가운데서 절망하는 사람들에게 근대 과학적 세계관은 어떠한 소망도 약속도 제공해 주지 못한다.

성경에는 고난과 재난에 처한 사람들과 백성들의 이야기가 나온다. 이스라엘 백성들이 애굽에서 430년간의 노예생활에 떨어졌을 때, 원인과 결과만 헤아렸다면 그 종족은 지구상에서 사라지고 말았을 것이다. 그들에게는 하나님의 약속이 주어졌다. 그들은 그 약속을 붙들고 소망 가운데 애굽의 압제를 견디어 낼 수 있었다. 하나님께서는 그들을 하나님의 백성으로 들어 쓰시고자 하시는 더 큰 목적 가운데 고난을 허락하셨던 것이었다. "세계가 다 내게 속하였나니 너희가 내 말을 잘 듣고 내 언약을 지키면 너희는 모든 민족 중에서 내 소유가 되겠고, 너희가 내게 대하여 제사장 나라가 되며 거룩한 백성이 되리라"(출 19:5-6). 고난 속에서 전 세계를 향한 하나님의 선교적 목적에 참여하기 위한 하나님의 백성이 훈련되고 만들어진 것이다(Kaiser, Jr. 2005: 34-35).

또한 요한복음에 보면 태어날 때부터 시각장애인이 된 사람의 이야기가 나오고 있다. 이 사람이 장애를 갖게 된 이유에 대해서 제자들은 "누구의 죄로 인함이니이까 자기니이까 그의 부모니이까"(요 9:2)라고 질문하였을 때, 예수님의 대답은 그 미래적 목적을 언급하신 것이다. "이 사람이나 그 부모의 죄로 인한 것이 아니라 그에게서 하나님이 하시는 일을 나타내고자 하심이라"(3절).

이처럼 근대적 사고는 자연이라는 닫힌 세계 내에서 과학과 기술로 불행을 극복하고 행복을 산출할 수 있다고 보는 반면 성경은 하나님께서 목적을 갖고 역사를 주도하시므로 그분의 뜻을 헤아리는 것이 불행을 극복하고 행복을 누리는 길이라고 말한다. 근대 과학적 세계관에서 결코 발견할 수 없는 것은 우주가 존재하는 목적이다(Newbigin 2005: 75). 목적은 그것이 실현되기 전까지 그 목적을 만든 자의 정신 안에 감춰져 있기 때문에 그것이 온전히 실현된 때에야 그 결과물을 과학적 방법에 의해 연구할 수 있다(75). 그 목적은 오로지 그 목적을 만든 자가 그것을 계시해 줄 때에만 알 수 있다(75). 우주 전체 이야기의 의미는 그 목적의 소지자이며 우리를 은혜로 부르셔서 그분과 함께 이 목적을 성취하도록 우리를 부르신 그분을 믿을 때에만 알 수 있다(78-79).

하나님께서 인간의 행복을 위하여 에덴동산에 거주하게 하였지만 인간은 하나님의 법을 어기고 선악과를 따먹음으로 불행을 자초하였다. 그리하여 에덴동산에서 쫓겨나게 되었다. 타락한 인류가 그/그녀를 만드신 하나님과의 관계를 회복하지 못한다면 그/그녀는 결코 자신의 삶의 목적을 알지도 못하고 그것을 실현하지도 못할 것이다. 목적도 방향도 모른 채 자기 스스로의 힘으로 뭔가를 이룩하고자 하는 것은 바벨탑을 쌓는 것과 같은 일이다. 그러한 시도는 무위로 끝날 수밖에 없다.

하나님께서는 그러한 인류를 그대로 내버려 두시지 않고 그들의 구원을 계획하시고 그 계획을 실행에 옮기셨다. 아브라함이라는 한 사람을 택하셨지만 그를 통하여 천하 만민을 구원하시고 복 주시려는 의도를 갖고 역사 속에 개입하셨다. 하나님께서 역사하시는 방법은 한 사람을 택하는 것으로 시작되었지만 그 목적은 전 인류를 향한 것이었다. 아브라함은 자신만을 위해 택함 받은 것이 아니라, 모든 사람을 구원하시려는 그분의 구원의 사역의 비밀을 맡은 자로 택함 받은 것이었다(Newbigin 1998: 143). 이러한 것은 아브라함에게 주신 약속의 말씀에 반영되어 있다. "땅의 모

든 족속이 너로 말미암아 복을 얻을 것이라"(창 12:3). 창세기 12
장 3절의 약속은 아브라함의 씨로 오신 예수 그리스도를 통하여
실현되고(갈 4:8-9, 14, 16), 그리스도로 말미암은 구원의 기쁜
소식이 전 세계로 퍼져 나가고 있다. 약속을 주시고 그 약속을 실
현해 나가시는 신실하신 하나님께서 천하 만민을 구원하시려는 목
적을 갖고 역사를 주관해 나가고 계심을 믿을 때 절망스런 현실 속
에서도 소망을 가질 수 있다.

4) 신화와 이야기 차원

신화와 이야기 차원에서 계몽주의 세계관은 복음과 크게 대조
된다. 먼저 세계의 기원과 전개에 대한 기본적인 이해에 있어서 진
화론과 창조론으로 나누인다. 그리고 역사를 보는 시각에 있어서
도 진보사관과 구속사관으로 시각을 달리한다.

① 진화 vs 창조
근대성(modernity)의 핵심에는 진화의 신화가 자리한다
(Hiebert 2008: 201). 계몽주의 이래로 대부분의 역사가들은
더 이상 하나님을 역사의 한 요소로 보지 않게 되었다. 우주는 자
연적인 원인과 결과에 근거해서 설명될 수 있는 닫힌 체제로 간주
된다(202). 진화론은 성경적 거대 담론을 세속적으로 대체시킨
것으로 볼 수 있다(202). 그러한 진화론이 서구 세계관을 형성하
는 데에 큰 영향을 끼쳤다(203).
더니스(William A. Dyrness)에 의하면, "분명히 많은 진
화론자들은 우주가 우연한 기회에 우연스런 과정들을 통하여 생
성되었다고 믿는 자연주의자들이다. 그들은 물질 자체가 진화를
가능케 하는 어떤 자질들을 가지고 있다고 주장한다"(Dyrness
1988: 195). 그런데 관찰이 불가능한 자질이 존재한다는 주장은

과학의 범주를 넘어선 믿음의 행위이다(195). 진화론을 주장하려면 자연주의적 패러다임을 수용해야 하는 데 이러한 자연주의적 패러다임은 검증 불가능한 가설이다(195). 많은 사람들이 진화론을 주장하면 과학에 해당되고 창조론을 주장하면 신앙에 해당된다고 생각한다. 하지만 진화론을 주장하는 것도 과학적으로 검증 불가능한 가설에 입각한 신앙의 행위임을 인정해야 할 것이다. 진화론을 믿느냐 아니면 창조론을 믿느냐 둘 다 신앙의 영역에 속하는 일이다.

성경적 관점은 한 인격적인 창조주가 아무런 물질이 존재하지 않던 가운데서 세계를 창조하셨다고 본다(195). "믿음으로 모든 세계가 하나님의 말씀으로 지어진 줄을 우리가 아나니"(히 11:3). 결국 이 세상의 기원은 영원한 어떤 물질이 우연의 조합을 통하여 시작되었든지, 아니면 인격적이고 영원하신 하나님에 의하여 창조된 것이든지 둘 중의 하나로 귀착될 것이다(195-96). 전자의 관점을 받아들이는 경우, 우리는 인간으로서 이 세상에 존재하는 궁극적 의미나 목적을 찾기 힘들게 된다(195). 반면 하나님에 의하여 창조된 세계를 믿음으로 받아들일 때 그분의 뜻 안에 존재하는 궁극적 의미와 목적을 발견할 수 있다.

복음적 관점에서 볼 때, 하나님은 이 세상을 아름답게 창조하셨지만 그것은 인간들의 불순종으로 인해서 훼파되었다. 하지만 하나님께서는 이 세상을 회복시키고자 계획하시고 역사하신다. 하나님의 구속(redemption) 계획은 인간을 포함한 온 세상 전체를 원래의 모습으로 회복시키는 것이다. 그러한 하나님의 구속의 역사가 현재 진행 중에 있으며 하나님의 백성들은 그러한 하나님의 역사에 동참하는 가운데 주어진 위치에서 청지기로서의 삶의 목적과 의미를 발견할 수 있다.

② 역사적 진보(progress) vs 하나님의 구속사(redemptive history)

　계몽주의적 관점에 의하면, 사회적 악은 죄나 인간의 타고난 무기력(innate disabilities)에 기인하는 것이 아니라, 단지 인간의 무지나 편견에 기인한다(Hiebert 2008: 203). 그러므로 인간의 조건을 향상시키고 유토피아에 도달하는 것은 무지를 깨우치고, 실수를 제거하며 지식을 증가시키기만 하면 가능하다고 보았다. 이러한 진보를 통해서 인간 사회는 계속해서 개선되어 나갈 것으로 본다(203).

　계몽주의에 의하면, 사람들은 죄인들이 아니라 계몽되지 못했을 뿐이다(203). 그들이 계몽만 된다면 그들은 서로 조화를 이루는 가운데 이 지구를 낙원으로 만들 수 있을 것이다. 현대인(modern people)은 '문명화되었으며' 그렇게 된 것은 의심할 나위없이 선한 것이다(203). 반면 '뒤에 처진' 개발되지 못한 사람들도 현대 기술, 공식 교육, 그리고 서구 의료를 소개하는 '개발' 프로그램을 통해서 문명화될 수 있다고 장담한다(203). 이 관점은 '미개인들'을 서구식으로 교육시키고 문명화시켜서 그들로 하여금 근대성(modernity)의 끓는 도가니(melting pot) 속으로 진입시키는 것이 '백인들의 짐'이요 의무라는 생각으로 이끌었다(203). 이러한 동화(assimilation)를 통해서 동질적이고, 전 지구적인 현대 문화를 생성시킬 수 있다는 비전을 제시했다. 이러한 신념은 서구의 식민지배는 '미개인들'의 유익을 위하여 그들을 관리해 주는 것이라는 자기 정당화의 구실로 활용되었다(203).

　이처럼 역사에 대한 직선 사관에 근거한 근대적 사고에 의하면, 자신들은 역사의 종착점에 도달한 것이다(204). 그러한 사고는 모든 전근대적인 지식의 열등함과 근대 지식(modern knowledge)의 우월성을 가정하며, 어떠한 전통적 지식보다도 과학적 지식(scientific knowledge)이 우월하다고 본다(204).

　진보의 개념과 긴밀하게 연관된 것은 '개발'(development)

의 개념이다(205). 개발은 점진적 향상과 경쟁을 통한 변화와 가장 강하고, 현명하며, 최적으로 적응하는 자의 성공을 가정한다. 여기에서 경쟁을 선호하는 가치는 진보, 자율적 개인주의, 이성에 대한 믿음, 그리고 인간의 본래적 선함이란 계몽주의의 가정에 근거하고 있다(205). 서구는 '개발'의 척도가 되며 적당한 돈, 시간, 그리고 서구의 전문기술(expertise)이 투여된다면 나머지 세계는 서구 세계의 현재 모습으로 '개발'될 수 있다는 확신을 갖고 많은 '개발' 프로젝트가 수행되었다(205). 하지만 그러한 개발 프로젝트가 소정의 결과를 산출하지 못하고 많은 후진국들이 빈곤을 벗어나지 못하고 있는 것이 오늘날 세계의 현실이다. 오히려 부의 편중이 더욱 심화되는 현실이 목도되면서 근대적 '개발' 프로젝트들이 근거했던 가정과 전제들을 다시금 재검토하는 것이 필요한 상황이 되었다.

더욱 위험한 것은 이러한 진보의 신화의 근저에는 목적만 정당하다면 폭력의 사용도 가능하다는 사고가 놓여 있다는 것이다(205). 다윈은 적자생존을 논하며 그것은 진보를 초래한다고 보았다(205). 그러나 지나친 경쟁은 전쟁과 폭력을 포함하며 그 결과는 힘이 강한 자들에 의해 힘이 약한 자들이 억압받고 착취되는 현실이다(205).

역사적 진보에 대한 계몽주의적 관점과는 대조적으로 성경은 하나님의 구속사를 보여 준다. 하나님께서는 자신이 만든 세상이 인간들의 범죄함으로 타락한 상태로 전락한 것을 그대로 방치하지 않으시고 구속 프로그램(redemptive program)을 계획하시고 실행에 옮기셨다. 그리하여 다시금 창조의 세계를 회복시키고자 하신다. 세속 역사 속에는 이러한 하나님의 구속사가 진행되고 있다. 구속사는 아주 작은 일에서부터 시작된다. 아브라함 한 사람을 부르시는 데에서 구속사는 시작한다. 이스라엘 민족을 구원하시고 하나님의 백성으로 삼으신 것도 그러한 구속사의 진행 과정에 속한다. 하나님의 약속대로 예수 그리스도를 이 땅에 보내시고 십자가에 죽으시기까지 내어 주신 것은 구속사의 절정에 해당된다. 그분을 부활시키시고 하나님 보좌 우편에 등극시키심으로 그리스도는 이제 하나님 보좌 우편에서 통치하고 계신다. 그리스도께서 재림하시기까지 하나님은 자신의 계획을 정확하게 실행하실 것이다.

하나님의 구속사에서 하나님의 교회가 차지하는 위치는 매우 중요하다. 그들은 하나님의 구속받은 백성으로서 이 땅에서 하나님의 하시는 일에 동참하며 하나님 나라의 징표(sign)가 되며 하나님 나라가 이 땅 위에 확장되는 데 도구로 쓰임 받는다. 하나님을 사랑하며 이웃을 사랑하고 섬기는 가운데 하나님과 세상이 화해하도록 화해의 사신으로서 역할을 수행하는 것이 교회에 주어진 사명이다.

5) 사회적 차원: 사실과 가치의 구분 vs 사실과 가치의 통합

18세기 이래로 계몽운동이 서구에서 영향력을 발휘함에 따라 기독교는 이러한 흐름에 대처하지 않을 수 없었다. 로마 가톨릭이 계몽운동에 대해서 방어벽을 친 반면, 개신교 교회는 대체로 계몽운동의 가정에 의해 공적 영역이 지배되는 것을 수락하고 개인적 영역으로 후퇴함으로 계몽운동과 공존하는 형태를 취했다(Newbigin 1987: 34). 신념, 의견, 가치로 구성된 사적인 세계와 사실들(facts)이라고 부르는 것들로 형성된 공적인 세계 사이의 이분법은 현대 서구 문화에 근본적인 구분이다(Newbigin 1986: 15). 삶의 스타일에 구현된 가치 체계들은 개인적 선택 사항인 반면, 공적 세계는 그것에 대해 모든 사람이 동의할 것이 기대되거나 혹은 설득될 수 있는 사실의 세계이다(17). 사실로부터 가치의 분리는 공적인 삶으로부터 사적인 삶이 분리되는 것과 연관되는데 그것이 현대 서구 문화의 특징이 되었다(19).

그리하여 대부분의 사람들에게 기독교 신앙은 공적인 정치, 경제 세계와는 전적으로 구분되는 개인적, 가정적 문제가 되었다(Newbigin 1987: 34). 성서는 더 이상 세계 역사를 이해하는 틀을 제공해 주지 못하고, 그 자리를 계몽주의에게 넘겨 주었다(34). 서구 교회는 공적 생활이 지배하는 문화 속에서 하나의 사적인 영역으로 좌천되는 운명을 감수하며 너무나 오랫동안 지내온 결과, '현대서구문명' 일반에 대해서 강한 도전을 제시할 힘을 거의 잃고 말았다(35). 이러한 실패는 전 세계 현실에 심각한 파장을 미쳤다. 왜냐하면 이 서구 문명이 세계의 다른 모든 문화에 침투해서 그 모든 것들을 불안정하게 만드는 위협이 되기 때문이다(35).

근대 계몽주의와 관련해서 재고할 필요가 있는 것은 기독교가 사회의 공적 영역에서 발을 뗀 것이 잘한 일인가 하는 점이다. 사회의 공적 영역은 과학과 기술에 의하여 입증될 수 있는 사실들이 지배하는 세계이고, 기독교는 다른 종교들과 더불어서 사적인 영역에서 개인들의 가치관을 형성하는 데에만 영향을 미칠 수 있다는 사고는 검토될 필요가 있다.

이렇게 개인적 영역에서만 하나님의 나라가 임할 수 있다는 것은 하나님 나라의 복음을 축소시키는 것이다. 예수가 선포한 하나님 나라의 복음은 공적인 영역에도 해당된다. 예수의 메시지는 하나님의 왕권과 우주적 통치권에 관한 것이다(48). 그것은 모든 인간이 참작하여야 할 실체로서 역사 중에 하나님의 통치가 존재한다는 것이다(53). 예수의 임무는 모든 피조 세계와 그 안에 존재하는 것에 대해 재판권을 가진 하나님의 통치를 선포하고 구현하는 것이었다(51). 하나님 나라의 회복의 역사는 전 우주적인 회복의 역사이다. 하나님께서 창조하신 세상을 하나님께서 다시 구속하고자 하시며 그러한 구속은 전 세계를 그 대상으로 한다.

성경은 하늘에서 땅으로 내려오는 거룩한 도시의 환상으로 끝나는데, 이 환상은 모든 인간의 공적, 사적 생활을 포괄적으로 완성시키는 것이다(51). 하나님께서 역사의 끝을 맺을 것을 믿는다면 그리고 오늘도 창조의 세계를 다시 회복하는 하나님의 선교(missio Dei)를 믿는다면, 우리는 공적 세계를 내 주고 사적인 세계에서만 영향력을 끼치면 된다는 축소적인 복음 이해에서 벗어나야 한다. 그러한 축소적인 복음에 만족하여 공적인 세계에서 퇴각하는 행위는 사실상 삶의 전반에 대한—공적이고 사적인—그리스도의 왕권(the kingship)을 부인하는 행동이다(Newbigin 1986: 102).

공적 영역에서 하나님 나라의 복음을 증거하려면, 교회가 사적 영역에 거주하는 데서 돌이켜서 영혼 구원만이 아닌 영적 차원과 아울러 물질적, 정신적, 사회적 차원이 포괄된 총체적인 복음을 증거하여야 한다. 그리스도인들이 신앙과 행위가 분리되는 이원론적인 삶을 사는 것이 아니라 그리스도의 제자로서 복음에 합당한 삶을 삶의 현장에서 실천하는 것이 무엇보다도 중요하다.

공적 영역에서 증거를 위해서는 평신도들의 역할이 더욱 증대된다. 평신도들은 주중 일에 대한 실제적인 경험을 서로 나누고 그들의 세속적 의무에 대해서 복음으로부터 조명을 받도록 할 필요가 있다(143). 모든 교회의 평신도들이 자신의 신앙이 그들의 세속적인 일에 대해 갖는 관계를 생각할 수 있도록 준비되고 훈련되는 것이 중요하다. 왜냐하면 진정한 선교적 만남이 일어나는 곳이 바로 그러한 영역이기 때문이다(143). 이를 위해서는 공적인 삶의 영역에서 일하면서 그들의 직업이나 전문직에서 당면하는 문제들을 자신들의 신앙에 비추어서 검토하기 위해 함께 모이는 그리스도인의 모임이 필요하다(Newbigin 1998: 369-70).

그처럼 비성직자들에 의한 신학(declericalized theology) 혹은 평신도 신학에 대한 교회의 역할은 주인이 아니라 섬기는 종의 역할을 감당하는 것이다(Newbigin 1986: 144). 교회는 교인들이 세상에서 제사장으로서의 사역을 감당할 수 있도록 훈련받고 지원받으며 양육 받는 곳이다(Newbigin 1998: 369). 지역 교회의 설교와 가르침은 교인들이 세상에서 일할 때 직면하는 문제들을 기독교 신앙에 비추어 생각할 수 있도록 해 주어야 한다(369).

이를 위해서는 목회자 훈련에 있어서의 변화가 요청된다. 현재의 목회자 훈련은 주로 현재의 회중에 대한 목회적인 보살핌에 지나치게 편중되어 있다(370). 그리스도와 그의 나라를 위해서 공적인 영역에서 선교적인 소명을 감당하도록 훈련시키는 데 소홀히 해 온 것은 깊은 반성을 요한다(370).

또한 목회자 훈련에서 평신도들로 하여금 세상 속에서의 제자도를 수행하도록 훈련시키는 일이 더 강조되어야 할 것이다. 평신도들이 일터에서 소명을 감당하기 위해서는 그들을 도와주고 양육해 주며, 기운을 북돋아 주고, 인도해 주는 목회적인 제사장직이 꼭 필요하다(376). 이처럼 공적인 삶의 모든 영역에 복음의 빛을 비추려면, 지역 교회들이 자신의 생활에만 내향적으로 관심을 갖는 것을 거부해야 한다. 자신들이 하나님의 은혜를 미리 체험한 자들로서 불신자들을 위한 하나님의 구속적 은혜에 대한 표지이며 도구로서의 사명을 띤 자들이라는 것을 잊지 말아야 한다(372-73).

위와 같은 취지에서 뉴비긴은 '지역적 에큐메니칼 프로젝트'를 강조한다. 그것은 한 지역에 있는 교회들이 함께 모여 그 지역에 있는 전체 인간 사회(whole human community)에 대해서 보다 통일적이고 신뢰할만한 기독교적 증언을 하는 것이다. 그것은 흩어지고, 파편적이며, 상처입기 쉬운 사업이지만 그러한 프로젝트는 교회가 가야만 하는 방향을 나타낸다(Newbigin 1986: 146). 그리스도의 몸인 교회는 자신을 위한 존재가 아니라 타인을 위한 존재임을 인식하고 세상 한 가운데서 앞서 행하시는하나님의 선교(missio Dei)에 보다 적극적으로 동참해야 한다(Bosch 2000: 550, 556). 이처럼 개교회를 넘어서 지역 차원의 연합이 가능하려면 "너희는 먼저 그의 나라와 그 의를 구하라"(마 6:33)고 명령하시는 주님의 말씀대로 자신의 눈앞의 이익과 명예만을 추구하는 개교회주의를 벗어나야 한다.

하나님 나라가 이 땅에 임하도록 이름도 없이 빛도 없이 주어진 위치에서 충성과 헌신을 다할 것이 요구된다. 하나님의 이름이 욕을 받고, 모욕을 받는 오늘날의 이 시점에서 하나님의 백성들이 그러한 '하나님 나라의 관점'(Kingdom perspective)으로 무장할 때 새로운 선교와 전도의 계기가 주어지게 될 것이다. 그러한 연합이 가능하려면, 개교회 지도자들도 자기 교회의 교인들만을 위하는 데에서 한 걸음 더 나아가 모든 사람을 다스리시는 하나님의 통치에 대한 표시로서 또한 이웃을 위해 존재하는 몸으로서의 교회의 비전을 분명히 갖는 것이 요구된다(Newbigin 1998: 378).

6장 한국문화 속의 복음

복음이 인류 역사상에 발생한 하나님께서 주도하신 구원의 사건이지만 그것이 전달될 때, 그 사건에 대한 증언의 형식을 취한다. 그러한 증언은 문화적 형태를 취하지 않을 수 없다. 또 그 증언이 문화권을 달리 하는 곳으로 전달될 때 문화적 차이로 인해서 발생하는 여러 가지 문제들을 직면하게 된다. 예를 들면 유대 문화권에서 발생한 복음이 헬라 문화권으로 넘어가게 될 때 할례의 문제가 거론되지 않을 수 없었던 것과 같다. 이방인들이 복음을 받아들이고 하나님의 백성이 되려면 할례를 받아야 하느냐 하는 것이 심각한 문제로 제기되었다. 또한 유대인으로 이방인의 집에 들어갈 수 없는 처지에 있는 베드로로 하여금 고넬료에게 복음을 전파하도록 하기 위해서는 특별한 환상이 주어질 필요가 있었다. 이처럼 문화권을 넘어서서 복음을 전달할 때에 많은 사항들이 고려되어야 한다. 결국 예루살렘 공의회에서 할례와 율법과 관련해서 지혜로운 결정을 내림으로 기독교가 문화적인 장벽을 넘어서서 세계로 뻗어가는 문이 활짝 열리게 되었다.

신약성경에 보면, 동일한 복음이 마태복음, 마가복음, 누가복음, 요한복음이란 네 가지 다양한 형태로 기록되었고 각 저자에 따라 그 관심사와 초점을 달리하는 것을 보게 된다. 신약학자인 김세윤은 그들의 삶의 정황이 달랐기 때문에 복음서 기자들은 그러한 정황을 고려해서 강조점을 달리 할 수밖에 없었다고 한다(김세윤 2008: 126-27).

복음이 유대 문화권, 헬라 문화권, 라틴 문화권, 게르만 문화권, 영미 문화권으로 확산, 전파되는 가운데 복음은 다양한 문화적 형태로 표현되었으며, 각 문화권에 따라서 복음에 대한 다양한 이해가 가능하게 되었다. 동일한 복음이지만 그 복음이 새로운 문화권과 상황 속으로 들어감에 따라 각 상황에서 성령께서 새롭게 조명하시고 인도하시고 가르치시는 것들을 인식할 수 있었다(Van Engen 1989: 92). 여기서 새로운 것이란 새로운 계시가 주어진다는 것을 말하는 것은 아니다. 성경 정경이 종료되었음을 분명히 인식해야 한다. 그렇지만 이미 주어진 계시의 의미에 대한 새로운 조명 혹은 깨달음이 주어질 수 있다는 것이다. 복음의 핵심에 있어서는 공통적인 면이 있지만 문화권을 넘어서면서 복음의 내용이 다양한 문화적 형태를 빌어서 표현되는 가운데 이전까지 보지 못했던 복음의 보다 깊은 의미를 파악할 수 있다는 것이다(93).

그러한 가운데 복음의 본질이 충실히 유지되는 경우도 있었지만 그렇지 못하고 복음의 본질적 내용이 훼손되는 경우도 종종 있었다. 그러한 역사를 고려할 때 문화권을 달리 하는 그리스도인들이 복음의 진리에 충실하고자 겸손히 자신의 부족함을 인정하며 상호 교정을 주고받을 수 있는 자세를 견지하는 것이 더욱 절실히 요청된다.

최근 선교 역사에서 돈 리차드슨(Don Richardson)은 자신의 선교 경험을 바탕으로 부족 문화 속에 복음을 전파할 때, 그 문화 속에 미리 주어진 관념을 지혜롭게 활용함으로 복음을 성공적으로 소통할 수 있다고 주장하였다(1999: 331). 그러한 주장은

복음의 상황화와 관련하여 시사하는 바가 크다. 복음을 전파하고
자 하는 문화 속에서 복음을 전하는 데 도움이 되는 관념, 관습
등을 찾아내어서 그것을 접촉점으로 활용하여 복음을 전파할 때,
그곳 사람들이 회심할 뿐만 아니라 회심 이후에도 자신의 문화적
배경에 대해서 부인하지 않아도 된다. 그렇게 회심한 사람들은 자
신들의 문화적 유산에 대해 더욱 통찰력을 갖게 되고 그들 사회의
다른 사람들에게 계속 복음을 전할 수 있는 준비를 갖추게 된다
(331). 그는 「화해의 아이」(Peace Child)라는 책에서 타문화권
에 복음을 전파할 때 하나님께서 이미 그 문화 속에 심어 두신 '구
속적 유비'(Redemptive Analogy)를 활용하는 것이 어떻게 선
교에 도움이 되는지를 잘 보여 준다(Richardson 1987). 구체적
인 선교 현장에서 좌절감을 겪으면서 복음의 전달에 어려움을 겪
던 그는 "화해의 아이"라는 풍습을 보면서 복음을 전달할 수 있
는 아주 적절한 도구를 발견하게 되었다고 밝힌다(232-249). 그
러한 구속 유비를 활용해서 선교의 닫힌 문을 열게 할 수 있었다
고 주장한다.

돈 리차드슨의 주장은 오늘날 교회 성장의 정체기를 겪고 있는
우리에게 시사하는 바가 크다. 한국문화 속에서 복음전파에 적합
한 관념, 관습 등을 찾아내어서 그러한 것들을 접촉점으로 활용
해서 복음을 전할 때 한국문화의 옷을 입은 복음은 보다 문화 속
깊숙이 침투해 들어갈 것이라고 생각된다.

복음 전파의 역사를 돌이켜볼 때, 자칫 복음 전달자의 문화적
형태를 그대로 사용해서 복음을 전할 경우, 그것을 받아들이는 자
들은 복음을 왜곡된 방식으로 수용하게 되고 복음의 역동성이 떨
어지는 결과를 산출했다. 또한 식민지 상황, 원조 상황의 권력 관
계, 외부자들로부터 얻게 되는 문명의 혜택 등 복음 외적인 측면들
이 더 크게 작용하는 부작용을 초래하였다. 그리하여 복음을 받
아들이는 수용자들의 문화적 형태를 존중하는 방식으로 복음이

전달되어야 한다는 각성이 생겨났다(헨리 벤, 루퍼스 앤더슨, 존 네비우스, 롤랜드 알렌 등).

쉥크(Wilbert R. Shenk)는 개신교 역사에 나타난 선교의 세 가지 모델을 '복제' 모델, '토착화' 모델 그리고 '상황화' 모델로 정리한다(2001: 85). 개신교 선교가 시작된 17세기부터 1800년대 중반까지 주도한 모델은 '복제'(replication) 모델이었다. 그 후 근대 시기에 선교 지도자들은 토착 교회 모델을 개발하여서 그것이 복제 모델을 대체하였다. 토착 교회 모델은 1970년대에 상황화 모델이 소개될 때까지 지속적인 영향력을 끼쳤다(85).[67]

복제 모델은 선교사가 자신의 모교회(母敎會) 문화를 현지에 그대로 복제하거나 재생산하는 형태를 말한다. 이 모델에서는 개종자들을 토착문화의 영향으로부터 가능하면 벗어나게 하고 그 자리에 소위 '기독교 문화'라고 하는 것을 대체하고자 한다(86-87).

토착 교회 모델의 주창자들은 복제 모델에 의해서 생겨난 교회들이 원기 왕성하거나 독립적이지 못하다는 사실에 주목하게 되었다(89). 이전의 선교 모델에 대한 비판적 검토를 바탕으로 영, 미 양편에서 1850년대에 새로운 원리가 제시되었는데 그것은 '토착 교회론' 또는 '삼자 원리'(three-selfs)로 일컬어진다(89).[68] 그 원리에 의하면, 교회는 스스로 자금을 조달하는 자급, 스스로 통치하는 자치, 스스로 전파하는 자전의 형태를 갖출 때에 비로소

---

67) 쉥크 교수는 이 세 가지 모델을 연대기적인 단계로 묘사하지만 세 가지 모델이 현대의 선교 현장에서 동시적으로 발견되고 있다는 것과 모든 사람이 상황화에 내포된 통찰력을 확신하지 않는다는 점도 밝힌다(2001: 85).

68) '삼자 원리'를 주창한 두 대표자는 미국의 루푸스 앤더슨(Rufus Anderson, 1796-1880)과 영국의 헨리 벤 (Henry Venn, 1796-1873)이다. 누가 누구에게 영향을 미친 것인지는 정확하게 밝혀지지 않고 있다. 하지만 양자 모두 이미 한 세기 가량의 역사를 거쳐 온 선교지의 신생 교회와 선교기관들이 맺고 있는 관계에서 파생되는 문제들을 다루었으므로 공통된 문제의식을 소유했다 (Shenk 1981: 169). 또한 양자 모두 저널 활동에 활발하게 참여했기에 서로의 의견에 대해서 잘 알고 있었으며 직간접으로 영향을 주고받은 것으로 보인다 (168). 기존 선교 방식에 의문을 제시하고 새로운 선교 방법의 필요성을 보았다는 점에서 양자 모두 그 시대를 앞서가는 선각자로서의 면모를 보여 준다 (170).

건강한 '토착 교회'로 자생력을 갖게 된다고 보았다(89-90). 이 모델의 다른 명칭은 '현지인 우선 모델'이다. 현지인들이 자기 교회라는 소유의식을 갖게 될 때 열정을 갖고 전도하며 교회를 세워 나간다는 점을 강조한다. '토착교회론'의 주창자들은 서구 교회를 그대로 이식하는 것이 아니라, 현지인들이 주도하여 교회를 세워나갈 때 건강하며 자생력이 있는 '토착교회'가 수립될 수 있다고 보았다.

중국 선교사인 네비우스(John L. Nevius)는 '토착교회 모델'과 일관된 복음화 플랜을 개발했다(90). 그것이 중국에서는 시행에 옮겨지지 못했지만 한국 장로교 선교사들에 의해서 시행되었고 한국교회가 급성장하는 데 디딤돌 역할을 하였다(90).

중국에서 선교하면서 의화단 사건을 직접 목격한 롤랜드 알렌(Roland Allen) 또한 기존 선교 방법에 대해서 날카로운 비평을 가하면서 '현지인 우선 모델'을 그 대안으로 제시했다(92). 알렌은 중국의 그리스도인들이 자기 나라 사람들에 의하여 '외국인들'이라고 비웃음을 당하는 현실에 주목했다(Shenk 2007: 86-87). 그의 저서 「선교의 방법: 바울식인가 우리식인가?」(Missionary Methods: St. Paul's or Ours?, 1912)에서 그는 중국에 선교된 기독교가 '외래식'(exotic)으로 남아 있다는 것과 외국의 자원에 의존하는 점, 그리고 선교로 일어난 기독교는 전 세계적으로 그 양상이 비슷해 보이는 점을 지적했다(86-87). 알렌은 선교로 세워진 교회들이 일반적으로 외래적인 양식을 답습하고 그저 자신들을 후원하는 자들을 기쁘게 하기 위한 수동적이며 노예적인 관심만을 보이는 현실을 안타깝게 생각하고 그 원인은 잘못된 선교 정책에 있다고 보았다(87). 그는 바울이 현지인들 가운데에서 지도자를 세우고 자신은 다른 지역으로 떠나갈 수 있었던 것은 그들 가운데 역사하시는 성령을 신뢰하였기 때문이라고 역설

했다(87).[69]

세 번째 모델인 상황화 모델은 토착화 모델의 한계를 보완하는 시도에서 나왔다. '토착화'에서 '상황화'로 개념이 전이된 가장 중요한 요인은 문화 변동을 고려하기 위한 것이다. 문화가 전통 문화 유형에서 서구적 유형으로 계속해서 변화하는 데 굳이 복음을 담는 그릇으로 전통적인 형태만을 고집할 필요가 없다는 인식이 크게 작용하였다. 신학교육기금(Theological Education Fund)의 책임자인 쇼키 코우(Shoki Coe)는 처음으로 '토착화' 대신에 '상황화'라는 용어를 제시하면서 그 이유로서 "토착화가 갖는 모든 의미를 전달하면서도 동시에 보다 변화에 개방적이고 미래지향적인 더 역동적인 개념을 역설하고자 한다"는 취지를 설명했다(Coe 1973: 223-243; Kraft 2007: 54에서 재인용).[70]

상황화 모델이 토착화 모델과 구분되는 점 중의 하나는 복음의 메시지를 상황화하는 데 대한 책임이 더 이상 그 문화 밖의 외부인에 달려 있는 것이 아니라 현지 교회와 현지인 지도자에게 있다고 보는 점이다(Shenk 2001: 94). 토착화 모델의 한계는 그것이 현지 문화 밖에서 온 외부자와 단체들에 의한 통제의 문제를 해결해 주지 못한다는 데 있었다(93). 비록 자립, 자치, 자전이 현지인에게 허용된다 하더라도 여전히 외부에서 반입한 신학과 교회 구조 등이 주도하는 상황은 진정으로 현지인이 주도하는 상황이 되

---

69) 알렌의 예언자적 외침이 당대에는 외면 받았지만, 그 후 그의 사상이 여러 교단 선교부들에서 선교 정책으로 채택되고 실행되면서 알렌에 대한 재발견이 이루어졌다. 그의 사후에 그의 책이 널리 읽히고, 그의 원리가 선교사 훈련 교재로 사용되며, 또한 그의 원리를 채택하여 놀라운 성과를 본 사례들이 나오는 등 알렌의 영향력은 광범위하게 확산되었다 (Long et al. 1998: 102-104).

70) 1960년대 초반에 국내 신학계에서 '토착화'(Indigenization) 논의가 활발하게 진행되고 많은 신학자들이 그 논의에 참여하였다. 복음을 한국문화에 뿌리 내리려는 취지에서 다양한 토착화 시도가 제시되었지만 학적 논의에 그치고 만 인상을 준다. 일반 교회들 가운데서 실천되는 단계에까지 이르지는 못했다. 당시에 성급한 토착화 시도에 대해서 그 위험성을 제기한 학자들도 있었다. 그 후 1970년대에 '상황화'란 말이 등장하면서 '토착화'라는 용어 대신에 '상황화'(Contextualization)란 말이 보다 광범위하게 사용되기 시작하였다. 필자의 생각에도 문화가 급작스럽게 변화해 나가는 현 시점에서 '토착화'라는 용어보다는 '상황화'라는 용어가 보다 더 적절한 것으로 보인다.

지 못하고 있음을 반영한다. 그러한 수입 신학은 대개 현지에서 직면하는 문제와는 무관하며 그 신학이 형성된 외지의 상황을 반영한다. 그런 점에서 진정한 상황화가 이루어지려면 자립, 자치, 자전에 자신학화(self-theologizing)가 필요하다는 것을 자각하게 되었다(Hiebert 1996: 279-283). 또한 사회적인 차원에서 현지인이 주도하는 것만을 중시하는 데에서 한 걸음 더 나아가서 문화적인 차원에서도 현지의 문화를 심각하게 고려하는 노력이 필요하다는 것을 인식하게 된 것이다(Shenk 1981: 170; Hiebert 2009: 180-81).

전통과 근대 문화가 끝없이 충돌하면서 새롭게 혼합된 형태들을 만들어 내는 한국의 현 상황에서 보다 효과적인 복음의 소통을 위해서는 전통적인 요소뿐만 아니라 서구적인 요소에 대해서도 동일한 관심을 기울여야 할 것이다. 두 요소가 다양한 형태로 섞이는 가운데 때로는 어느 한쪽이 우세하기도 하지만 두 가지가 섞여서 이중가치체계를 이루는 가운데 끊임없는 갈등의 소지가 존재한다(신수진 외 2002: 272). 때로는 서구 문물을 무비판적으로 받아들이다가도 그 폐단이 나타나고 새로운 위기에 직면하면 또 다시 전통의 부활을 외치는 소리들이 울려 퍼진다. 전통적 가치는 아직도 한국인들의 정신세계를 지탱하는 정신적 지주로서 또는 조회 틀로서 계속 작용하고 있으며 앞으로도 그러할 것이다.

오늘날 한국문화에 대해서 전통의 연속과 변화라는 개념만으로 설명하기에는 한계가 있다(황익주 2005: 297). 세계화와 정보화의 홍수 속에서 끊임없이 밀려드는 외래문화는 전반적으로 전통문화와는 전연 별개의 것으로 보인다. 특히 대중문화, 청소년 문화, 각종 마니아 문화로 대표되는 하위문화들의 존재를 고려하기 위해서는 서구의 근대 문화와 그 이후의 탈근대, 정보화, 세계화로 대변되는 문화 변동 과정에 대해서도 주목해야만 한다(297).

상황화 모델에도 다양한 종류가 있다(Bevans 2002: 80-

83).[71] 이 책은 그 가운데에서 주로 스캇 모로우(A. Scott Moreau)의 모델을 근거로 한다.[72] 그는 폴 히버트의 '비판적 상황화' 모델과 니니안 스마트의 분류법에 근거하여 비판적이면서도 포괄적인 상황화 작업의 틀을 제시하였다(Moreau 2008: 467-483).

히버트의 비판적 상황화 모델은 먼저, 문화에 대한 주석에서부터 출발하였다. 첫째 단계는 교회지도자들이 회중을 주도하여 문화 속에서 주목을 받는 이슈나 질문이 떠오르면 그러한 것들에 관련된 전통적인 믿음들과 관습들을 무비판적으로 수집하고 분석하도록 하는 것이다(466). 두 번째 단계는 지역 지도자들은 즉각적으로 질문에 관련된 성경 구절을 연구하도록 공동체를 인도하는 것이다(466-67). 세 번째 단계는 상황에 어떻게 응답해야 하는가에 대해서 공동체로 하여금 결정을 내리게 하는 것이다(467). 이처럼 상황화 작업은 공동체가 참여하여 함께 결정을 내리는 것이 중요하다. 공동체가 결정을 내릴 때 다음의 세 가지 가운데 선택을 할 수 있다.

1) 그것이 비성경적이지 않으면 옛 관습이나 믿음을 그대로 유지한다.
2) 비성경적인 관습이나 믿음은 거절한다.
3) 때로는 사람들이 옛 관습에 기독교적 의미를 명시적으로 부여하기 위해 관습을 어느 정도 변형시킬 수도 있다(Hiebert 1996: 267-68).

히버트의 마지막 단계는 새롭게 상황화한 관습을 발전시키는

---

71) 베반스(Stephen B. Bevans)는 '번역 모델,' '인류학적 모델,' '종합 모델,' '실천 모델,' 그리고 '초월 모델'로 분류되는 다섯 가지 상황화 모델들을 제시한다.
72) 스캇 모로우 박사의 모델은 베반스가 제시한 다섯 가지 모델들 가운데 '번역 모델'에 해당되는 것으로 보인다.

것이다(Moreau 2008: 467). 히버트의 상황화 모델에서는 전통적 관습이나 믿음을 수용하거나 거부하는 기준으로 성경이 차지하는 중심적 위치를 강조하기 때문에 기존의 상황화 논의와 차별화하는 의미로 '비판적 상황화'란 말을 사용한다.

　　모로우의 상황화 틀은 히버트의 모델과 더불어 종교학자 니니안 스마트(Ninian Smart)의 모델을 활용한다. 스마트는 모든 종교들을 서로 비교할 수 있도록 교리적 혹은 철학적 차원, 제의적 차원, 윤리적/법적 차원, 경험적 차원, 신화 혹은 이야기 차원, 사회적 혹은 조직적 차원의 여섯 가지 차원으로 분류하였다.[73] 각 차원에 해당되는 구체적인 내용은 다르지만 모든 종교는 이러한 차원들을 공통적으로 갖고 있기 때문에 이러한 차원을 중심으로 종교들을 교차문화적으로(cross-culturally) 비교 연구할 수 있다고 스마트는 주장했다(Smart 1986: 10-13, 27-32). 이러한 분류법은 다양한 차원에 걸쳐서 종교와 세계관이 어떠한 차이점들을 갖는지를 보다 구체적으로 살펴볼 수 있게 해 준다. 또한 서로 다양한 차원들이 한 종교 혹은 세계관 내에서 긴밀하게 연결되어 있기 때문에 이러한 연관성을 중심으로 살펴볼 때 그 종교나 세계관의 총체적인 면을 보게 해 준다는 장점을 갖는다(13-20). 따라서 스마트의 분류법은 삶의 전 영역에서 포괄적인 상황화가 이루어지도록 시도하는 데에 도움을 줄 것으로 기대된다.

　　먼저 교리적 혹은 철학적 차원에서부터 시작하여서 의례적인 차원, 윤리적/법적 차원, 경험적 차원, 신화나 이야기의 차원, 사회적 차원에서 어떻게 복음을 상황화시킬 수 있는지를 살펴보도록 하겠다.

---

73) 니니안 스마트가 저술한 책 Worldviews: Crosscultural Explorations of Human Beliefs는 1983년도에 출판되었다. 여기에서는 종교를 포함한 세계관을 6가지 차원으로 분류한다. 그런데 6년 후인 1989년에 출간된 The World Religions 에서는 물질적 차원이 추가된다. 그 후 7년 후에 출간된 Dimensions of the Sacred: An Anatomy of the World's Beliefs란 책에는 위의 7가지 차원에다 정치적 차원과 경제적 차원이 추가된다 (Smart 1996).

I. 교리적 차원의 상황화

이 차원은 '신학적인 차원'과 동일시되는데 '세상, 사람, 보이지 않는 힘, 삶, 죽음에 대한 진리가 무엇인가?'라는 질문에 대한 대답으로 구성된다(Moreau 2008: 469). 또한 교리는 초자연적인 것들에 대한 믿음, 우주와 보이는 세계에 대한 믿음, 하나님과 사람 사이의 관계 등을 나타낸다(469). 그러한 믿음은 교리적 혹은 철학적인 양식으로 조직화되거나(조직신학같은) 혹은 신비적, 윤리적, 의례적인 차원을 통해서 표현되기도 한다(469). 니니안 스마트에 의하면 종교나 세계관에서 교리가 갖는 기능은 첫째, 계시나 전승, 또는 경전의 내용에 일관성을 부여하고, 둘째, 우주를 초월해 있는 것에 대해서 신화가 언급하고 있는 내용을 확증하며, 셋째, 종교의 주장과 현대에 통용되고 있는 지식 사이의 간격을 메우고, 넷째, 세계관을 제시하며, 다섯째, 사회를 규정하고, 마지막으로 이단적인 사상을 가지고 있는 사람들을 추방할 수 있는 근거를 제시하는 것이다(Smart 1986: 127-132).

이 장에서는 교리가 갖는 기능과 신학적 차원에 치중하여 세상과 신에 대한 견해, 인간 이해, 고난과 재난의 문제 등을 중심으로 전통 종교 혹은 근대 계몽주의 패러다임과 복음적 관점을 비교하면서 고찰해보도록 한다.

1) 전통적인 '하느님' 관념

개신교 초창기 내한 선교사인 게일(James S. Gale)이 기독교인이 아닌 한 노파와 대화하는 장면을 그의 책에서 언급하는데 그 이야기는 우리에게 시사하는 바가 크다. 게일 선교사가 "오늘 비가 내릴 겁니다"라고 말하자 그 노파는 "비가 내린다고요? 그걸 누가 압니까?"라고 반문한다. "조간신문을 보니 날씨가 그렇게 궂을 거라고 하더군요"라고 말하니 그 노파는 "내참! 조간신문이라니? 하느님이 하실 일을 조간신문이 어떻게 안단 말이지?"라고 대꾸했다고 한다(Gale 1999: 70; 장남혁 2007: 202에서 재인용).

우리 민족에게도 '하느님' 관념이 전래되어 내려왔다. 전통적인 '하느님' 관념은 '하늘' 혹은 하늘의 높임말인 '하늘님'에서 유래한 것으로 보인다. 옥성득은 하늘의 높임말인 '하느님,' '하나님' 그리고 '하느님'에서 위대한 한분이란 뜻의 유일신 '하느님' 혹은 '하나님'으로 의미가 변천되는 역사적 과정을 상세히 설명한다. 로스 선교사의 성경에서는 아래 아(.) 음가 표기를 대부분 '一'에서 'ㅏ'로 통일시키는 과정에서 '하느님'에서 '하나님'으로 변천되었다. 그 후 그 말은 서울에서 본래 음가인 '하느님'으로 복원된다. 그 과정에서 그 어원적 의미는 '하늘' + '님'으로서 변화가 없었다. 그 후 선교사들 사이에서 신명(神名)과 관련한 치열한 '용어 논쟁'이 발생한다. 그 논쟁은 한자말을 쓰느냐 아니면 순 한민족의 토박이 말을 쓰느냐 하는 것이었다.

결론은 중국식 신명(神名)인 '텬주'(天主) 대신에 순수한 우리 말인 '하느님'을 채택하는 쪽으로 났다. 그런데 당시 많은 선교사들과 한국인들은 '하느님'을 유교의 '하늘'과도 대조되는 유일신 개념으로 이해했다는 것이다. 결국 '하느님'이란 명칭에 하늘의 존칭인 '하느님'이라는 의미를 부여하는 데에서 유일신 '하나님'이란 새로운 의미를 부여하는 쪽으로(혹은 원래 있던 유일성을 찾아낸 뒤 이를 강조하는 쪽으로) 결론을 냈다.[74]

이러한 논쟁은 해방 후 1960년대의 토착화 신학 논쟁과「공동번역」(1977) 성서 출판을 전후로 새 용어인 '하나님'이냐 전통 신명인 '하느님'이냐는 또 다른 논쟁으로 나타났다. 결국 개신교에서는 유일신 개념의 '하나님'이 정설로 수용된다(옥성득 1993:

---

74) 옥성득은 "이러한 과정을 거쳐서 한국종교사에서 '하느님'의 어원을 1) '하늘' + '님', 2) '하나' + '님'으로 이해하는 두 가지 태도가 생겼다"고 언급한다 (1993: 221-22).

201-216).⁷⁵⁾

우리 민족의 전통적 '하느님'은 전능자요 지고신(至高神)으로 서 인간 양심에 대한 최후의 보루로서 또한 심판자로서 자리매김 되어 왔다. 하지만 '하느님'과 관련된 의례는 그렇게 발달하지 못 했다. 오히려 '하느님'보다는 한 단계 낮은 계급의 존재들과 관련 된 의례가 더 발달되어 내려왔다. 그렇지만, 한국 역사상의 기록 에 의하면, 심한 가뭄을 겪을 때 죄수들을 풀어 주는 동시에 기우 제를 지냈다고 한다. 가뭄의 원인을 누군가 억울한 사람이 그 사 정을 하늘의 '하느님'에게 하소연함으로 '하느님'께서 진노하심으 로 가뭄이 왔다고 본 것이다. 이런 것들은 위기에 직면하면 돌이 켜 반성하는 가운데 그 원인을 해소하고자 했었던 것으로 보인다. 그러한 가운데 하느님이 억울한 사람의 편을 들어주는 공의의 집 행자로서 역사하고 계시다는 사상을 볼 수 있다. 옛날에도 양심의 법이 나름대로 작용했었음을 보여 주는 기록이다.

그러한 '하느님' 관념은 선교의 접촉점으로서 매우 큰 역할을 했으며, '하느님' 관념을 잘 활용한 것이 한국 선교에서 놀라운 성과를 낳는데 크게 기여했다고 평가된다(Richardson 1999: 335). '하느님' 관념은 앞으로도 계속해서 선교와 전도의 중요한 접촉점으로서 활용되어야 할 것이다. 복음은 그 '하느님'이 어떠한 존재이신지를 더욱 선명하게 보여 준다. 그분은 세상을 창조했을 뿐만 아니라 세상의 구원을 위해서 오늘도 역사하시는 분이시다.

사도 바울이 아덴 사람들에게 복음을 전할 때 "그들이 알지 못 하고 섬기는 신"을 접촉점으로 삼았던 것과 같이 한국 사람들에게 복음을 전할 때에는 그들이 알고 있는 '하느님' 관념을 접촉점으 로 삼아서 대화를 이끌어갈 수 있을 것이다. "천인공로할 사람"이 란 표현이든지, "하늘이 무섭지 않느냐?"등과 같은 경우에 사용

---

75) 신명(神名)의 사용에 있어서, 전통적 지고신 관념을 나타낼 때는 '하느님'(하늘+님) 이란 말을 사용하도록 한다. 하지만 평상시에는 개신교의 일반적인 사용례에 따라 성경 적 신명(神名)으로 '하나님'이란 용어를 사용한다.

되는 '하느님' 관념을 출발점으로 삼아서 그분에 대해서 더 자세히 이야기해 주어야 할 것이다(윤이흠 1991: 170).

2) 천도(天道)를 벗어난 인류

유교의 천지인(天地人) 삼재 (三才) 사상에 의하면 하늘의 원리가 땅에서 작용할 뿐만 아니라 인간의 마음속에도 심기어져 있다. 따라서 사람은 자신에게 본성으로 수여된 하늘의 도를 따라야 한다고 유교는 가르친다. 이처럼 인간에게는 마땅한 도리가 마음속에 심기어져 있고 마땅히 걸어가야 할 길이 있는데 이를 외면하고 현세적인 욕심에 눈이 어두워서 천도(天道)를 외면한다면 그는 잘못된 길을 걷고 있는 것이다.

성경에서 아담과 이브가 선악과를 따 먹은 것도 천도(天道)를 외면하고 잘못된 길을 걸은 전례로 볼 수 있다. 하나님께서 제정해 놓으신 길이 있는데 그 길을 걷지 않고 제 멋대로의 길을 걷는 사람들은 다 아담과 이브의 후예로서 잘못된 길을 걷고 있는 것이다. 하나님은 창조주이시고 인간은 피조물이다. 피조물이 아무리 고상한 생각을 갖는다고 해도 창조주의 생각에는 미칠 수 없을 것이다. "내 길은 너희의 길보다 높으며 내 생각은 너희의 생각보다 높음이니라"(사 55:9). 그런데 창조주의 생각보다 자신의 생각이 더 뛰어나다고 생각하고 창조주의 뜻을 져버리고 창조주의 길(天道)을 무시하고 인간의 길을 제멋대로 걷게 될 때, 그는 자신의 잘못된 선택의 대가를 치루지 않을 수 없을 것이다.

아담과 이브가 창조주의 뜻을 무시하고 제멋대로의 길을 간 대가는 실로 지대했다. 에덴동산에서 추방되고, 여자의 경우에는 임신하는 고통이 더해지고, 수고하고 자식을 낳아야 했으며, 남편의 다스림을 받게 되었다(창 3:16). 아담은 땅이 그로 말미암아 저주를 받아 평생에 수고하여야 그 소산을 먹게 되었다(창 3:17). 또한 땅이 가시덤불과 엉겅퀴를 내게 되고 흙으로 돌아갈 때까지 얼굴에 땀을 흘려야만 하는 상황으로 떨어졌다(창 3:18-19). 여기서 그치는 것이 아니라 분노로 인한 형제 살인이 행해졌고, 창조주로부터 분리된 타락한 인류의 모습이 이어졌다.[76]

인간들이 제멋대로 길을 간다고 해도 하나님은 자신의 계획을 계속 이루어 가신다. 인간들이 제 길이 더 나은 줄 알고 자신의 길을 선택하여 갔으나 그 길은 저주의 길이고 멸망의 길이라는 것을 아담 이야기와 바벨탑 사건, 그리고 이스라엘의 역사가 우리에게 확실히 보여 준다.

하나님께서는 그처럼 제멋대로 제 길을 고집하는 인류를 내버려 두지 않으시고 구원의 역사를 이루는 분이시다. 그분 스스로 세상을 만드셨을 때 가지셨던 청사진을 인류의 불순종과 죄악에도 불구하고 그대로 수행해 나가신다. 하나님께서 그처럼 인류와 온 세계의 구속을 계획하고 실행하신다는 것이 복음이다. 그분은 말씀으로 천지를 창조하신 창조주로서 자신의 구속 계획을 실행에 옮길 수 있는 전능하신 분이다.

그분은 자신이 만든 아름다운 세상과 인류를 끔찍이 사랑하셔서 세상과 인류를 위하여 독생자를 보내는 큰일을 감행하셨다. 예수 그리스도께서는 하나님의 아들로서 이 땅에 오셔서 인류의 죄를 대신 짊어지고 십자가에 달려서 속죄제물이 되셨다. 인류가 하나님과 다시 화해할 수 있는 길이 그 길밖에 없기 때문에 하나님께서 큰 대가와 희생을 치르신 것이다.

아들은 자신의 뜻과 아버지의 뜻이 대치되는 상황에서 첫 번째 아담과는 달리 아버지의 뜻을 받아들였다. "내 아버지여 만일 할 만하시거든 이 잔을 내게서 지나가게 하옵소서 그러나 나의 원대로 마시옵고 아버지의 원대로 하옵소서"(마 26:39). 자신의 길

---

76) 하나님의 택하신 백성인 이스라엘 민족도 하나님께서 의도하신 축복의 길(신28:1-19)을 저버리고 자신들이 선택한 길을 걸음으로 엄청난 대가를 치렀다. 이스라엘의 역사를 보면 신명기 28:20-68에 나오는 온갖 저주를 그대로 당하게 된다.

과 아버지의 길이 대치되는 상황에서 아버지의 길을 택한 것이다. 그러한 결정은 겟세마네 동산에서 고민하고 슬퍼하는 가운데 내려졌다. "내 아버지여 만일 내가 마시지 않고는 이 잔이 내게서 지나갈 수 없거든 아버지의 원대로 되기를 원하나이다"(마 26:42). 예수는 자신이 이 땅에 오신 목적을 아셨고 그 목적을 완수하신 것이다. "인자가 온 것은 섬김을 받으려 함이 아니라 도리어 섬기려 하고 자기 목숨을 많은 사람의 대속물로 주려 함이니라"(막 10:45).

이처럼 예수님이 아버지 하나님의 뜻에 철저하게 따른 결과로 인류는 구원받는 자리에 설 수 있게 되었다. 우리의 죄가 의인인 그분에게 전가되어서 그분이 십자가에서 죄인의 모습으로 형벌을 받게 되었듯이, 그분의 의가 죄인인 우리 인간들에게 전가되어서 우리가 의인으로 인정받게 된 것이다(고후 5:21).

오늘날에도 인간들에게는 두 가지 길이 주어져 있다. 하나는 천도, 즉 하나님의 길이고 하나는 인간 자신의 길이다. 하나는 선악과를 따먹지 않는 길이고 다른 하나는 선악과를 따 먹는 길이다. 아담과 같이 인간의 길을 선택할 때 그 대가 또한 치러야 한다. 반면 예수님과 같이 하나님의 뜻을 따르게 될 때 그 결과는 많은 사람들에게 유익을 끼치고 혜택을 미치게 된다. 성경에 의하면, 저주의 길과 축복의 길이 우리 앞에 놓여 있다. 시편의 용어로 말한다면, 악인의 길과 의인의 길이 우리 앞에 놓여 있다. 의인의 길을 따를 때 축복을 누리게 되고 형통한 삶이 따르게 된다. 왜냐하면 그 길이 하나님께서 의도하신 인간 본연의 삶을 사는 것이기 때문이다. 하나님께서 의도하지 않으신 삶의 길을 가게 될 때 어떠한 결국을 맞이하는지를 성경과 세계사는 분명히 보여 준다.

예수님 한분이 하나님의 뜻에 순종함으로 말미암아 천하 만민이 복을 누리게 되었다(창 12:3). 천도를 벗어나서 멸망과 저주의 길을 걸을 수밖에 없는 인간이 예수님의 순종으로 인하여 다시금 천도(天道)를 걸을 수 있게 됐다는 것이 오늘날 우리에게 주어진 복음이다.

3) 소망이 없는 세상에 소망이 되시는 하나님

우리나라는 근대화 과정을 거치면서 서구적인 요소들을 많이 받아들였다. 특히 서구 교육체계를 받아들이면서 근대를 지배하는 사고방식 내지 가치관을 받아들였다. 근대의 배경이 되는 사조는 계몽주의이다. 계몽주의는 중세의 권위를 부정하고 인간의 자율적인 이성에 근거하여 보다 더 나은 세상을 만들고자 한 사상이다. 계몽주의의 등장과 더불어 세상은 점차 신에 의해서 지배되고 다스려지는 세상이 아닌, 스스로 존재하는 세상으로 이해되었다. 17세기에는 이신론(理神論)이란 사상이 있었는데, 이에 의하면 신은 세상을 만들어 놓고 그것이 스스로 운행되도록 한 이후에는 세상에 관여하지 않는다. 이러한 이신론은 점차 세상은 신이 없어도 스스로 존재하고 운행한다는 세속주의나 무신론적인 유물론으로 발전해 나갔다(Miller 1998: 55).

과학적으로 원인과 결과만 찾는 세상 속에서 사람들은 목적과 방향을 잃게 된다. 과학은 세상 속에서 일어나는 일의 원인과 결과만 말해줄 뿐 그것을 넘어서는 목적에 대해서는 어떠한 말도 해주지 못한다. 그처럼 하나님을 이 세상에서 추방한 결과 사람들은 허무주의에 떨어지고 말았다. 우리 사회는 근대화를 거치면서 서구의 발달된 문물을 받아들였고 경제적으로 많이 발전했지만 그 과정에서 삶의 목적과 방향을 잃어버리고 물질에만 탐닉하는 황금만능사상과 쾌락주의 그리고 그에 수반되는 허무주의에 직면하게 되었다.

이처럼 하나님 없는 세상은 고통으로 얼룩진 세상이요, '소망 없는 세상'이다. '하나님 없는 세상'은 방향을 상실한 채 불안, 공포, 두려움, 그리고 고통 속에서 헤매는 세상이다. 힘 있는 자가 힘없는 자를 짓누르는 약육강식의 세상이다. 시기, 질투, 미움, 복수, 전쟁이 확산되며 양극화가 더욱 심화되는 세상이다. 그러한 세상에 참된 평화란 있을 수 없다.

불신자들만이 그러한 세상 속에서 고통을 받는 것은 아니다. 신자들도 하나님이 없다고 하는 세상 속에서 고통을 받는다. 시편 기자도 일찍이 하나님을 인정하지 않는 세상 속에서 받았던 고통을 고백하고 있다. 그러한 시편 기자의 고백은 오늘날 신자들이 느끼는 경험을 그대로 드러낸다. "내가 간절히 주를 찾되 물이 없어 마르고 황폐한 땅에서 내 영혼이 주를 갈망하며 내 육체가 주를 앙모하나이다"(시 63:1).

근대적인 사조가 문제점을 노정하는 현 시점에서 돌이켜 볼 필요가 있는 것은 많은 그리스도인들이 아직도 계몽주의 세계관을 무비판적으로 수용하고 있다는 점이다.[77] 많은 그리스도인들에게 있어서 하나님 개념은 이신론적인 하나님에 가깝다. 하나님께서 세상을 만드셨고 놀라운 일을 행하시기는 했지만 이제는 과거의 일로 회상될 뿐이다.

오늘날의 신자들은 자신이 만든 세상 속에서 역동적으로 활동하시는 하나님의 역사를 보는 믿음의 안목을 잃어가고 있다. 하나님의 역사보다 인간이 만들어 놓은 과학과 기술, 그리고 문명의 이기를 더 중시한다. 그들에게 있어서 하나님은 자신들의 실제적인 일상생활과는 무관하신 분이다. 일상적인 삶의 영역에서는 계몽주의가 아직도 많은 그리스도인들의 사고와 가치를 지배하고 있다. 이원론적으로 신앙과 삶이 분리되는 현상은 오늘을 사는 그리스도인들로 하여금 세상에서 소금과 빛의 역할을 감당하지 못

---

77) 보쉬(David J. Bosch)는 근대의 계몽주의 패러다임이 기독교인의 선교에 끼친 부정적인 영향력을 언급한다. 그는 하나님의 역사하심보다도 인간의 능력과 지혜를 더 의존하는 가운데 '선교'가 '식민주의'의 맥락에서 진행된 점을 지적한다. 그는 "선교가 서구 제국주의의 전달자와 지지자, '제국주의자의 팬'이 되었다"고 말한다 (Bosch 2000: 459-474).

하게 한다.

하나님 없이 인간의 힘으로 낙원을 만들 수 있다는 근대 계몽주의의 거대한 실험이 환멸로 뒤바뀐 오늘 복음은 새로운 소망의 소리를 들려준다. 하나님은 이신론(理神論)이 상정하는 것과 같은 정태적인 분이 아니시다. 그분은 매우 동적인 분이시다. 그분은 자신의 계획하신 바를 이루실 수 있는 전능하신 분이시다.

하나님께서 세상을 만드셨을 뿐만 아니라 세상을 원래 모습으로 회복시키기 위하여 친히 역사하시고 계신다. 세상의 구원과 회복을 위하여 아들을 이 땅에 보내셨다. 그리고 그 아들은 죽기까지 아버지의 뜻에 복종하셨다. 아버지께서는 죽기까지 복종한 아들을 무덤에서 부활시키시고 높이 드셔서 아버지 보좌 우편에 앉게 하셨다. 예수 그리스도께서는 이제 온 세상의 주로서 아버지 보좌 우편에 앉아 통치하신다(빌 2:9-11).

하나님을 믿는 사람들은 소망을 잃어버린 세상 속에서 소망을 가질 수 있다. 우리가 세상 속에서 소망을 가질 수 있는 근거는 하나님께서 세상을 사랑하고 세상을 위하여 놀라운 계획을 세우고 실행에 옮긴다는 데에 있다.

예수님은 자신을 믿는 제자들에게 땅 끝까지 복음을 전파하는 사명을 위탁하셨다. 그리고 그 사명을 감당할 수 있도록 성령을 보내 주셨다. 오늘날에도 주님께서는 자신을 믿는 자들에게 사명을 주심과 동시에 그 사명을 감당할 수 있도록 성령을 부어 주신다. 성령께서는 오늘날에도 평범한 사람들, 연약한 사람들, 그러나 믿음의 사람들을 통하여 역사하신다. 지난 2000년간의 선교 역사는 이러한 믿음의 사람들을 통하여서 하나님께서 역사하셨음을 증거한다. 그리고 하나님의 구원하시는 역사에 대해서 믿음으로 응답한 사람들은 하나님의 역사를 보며 그 일에 쓰임 받는 기쁨과 감격을 맛보았다고 고백한다.

4) '영적 존재들'에 대한 분별과 '영적 전쟁'

재난의 원인도 해결책도 모두 '영적 존재들'에 있다고 보는 것이 무속적 세계관이다. 무속신앙인들은 스스로의 힘으로 문제를 해결하기 힘들 때 전문 사제인 무당을 찾는다. 무당은 영적 세계의 전문가이고 '영적 존재들'을 다루는 법을 알고 있다고 믿어진다. 굿에서는 '영적 존재들'을 대접하기도 하고 때로는 위협하기도 하면서 문제를 해결하고자 한다.

이처럼 이 세상에는 눈에 보이지 않는 '영적 존재들'이 존재하며 그들이 인간의 삶에 큰 영향력을 미친다고 보는 것이 무속적 사고이다. 그러므로 인간이 삶에서 마주치는 문제들을 극복하기 위해서는 자연적인 대책만 가지고는 부족하다. 초자연적인 혹은 영적인 영역에서 도움을 받을 때 진정한 해결책이 주어진다고 본다.

이러한 점은 성경적인 관점과도 일맥상통하는 부분이 있다. 성경에서도 이 땅의 삶에 영향을 미치는 '영적 존재들'의 존재를 인정하고 있다. 다만 차이점은 무속에서는 문제 해결에만 치중하며 '영적 존재들'을 분별하는 데 있어서 기준이 분명치 못하다는 것이다. '영적 존재들'을 대하는 태도에 있어서도 자신의 목적을 위해서 그들의 힘을 활용한다는 도구적인 태도가 강하게 나타난다. 반면 성경에서는 '영적 존재들'에 대해서 분명하게 구분한다. 삼위일체 하나님과 하나님의 수종을 드는 천사들 그리고 사탄과 그를 좇는 타락한 천사들로 명확하게 구분하고 있다(사 14:12-20; 겔 28:11-19).

이런 점에서 신자들도 '영적 세계'와 '영적 존재들'에 대해서 좀더 민감할 필요가 있다. '영적 존재들'을 미신의 소치로 여기는 것이 아니라 그것들을 분별하며 특히 악한 영의 시험과 유혹에 대처해야 할 것이다. 성경에서는 모든 영을 믿지 말고 분별하라고 권면하고 있다(요일 4:1). "예수 그리스도께서 육체로 오신 것을 시인하는 영마다 하나님께 속한 것이요, 예수를 시인하지 아니하는 영마다 하나님께 속한 것이 아니니 이것이 곧 적그리스도의 영이니라"(4:2-3)는 말씀은 예수가 그리스도, 즉 하나님께서 약속하신 종말의 구원자임을 고백하는 믿음이 영분별의 시금석이 된다고 말해 준다.

사단이 아담과 이브를 유혹하여서 선악과를 따 먹도록 충동하였듯이 오늘날에도 악한 영들이 인간들을 유혹하고 있다는 점을 잊지 말아야 할 것이다. 예수님께조차 시험을 걸었던 그들이라는 것을 생각해 볼 때 시험이 없는 것이 오히려 이상한 일이 될 것이다(마 4:1-11 병행구).

사탄과 악한 영들의 시험에 대해서 성경에서는 분명한 가르침을 주고 있다. "우리의 씨름은 혈과 육을 상대하는 것이 아니요 통치자들과 권세들과 이 어둠의 세상 주관자들과 하늘에 있는 악의 영들을 상대함이라"(엡 6:12). 그렇지만 성경은 우리가 "주 안에서 그 힘의 능력으로 강건"할 수 있다고 말한다(10절). 우리 자신의 힘만으로 이러한 마귀의 궤계를 무찌르기에는 역부족이다. 하지만 신자들은 하나님의 전신 갑주를 입을 수 있다(13-17절). 하늘과 땅의 모든 권세를 지니신 주님 안에 거할 때(마 28:18), 그리스도인들은 영적 전쟁에서 승리할 수 있다. 시험을 이기고 승리하신 주님께서 함께 하실 때 우리 또한 주 안에서 승리할 수 있다(빌 4:13).

성경은 말한다. "도둑이 오는 것은 도둑질하고 죽이고 멸망시키려는 것뿐이요 내가 온 것은 양으로 생명을 얻게 하고 더 풍성히 얻게 하려는 것이라"(요 10:10). 자신의 목숨까지 아낌없이 양들을 위하여 내어 놓으시는 주님께서는 양들을 지켜 주시고 보호하시며 풍성한 생명을 얻게 하시려고 오셨다. '사단'과 '악한 영'은 '도둑'에 해당된다. '도둑'의 말을 경청할 때 도둑질당하고 죽음과 멸망의 길로 치닫게 된다. '도둑'의 말을 듣는 것이 아니라 주님의 말씀을 듣고 따를 때 풍성한 생명이 약속된다.

　주님께서도 말씀으로써 사단의 시험을 물리친 것과 같이 신자들도 악한 영의 시험을 무찌를 수 있도록 하나님의 말씀을 부지런히 마음속에 담아야 할 것이다. 그 말씀이 성령께서 사용하시는 검이 되어 대적의 궤계를 훼파하는 데 사용될 수 있을 것이다(엡 6:17). 특히 "모든 이론을 무너뜨리며, 하나님을 대적하여 높아진 것을 다 무너뜨리고 모든 생각을 사로잡아 그리스도에게 복종하게"하는 하나님의 능력으로 무기를 삼아야 할 것이다(고후 10:3-5). 그러기 위해서 더욱 성경 말씀으로 무장하며 성령의 이끄심에 순종해야 할 것이다. 사도 바울이 권고하는 바와 같이 "모든 기도와 간구를 하되 항상 성령 안에서 기도하고 이를 위하여 깨어 구하기를 항상 힘쓰며" 나아가야 할 것이다(엡 6:18).

　특히 우리 민족의 가장 오랜 종교로서 한국인의 세계관을 형성하는 데 가장 크게 영향을 미쳐 온 무속에서 인간은 스스로 자신의 문제를 해결할 수 없는 존재임을 잘 인식하고 있다. 무속신앙인들은 자신의 문제를 해결하는데 인간 내부의 자원만으로는 역부족이란 점을 잘 알고 영적 세계, 초자연적 세계로 눈을 돌린다. 영적 세계와 영적인 능력에 대해서 이처럼 민감했었기 때문에 복음이 성령의 능력과 은사와 더불어 제시됐을 때 민감하게 반응했던 것으로 판단된다. 특히 하나님의 능력이 기존에 믿던 '영적 존재들'의 능력보다 월등히 강함을 보면서 집단적으로 주님께로 돌아오는 역사가 이 땅에서 일어날 수 있었다(장남혁 2007: 222-24). 오늘날도 성령의 은사를 강조하는 오순절 교단의 교회들이 놀랍게 부흥 성장하는 것도 무속 세계관이 밑바탕에 깔린 한국문화적 배경과 무관하지 않다고 판단된다. 이처럼 무속적 배경을 가진 문화 속에서 사역하는 사람은 늘 기도하는 가운데 하나님의 능력으로 무장하고 나아가야 할 것이다.

2. 의례적 차원의 상황화

종교적 의례의 차원은 예배, 성지순례, 명상, 그리고 봉헌을 포함하며, 종교에서 의례가 갖는 차원을 깊이 이해하기 위해서는 신화, 상징, 그리고 행동에 대한 자세한 이해가 요구된다(Moreau 2008: 470). 세계의 모든 종교들은 자신들이 추구하는 가치들을 상징적으로 표현한다(482). 건축과 예술, 의례에 사용되는 물질, 장소 등에도 이러한 상징이 내포되어 있다(482). 의례적인 차원에서의 상황화를 위해서는 토착적인 의례에 대한 깊은 연구가 요구된다(470). 각 지역의 교회들은 자신들의 방식대로 그들의 감각에 맞게 가치, 희망, 꿈, 열망을 표현하도록 권장되어야 한다(482-83). 드라마, 시각적 예술, 음악 분야에 있어서 개척할 여지가 많다(483).

우리 민족의 경우 조상들과 관련된 의례가 매우 중요한 의례로서 행해졌고, 오늘날에까지 문화 전통으로 뿌리를 내리고 있다. 인간이면 직면하게 되는 죽음이라는 사건을 당할 때 남은 유족들을 중심으로 장례의례가 행해질 뿐더러 이제 조상으로 신분의 변화를 겪게 된 사망자에 대한 제사의례가 매우 중요시된다. 반면 한국 개신교는 서구와는 다른 한국적 맥락에서 형성된 의례적 욕구에 적절히 대응하지 못했다는 지적을 받고 있다(차은정 1999: 135). 이러한 지적에 대해서 겸허히 반성할 필요가 있고 적절한 대응책과 관련하여 진지한 논의와 검토가 요청된다. 또한 예배의 토착화와 상황화도 실제 현장에서는 구체적으로 다양한 시도들이 이루어짐에도 불구하고 그러한 시도들을 뒷받침해주는 신학적 패러다임에 대한 논의나 그러한 시도에 따른 평가나 반성은 부족하다는 인상을 받는다. 그저 해외에서 성공적인 모델이라면 우리 상황에 대한 고려나 검토도 없이 무비판적으로 복제하는 것은 아닌지 우려되기도 한다. 이러한 차원들을 전통문화와 세계관 그리고 근대와 탈근대 관점과 관련해서 검토하는 가운데 분명한 신학적 패러 다임을 근거로 하여 변화를 추구해 나갈 때 진정 문화에 뿌리내린 상황화된 예배와 예식을 발전시켜 나갈 수 있을 것이다.

1) 예배의 상황화

공중예배는 보이지 않는 하나님을 높이고 찬양하며 그분의 음 성에 귀 기울이며 또 인간의 사정을 아뢰는 시간이다. 하지만 그 러한 찬양과 설교와 기도는 문화적 형태를 빌어서 표현된다. 선교 에 있어서 문제가 되는 것은 하나님과의 만남을 표현할 때, 구체적 으로 어떠한 문화적 형태를 사용하여서 그 감격을 생생하게 표현 할 수 있느냐는 것이다. 티펫(Alan R. Tippett)은 선교 현장의 교회들이 서구의 찬송가, 오르간 등을 사용한 서구식 예배를 그 대로 복제하여서 예배할 때 예배의 역동성이 사라지고 문화적 공 허함(cultural void)이 발생한다고 보았다(1969: 130; 장남혁 2002: 91에서 재인용). 비록 서구 상황에서는 신자들에게 깊은 의미를 주는 예배 형식이라도 다른 문화 상황 속에서는 전연 다른 의미를 띨 수 있다. 즉 선교 현지에 있는 주민들에게 기독교는 우리 와는 관계없는 서구 종교란 의식을 갖게 할 수 있다는 것이다. 이처 럼 동일한 형태의 표현이라 할지라도 문화를 달리하게 되면 그 표 현이 갖는 의미가 달라지므로 타문화권에서 예배의 역동성을 표현 하기 위해서는 그 문화권의 음악, 춤, 표현 방식, 행위 문화, 예술 형태 등을 고려하지 않을 수 없다. 크래프트(Charles H. Kraft) 는 초대교회의 교인들에게 예배가 가져다주던 감격과 의미를 생생 하게 표현하려면 단순히 형식을 그대로 답습하는 것만으로는 부족 하고 형식을 바꿀 필요가 있다고 주장했다(1979).[78]

78) 크래프트는 최근에 '역동적 등가'(dynamic equivalence)란 말을 '의미 등가' (meaning equivalence)란 말로 대체해서 사용한다. 그에 의하면, 상황화의 목적 은 성경이 가르치는 의미들이 수용자들의 삶 속에서 표현되도록 하는 것이다 (Kraft

성경에서는 하나님을 찬양할 때 다양한 형식들을 활용하였다. 손을 들고 찬양하기도 하고, 악기를 사용하여 찬양하기도 했으며, 춤을 추면서 찬양하기도 하였다. 동일하게 하나님을 찬양하더라도 시대에 따라 문화에 따라 다양한 표현 방식이 나올 수 밖에 없다. 문화가 바뀌고 사람들의 삶의 습관이 바뀜에 따라 동일한 의미라도 표현하는 방법이 변화된다. 예술의 형식도 바뀌고 건축 형태도 바뀐다. 새로운 도구들이 발명됨에 따라서 사람들의 문화는 급격한 변화를 드러낸다.

분명히 시대는 바뀌어 지고 있으며 세대 간의 차이도 점차 벌어지고 있는 실정이다. 아날로그 시대에서 디지털 시대로, 문자 세대에서 영상 세대로 바뀌어 가고 있는 데 이런 것들이 예배에 반영되지 않을 수 없을 것이다. 교회마다 프로젝트와 스크린 화면 혹은 영상판이 설치되고 예배의 내용과 형태면에서 많은 변화가 생겨나고 있다. 광고도 동영상으로 촬영하여서 내보내게 되고, 설교 시간에 예화를 들 때에도 동영상을 활용한다. 또한 설교 중간에 관련 성경 구절이나 주요 논지를 문자로 스크린에 띄워 준다. 찬양을 부를 때에도 가사를 스크린에 띄워 줌으로써 전통적인 찬송에서부터 CCM(Christian Contemporary Music)에 이르기까지 다양한 장르의 음악을 활용할 수 있게 되었다. 또한 찬양 인도자와 찬양팀 그리고 기타와 신디사이저, 드럼을 비롯한 다양한 악기로 무장한 연주팀이 찬양을 인도하는 교회들이 점점 많이 늘어나고 있다.

문화가 변함에 따라 새롭게 변화하는 문명의 이기를 활용하는 것은 당연하고도 바람직한 일이다(김세광 2005: 146-47). 문제는 그처럼 문명의 이기를 활용하는 가운데 신학적 패러다임은 빠져 나가고 문화적 패러다임만 남게 되는 것은 아닌가 하는 염려이다. 소비자의 필요에 호소하기 위하여 다양한 광고를 만드는 상업

2007: 270-75).

세계의 패러다임이 교회 속으로 흘러 들어올 위험이 크다는 것이다(150-52). 신학적 패러다임이 분명한 가운데 문화적 양식들을 최대한 활용한다면 그것이 가장 바람직한 대응이라고 생각된다. 아름다운 교회의 유산과 연속성을 이어나가며, 동시에 공동체성과 전통적 말씀형식을 유지하는 가운데 창조적으로 현대 문화에 접목하는 과정을 밟아 나가야 할 것이다(153-54).

그러한 점에서 예배에 대한 신학적 패러다임을 분명히 수립하는 것이 보다 우선적이다. 한국 상황에서 예배의 토착화와 상황화는 신중하게 고려될 필요가 있다. 오늘날 열린 예배, 이머징 워십(emerging worship), 멀티미디어 예배, 영화 예배와 같은 과감한 시도들이 이루어지고 있는데 문제는 서구 상황에서 생겨난 예배 형태를 그대로 직수입하는 데 있다. 우리 상황에 맞는지 평가하고 조정하는 작업이 부족하다. 그것은 마치 선교 초창기에 서구식 예배를 그대로 직수입하던 것과 별로 다르지 않다. 물론 세계화의 여파로 젊은 층으로 갈수록 문화적으로 통용될 수 있는 부분이 점점 더 많아지는 면은 부인할 수 없다. 그럼에도 불구하고 동시에 젊은 층도 그 특정 지역 문화의 영향을 받기 때문에 그 지역적 특색을 고려해야만 할 것이다.

예배는 믿음의 총체적인 표현이다. 삶의 다양한 차원과 잘 조화를 이루어야 한다. 교리적 차원, 경험적 차원, 윤리적 차원, 사회적 차원, 이야기 차원과 잘 통합되고 조화를 이루어야 할 것이다. 그런 점에서 분명한 예배에 대한 신학적 입장을 수립하는 것이 먼저이고 그러한 다음에 필요에 따라서 외부의 예배 모델로부터 선별적으로 받아들일 수 있을 것이다. 중요한 것은 끊임없이 평가하고 검토하는 작업을 통하여 우리 상황에 적합한 예배가 되도록 가다듬는 작업이다. 변화를 추구함에 있어서 병행되어야 할 점은 예배에 대한 지속적인 교육이다(216). 전 교인을 대상으로 예배의 본질과 의미 등에 관한 지속적인 교육이 주어질 때 바람직한 예배가 정착될 수 있을 것이다(216-17). 예배의 변화를 지속적으로 추진해 나가는 예배위원회와 같은 팀을 조직 운영하는 것도 실질적인 방안이 될 것이다(217). 이러한 작업은 급변하는 문화 속에서 복음을 보다 효과적으로 전파하기 위하여 교회들이 최우선적인 관심을 기울이고 노력을 경주해야 할 부분이다.

2) 장례식과 추도예배의 상황화

우리의 의례 전통(cultural traditions) 가운데 지속적으로 이어지고 있는 것이 상례와 제례이다. 전통 의례는 유교적인 영향을 가장 많이 받고 있다고 하겠지만, 무속적인 면과 불교적인 면도 동시에 존속되어 시행된다. 근래에는 기독교적인 상례와 추도예배도 또한 많이 행해지고 있다. 기독교가 전래된 이후 가장 큰 충돌을 일으켰던 부분도 이 부분이었고, 많은 토착화 논의와 시도가 있었음에도 불구하고 아직도 더 많은 부분에서 상황화가 이루어져야 한다는 필요를 느끼는 것도 이 분야이다.

유교적 전통 상제례 그리고 무속적 상제례에서 중심적인 관심사는 조상이다. 조상에 대한 관념과 태도에 있어서 두 전통 사이에 큰 차이가 있는 것을 볼 수 있다. 유교의 경우에는 현세에서의 효도의 태도가 그대로 지속되는 것을 보게 된다. 현세에서 효를 하듯이 죽은 조상에 대해서 더욱 효도와 공경의 태도로 대하고자 한다. 또한 유교의 상제례에서는, 자식의 입장에서 부모가 돌아가신 것을 죄스럽게 여겨야 한다는 생각이 강하게 나타난다. 이러한 생각은 상주 및 유가족이 남루한 상복을 입고, 하늘을 우러러 보아서도 안 되고, 따뜻한 잠자리에서 자서도 안 되며, 좋은 음식을 먹어도 안 된다고 여기는 데에서 볼 수 있다(이광규 1994: 102).

반면 무속의 조상의례에는 전문 사제인 무당이 참여한다는 것이 크게 구분되는 점이다. 무당은 온갖 신을 불러서 제장에 참여하게 하고 망인(亡人)이 신들의 도움을 받아서 저승 좋은 곳으로 가도록 장시간에 걸쳐서 굿을 진행한다. 무속의 경우 효도라는 관념보다는 죽음이라는 과정을 거치면서 불안해지고, 원한에 사무친 영혼을 위로하고 신의 능력을 빌어 저승 좋은 곳으로 보내주고자 하는 기원이 강하게 깔린 것을 보게 된다. 효도보다도 혈육으로써 도움을 주고자 하는 바람과 간구가 강하게 반영되어 있다. 유교에서는 부모와 자식의 관계가 중요시되고 생전에 행하듯이 효도의 도리를 다하는 것이 주 관심사인데 비해, 무속에서는 피를 나눈 가족에 대해서 최고의 호의를 베풀어 줌으로써 사후의 세계에서 안정을 취하기를 바라는 간구와 정성을 표현하는 면이 강하다.

효를 강조하는 기독교에서도 돌아가신 부모에 대한 효를 표현하는 데 있어서 유교로부터 참조할 점이 많다. 특히 장례식 이후의 과정을 보면 전통적 유교에서는 제사를 지내면서 평상인으로 돌아오기까지 오랜 시간을 보낸다. 반면 의례가 간소화되는 추세인 요즈음에 이르러 너무 쉽게 부모를 잊어버리는 것은 아닌지 반성할 필요가 있다고 생각된다. 형제, 자매, 친척들이 이럴 때 아니면 모이기 힘들텐데 그나마도 바쁘다는 이유로 함께 자리를 하기 힘들어 하는 것이 현실이다.

무속의 사령굿에서는 세상을 떠난 혈육(피붙이)에게 최선의 도움을 주고자 하는 유족들의 절절한 심정과 간구하는 마음이 잘 표출된다. 그렇지만 개신교에서는 특히 부모님 사후에 생자들이 직접적인 도움을 줄 수 있다는 생각은 용납되기 힘들다. 그런 점을 감안할 때, 부모님 살아생전에 이러한 마음을 갖고 그분들이 하나님의 은총을 받아 누리도록 더욱 힘써야 할 것이다. 사망의 권세를 깨뜨리고 부활하신 주님께 간구하며 진정으로 복음을 권할 때 자식을 통하여 주님께로 돌아오는 부모들이 많다는 것은 시사하는 바가 크다.[79] 아직 믿지 않는 가족 구성원들을 대상으로 하는 가족 전도에 더욱 힘써야 할 것이다.

한국의 전통적 상례에서 급작스러운 상을 당하게 되면 많은 일손이 필요하게 된다. 상은 대개 갑작스럽게 당하고 많은 일들을 조속히 처리해야 한다. 전통적 상례에서는 상(喪)에 관여하는 이들의 임무에 따라 상주(常主), 주부(主婦), 호상(護喪), 사빈(司賓), 사서(司書), 사화(司貨), 찬축(贊祝) 등의 여러 역할이 나뉘어서 수행된다(84). 상주는 망인의 직계 아들로 장자를 맏상주라 하는데 상주는 시사전(始死奠)[80] 옆에서 시신을 지키는 역할을 하며, 주부는 여자를 관리하는 사람으로 망인의 처가 되지만 망인의 처가 없을 경우 맏상주의 처가 된다.

근년에는 상가의 일이 별로 없지만 옛날 예서에 따라 격식대로 상복을 입을 때는 복인[81]까지 수십 명의 상복을 만들어야 했다. 집안의 일손이 모자라 마을의 여자 전원이 동원되어 방과 마루에서는 상복을 짓고 밖에서는 음식을 준비하는 등 상가는 마치 잔치집과 같았다고 한다(84). 호상이란 상주를 도와 제반 상무를 집행하는 사람이고, 사빈은 외청에서 손님을 맞이하는 사람으로 흔히 망인의 친구에서 한 사람을 선정한다. 사서란 상가에 제반사항을 기록하는 사람이고, 사화는 상사에 출납되는 모든 경비를 관장하는 사람이며, 찬축이란 찬과 축을 말하는 것으로 찬은 의례시 창을 하는 사람을 말하고, 축은 의례시 축을 읽는 사람을 말한다(84). 상보(喪報)를 알리는 것을 부고(訃告)라 하는데 망인의 근

---

79) 최근에 한국의 대표적인 지성인이라 할 수 있는 이어령씨가 따님의 전도를 통해서 복음을 받아들이고 세례를 받은 것은 그러한 사례에 해당된다.

80) 죽은 사람의 옷을 가지고 지붕에 올라가 북쪽을 향해 죽음을 외친 다음, 시체에 그 옷을 덮는 일인 고복(皐復)이 끝난 뒤에 올리는 전(奠)을 말한다 (네이버 용어사전). 병풍 앞에 작은 상이 놓이는 형태를 취한다 (이광규 1994: 83).

81) 1년이 안되게 상복을 입는 사람을 복인이라 한다 (네이버 용어사전). 상복에는 상복의 종류와 상복을 입는 기간에 따라 5가지 종류가 있는데 부모에 대하여는 참최복 (3년복), 처에 대하여는 제최복 (1년복), 형제에 대하여 부장기 1년복, 4촌 형제에 대하여 대공복 (9개월복), 6촌 형제에 대하여 소공복 (5개월복), 그리고 8촌 형제에 대하여 시마복(3개월복)을 입는다 (이광규 1994: 87).

친에게는 직접 사람을 보내 상보를 전하고 친구에게는 사서가 부고장을 만들어 통지를 한다(84).

이처럼 전통적 상례에는 많은 일손이 필요하고 가족과 친지들 그리고 마을 사람들이 합력하여 상례를 치른다. 오늘날에도 상례를 치루는 가정에는 예전과 같지는 않지만 그래도 많은 도움의 손길이 필요하다. 그런 가정에 대해서 그리스도인들이 도움의 손길을 베푼다면 큰 힘이 될 것이다. 손님을 맞는 것, 부고를 전하는 것, 그리고 음식을 장만하고 접대하는 것 등을 도울 수도 있을 것이다. 어려운 일을 만났을 때 상부상조하던 것이 우리의 전통적인 마을의 모습이었다. 위기를 당한 이웃을 찾아가서 정성을 다해서 도와주고 관심을 기울일 때 관계를 맺고 정을 맺는 계기를 삼을 수 있을 것이다. 그리스도인이 아니라고 외면하는 것이 아니라 주변에서 상을 당한 분들을 찾아가서 적극적으로 돕는 일을 감당할 때 막힌 담을 허물 수 있을 것이다.

또한 교회의 경조팀들도 자기 교회 교인들이 아니어도 교회의 도움을 요청하는 분들이 있을 때 기꺼이 정성을 다해서 돌보아 드리고 유가족을 위로하는 일을 할 때 그들이 하나님의 사랑을 새롭게 느끼는 계기가 될 수 있을 것이다. 그런 교회의 경조팀은 사회봉사와 더불어 능력 있게 전도하는 조직으로 자리매김하게 될 것이다.

특히 불신자들을 위한 장례를 치룰 때 마땅히 위로할 내용을 찾기 힘든 점을 고려할 때 이 부분에 마땅한 찬송이나 기도문, 설교문 등을 만들 필요가 있다(현요한 2000: 43). 현요한은 불신자들을 위한 장례를 치룰 경우 구원론적인 접근보다 창조론적으로 접근할 것을 권장한다(43). 그는 불신 부모에 대한 추도예식에서, "우리를 이 세상에 태어나게 하셨고, 또 그분들을 통해 사랑의 양육을 받도록 창조하시고 섭리하신 분은 하나님이시므로, 우리는 그 조상들을 우리에게 주셨던 하나님의 일반 은혜에 감사하는 예배를 드릴 수 있을 것이다"고 언급한다(44).

불신 부모뿐만 아니라 불신자 일반을 위해서 드려질 수 있는 상
제례 예식을 위한 연구, 개발이 필요할 것이다. 교회들이 힘을 합
하여 전통적인 상제례를 검토하면서 그것이 갖는 사회적, 공동체
적, 윤리적 의미들을 찾는 가운데 장례예배와 추도예배의 새로운
모델들을 개발해 나간다면 상제례를 통해서 복음이 전파되고 확
산되는 좋은 계기가 될 수 있을 것이다.

3. 윤리적 차원의 상황화

도덕의 영역은 무엇보다도 특정 사회의 전체적인 세계관에 의
해 영향을 받는다(Smart 1986: 152). 따라서 옳고 그른 것은
좀 더 넓은 범주인 우주관의 시각에서 고찰될 필요가 있다(165).
교리 체계가 사람들에게 옳고 그름이 무엇인지 말해 주지만, 윤리
적 체계는 그들이 옳고 그름을 전제로 어떻게 살아야 하는지, 어
떻게 행동해야 하는지를 가르쳐주고, 법적인 면을 통해서 질서를
유지하도록 한다(Moreau 2008: 473).

우리의 전통 문화에 있어서 윤리적인 차원에 가장 큰 영향을 미
친 것은 유교 윤리라고 생각된다. 그러므로 유교 윤리를 중심으로
살펴보되 근대적인 사고와의 관련성도 찾아보고자 한다.

1) 천명(天命)과 소명(召命)

유교의 천(天) 관념에서 나온 중요한 개념 중의 하나는 천명(天
命)이다. 천명(天命)을 알고 따르는 것이 인간의 본분이다. 그래서
공자도 "50이면 지천명(知天命)"이라고 하였다. 공자도 50살이 되
어서야 지천명(知天命)했다는 것은 공자와 같은 성현이라고 해도

하늘의 명령을 깨닫기까지는 50년이라는 세월이 요구된다는 것을 말해 준다. 즉 천명을 안다는 것이 그렇게 쉽지 않은 일임을 보여 주는 사례라고 할 것이다.

천명을 안다는 것은 자신이 해야 할 일이 무엇인지, 자신이 이 땅에 태어난 사명이 무엇인지를 안다는 말이다. 그냥 이 땅에 왔다가 아무런 의미도 없이 사라지는 인생이 아니라, 뭔가 사명이 있고 목적이 있어서 이 땅에 왔고 그 사명을 이루는 것이 인간의 본분이란 의미를 내포한다.

우리의 삶에서 먹고 사는 것보다 더 중요한 것이 하늘의 명령을 알고 따르는 일이라는 관념은 오늘날 매우 중요한 의미를 지닌다. 물질만능주의 사상이 팽배한 가운데 물질 추구가 최선의 가치가 되는 시대에 물질을 넘어서는 하늘의 명령이 있다고 하는 것은 "사람이 떡으로만 사는 것이 아니요 여호와의 입에서 나오는 모든 말씀으로 사는 줄을 네가 알게 하려 하심이라"(신 8:3)는 말씀과 일맥상통하는 바가 있다.[82]

우리나라의 경우 근대화가 시작되면서 많은 혜택을 입은 것이 사실이다. 하지만 물질이면 모든 것이 가능하다는 황금만능주의에 젖어서 한탕주의, 대박문화를 꿈꾸며, 자신의 정체성과 존재목적을 확인하는 면이 소홀히 되고 있다. 물질을 동경하고 숭상하는 문화 속에서 살아가고 있지만 물질이 삶의 질을 보장하지 못한다는 것을 우리 민족은 뼈아픈 대가를 치루면서 배우고 있다.

더욱이 직업이야말로 자신의 적성에 맞아야 하고 그 직업을 통하여 하나님의 사명을 이루고 자신의 정체성을 확인하는 것이 되어야 함에도 불구하고, 단지 돈벌이 수단으로 전락하고 있다는 것은 심각한 문제이다. 대학의 학과를 결정할 때에도 자신의 적성보다는 경제적 보상이나 사회의 평판이 기준이 되는 것은 이러한 물질주의적 가치관이 우리 사회에 얼마나 팽배한지 잘 보여 준다. 많

---

82) 주님께서도 이 말씀으로 물질을 앞세운 사탄의 시험을 물리치셨다.

은 학생들이 동기가 부여되지 않은 채 부모의 강요에 못 이겨 학업에 임하면서 극심한 스트레스에 시달리고 있으며, 또한 많은 직장인들이 일을 통한 보람과 성취감을 맛보기보다는 성과를 요구하는 직장에 붙어 있기 위하여 온갖 스트레스를 감수하며 격무로 시달린다.

종교개혁자들이 직업을 천직으로 하나님께서 주신 소명이라고 본 것은 깊은 성경적 통찰력에서 나온 것이었다(김세윤 2009: 228-29). 하나님께서 각 사람을 독특한 존재로 만드신 것은 뜻하시는 바가 있고 목적이 있으셔서 그렇게 만드셨다. 각 사람에게 독특한 은사와 재능, 그리고 성격을 부여하신 것은 그들을 쓰시고자 하시는 바가 있어서 그렇게 만드신 것이다. 그러한 각자에게 주어진 은사와 재능, 그리고 성격에 맞는 일을 찾아서 자신의 잠재력을 극대화하는 삶이 인간으로서 보람이 있고 성취감을 만끽하는 삶이다.

일과 직업은 결코 천역이 아니라 하나님께서 허락하신 분복이다. 전도서에서는 "네 손이 일을 얻는 대로 힘을 다하여 할지어다. 네가 장차 들어갈 스올에는 일도 없고 계획도 없고 지식도 없고 지혜도 없음이니라"(전 9:10)고 일의 소중함에 대해서 언급한다. 성경에 의하면 포도원에서 일할 수 있도록 기회를 주는 것이 바로 은혜이다(마 20:1-16). 자신에게 주어진 적성에 맞는 일을 찾아서 그 일을 통해서 자신에게 주신 잠재력을 극대화하는 삶이야말로 성경이 말하는 복된 삶이다.

하나님께서는 일을 통하여 사람을 만들어 가고 빚어간다. 자신에게 주어진 일을 하나님의 부르심 혹은 하나님께서 맡기신 사명으로 알고 충성스럽게 감당해 나갈 때 하나님께서 그 사람의 역량을 극대화하고 그 사람의 영향력의 반경을 넓혀 주신다. 자신에게 주어진 일을 하나님께서 맡겨 주신 것으로 알고 충성을 다해서 감당할 때 하나님께서 더 큰 일을 맡겨 주시는 방식으로 그를 빚어가고 그의 역량을 키워 주신다(눅 16:10). 성경과 기독교 역사는 그와 같은 방식으로 하나님에 의해서 빚어진 사람들의 이야기로 가득 차 있다(히 13:5).

2) 배려 정신

유교에서는 인간으로서 따라야 할 마땅한 일을 하지 않고 이에 위배되는 일을 할 때에 "천인공로(天人公怒)할" 짓을 했다고 지탄한다. 공자는 "남이 나에게 행하기를 원치 않는 일을 남에게 행하지 말라"는 말을 한다. 식품에 위해색소를 섞는다든가 불량 재료를 사용하는 일은 눈앞의 이익을 위해서 남의 건강을 해하는 일로서 그러한 일은 인간으로서 해서는 안 되는 일이라는 생각에 사람들은 공감하고 그러한 일을 행한 자를 법으로 처벌하는 것을 마땅히 여긴다.

이처럼 남의 처지를 헤아려서 생각하는 것이 유교에서 중요한 규범으로 자리 잡고 있다. '서(恕)'의 규범은 나의 도덕성을 남의 도덕성과 상호 확인하여 일치시키는 것으로 인간관계의 가장 포괄적인 규범원리이다(금장태 1996: 143). 그것은 나와 남이 서로 입장을 바꾸어서 상호 이해의 일치성을 확보하는 '추서(推恕)'로 일컬어지기도 하는데, 윤리적 공동체가 성립되기 위한 근거로 본다(143-44). 오늘날 자신의 이익을 추구하기에 급급하여 남의 입장을 전연 헤아리지 못하는 경우를 많이 본다. 이러한 때에 타인의 입장에 서서 헤아릴 수 있는 정신과 태도가 절실히 요청된다. 즉 배려 정신이 요구된다는 것이다.

서구의 근대적 사고는 18세기 칸트 이래로 도덕의 '자율성' 또는 독자성을 확립하고자 시도하였다(Smart 1986: 165). 칸트는 옳고 그른 것의 기준을 소위 지상명령(categorical imperative)이라고 명명하였는데, 그것은 유교의 서(恕) 규범과 통하는 면이 있다.

오늘날은 세계화 과정이 급속도로 진전되면서 지구촌(global city)이 형성되고, 하나의 집단과 다른 가치관을 가지고 있는 집단들이 함께 어울려 살아가야만 하는 상황이 전개되고 있다(169). 이러한 상황 속에서 갈등을 극복하면서 공존하기 위하여 관용과 다원주의가 중요한 가치로 등장하고 있다(169). 서구의 일각에서는 다른 민족의 문화에 대해 가졌던 식민주의적 태도를 반성하고, 서구인이 우월하다는 입장에서 그들을 판단하기보다는 각 민족들의 문화를 존중하는 자세를 가지고 상대방의 입장에서 그 문화를 기술하고 이해하려는 문화상대주의적 입장이 자리를 잡아가고 있다.[83]

이처럼 '역지사지(易地思之)'하는 마음은 성경의 정신과도 일맥상통한다. 구약성경에서부터 하나님께서 자신의 백성들이 당시 사회적 약자였던 이방인들, 고아와 과부를 배려할 것을 명령하셨다(출 22:21; 사 1:17). 예수님께서도 가장 큰 계명을 묻는 질문에 대해서 첫째는 "너의 하나님을 사랑하라"는 것이고, 둘째는 "네 이웃을 네 자신과 같이 사랑하라"는 것이라고 답변해 주셨다(막 12:28-31 병행구). "네 이웃을 네 몸과 같이 사랑하라"는 것은 주님께서 주시는 계명의 핵심에 해당된다. 그리스도께서도 자신을 돌보지 않고 인간들의 처지를 헤아리는 가운데 그들의 죄를 대신 감당하는 십자가를 지심으로 자신을 따르는 자들의 본을 보여 주셨다.

바울도 "각각 자기 일을 돌볼뿐더러 또한 각각 다른 사람들의 일을 돌보아 나의 기쁨을 충만하게 하라"(빌 2:4)는 권면의 말을 한다. 오늘날 하나님의 백성들이 하나님의 뜻이 "모든 사람이 구원을 받으며 진리를 아는 데에 이르기를 원하신다"(딤전 2:4)는

---

83) 특히 문화인류학에서 이러한 '문화상대주의'적 관점 위에서 타문화에 접근할 것을 주장한다 (한상복 외 1985: 20-21).

것을 안다면 이러한 배려 정신을 더욱 배양하는 것이 필요할 것이다. 세상 속에 있는 불신자들도 하나님의 사랑의 대상이라는 점을 인식하고 그들을 대할 때 좀 더 배려정신을 갖고 대한다면, 갈등을 극복하고 인정이 넘치는 공동체를 세워나갈 뿐더러 전도의 문도 더욱 활짝 열리게 될 것이다.

그리스도인들도 안 믿는 자들과 인간이란 점에서 공통적인 면을 갖는다. 지구촌화하는 오늘날 인간이란 점에서 갖는 공통적인 정체성(human identity)을 더욱 중시할 필요가 있다(Hiebert 2009: 191). 그리스도께서도 "우리가 아직 죄인되었을 때"에 우리와 동일시하여 주신 것처럼(롬 5:8), 우리 또한 구원을 필요로 하는 자들과 동일시하도록 부르심 받았다는 것을 잊지 말아야 한다(191-92).

다른 인간들과 우리를 하나로 묶는 공통적인 측면이 그들과 우리를 분리시키는 정체성—민족(유대인 혹은 이방인), 계급(종 혹은 자유자, 중산층 혹은 빈곤층 등), 성(남성 혹은 여성)—보다 훨씬 더 깊은 차원에 놓여 있다는 점을 기억해야 한다 (192). 불신자들을 대할 때 동일한 인간성을 소유한 존재로 대하고, 죄악과 절망 가운데 방향을 잃고 표류하는 세상 속에서 함께 살아가는 존재로써 대할 때, 상호간 좋은 이웃이 될 수 있으며 그러한 가운데 먼저 믿는 우리에게 주어진 구원과 소망의 좋은 소식을 나눌 수 있을 것이다(192).

3) 효 문화

유교에서는 부모와 자식 간의 관계가 중시되는데, 특히 자식이 부모에게 효도하는 것은 인간의 개인적, 사회적인 모든 행위의 근원적인 원리요 전통적 윤리 체계의 초점이라고 보았다(금장태 1982: 28). 효는 그 정신으로서 부모에 대한 사랑과 공경의 마음이 강조되고 그 형식으로서 아침저녁으로 부모님의 자리를 살피고 문안하는 예절이나 상례와 제사에서 갖추어야 할 예절로 구체화되어 내려왔다(28).

산업화와 근대화의 과정을 거치면서 한국사회는 엄청난 변화의 과정을 겪었다. 그러한 가운데 가장 크게 영향을 받은 부분이 효문화라고 생각된다. 핵가족화되면서 부모와 떨어져 분가하는 경우가 증가하였다. 이것은 장남 가족이라고 해서 예외가 아니다. 1960년대에는 58%에 해당되던 농촌인구가 1995년에는 11%로 줄어든 결과 시골에는 노부부들이 자식들과 분리되어서 살게 되는 경우가 많아졌다(임돈희 외 2001: 13). 또한 1960년대에서 80년대까지 산아제한 인구정책이 시행되면서 출산율이 감소하여 가족관계가 '효'에서 '자식사랑'으로 바뀌어가는 경향이 늘어났다(14).

임돈희의 연구에 의하면 1970년대에만 해도 제사나 시제가 효의 표현이라는 생각이 강했던 데에 반해서 1990년대에 와서는 제사를 잘 지내야 효자로 인정받고 마을 내에서 존경받는다는 상징적 기능도 많이 사라지고 있다고 한다(19). 시골에 사는 노인 부부들은 자식들이 도시에서 같이 살자고 하지만 낯선 곳에서 사느니 아주 늙어 혼자 살 수 없을 때까지는 시골에서 몇 십 년간 같이 지내 온 친척과 함께 사는 것이 낫다고 생각하며, 자식 집에 갔을 때의 대우와 불편함에 대해서도 잘 알고 있다고 한다(21). 혼자 수족을 쓸 수 있을 때까지는 따로 살다가 "정 늙게 되어 수족을 못 쓰면 그때는 할 수 없이 자식 집에 가겠다"는 것이 하나의 경향으로 자리 잡는 추세이다(21). 심지어 도시에 나간 자녀들이 이혼하여 갈라지게 되는 경우에는 손자, 손녀까지 떠맡아서 결성된 '조손 가족' 또한 증가하는 추세이다.

이러한 현상을 보면서 느끼게 되는 것은 근대화를 거치면서 가장 큰 피해를 입은 세대의 하나가 노년 세대라는 생각이다. 더욱

이 근대화와 더불어 들어온 서구의 근대 사조와 여성해방운동의 영향으로, 젊은 여성들은 "참아야 한다"거나 "자신을 죽여야 한다"는 생각을 받아들이지 않는다(김은희 1994: 199). 김은희가 1994년에 행한 연구에 의하면 시어머니의 부당한 간섭이나 억압 등을 그냥 받아들이는 여성은 거의 없고 대부분의 며느리들이 많은 경우 한번쯤 시어머니에게 도전하여 크게 싸운 적이 있었다고 한다(199). 위 연구에 의하면, 며느리가 무조건 복종하지 않으면서도 어른 노릇 할 것을 요구함에 따라 많은 부모들은 같이 사는 것이 '불편하다'며 따로 살기를 원한다(209).

이처럼 경제적인 변화가 효문화의 변화를 야기하는 가운데 부모를 공경하는 마음조차 약화되는 것은 아닌가 하는 우려가 크다. 오늘날의 가족 문화 속에서 너무 자녀들을 위하는 데에만 치중하고 부모를 모시는 데 소홀히 하는 것은 재고될 필요가 있다. 하나님께서는 부모 공경을 명령한다. "자녀들아 주 안에서 너희 부모에게 순종하라. 이것이 옳으니라. 네 아버지와 어머니를 공경하라"(엡 6:1-2). 그 명령에 따른 약속 또한 분명히 언급되고 있다. "이 것은 약속이 있는 첫 계명이니, 이로써 네가 잘되고 땅에서 장수하리라"(엡 6:2-3). 하나님의 다섯 번째 계명이지만, 인간관계에서 언급하는 첫 번째 계명이 부모를 공경하라는 것임을 생각할 때 하나님께서 이 부분을 얼마나 중요시하는지 알 수 있다.

유교에서의 가족 윤리가 사회 윤리로 확대되어 나갔듯이, 가족에서의 부모 공경은 곧바로 나아가서 사회 속에서 어른들을 공경하는 데까지 나아간다. 내 부모를 공경하듯이 연장자들을 공경하는 것은 우리 문화 속의 미풍양속이다.[84] 어른들을 공경하고 존중하는 유교의 효문화는 교회가 살려나가야 할 부분이라고 생각

---

84) 미국에서 가르치는 어느 노교수가 한국을 방문하고 난 후에 너무 흐뭇한 추억을 간직하게 되었다고 말씀하시는 것을 들은 적이 있다. 그분이 나이가 많다는 이유로 젊은 사람들이 존경해 주고 공대해 주어서 자신의 문화와는 전연 생소한 면을 체험하게 되었다고 말씀하시는 것이었다. 미국에서는 수업시간에 나이 많은 교수에 대해서도 존칭도 붙이지 않고 '첫 이름'(first name)을 부르는 모습을 종종 볼 수 있었다.

된다.

최근에 많은 도시 교회의 대학, 청년부 학생들이 농촌 마을로 봉사 활동을 가서 주로 노인 분들만 머무르고 계시는 마을에서 이발, 미용, 마사지, 도배 등으로 노인 분들을 돕고 돌아오는 프로그램을 시행하고 있다. 향후 이런 활동이 일회성으로 그치지 말고 지속적으로 발전해 나간다면 좋겠다는 생각이다. 젊은 학생들의 입장에서도 농촌의 복지 현실에 대해서 새롭게 눈뜨는 계기가 될 수 있을 뿐더러 농촌 교회의 사역자들에게도 커다란 힘을 실어 주게 될 것이라 생각된다.

이러한 프로그램이 교회적으로 확산되어서 농촌 교회와 도시 교회들이 연계하여서 농촌의 대다수를 차지하는 노인들의 입장을 헤아리고 섬기는 일들을 감당할 때, 농촌 지역사회 속에서 교회의 위상은 분명히 빛을 발하게 될 것이다. 국가와 지방자치 단체만의 힘으로는 이 문제를 감당할 수 없는 것이 오늘날의 현실이다. 또한 많은 농촌 목회자들도 이 문제로 인해 버거워하고 있다고 한다. 하나님께서 문제 많은 세상을 돌보시고 회복시키시는데 앞장서고 계시는 분이시라는 것을 믿는다면 하나님의 백성들이 이러한 일에 적극적으로 동참하는 것이 당연하다.

4. 경험적 차원의 상황화

대부분의 종교적 의례들은 하나님의 임재 체험과 같이 종교들이 추구하는 경험들을 표현하고 유발시키는 목적을 갖고 있다 (Smart 1986: 81). 종교에서 경험적 차원은 초월적인 존재나 초자연적인 존재와의 만남으로, 아니면 현세적인 경험과는 구분되는 신비적인 체험으로 이루어진다(Moreau 2008: 475). 여기에서 체험 자체도 중요하지만 그러한 체험을 어떠한 맥락에서 해석하느냐 하는 면도 아울러 중요하다(475). 체험을 상황화할 때, 첫째로 체험과 관련된 성경의 관점, 둘째로 이러한 체험을 가능하게 하는 종교적인 의례를 어떻게 발전시킬 것인가, 셋째로 체험을 이야기하도록 함으로써 그것과 관련된 성경을 더 깊이 이해하게 되는 것 등에 주목해야 한다(476).

이 단락에서는 첫째, '능력' 체험이 중시되는 점에 고안하여 그러한 체험의 맥락과 그러한 체험을 위한 의례들과 관련하여서 복음적 '능력' 체험에 해당되는 것을 살펴보도록 하고, 둘째, 경험과 해석의 맥락이 어떻게 관련되는지 살펴보도록 한다. 경험도 중요하지만 그러한 경험을 해석하는 맥락에 더 치중하여 경험적 차원에서의 복음의 상황화를 다루어 보고자 한다. 셋째, 인간 내부에서 전개되는 전투에서 승리하기 위해서 수양을 중시하는 유교문화 속에서 성경적인 승리의 길은 무엇인지 살펴 볼 것이다.

경험적인 면이 가장 강한 종교 전통은 아무래도 무속이다. 무속의 신비체험은 무당의 신들림, 황홀경, 신의 입장에서 천명하는 '공수,' 신점, 대내림, 신병체험 등 실로 다양하다. 무당을 찾는 이유도 현실적으로 해결할 수 없는 문제라도 초자연적 존재들의 도움을 입으면 해결할 수 있다는 관념에 기인한다(장남혁 2002: 35). 무속의 신비체험을 중심으로 경험적 차원에서의 복음의 상황화를 살펴보도록 한다.

1) '능력'의 체험

무속을 비롯한 민간종교에서 가장 큰 관심사는 '능력'이다. 민간 신앙인들이 무당을 찾아가는 것은 그들의 신통력(神通力)을 믿고 그것에 의존해서 문제를 해결하고자 하는 것이다. 무속에서는 인간 자신의 힘으로 해결 안 되는 문제들에 대해서 그 원인도, 그 해결책도 신령적인 존재들에 달려 있다고 본다.

무당은 신령적 존재들과 소통하는 존재이다. 무당의 신병 체험을 보면 정신병과 증세가 유사함을 보게 된다. 심하게 앓거나 미친 짓을 하게 되는 데 이러한 문제에 대해서 신령의 뜻을 받아 들여서 무당이 되면 문제가 해결된다는 무속 전통의 해결책에 따라 내림굿을 행하게 된다.

내림굿을 행한 후에는 본격적으로 신령을 섬기고 그들의 능력을 힘입어서 점복을 행하거나 굿을 집행한다. 굿을 집행하는 과정을 보면, 굿의 여러 제차 속에서 신의 입장으로 전환되어 공수(신의 말)를 하게 된다. 굿에는 또한 전연 몰랐던 부분을 알아맞힌다거나 굿하는 사람의 속생각을 귀신같이 알아맞히는 등의 과정이 숱하게 나타난다. 웃기기도 하고 울리기도 하며 신령의 놀라운 능력을 과시하면서 장시간 지루하지 않게 굿이 진행된다. 죽은 조상이 무당에게 내리면 그 죽은 조상의 특징을 나타내기도 하고 어떻게 죽었는지 장면을 연출하기도 하여서 굿에 참석한 사람들을 놀라게 하기도 한다. 돼지머리를 삼지창 위에 세운다든가, 대내림을 한다든가, 참석자로 하여금 신복을 입고 도무를 하게 한다든가 하는 것은 나름대로 신령의 임재를 확인하는 과정이다. 이러한 행위의 밑바탕에는 신령이 내리면 좋은 것이라는 관념이 전제되고 있다. 신이 내리면 '신난다'고 하는 관념이 무속의 정서라고 할 것이다.

반면에 서구의 근대적 사고는 이러한 초자연적인 세계와 능력을 전연 배제하고 미신화하였다. 인간의 과학과 기술이 가져다주는 힘을 너무 지나치게 과신하는 면이 있다. 과학과 기술의 힘으로 모든 문제를 해결할 수 있으며 진보를 이루어서 이 땅에 유토피아를 건설할 수 있다는 낙관론이 강하게 자리 잡고 있다.

초자연 세계를 부정하고 과학과 자연법칙만을 신뢰하는 서구 세계관은 지나친 '반초자연주의적 성향'을 드러낸다(Arnold 1992: 182). 히버트(Paul A. Hiebert)는 인간에게 영향력을 미치는 영적 존재들을 미신화하고 인정하지 않는 서구 세계관의 결함을 가리켜서 "배제된 중간 영역의 허점"이라고 표현했다 (1997: 249-66). 그에 의하면 이러한 반-초자연주의적 성향은 서구의 세계관을 가진 선교사들이 초자연적 세계와 그 능력을 인정하는 비서구세계로 가서 선교하는 데 가장 큰 걸림돌이 된다. 즉 선교 현장의 초자연적인 세계관을 미신으로 간주하고 철저히 무시하며 서구의 자연적인 힘을 앞세우고 나아간다면 자칫 복음화보다는 세속화를 이루는 데에만 기여할 수 있음을 지적한다.

하지만 동시에 서구의 근대적 사고에 담긴 반초자연적 편향 (anti-supernatural bias)을 제일 먼저 의식하고 현장에서 패러다임 전환을 일으킨 자들도 또한 선교사들이었다(Nevius 1892; Crossman 2006; Tippett 1987: 310-322). 우리나라의 경우 19세기말에서 20세기 초에는 애니미즘적인 성향이 지금보다 훨씬 더 강했다. 그런 상황 속에서 사역한 서구 선교사들의 기록을 보면 서구적 세계관과 애니미즘적 세계관이 충돌되는 상황에서 성경에 입각하여 자신들의 서구적 관점으로 받아들이기 힘든 애니미즘적 관점을 수용하면서 사역에 임했던 것을 보게 된다(장남혁 2008b). 영적 존재들이 미신이 아닌 실재 존재임을 인정한다는 면에서 애니미즘적 관점을 수용하지만 동시에 성경적 관점에 근거해서 어두움의 영들에 대해서 하나님의 더 큰 능력으로 대면하는 모습을 보여 준다.

성경의 하나님은 분명히 초자연적인 세계의 초자연적인 능력을 가지신 분이시다. 그분의 능력은 엘리야의 갈멜산상의 대결에서 드러났듯이 이방 신들의 능력을 훨씬 압도한다. 오늘날에도 애니미즘 문화권의 사람들은 초자연적인 능력에 관심이 많다. 그러한 능력을 매우 민감하게 의식하면서 지내왔기 때문에 하나님께서 그들 속으로 임하게 될 때 하나님의 능력을 인식하고 하나님께로 돌아오는 역사가 일어나게 된다(장남혁 2007: 208-220). 예를 들면 하나님을 믿는 과정에서 신주단지들을 태워버리고 하나님께로 돌아오는 가족이 있다면 주변의 친지나 이웃들은 그 가족의 귀추를 주목하게 된다. 그 가족이 이전에 섬겼던 영적 존재들의 보복을 이겨내고 무사히 지내는 것을 보게 되면 하나님의 능력이 더 강하다는 것을 인정하게 되고 하나님께 대하여 마음의 문을 열게 되는 것이다.

우리가 믿는 하나님은 우주 만물을 창조하신 분이시다. 그분은 능력의 근원이 되신다. 주님은 십자가에 달리시고 부활하셔서 사탄을 물리치고 하늘과 땅의 모든 권세를 부여 받으셨다(마 28:18). 우리 믿는 자들의 주님으로써 세상 끝날까지 함께 있어 주시겠다고 약속하셨다(마 28:20). 우리가 주님의 백성으로 주님의 명령에 순종하여 하나님의 선교(Missio Dei)에 동참할 때, 주님의 전능하신 능력이 우리를 백업해 주신다는 것을 잊지 말아야 할 것이다.

하나님의 백성들이 하나님을 신령과 진정으로 예배할 때, 하나님을 찬양하고 높일 때, 믿음으로 기도하며 나아갈 때, 말씀을 읽으면서 하나님의 음성에 귀 기울일 때, 하나님께서 들려주시는 말씀에 순종할 때, 능력의 하나님께서 함께 하여 주시고 힘을 주신다. "나를 떠나서는 아무 것도 할 수 없느니라"(요 15:5)고 말씀하시는 주님이시지만 동일한 주님께서 "내게 능력주시는 자 안에서 내가 모든 것을 할 수 있느니라"(빌 4:13)고 고백하게 하신다.

서구적 사고가 물밀듯이 밀려들어오지만 동시에 전통 문화인 무속적 관점 또한 우리 사회 깊숙이 자리잡고 있다. 이러한 상황 속에서 하나님의 백성들에게 요구되는 것은 하나님의 전신갑주로 무장하고 자신의 힘을 의지하는 것이 아니라, 하나님의 전능하신 능력을 힘입고 의지하면서 하나님의 사역에 믿음으로 동참하는 일이다. 특히 탈근대 상황의 도래와 더불어 뉴 에이지 운동을 비롯한 각종 전통적인 종교들과 세계관들이 되살아나는 것을 목도하게 되는 오늘날의 시점에서 하나님의 능력이 함께하는 사역이 되도록 더욱 기도하면서 사역에 임해야 할 것이다. 제자들이 주님께 구하였던 것이 오늘날 우리들의 간구 제목이 되어야 할 것이다.

"우리에게 믿음을 더하소서"(눅 17:5).

2) 신 임재의 체험

앞에서 언급한 것처럼 우리 문화 속에는 '신난다'는 표현이 있다. 신이 내리면 일상생활에서 경험하기 힘든 전연 새롭고 역동적인 순간을 맞이하게 된다는 표현이다. 그러한 표현이 무속의 종교 체험과 깊은 관련이 있다는 것을 살펴보았다.

무속의 신내림 혹은 신들림과 관련하여 생각할 수 있는 것은 '성령 강림'과 '성령 충만'이다. 주님께서 제자들에게 말씀하실 때, "오직 너희에게 성령이 임하시면 너희가 권능을 받고 예루살렘과 온 유대와 땅 끝까지 이르러 내 증인이 되리라"(행 1:8)고 약속하셨다. 그 후 사도행전 2장에서 성령 강림 사건이 일어나고 그 후의 제자들은 이전과 180도 달라진 모습을 보여 준다. 성령 충만해진 그들은 전 세계를 복음화시키는 놀라운 사역에 귀하게 쓰임받았다. 사도 바울도 "술 취하지 말라 이는 방탕한 것이니 오직 성령으로 충만함을 받으라"(엡 5:18)고 권면한다.

성령께서는 사람들 곁에서 죄에 대하여 지적하시기도 하시고 마음을 열고 주님을 영접할 때 신자 속으로 들어오셔서 함께 거하신다. "너희는 너희가 하나님의 성전인 것과 하나님의 성령이 너희 안에 계시는 것을 알지 못하느냐"(고전 2:16). 또한 성령께서는 각 사람에게 은사를 부여해 주셔서 그것을 통해서 주님의 도구로서 효과적으로 섬기게 하신다(고전 12:7-11). 각자에게 주신 은사를 깨닫고 그것을 불같이 활용하는 것이 신자들에게 주어진 중요한 책임이요, 의무이며, 특권이다. 주님께서 보내 주시는 곳,

맡겨 주시는 일들을 충성스럽게 감당할 때 은사가 무엇인지 확인할 수 있을 것이다.

사람들은 신비적인 체험과 기적적인 체험에만 관심을 기울이는 경향이 있지만, 하나님의 백성들에게는 모든 사건과 경험들이 하나님의 임재와 섭리 가운데 진행된다는 의식이 있어야 한다. 성도들의 삶에 우연이란 없다. 우연처럼 보이지만 그러한 사건들 속에서 하나님의 역사를 볼 수 있는 믿음의 안목을 길러야 한다. 삶 속에서 하나님의 임재를 느끼고 하나님의 뜻을 분별하며 즉각적으로 반응해 나아갈 때 우리의 삶은 더욱 풍성한 삶이 되고 하나님께서 맡겨 주신 사명을 이 땅에서 완수하는 보람된 삶이 될 것이다.

삶 가운데 역사하시는 하나님의 손길을 보다 민감하게 느끼며 반응하기 위해서 말씀을 읽으며 기도하며, 묵상하며, 순종하며, 예배하는, 특별한 헌신이 요구된다. 이러한 시간을 통하여 더욱 영적인 근육을 훈련하고 담금질할 때, 일상의 경험들도 더욱 특별한 의미로 다가오게 될 것이다.

3) 인간 내면의 전투

무속에서는 인간 스스로 자신의 문제를 해결할 수 없다고 보고 영적인 세계에서 도움을 얻고자 하는 데 반해 유교나 불교, 그리고 근대적 사고에 있어서는 인간 스스로의 힘으로 실존적인 제약을 극복할 수 있다고 본다. 이처럼 유교, 불교, 근대 계몽주의가 인간적 가능성을 긍정적으로 보는 데 반해서 성경은 인간적 가능성을 부정하고 대신 신적 가능성을 긍정한다.

불교에서는 십이연기법이 시작되는 최초의 단계가 무명(無明)이란 것을 깨닫는다면 끝없는 윤회의 수레바퀴에서 벗어나 해탈의 경지에 이를 수 있다고 본다(윤이흠 외 2001: 78-79). 근대 계몽주의 사고도 인간은 자율적 이성을 갖춘 존재로서 스스로 생의 주인이 되어서 생을 개척할 수 있다고 보았다. 유교에서 인간은 그 육신 속에 욕심이란 것이 자리 잡고 있지만 동시에 하늘의 본성이 그들 속에 심기어져 있는 존재이다. 그리하여 욕심을 제어하고 하늘이 심어 놓은 본성에 따르면 완성의 경지에 도달할 수 있다고 본다.

그런데 유교에서 주목할 점은 육체의 욕심과 하늘이 부여한 본성이 인간의 내면에서 치열하게 전투를 벌인다는 점을 인정하는 것이다. 이러한 관념은 성경적 관점에 매우 유사하다. 그렇지만 그 전투의 진행 과정과 결과와 관련해서 유교와 성경은 궤적을 달리한다. 유교에서는 수양을 통해서 그리고 예의범절을 준수함으로 육체의 욕심을 극복하고자 했으며 그것이 가능하다고 보았다. 정약용은 인심(욕심)과 도심(성품을 실현하려는 마음) 사이에 일어나는 갈등을 마음의 교전상태로 설명하는데, 결국 도심이 인심을 누르고 승리하는데서 참된 인간의 가치가 실현되는 것으로 보았다 (금장태 1996: 102).

반면 성경에서는 인간적 가능성에 대해서 철저하게 부정한다. 성경에서는 인간 스스로의 힘으로서 육신의 욕구를 극복하고 선을 행하는 데 있어서 한계가 있음을 보여 준다. 로마서 7장에서 바울은 고백한다. "내가 원하는 바 선은 행하지 아니하고 도리어 원치 아니하는바 악을 행하는도다"(7:19).

그렇지만 성경에서는 예수 그리스도를 믿음으로 영접하는 자에게는 새로운 성품이 주어진다는 점에 주목한다. 믿는 자 안에는 성령이 거하셔서 새로운 욕구를 갖고 우리의 삶을 인도하신다. 때로는 성령의 요구와 육신의 요구가 서로 충돌한다(갈 5:17). 그러나 그러한 갈등 상황에서 성령의 요구를 좇아 행할 때 육체의 욕심을 이루지 아니하고(갈 5:16), 성령의 열매를 맺게 된다 (5:22-23).

성령은 삼위 하나님의 한분으로 하나님의 뜻을 알고 그 뜻을 이룰 수 있도록 능력을 주시는 분이시다. 인간은 연약한 존재이고 죄를 지을 수밖에 없는 존재이지만 성령께서 깨우쳐 주실 때 회개하고 돌이킬 수 있으며(요일 1:8), 성령의 인도함을 따라서 하나님의 뜻을 준행하며 살 수 있는 존재이다. 이처럼 성령을 좇는 삶을 살려면 자기 자신에 대한 철저한 부정이 요구된다(갈 2:20; 5:24). 자신을 죄에 대하여는 죽은 자요 그리스도 예수 안에서 하나님께 대하여는 산 자로 여기고 살아갈 때(롬 6:11), 그러한 신자들은 육신의 소욕을 좇는 데서 벗어나서 성령의 소욕을 좇는 삶을 살게 될 것이다. 그들은 내면의 전투에서 승리하게 되고 그들을 통하여 하나님의 뜻이 하늘에서 이루어진 것처럼 이 땅 위에서 이루어질 수 있을 것이다.

5. 신화와 이야기 차원의 상황화: 죽음과 그 이후의 삶

신화란 말은 다양하게 사용된다. 대중적으로는 가공의 세계에서 일어나는 이야기, 진실이 아닌 이야기 등으로 사용되지만 종교와 세계관을 다룰 때에 신화는 신과 인간의 드라마를 포함한 세계관과 신념체계의 가장 본질적인 면을 반영하는 성스러운 의미를 지닌 이야기를 말한다(Smart 1986: 15). 니니안 스마트는 전통적인 신화뿐만 아니라 영웅적 행위, 희생, 사랑, 명예, 힘 등의 주제를 제공하는 실제적인 역사 이야기도 이 범주에 포함시킨다(Moreau 2008: 477). 또한 민속신화, 동화, 그리고 속담들도 신화적 구조의 한 부분에 속하는 것으로 간주한다(477). 문화적 맥락을 살피면서 신화를 고찰할 때 신화가 문화 속에서 갖는 막대한 영향력과 관련하여 상황화하는 것이 가능하다(476).

죽음과 그 이후의 삶에 대해서 과학적인 방법으로는 알기 어렵지만 종교와 세계관은 이러한 측면에 대한 믿음을 제공한다. 그러므로 먼저 죽음관과 그 죽음의 문제에 대해서 전통적으로 어떻게 대처해 왔는지, 그리고 근대 계몽주의가 들어오면서 새로운 죽음관은 어떻게 우리 속에 자리를 잡아가고 있는지 살펴보고자 한다. 그러한 상황 속에서, 복음은 죽음의 문제를 어떻게 다루는지 살펴볼 것이다.

무속에서는 영육 이원론에 근거하여 죽으면 신체는 활동을 정지하지만 영혼(넋)은 그대로 존속한다. 그러한 영혼들은 영적인 존재 혹은 신적인 존재로 변환된다. 그들이 후손들과 생전에 맺었던 관계는 죽음 이후의 세계에까지 그대로 지속된다. 무속의 죽음 이해는 우리나라에 들어온 불교, 유교를 비롯한 다양한 종교 전통들에서 비롯된 관념들과 혼합되면서 죽음과 그 이후의 세계에 대한 다양한 관념들이 통합되지 않은 채 섞여 있는 것을 보게 된다.

유교의 경우 엄밀한 조상의례를 수립하고 실행해 나오는 가운데 나름대로의 죽음과 그 이후의 세계에 대한 이해를 갖고 있지만, 그 관심사는 조상들에 대한 효도에 보다 치중되고 죽음 이후의 세계에 대한 관심보다는 자손들과 조상들의 관계에 더 치중된다. 유교에서는 죽은 다음에 인간이 어떻게 존재하며 어떤 세계 속에 존재하는지에 대한 신화적인 표현을 찾아보기 힘든데, 그것은 유교가 죽음의 문제에 앞서 삶의 문제에 관심을 모으는 이념임을 잘 보여 준다(금장태 1982: 126-27). 유교 사회에서는 집집마다 사당(祠堂)이 있어서, 집안에 크고 작은 일이 있거나 출입을 할 때에 살아 있는 부모에게 알리고 인사드리는 것과 같이 사당에 가서 돌아간 조상에게 고한다(128). 한 울타리 안에 죽은 조상과 살아 있는 자손이 같이 살고 있는 것으로 볼 수도 있다.

유교의 전통에서 부모에 대한 효도를 강조하는 것은 생명이 존엄하고 고귀함을 긍정하며, 이를 계승하고 존속시키려는 의지를 윤리적으로 규정한 것으로, 조상의 생명이 나에게 전해져 있고 나의 생명이 자손에게로 전해진다는 신념은 유교적 이념의 핵심이다

(127). 유교에서는 사람이 죽으면 그 육신이 흙으로 돌아가는 것과 마찬가지로 그 영혼도 소멸되어 몇 세대가 지나면 사라진다고 생각한다(128). 그렇지만 육신과 영혼이 소멸되어도 그 사람의 생명의 본질은 자손을 통하여 끊임없이 이어진다는 생각이 강하게 자리 잡고 있으며 이러한 사상이 손(孫)을 귀히 여기는 관념과 이어진다(128). 이처럼 유교에서는 죽어서 가는 사후 세계에 대한 관념은 미비한 반면 자손들을 통해서 생명을 이어간다는 식의 현세 중심적인 사고는 강하게 나타난다.

불교에서는 윤회 사상에 의하여 죽어서도 인과응보는 이어지고 죽음 이후에도 다른 삶으로 삶을 계속 이어간다고 본다. 해탈만이 이처럼 끝없이 윤회하는 수레바퀴에서 벗어나는 길이라고 본다. 하지만 민간 불교에서는 극락왕생을 염원하는 내세중심주의가 강하다(윤이흠 외 2001: 60).

이처럼 한국 전통 세계관에서 죽음 이후의 인간존재에 대한 많은 용어들—넋, 혼, 영혼, 조상—이 존재하고 그들과 관련된 의례들이 발달했다는 것은 이러한 존재에 대한 관심이 얼마나 지대한지 보여 준다. 또한 이러한 존재들이 현세의 삶에 미치는 영향력을 매우 심각하게 인식하는 것을 볼 수 있다. "안 되면 조상 탓"이라는 말이나 조상의 음덕(陰德)을 빌기 위해서 좋은 묏자리를 구해야 한다는 사고는 죽은 조상이 현세의 삶에 큰 영향력을 미친다는 생각을 잘 반영한다.

반면 근대 계몽주의가 들어오면서 사람들의 관심사는 죽음의 문제에서 벗어나서 생의 문제, 경제 문제, 교육 문제로 더욱 집중되는 것 같다. 바쁜 현실 속에서 경제적, 물질적인 부를 추구하는 삶을 살다보면 죽음의 문제가 뒷전으로 밀려나게 된다. 그렇지만 죽음의 문제를 외면하고 회피한다고 해서 해결되는 것은 아니다. 주변에서 가까이 지내던 사람들이 병으로, 사고로, 재해로 죽어가는 것을 보면서 나 자신도 언젠가 죽을 것이라는 생각을 하게 된다. 그렇지만 다시금 주어지는 일들을 감당하며, 현실에 적응하다 보면, 이 문제는 해결되지 않은 미제의 문제로 남게 된다.

이제 전통적으로 행해지던 조상의례도 점차 간소화되는 추세이다. 후손, 그 중에서도 남자 아이를 그토록 선호했던 전통이었지만 이제는 여자 아이를 낳는다고 해도 그다지 상관하지 않게 되었다. 게다가 가정을 꾸미는 것에 대해서도 이전만큼 큰 가치를 두지 않는다. 그리하여 '싱글족'이란 신조어가 등장하고 그들은 가족을 형성해서 후손을 이어가는 데 별로 신경을 쓰지 않는 것처럼 보인다. 이러한 것은 죽음과 그 이후의 삶에 대한 이해에 있어서의 큰 변화를 반영한다.

특히 근대 계몽주의가 들어오면서 죽음 이후에 대해서 "죽으면 끝이다"는 생각이 점점 크게 자리를 잡게 되는 것 같다. 유교 전통에 의하면 "신체발부는 수지부모"라 하여 자신의 신체를 함부로 훼손하지 못하는 것이 당연한 일이었지만 오늘날에는 삶의 문제를 해결하는 하나의 방편으로 '자살'이 손쉽게 행해지는 것을 보게 된다. 그리하여 세계에서 자살률 1위라는 오명을 차지한 나라가 되었다.[85] 이러한 경향은 여러 요인에 의해서 설명이 될 수 있을 것이지만, 그 가운데 죽음 이후의 세계에 대해서 명확한 이해가 결여된 것도 그 요인 중 하나라고 생각된다.

성경은 죽음과 그 이후에 대해서 분명한 해답을 제시해 준다. "한번 죽는 것은 사람에게 정해진 것이요 그 후에는 심판이 있으리니"(히 9:27). 죽음은 모든 사람에게 보편적으로 다가오는 현상으로서 그 후에는 생전의 행위에 따라서 심판을 받게 된다. 문제는 모든 사람이 죄를 범하여서 심판주이신 하나님 앞에 설 때에 의롭다는 판결을 받기 힘들다는 데에 있다. "모든 사람이 죄를 범하였으매 하나님의 영광에 이르지 못하더니"(롬 3:23). 또한 성경에서

---

85) 통계청이 발표한 '2005년 사망원인 통계결과'에 따르면 한국의 자살률(인구 10만 명당 자살자 수)은 26.1명으로 경제협력개발기구(OECD) 국가 중 최고인 것으로 나타났다.

죽음은 죄의 삯으로서 주어진다고 한다(롬 6:23). 죄로 인해서 모든 사람은 죽음을 맞이하게 되고 하나님의 심판대에서 그 죄에 대한 처벌을 받을 수밖에 없다.

이러한 죄의 문제에 대한 해결책이 바로 하나님의 아들이신 예수 그리스도께서 십자가에 달리셔서 우리의 죄에 대한 처벌을 대신 받으셨다는 대속 사상이다. 하나님의 아들이신 예수 그리스도께서 이 세상에 오신 것도 바로 인류의 죄의 문제, 죄로 인한 사망과 심판의 문제를 해결하시기 위해서이다.

우리의 죄를 대신 지고 우리가 받아야 할 처벌을 대신 받으신 것은 이러한 대속의 죽음을 믿음으로 받아들이는 자들을 의롭게 하시기 위함이다. 예수의 대속의 죽음을 믿음으로 받아들이는 자들은 죽음을 맞이하고, 하나님의 심판대 앞으로 나아갈 때 믿음으로 담대히 나아갈 수 있게 된다. 자신의 공로가 아니라 예수 그리스도의 공로를 믿고 의지하며 나아갈 수 있기 때문이다.

6. 사회적 차원의 상황화

종교의 사회적 측면에 관한 가장 근본적인 질문은 종교가 사회 구조의 영향을 어느 정도 받고 있으며, 종교는 사회구조에 어느 정도 영향을 주고 있느냐는 것이다(Smart 1986: 195). 종교의 사회적 측면이란 좁은 의미에서는 하나의 종교가 제도화되어 있는 방법을 의미하고, 넓은 의미에서는 사회 내에서 종교가 수행하는 사회적 역할을 지칭한다(198).

전통적으로 한국사회에서 종교들은 어떠한 역할을 수행했는지를 찾아보는 것은 교회의 사회적 실천을 위한 형태를 개발하는 데 있어서 매우 필수적인 과제로 보인다. 특히 교회의 사회적 실천면이 부족하다는 비판을 고려할 때, 이러한 작업은 매우 시급하게 요청된다. 또한 전통적인 혹은 근대적인 집단과 그러한 집단의 구성원리 등을 살펴볼 때 교회를 외래적인 기구로 보이게 하는 데에서 보다 토착적이고 문화에 적합한 조직으로 이해시킬 수 있는 길이 열릴 것이다(Moreau 2008: 480).

1) 복지사회의 꿈

유교는 전반적으로 사회와 국가에 대한 관심이 많았다. 출발에서부터 현실의 문제를 해결하고자 하는 동기가 강하게 작용했다. 유교 특히 신유학이라 불리는 성리학은 조선의 건국을 위한 이념으로서 역할을 감당하고 조선 사회를 전반적으로 유교 이념에 근거한 사회로 탈바꿈시켰다. 나라의 기반이 되는 윤리적 체제를 제공했을 뿐더러 국가를 섬길 수 있는 리더십을 배양하는 데에 있어서도 크게 이바지했다. 유교는 자기를 완성시키는 학업에서 시작하지만 자신의 수양으로 끝날 수 없고, 모든 사람을 바르게 이끌고, 세상을 선하게 이룩하는 것을 지향한다(금장태 1982: 57).

불교는 속세를 벗어나려 하고 윤회의 사슬에서 해탈을 추구하지만, 불교의 다양한 흐름 가운데에는 현실세계를 불국토로 만들고자 하는 현재지향적인 흐름도 존재한다. 특히 신라의 자장(慈藏)은 우리가 살고 있는 현실 세계가 정토(淨土)임을 내세웠고(한국종교사회연구소 1991: 330-31), 의상(義湘)은 통일신라 왕조의 정신적 질서를 건설하는 일환으로 불국토사상을 뿌리내리는 데 크게 기여했다(윤이흠 외 2001: 219). 또한 대승불교의 보살은 자신의 깨달음에 그치지 않고 다른 사람이 깨달음에 이르도록 도와주며 자신이 쌓은 공덕을 남에게 베풀고자 한다(한국종교사회연구소 1991: 311-12).

우리 사회는 근대화 과정을 거치면서 급격한 변화를 겪게 되었다. 근대화 과정에서 혜택을 입은 계층들이 생겨나는 반면 그 가운데 소외되고 희생되는 계층 또한 양산되었다. 이러한 상황에서 교회는 현실의 사회 문제에 참여하는 것을 놓고 진보와 보수로 나뉘어져서 대립과 갈등을 겪어 왔다. 안타까운 현실은 그처럼 대립과 논쟁으로 치우치는 가운데 새롭게 발생하는 문제들을 치유하고 소금과 빛의 사명을 담당하는 데에 있어서 사회의 기대에 미치지 못했다는 평가를 받게 됐다는 것이다(최무열 2004: 216).

서구사회에서 종교가 사적 영역으로 축소되는 반면 그 빈자리는 점차 국가가 차지하게 되었다. 복지 국가가 자본주의 체제에서 생겨나는 갈등과 빈곤의 문제에 대한 해결책으로 등장했으나, 막대한 복지 재정으로 인한 문제에 직면하면서 복지의 주체는 국가에서 지역사회로 이관되어 복지 수여자와 가장 근접한 곳에 위치한 지방자치단체가 지방의 자원들과 연계하여 대응하는 체제로 대체되고 있다(장남혁 2008a: 167-68). '복지국가'의 꿈이 물거품되는 현실에서 '복지사회'의 꿈이 새로운 대안으로 제시되는 것이다. 우리나라는 처음부터 국가의 참여가 미미한 단계에서 지방자치제가 시행되면서 국가와 지방자치단체가 민간의 자원을 활성화하고 연계망을 넓혀 나가야 하는 상황을 맞이하고 있다(김미숙 외 1999: 49).

이러한 상황 속에서 교회가 지역사회 속에서 역할을 적극적으로 찾아서 감당하는 것은 매우 시급한 과제이다. 많은 교회들이 교회 문턱 낮추기 운동으로부터 시작하여 지역사회와 함께 호흡하기 위하여 애쓰고 있다. 문화 센터를 설립하고 다양한 강좌들을 개설하여 지역주민들의 필요를 채우는 등 지역주민들을 섬기고 봉사하는 교회들이 늘어나고 있는 것은 매우 고무적인 현상이다 (황해국 2008: 238-256).

하지만 아직도 부족한 것은 교회의 봉사가 일회적 행사로 그치고 타 사회복지 관련 기관들과 연계를 맺는 가운데 시너지 효과를 높이는 면과 지속적으로 일관되게 봉사를 실천하는 면이 부족하다는 점이다. 봉사와 섬김이 교인들의 삶 가운데 일상화되고 생활화되도록 교육되고 훈련될 때 보다 지속적이고 창의적인 실천이 사회 속에서 이루어질 수 있을 것이다. 그리스도안에서 한 몸임을 고백하는 교회들끼리 서로 연합을 이루는 데 어려움이 많은 것은 시급히 시정되어야만 한다. 특히 개신교 교회들은 개교회주의를 극복하고 그리스도안에서 하나라는 정체성을 바탕으로 하나님의 영광을 위하여 서로 협력하고 연합하는 데에 더욱 힘써야 한다. 교회가 세상 속에서 빛과 소금의 사명을 보다 충실히 감당하려면 분명히 정립된 신학을 근거로 세상에 대한 선교적 사명을 감당하기 위하여 보다 전략적으로 협력하는 것이 필요하다.

특히 다양성과 관용성을 중시하는 포스트모던 사회에서는 말로써 전하는 복음 전달보다도 사랑의 실천이 더욱 중요한 의미를 갖게 된다. 성경에서는 "너희 마음에 그리스도를 주로 삼아 거룩하게 하고 너희 속에 있는 소망에 관한 이유를 묻는 자에게는 대답할 것을 항상 예비하되 온유와 두려움으로 하라"(벧전 3:15)고 권고한다. 문화적 다원주의 사회 속에서 효과적으로 복음을 전파하려면 주변 사람들로 하여금 호기심을 자아내고 결국 질문을 하도록 이끄는 삶의 모범을 보이는 것이 더욱 중요한 의미를 띠게 된다(Newbigin 1998: 192). 삶의 현장 속에서 제자도를 실천하며, 하나님 나라 백성다운 삶을 실천하는 것이 더욱 중요해진 것이다.

20세기 초의 근본주의 논쟁을 거치면서 사회적 복음에 대해 경계하는 가운데 그리스도인들의 사회적 책임 면이 약화된 것이 복음주의자들로 하여금 영혼 구원에만 치중하게 만든 주요한 원인으로 지적되고 있다(Henry 1947: 32). 그러한 보수적인 서구 교회와 신학의 영향을 강하게 받은 한국교회도 그처럼 사회적 실천면이 부족했다고 평가받고 있다. 이제 포스트모던 시대에 접어들어서 다양한 그룹들 가운데 다양한 주장들이 전개되며 전통 종교들이 부활되는 상황 속에서 복음을 효과적으로 전달하기 위해서는 영적인 면과 아울러 사회적인 면을 동시에 강조하는 전략이 필요하다. 영적인 면에서 다양한 종교들의 영성을 능가하는 복음적 영성이 요청되는 동시에, 파괴되는 공동체를 회복시키는 하나님 나라의 공동체를 세움으로 인해 소금과 빛의 사명을 보다 충실히 감당해 나가야 할 것이다.

하나님은 인간을 남자와 여자로 만드시되 그들에게 특별한 인간적인 능력—이성적, 도덕적, 사회적, 창의적 그리고 영적인 능력—을 부여하셔서 하나님 자신의 형상대로 지으셨다(Lausanne Occasional Papers No.2 1991: 11). 하나님께서는 인간들을 창조하신 후 그들에게 '문화 명령'(cultural mandate)으로 알려진 명령을 내리셨다. "생육하고 번성하여 땅에 충만하라, 땅을 정복하라, 바다의 물고기와 하늘의 새와 땅에 움직이는 모든 생물을 다스리라"(창 1:28). '정복하라'와 '다스리라'는 동사는 하나님의 대리인으로서 하나님의 성품을 나타내는 방식으로 하나님의 은총을 피조계의 끝까지 행사하는 것을 의미한다(132). 하나님의 대리인으로서 하나님의 선하신 통치가 땅 끝까지 미치게 하는 사명이 구속받은 그리스도인들에게 주어졌다는 것을 잊어서는 안 된다(133). 인간에게는 하나님께서 창조하신 세상에서 하나님이 주신 창의적인 능력을 하나님의 명령에 순종하는 데 사용하여 하나님을 영화롭게 하고 다른 사람들을 섬기면서 이 세상에서 해야 할 중요한 역할이 있다(11).

그리스도의 십자가와 부활의 복음을 믿고 구원받은 하나님의 백성들은 지금도 세상의 구원을 위하여 행하고 계시는 하나님의 역사에 동참할 책임과 의무가 있다. 하나님의 구원받은 백성들의 공동체인 교회는 무엇보다도 하나님을 섬기는 공동체이다. 하나님의 백성들의 공동체는 하나님의 선교에 동참하도록 부름 받은 공동체이다. 하나님께서 사랑하시고 회복시키고자 하시는 세상 속에서 교회 또한 하나님과 같은 방향으로 나아가야 할 것이다. 자기 자신만을 위한 교회가 아니라 타인을 위한 교회가 되어서 주님의 명령에 따라 소금과 빛의 사명을 다하고 언덕 위의 도성으로서 모습을 드러내야 할 것이다.

2) 마을 공동체의 회복

우리 전통사회는 가족이 중심이 되는 사회였다. 가족이 한 단위로서 기능하였으며 가족과 친족 관계가 마을을 형성하는 데 크게 영향을 미쳤다. 그리하여 씨족 혹은 문중 사회적인 성격을 띤 마을이 많았다. 그렇다고 마을이 동족마을만으로 구성된 것은 아니었다. '각성받이 마을' 혹은 '잡성(雜性) 마을'로 불리는 다양한 성을 가진 사람들로 구성된 마을도 많이 있었다(이광규 1994: 40-50).

'동족마을'은 혈연 유대를 바탕으로 긴밀한 결속을 가진 것이 당연하게 여겨지지만, '각성받이 마을'도 지연을 바탕으로 마을 공동체를 형성하고 상호부조 체계를 유지해 온 것을 보게 된다. 전통 마을 공동체를 이처럼 하나로 연결시켜 준 혈연이나 지연 유대는 어떤 식으로 작동하였으며 오늘날 마을 내지는 지역사회의 공동체성을 회복시키기 위하여 다시 살려낼 필요가 있는 것들은 어떠한 것인지 살펴볼 필요가 있다.

1960년대 초부터 본격적으로 진행된 산업화와 근대화는 우리의 마을 공동체의 모습을 뒤바꾸어 놓았다. 도시화가 진행되면서 농촌 마을은 청년들이 대거 이탈해 나간 반면 도시에는 새로운 마을들이 형성되고 아파트촌이 생겨났다. 직장을 중심으로 이주하는 가운데 새로운 신도시가 형성되고 아파트촌이 형성되면서 마을 공동체로서의 모습은 사라지고 베드타운과 같은 요소만 강화되는 것을 본다. 사회가 너무나도 빠르게 변화하여서 그 가운데에서 새로운 지역사회 공동체를 형성하는 일이 커다란 과제로 부상되고 있다. 농촌은 농촌대로 도시는 도시대로 주민들 사이의 결속을 새롭게 형성하는 과제가 시급하다.

산업화가 진행되면서 우리 사회는 엄청난 변화의 과정을 겪으면서 새로운 문제들을 직면하고 있다. 인정이 넘치던 사람들에게 배금사상이 들어오고 대박문화의 광풍이 사람들을 몰아가고 있다. 물질적 혜택을 입는 사람들과 그렇지 못한 사람들 사이의 골은 점점 깊어만 가고 양극화는 심화되는 추세이다. 산업사회는 경쟁사회이기 때문에 양보와 타협을 미덕으로 하던 가치관이 화폐와 경쟁을 미덕으로 하는 가치관으로 변해 가고 있다(이광규 1997: 150).

전통가족에서는 강한 가부장권 하에서 윤리도덕을 배우는 교육의 기능, 노약자를 보호하는 복지의 기능, 또한 '말 다니기' 등을 통해서 가질 수 있었던 휴식의 기능 등이 강력하게 수행된데 반해서 현대가족에서는 이러한 기능들이 크게 위축되고 약화되었다(151).

현대사회에서 교육의 기능은 교육 기관들이 도맡게 되었으며 가정에서 학습 받던 도의 교육과 예절 교육도 찾아보기 힘든 실정이다(151). 아버지는 직장에 전념하는 가운데 아버지로서의 역할과 교육자로서의 역할을 수행할 수 없게 되었다(156). 현대사회의 어머니는 전통적인 육아양식을 전수받지 못하고, 서구식 육아양식도 모르는 상태이다(156). 전통사회에서는 젖먹이로부터 철이 날 때까지 비교적 자유롭게 어린이를 양육하지만, 잔심부름을 통하여 가족과 친족관계를 알게 하고 철이 나면서부터는 존댓말을 가르쳐 상하관계를 체질화하며, 철이 난 후에는 아버지로부터 도의 교육을 이수 받았다(156). 가정에서 행해지던 전통식 교육이 서구식 학교 교육으로 바뀌는 가운데, 전통사회를 유지하는 데 큰 역할을 담당했던 도의와 예절 교육이 사라지면서 마을 공동체에서 웃어른께 대해서 예의를 차리는 풍조도 사라지고 있다.

또한 소인수 가족화한 현대가족의 경우 종속인구화한 노인을 부양할 능력을 상실하여 가족 보호의 기능을 할 수 없게 되었다 (152). 특히 산업사회는 노인의 경험을 필요로 하지 않게 되어 사회 전반에 경로사상이 퇴조하였고, 이것이 가족이 수행하던 복지 기능의 약화를 초래하였다(152). 이처럼 가족의 복지 기능이 약화되면서 노인 문제는 심각한 사회 문제가 되고 있다. 이 문제는 앞으로 초고령 사회로 접어들면서 더욱 심화될 전망이다.

또한 전통사회에서는 마을 공동체가 '휴식'의 기능을 제공해 주었다. '말 다니기'를 하면서 충분한 정서적 안정과 휴식을 취할 수 있었다. 반면 현대 가족은 그러한 휴식의 기능을 가정 내에서 충족시켜야 하는데 아직 현대 가정은 그러한 역할을 감당할 준비가 되어 있지 못하고 그러한 기능을 수행하는 모델도 찾아보기 힘들다(이광규 1998: 62-63).

이처럼 가족이 핵가족화되면서 전통사회에서 가족이 담당하던 기능이 약화되고 있다. 이러한 부분에서 '기능대체(functional substitute)'가 생겨나야 한다.[86] 근대화하고 산업화하는 과정에서 잃게 되는 것이 무엇인지 면밀히 살펴보아야 한다. 자칫 잘못하면 약간의 물질적 혜택을 얻는 대가로 더 큰 것을 잃어버릴 수 있다. 마을 공동체와 관련해서 가족이 담당하던 교육 기능, 노약자를 보호하고 돌보던 기능, 그리고 '말 다니기' 등을 통해서 수행하던 휴식의 기능 등이 이제 핵가족화하는 과정에서 사라져가고 있는데 그러한 기능들을 어떤 식으로라도 회복시켜야 한다.

교회가 마을 공동체 속에서 좀 더 적극적으로 이웃 사랑을 실천하고 마을에서 소외된 자들에 대해서 돌봄과 사랑의 손길을 베

---

86) '기능대체'란 총체적이고 복합적인 문화의 특성상, 문화의 한 부분이 소멸되어야 하는 상황에서 그 부분이 감당하던 순기능이 무엇인지 파악하여 그러한 순기능을 계속 이어갈 수 있도록 대체적인 것을 세울 필요가 있다는 것을 뜻한다. 그러한 '기능대체'가 세워지지 못한다면 이전에 수행되던 기능이 빠져버리게 됨으로 인해서 그 문화 속에 사는 사람들이 어려움을 겪게 된다.

풀 때 잃어버린 마을 공동체를 회복하는 데에 큰 기여를 할 수 있을 것이다. 우리 사회는 정(情)을 중시하는 문화이다. 품앗이나 '말 다니기' 등을 통해서 상호적인 관계를 맺고 그러한 가운데 인정(人情)이 깊어가게 된다. 그리스도인들이 지역사회에서 먼저 찾아가고 먼저 품앗이의 시발점이 되어 준다면 이웃들과 더불어 좋은 관계를 개발할 수 있을 것이다. 그러한 관계가 개발되고 신뢰가 형성될 때 복음 전도의 문도 더욱 활짝 열리게 될 것이다.

지역사회 속에서 빛과 소금이 되는 사역을 감당하려면 지역사회에 대한 꾸준한 연구가 필수적이다. 사회가 급변하는 상황에서 기존의 전형적인 사역들만으로는 채워질 수 없는 필요들이 계속 생겨나기 때문이다. 하나님의 백성들은 그들이 어느 곳에 있든지 하나님으로부터 그곳으로 파송 받은 선교사라는 의식을 가져야 한다. 교회가 지역 사회 속에서 마을 공동체를 회복시키고 그곳에 하나님 나라가 임하도록 힘쓴다면 그러한 교회는 '선교적 교회'로서의 사명을 충실히 감당하는 교회가 될 것이다.

7장 한국문화를 변화시키는 복음

앞 장에서 복음을 전달할 때 해당 문화의 옷을 입혀서 보다 효과적으로 전하고, 복음을 해당 문화에 깊숙이 뿌리내리기 위한 시도로서 복음의 상황화 작업을 추구하였다.

복음의 진리를 보전하면서 해당 문화적 형태를 빌어서 복음의 의사소통을 시도하는 것이 상황화 작업이라고 한다면, 복음과 문화 사이에 양립하기 힘든 면을 분명히 구분하여 복음의 진리에 의거하여 그러한 문화적 요소를 고쳐 나가는 것이 문화 변혁의 작업이다.

상황화 작업이 문화 속에 파고들기 위해서 필요하다면, 문화 변혁의 작업은 문화를 변혁시키기 위하여 필요하다. 이처럼 복음에는 성육신적으로 문화 속으로 파고드는 면이 있는 동시에 문화속에서 행해지는 죄악된 부분에 대해서 예언자적으로 지적하여 소금처럼 부패를 방지하고 빛처럼 어두움을 들추어 쫓아내는 면이 존재한다.

하나님 나라의 복음은 하나님의 빛에 비추어 볼 때 용납될 수 없는 문화적 요소들이 무엇인지 들추어내고 그러한 부분들을 변화시킬 것을 요구한다.

1. 문화를 변화시키는 복음

복음은 모든 문화가 변화될 것을 요구한다(Hiebert 1996: 77). 하나님의 나라(Kingdom of God)는 모든 문화에 대해서 심판하는 위치에 있다(77). 모든 문화에는 긍정적인 면과 중립적인 면 그리고 부정적인 면이 존재한다. 인간이 하나님의 형상으로 창조되었기 때문에 긍정적인 면이 존재하는 것이 당연하다. 그리고 또한 문화의 많은 부분들은 가치판단과는 무관한 중립적인 부분들로 구성된다.

한국 사람들이 고추장, 된장을 좋아하는 것은 그들의 기호에 관련된 것이지 선악과는 무관한 것이다. 그러나 인간의 죄악성을 감안할 때 문화 속에는 하나님의 뜻에 위배되는 죄악된 면 또한 존재한다. 복음은 이러한 죄악된 면을 그대로 노출시키고 정죄한다(78). 복음은 해당 문화의 잘못된 면에 대해서 지적하고 바른 길이 무엇인지 보여주는 예언적 기능을 감당한다(78).

복음이 전파된 곳에서 죄악된 구조와 관습이 그대로 지속된다는 것은, 복음을 수용한 사람들이 복음의 사람으로 온전히 성장하지 못한 채, 복음에 위배되는 지역 문화의 잘못된 구조와 관습의 지배에서 벗어나지 못하고 있음을 의미한다. 복음이 전파된 곳에서 하나님의 뜻에 어긋나는 문화적 양태와 복음이 습합되는 위험은 항시 상존해 왔다. 그러한 혼합주의(syncretism)에 떨어질 때 복음의 누룩과 같이 속으로부터 변화시키는 역사는 사장되고 만다. 소금이 맛을 잃은 소금이 될 때 아무 쓸데없어 다만 밖에 버려져 사람들로부터 밟힐 뿐이라는 주님의 준엄한 경고에 귀를 기울여야 할 것이다(마 5:13).

세계관과 문화를 변혁시키는 일은 개인적인 차원의 실천도 중요하지만 동시에 교회적인 차원의 실천도 중요하다. 한 개인이 그리스도인으로 거듭날 때 그리스도의 몸의 지체로 거듭나며 교회의 일원이 된다. 교회의 목적과 사명에 대해서 분명한 신학적 이해를 갖추는 것이 중요하다. 왜냐하면 교회도 문화 속에 위치하는 관계로 문화의 영향을 받기 때문에 복음적 패러다임보다 문화적 패러다임에 의해서 움직여질 수 있기 때문이다.

교회가 이 세상 속으로 보냄 받은 하나님의 백성들로서 교회 본연의 사명을 잘 감당하게 될 때 복음으로 이 사회를 변화시키는 일을 감당할 수 있을 것이다. 그렇지 못하고 문화적 패러다임에 의해서 움직이게 될 때 사회를 변화시키기는 커녕 세상을 반영하는 또 하나의 기관으로 전락하게 될 것이다. 이러한 점에서 교회에 대한 바른 신학적 이해에 근거해서 교회 본연의 임무를 감당할 때 세상을 변혁시키고 세상 속에 하나님 나라를 임하게 하는 일을 감당할 수 있을 것이다.

특히 세계관 가운데 어떠한 점들을 변화시켜 나가야 할지 살펴보면서 꾸준히 변화를 추구해 나가는 것이 필요하다. 변화란 하루 아침에 이루어지지 않는다. 특히 세계관이란 오랜 시간을 통해서 형성된 것이기 때문에 그것이 변화되기 위해서는 지속적인 실천과 인내가 요구된다. 전통적 세계관과 근대사고 가운데 어떠한 부분들을 변화시켜 나갈 것인지 찾아보는 동시에 세계관의 변화를 위하여 지속적으로 추진해 나갈 훈련에는 어떠한 것들이 있는지 살펴보아야 한다.

더 나아가 주목할 점은 교회와 세상과의 관계이다. 과연 교회가 세상에 대해서 하나님 나라의 대변인으로서 역할을 다하고 있느냐는 것이다. 세상 속에서 교회 본연의 사명에 대한 분명한 인식을 갖고 세상의 주님이신 주님의 백성으로서, 주님의 제자로서 정체성을 분명히 가질 때, 세상 속에서 우리보다 앞서 가시면서 역사하시는 하나님의 인도하심을 받고 그분의 역사를 증거하며 그분의 선교 역사에 귀한 도구로 쓰임 받을 수 있을 것이다.

2. 교회 갱신과 세계관의 변화

교회가 사회와 세상 속에서 변화를 이루어내기 위해서는 먼저 교회 문화부터 점검해야 할 필요가 있다. 교회가 먼저 복음으로 새롭게 되어야 한다. 복음적 관점과 그것에 대조적인 세상적 관점을 하나의 축선상의 양 끝에 위치시켜 놓고 그 사이에 다양한 점들이 위치한다고 가정할 때, 교회의 구성원인 많은 교인들은 자신들이 복음적 관점 위에 굳건하게 서 있다고 생각하는 경향이 강하다. 하지만 냉정하게 검토해 보면 복음적 관점보다 세상적 관점 위에 서서 사고하고 사역하고 있음을 부인하기 힘들다.

서구 교회에서는 이러한 반성에 근거하여 "복음과 우리 문화 네트워크"(Gospel and Our Culture Network)가 형성되었다. 교회가 복음보다 문화적 패러다임을 좇고 있는 현실을 반성하고 교회의 본질을 회복하고 문화 속에서 선교적 사명을 감당하기 위하여 서구 문화와 선교적인 만남을 시도하고 있다.[87] 이러한 서구 교회의 모습은 한국문화 속에서 복음의 사람으로 살아가야 하는 우리들에게 시사하는 바가 크다. 과연 우리는 문화적 패러다임으로부터 벗어나서 복음의 패러다임 위에 굳게 서 있는가? 우리가 서 있는 위치에 대해서 심각한 반성이 요구되는 것이 우리 한국교회와 교인들의 현주소라고 생각된다. 오늘날 교회의 상황을 볼 때, 과연 교회가 하나님 나라의 표지(sign)로서 하나님 나라의 가치관을 반영하며 세상 문화를 바꾸는 역할을 하는가 아니면 오히려 세상 문화가 흘러 들어와서 세상과 별다른 점을 찾아보기 힘든 곳이 되었는가 진지한 성찰이 요구되는 시점에 와 있다. 하나님 나라의 가치가 심기어지고 실천되지 않을 때 쉽게 세상의 가치가 교회

---

87) 이러한 모임은 레슬리 뉴비긴(Lesslie Newbigin)의 영향을 강하게 받았다. 서구 문화와 복음과의 선교적 만남을 진지하게 추구해야 한다는 그의 주장에 공감하는 사람들이 모여서 세속화되고 이교도화된 서구 문화 속에 복음을 심는 작업을 진지하게 모색하고 있다(Hunsberger et al. 1996: xiii-xix).

와 교인들의 생활 가운데 스며드는 것을 보게 된다.

그런 면에서 문화와 세계관과의 전쟁이 치열하게 벌어지는 곳이 교회이다. 하나님 나라의 가치와 성경적 관점이 자리를 잡느냐 아니면 세상적 가치와 관점이 자리를 잡느냐 하는 치열한 전투가 교회에서 그리고 성도들의 생각 속에서도 벌어지고 있다. 구체적으로 어떠한 세상적 관점이 자리를 잡고 있는지 검토하는 것도 중요하지만 그보다 앞서 교회의 본래적인 모습을 분명히 하는 것이 필요하다. 현재 교회가 직면하는 위기는 교회와 관련된 가정들에 대해서 주의 깊게, 비판적으로 혹은 신학적으로 사고하지 못하고 그런 것들이 얼마나 주변 문화의 특징들을 반영하는지 인식하는데 실패한데 기인한다고 볼 수 있다.[88]

1) 교회에 대한 성경적 이해: 선교적 교회론을 지향하며

오늘날 교회의 본질, 교회의 선교, 교회의 존재 목적, 교회와 하나님 나라의 관계, 세상에 대한 교회의 참된 사명 등에 대해 목회자와 신학자, 선교사들은 보다 분명한 해답을 요구받고 있다 (Van Engen 1994: 49). 이런 점들이 분명하지 못할 때 목회자와 평신도들은 방향을 상실한 채 끊임없이 주어지는 사역의 홍수 속에서 표류하게 된다. 교회론이 분명할 때 방향이 설정되고 우선순위가 세워지며 목회자와 회중이 한 방향으로 나아갈 수 있을 것이다.

기존의 교회에 대한 모델과 관련하여 제기되는 문제는 교회가 사회에 대한 신학적 비평—사회의 자기 이해를 변화시키는 것—을 제공하기보다 세속 사회가 교회에 대해서 기대하고 허용하는 서비스를 제공함으로 실용적이 되고자 한 점이다(Dietterich 1996:

---

88) 서구 교회가 성경적 관점보다 당대의 문화를 반영하고 있다는 헌스버거(George R. Hunsberger)의 진단은 한국교회의 현재 상황과 관련해서 시사하는 바가 크다 (Hunsberger 1996c: 334).

351). 최근에 두드러지게 나타나는 것은 교회의 선교가 시장의 요구와 관련되어 정의되고 이러한 목적을 위해서 교회는 마켓 연구(통계학, 써베이, 트렌드 분석)를 활용하여 교회가 바라는 타깃의 필요와 욕구를 결정하는 것이다(351). 그리고 교회 선교의 효과성은 교회가 다양하게 선정된 마켓 인구의 독특하고 다양한 필요를 충족시켜주느냐로 판명된다(351). 결국 교회는 하나님의 종말론적 통치에 대한 비전에 의해서 이끌리는 것이 아니라 세상의 필요라는 마켓의 논리에 의해서 이끌리는 집단이 된다(351-52). 마켓에 의해서 이끌린다는 것은 문화 속에 어떠한 필요들이 존재하는지, 그리고 어떻게 우리가 그러한 필요를 채울 수 있는지를 묻는 물음으로 시작한다는 것을 의미한다(352).

이러한 그림은 초대교회 교인들이 갖고 있었던 교회의 그림과 크게 대조된다. 초대교회 교인들은 종교적 소비자를 찾은 것이 아니라 영적으로 주리고 목마른 자들에게 복음을 내어 준 것이다(Hunsberger 1996c: 341). 교회가 세상에 가져다 준 것은 단순히 인간의 필요에 적용할 수 있는 어떤 관념(ideas)이 아니라 무엇보다도 하나님 나라의 진리, 의, 그리고 기쁨이다(Dietterich 1996: 369). 세상이 갖고 있는 전제를 무비판적으로 수용한 채, 단지 세상이 필요로 하는 것을 실용주의적으로 채워주기만 하면 된다고 사고하고 행동할 때, 교회는 자신도 모르는 사이에 세상적 관점에 의해서 규정되고, 그러한 전제 하에 행동하게 된다. 특히 문제가 되는 것은 현대 과학적 세계관에 근거한 세속주의적 관점은 공적인 영역과 사적인 영역을 구분하여 공적인 영역에 종교가 발붙일 여지를 주지 않는다는 점이다. 단지 종교를 사적인 영역에 국한된 것으로 제한시키고 있다는 것이다.

이처럼 내적/외적, 비합리적/합리적, 사적/공적, 개인적/제도적이라는 이원론이 무비판적으로 전제된다면, 기독교 신앙의 공동체적 성격을 나타내는 성경적 이미지들—하나님의 백성, 그리스도의 몸, 혹은 성령의 교제로서—과 하나님의 나라라는 새로운 '사회'를 선포하고 구현하는 교회의 선교는 심각하게 훼손되고, 왜곡되며 오해될 수 있다(354).

뉴비긴은 이러한 점을 날카롭게 지적하고 현대의 세속적 전제에 대해서 문제를 제기했다. 그는 이러한 문제를 해결하려면 무엇보다도 먼저 성경에 대한 이해를 새롭게 하는 것이 필요하다고 보았다. 단지 인간들이 필요로 하는 것에 대한 해답으로 성경을 보려는 것보다, 오히려 성경적 관점에 근거하여 인간의 삶과 사회를 들여다보는 것이 우선적이라고 본다. 교회는 무엇보다도 먼저 복음 이야기에 비추어서 그 자신의 이야기를 할 수 있는 공동체가 되어야 한다(Van Gelder 1996: 40). 그러므로 우리는 교회로 하여금 공동체의 삶과 공동체 내부의 개인들의 삶을 형성하는 데 성경의 능력을 재발견하는 것을 도울 필요가 있다(40).

이처럼 문화가 규정하는 교회 이미지보다도 성경이 이야기하는 교회상(敎會像)을 근거로 교회론을 수립하고 나아갈 때, 교회의 본질적인 모습을 되찾을 수 있고 그러한 가운데 세상을 변화시키는 역동적인 하나님의 선교 역사에 동참하는 교회 본연의 역할과 사명을 감당할 수 있을 것이다.

교회는 지극히 인간적이고 가시적인 조직체로, 아직도 죄 된 모습을 갖고 있는 현실적 교회와 거룩하며 신적인, 보이지 않는 유기체로서의 이상적 교회 사이가 가까워지도록 노력해야만 한다(Van Engen 1994: 50). 이러한 관점으로 보면 교회는 계속해서 발전하고, 매일 새롭게 된다(50). 많은 사람들은 사회적, 정치적, 경제적 혹은 문화적 이유로 교회에 나오지만 예수님의 부르심과 선택하시고 의롭게 하심과 양자를 삼아 주심이 없이는 교회의 일원이 될 수 없다(50). 교회는 영적인 본질을 갖는 사회적인 집단으로 자연적으로 형성되지만 초자연적인 특성들을 갖고 있다(50). 이처럼 사회적이면서도 영적인 특성을 갖고 있는 집단으로서의 교회는 "그리스도와 세상 사이에 있으며 동시에 서로를 연결시키는 위치에 있다"(Berkhof 1979: 345-47; Van Engen 1994: 53에서 재인용).

바울은 지역 교회를 세상 안에서 선교 활동을 넓혀가며 계속적으로 성장하는 유기체로 보았다(Van Engen 1994: 59). 바울은 교회를 하나님께서 친히 지으시는 건물처럼 그리스도와 성령을 통해서 지어져 가는 것이라고 말한다(엡 2:10, 21-22)(62). 하나님께서 건물을 지으시는 활동 방법은 선교이며 그 열매는 그리스도의 몸 된 교회의 통일성이다(62). 그리스도께서 각 사람에게 은혜와 은사를 주신 이유는 그리스도의 몸된 교회를 세우며 성도들을 온전케 하여 봉사의 일을 하게 함에 있는 것이다(엡 4:7-12) (64).

교회의 참된 목적은 교회의 머리 되신 예수 그리스도의 뜻과 생명을 주시는 성령, 자녀로 삼아 주신 하나님 아버지, 삼위일체이신 하나님의 선교에서 찾아야 한다(115). 존 스토트는 하나님의 선교를 근거로 교회의 선교를 다음과 같이 정의한다(Douglas 1975: 66; Van Engen 2004: 194-95에서 재인용).

> 선교는 하나님의 본성(nature)에서 일어나는 하나님의 활동(activity)이다. 성경의 살아계신 하나님은 보내시는 하나님인데 그것이 '선교'가 뜻하는 것이다. 그분은 이스라엘에 예언자들을 보내셨다. 그분은 그분의 아들(His Son)을 세상으로 보내셨다. 그분의 아들은 사도들과 70문도를 그리고 교회를 보내셨다. 그분은 또한 성령(the Spirit)을 교회에 보내셨고 오늘날 우리의 마음속으로 그를 보내신다. 그래서 교회의 선교는 하나님의 선교로부터 일어나는 것이고 그것에 근거해서 모델을 삼아야 한다.

교회는 공동체의 구성원들 가운데 그리스도가 계시기에 존재한다(Van Engen 1994: 117). 그리스도의 주되심은 교회 안에 서만 주가 되심을 의미하는 것이 아니라 전 우주와 우주적 권세자 들에게까지 주가 되신다(124). "예수님은 주님이시다"라는 것은 "주님은 온 세상의 주님이시다"라는 뜻이다(125). 교회가 예수님 을 주님으로 고백하는 것은 확실히 교회를 온 민족들에게로 나아 가게 하는 선교적이며 보편적인 사명을 갖게 한다(125).

선교는 단지 교회가 행하는 어떤 것이 아니다. 그것은 그분 자 신이 증인이신 성령에 의해서 행해지는 것이다(Newbigin 1978: 62-63). 그분은 교회의 선교적 여정에서 교회 앞서 가신다(62-63). 성령께서 교회를 주도적으로 이끄시고, 교회는 단지 청종하 는 종이 될 수 있을 뿐이다(67-68). 교회는 성령께서 이끄시는 곳 으로 순종적으로 따라가는 한에 있어서 증인(witness)이다(67-68). "세상을 논파하는 증거는 우리의 것이 아니다. 그것은 우리 자신보다 크시고 우리 앞서 가시는 분의 것이다(고후 10:3-5). 우 리의 과제는 단지 충실히 따르는 것이다"(69). 성령은 하나님의 나 라를 생생하게 미리 맛보게 하신다(76). 하나님 나라와 관련해서 교회의 사명은 "첫째로 하나님의 나라를 충실하게 증거함으로써, 둘째로 그 나라의 증거물로서 살아감으로 삼위일체 하나님께 영광 을 돌리는 것이다"(Shenk 2001: 33).

우리가 하나님의 선교에 동참한다는 것은 우리를 통하여 이 땅 의 나라들이 복을 받도록 하는 도구가 되는 것이다. 복음화란 사 람이 성령의 능력 안에서 하나님의 사랑과 은혜를 또 다른 사람 들과 더불어 나누는 것이다(Van Engen 2004: 302-303). 이 처럼 교회의 목적은 세상 사람들이 하나님과 화해하고, 또 서로 화해하도록 추구하는 하나님의 언약 백성이 됨으로써, 교회를 통 하여 "땅의 모든 족속이 복을 받도록"(창 12:1-3)하는 것이다 (300-301). 우리가 하나님의 선교에 참여하고 사람들은 예수님 을 주님으로 받아들이고 하나님의 뜻이 "하늘에서와 같이 땅에서"(마 6:10) 이루어지는 것을 보기 시작할 때 하나님의 통치가 임하게 된다(388). 이것은 개인적인 변화뿐만 아니라 구조적이고 사회적인 변화를 수반한다(388). 이 변화는 단지 영적인 것만이 아니라 전인적인 것이며, 교회 생활뿐만 아니라 인생의 모든 영역에서의 변화이다(388).

2) 교회 내의 세계관의 변화

5장에서 복음과 문화의 대립되는 면들을 살펴보았다. 이러한 대립되는 면들을 하나의 축의 양끝으로 볼 때, 한쪽 끝(문화)에서 다른 쪽 끝(복음)으로 이동하는 것이 복음의 사람들이 걸어야 할 길이다. 이러한 변화는 하루아침에 이루어지지 않는다. 그렇지만 끊임없이 변화를 추구해 나갈 때 언젠가 그리스도의 장성한 분량이 충만한 데까지 도달하게 될 것이다(엡 4:13). 하지만 아예 변화를 꿈꾸지도 않고 현재의 모습으로 만족하고 안주하려 한다면, 그러한 삶의 모습은 복음에 합당한 삶이라고 말하기 힘들다(빌 1:27). 주님께서 명령하신 소금과 빛의 사명을 외면하는 일이 될 것이다(마 5:13-16).

① 회심: 세계관의 핵심의 변화
교회는 복음을 받아들인 공동체이다. 복음은 회심의 과정 속으로 교인들을 들어가게 한다. 회심의 과정을 통해서 우리가 우리 문화와 공유하는 가정과 성향이 도전받고 새로운 충성, 비전, 헌신을 따라서 새로운 가치관이 형성된다(Hunsberger 1996b: 295). 회심은 "백성이 아니던" 사람이 선교하는 하나님의 백성이 되며, 섬기고 참여하고, 활동하는 그리스도의 몸(벧전 2:10)의 일부가 되는 것이다(Van Engen 1994: 206).
회심의 과정을 살펴보면 크게 세 가지의 핵심적인 과정으로 구성된다. 그것은 새로운 것을 통찰하는 것(insight)과 돌아서는 것(turning), 그리고 변화(transformation)이다(Peace 1999: 25).

회심은 무엇보다도 먼저 자기 자신의 죄 된 본성과 관련하여 그리고 예수가 누구인지에 대해 주어지는 새로운 통찰(insight)과 더불어 시작된다(25). 사도 바울도 자신이 하나님을 위해서 일하는 것이 아니라 하나님을 반대하는 편에서 일하고 있음을 깨닫는 데에서 회심 과정이 시작되었다(25). 이러한 깨달음은 성경에서 '메타노에오' 즉 회개(repentance)란 말로 지칭된다. 회개란 한 사람이 하나님 앞에서 자신의 진정한 상태를 보는 것을 전제한다(27). 누군가 이제까지 반대 방향으로 가고 있었다는 것을 인식하지 못한다면, 그/그녀는 하나님께로 향하는 새로운 방향으로 나아가는 결단을 내릴 수 없다(27).

두 번째 단계인 돌아서는 단계는 예수에 대해서 반대하거나 무관심한 데에서 예수를 따르는 데로 돌아서는 것이다(25). 사탄의 종노릇하는 데에서 하나님의 종노릇하는 데로 돌아서는 것이다. 바울의 경우 교회를 박해하는 데에서 교회의 일원이 되는 쪽으로 돌아섰다(25). 알지 못할 때는 사단의 길을 걸었지만 이제 하나님의 길을 알게 되고 그 길로 돌아선 것이다(25). 바울은 하나님께서 세상 속에서 새로운 방식으로 활동하시는 것을 깨달았다(26). 이제 그가 이러한 새로운 실재(reality)를 알게 되었기 때문에 그는 그것을 전심으로 받아들였다. 그러므로 이제는 율법이 아닌 예수가 그의 신학의 초점이 되었다(26). 이처럼 '돌아서다'란 말이 성경에서는 '에피스트로페'란 말인데(행26:18), 이 말(에피스트로페)이 바로 '회심하다'(convert)란 말로 번역될 수 있는 말이다(27). 이러한 돌아섬의 두 축은 두 가지 분명한 메타포로 그려지는 데 그 한 쪽은 하나님 (빛)이고 다른 한 쪽은 사탄(어두움)이다(27).

세 번째 단계는 변화하는 과정이다(transformation). 회심한 후에 바울이 전한 메시지는 "회개하고 하나님께로 돌아가서 회개에 합당한 일을 행하라"(행 26:20)였다. 이러한 메시지에 변화하는 과정이 의미하는 바가 잘 나타난다(27). 이 과정은 하나님께로 돌아서는 단계를 취한 이후에 나타나는 행동상의 변화를 언급한다(27). 바울의 헌신은 전연 새로운 삶을 살도록 했는데, 전연 다른 내적인 역동성뿐만 아니라 외적으로도 이전과는 대조되는 삶의 스타일과 소명으로 표출되었다(99-100). 변화하는 과정은 하나님의 백성의 공동체의 일원으로 사는 것과 아울러 모든 사람들에게 종으로써 그리고 증인으로써 사는 것을 함축한다(101).

리차드 피스(Richard V. Peace)에 의하면, 회심의 과정이 바울과 같이 급진적으로 일어나는 경우도 있지만 예수님의 열두 제자들에게서 볼 수 있는 바와 같이 점진적으로 이루어지기도 한다(281). 전반적으로 보면, 바울과 같은 급진적인 회심 유형보다 예수님의 제자들과 같이 오랜 시간을 통해서 패러다임이 변화되는 유형이 보다 보편적이다(11-14).

칭의와 중생은 둘 다 하나님의 역사이고 즉각적으로 주어지지만 그것이 언제 일어나는지 우리가 반드시 의식하는 것은 아니다(Lausanne Occasional Papers No. 2 1991: 51-52). 반면에 회심은 의식적인 순간을 포함하지만 종종 느리게 진전되고 많은 수고를 동반한다(52). 특히 그리스도의 형상을 좇아 마음과 성품이 완전하게 변화되고 새로워지는 데에는 오랜 변화의 과정이 요구된다(52). 하지만 급진적이든 점진적이든 세계관의 변화와 사고방식의 변화, 그에 이어지는 삶과 관계의 변화는 회심에서 시작된다(47).

뉴비긴은 회심을 "하나님의 통치의 다가오는 실재를 인식하고 그 실재에 참여하기 위하여 돌아서는 것인데, 이러한 내적인 돌아섬은 즉각적으로 그리고 본질적으로 하나의 행위 유형과 가시적인 교제(companionship)를 포함한다. 그것은 한 공동체의 회원이 되는 것과 특정한 방식으로 행동하는 결정을 포함한다"고 정의한다(Newbigin 1969: 96; Hunsberger 1996a: 11에서 재인용).

위의 정의에서 주목되는 점은 먼저 회심의 종말론적 차원이다. 예수 그리스도께서는 하나님 나라의 복음을 전파하셨고, 약속하셨으며 자신의 십자가의 죽음과 부활을 통해서 그 약속을 성취하셨다. 예수 그리스도께서 죽음에서 부활하신 것은 하나님의 새 창조의 시작이며 우리도 그리스도와의 연합을 통해서 그분의 부활에 동참하게 된다(Lausanne Occasional Papers No. 2 1991: 46). 그러므로 우리도 새 세대에 진입했고 그 세대에 속하는 능력과 기쁨을 미리 맛보게 된 것이다. 이처럼 회심을 통해서 그리스도인은 종말론적으로 새 세대의 삶을 시작하게 된다. 회심은 하나님께서 시작한 큰 부흥의 일부이며 그리스도께서 영광중에 오실 때에 절정에 도달하게 될 것이다(46).

회심은 동시에 과거와의 철저한 결별을 의미한다(46). 그리스도께서 십자가에 달려 돌아가실 때 우리도 그분과 함께 못 박혔다. 그분의 십자가를 통해서 하나님 없는 세상과 세상의 관점들, 그리고 세상적 기준들에 대하여 죽었다(46). 우리의 옛사람은 십자가에 못 박히고 이제 부활하신 주님과 연합한 새로운 피조물로서의 삶으로 진입하게 된 것이다.

또한 회심의 정의에서 중요한 것은 새로운 공동체의 일원이 되는 것이다. 새로운 공동체의 일원이 되는 데까지 이르지 못한다면 진정한 회심을 이룬 것으로 보기 힘들다. 회심은 무엇보다도 먼저 관계상의 변화로 나타난다. 회심은 우리로 하여금 하나의 공동체에서 다른 공동체로, 즉 타락한 인류(fallen humanity)로부터 하나님의 새로운 인류(God's new humanity)로 이전시킨다 (48). 오순절에 베드로의 설교를 듣고 회심함으로 초대 그리스도인들은 한 집단으로부터 다른 집단으로 '이전'했다(48). 이러한 '이전'은 사회적으로 분리되었다기보다는 영적으로 구별되었다는 것을 의미했다(48). 그들은 세상을 버린 것이 아니라, 오히려 세상에 대한 새로운 책임을 갖게 되었고, 그들은 증거하고 섬기기 위해 세상으로 나간 것이다(48).

회심에 있어서 핵심적인 측면은 헌신의 변화이다. 헌신(allegiance)의 변화를 동반하지 않는다면 그것은 진정한 회심이라고 보기 힘들다(46). 이제 새 세대에 진입한 하나님의 종말의 백성들은 예수 그리스도를 주님으로 모시고 그분의 통치에 전적으로 순종하며 헌신하게 된다. 이전에는 다른 신들과 주들—모든 사람들이 섬기는 우상들—이 우리를 지배했으나 이제는 예수 그리스도께서 주시다(46). 회심한 삶을 지배하는 원리는 삶이 그리스도의 주권 혹은 하나님의 나라 아래 놓인다는 것이다(46-47). 이제 우리에 대한 예수 그리스도의 권위(authority)는 삶의 전 영역에 걸친 것이다. 그러므로 이러한 그리스도의 주권에 비추어서 우리의 세계관, 행동, 그리고 관계를 재조명하고 재설정하는 작업이 필수적으로 회심에 뒤따른다(47). 그리스도께 대한 진정한 회심은 문화적으로 전수받은 것들의 핵심과 정면으로 충돌하지 않을 수 없다. 그리스도께서는 이전에 우리 마음 보좌의 우상에 해당하는 것들을 깨끗이 치우시고 그 자리에 거하시기를 원하신다(47).

회심을 통한 헌신의 변화는 삶의 다른 부문의 변화라는 파급효과를 산출한다. 헌신의 변화가 일어날 때 회심자는 자신의 기본적인 확신들(fundamental convictions)에 대해서 새로운 관점에서 조명해 본다(47). 전반적인 사고와 관점이 변할뿐더러 행위가 변하고 새로운 습관이 형성되는 데까지 이르게 된다. 이처럼 세계관의 핵심에 해당하는 헌신의 대상을 변화시키는 회심은 삶의 다른 영역의 변화로 자연스럽게 이어진다(47).

또한 회심은 개인적 영역의 변화에 그치는 것이 아니라 문화와 사회의 변혁을 추구하는 데까지 나아가게 한다. 왜곡된 세상적 관점을 바로잡을 수 있는 성경적 관점을 수용하는 데에서 한 걸음 더 나아가 변화를 추구하도록 이끈다. 뉴비긴은 신자들로 하여금 그토록 편안하게 그리고 오랫동안 공유해왔던 이 세속 문화로부터 적절히 구분되는 것과 그 세속 문화에 대해서 적절한 책임을 질 것을 요청한다(Hunsberger 1996a: 11). 그는 교회가 하나님의 다가오는 통치의 비전에 의해서 다스려지는 공동체에 적절한 삶의 형식을 숙고할 것을 요청한다(11).

회심은 하나님의 백성들로 하여금 '새로운 타당성 구조'(a new plausibility structure)를 개발할 것을 요청한다(11). 그 '새로운 타당성 구조'에서 모든 실재들 중에 가장 실재적인 것은 살아계신 하나님이다. 그분의 성품은 성서의 페이지들 속에서 발견된다(11). 교회의 증언은 생각(mind), 행동(behavior), 그리고 공동체적 헌신(communal commitment)의 변화란 순수하고 본질적인 회심을 반영해야만 한다(12). 목적을 상실한 채 표류하는 현대인들에게 목적과 사명 의식을 일깨워 줄 수 있는 더 나은 대안적 세계관을 제시할 수 있는 것도 성경적 세계관으로 전환할 때에 가능하다.

이처럼 회심은 이기적이고 자기중심적이며, 어두움의 주관자를 섬기던 생활을 돌이켜 하나님의 사랑 안에 거하며, 예수님을 섬기는 제자된 삶으로 들어오게 됨을 의미한다(Van Engen 1994: 206). 그러나 우리는 복음에 의해서 온전히 변화되지 못하고 우리가 생각하는 것만큼 문화로부터 구분되지도 못했다는 것을 인식하게 된다(Hunsberger 1996b: 295). 심지어 '타락'(backsliding)과 '배교'(apostasy)의 현상도 종종 발생한다(Lausanne Occasional Papers No. 2 1991: 52). 타락이 그리스도로부터 조용하게 빠져나가는 것이라면 배교는 그리스도를 공개적으로 반박하는 행위이다(52). 때로는 교회에 환멸을 느끼게 되어서 그리스도로부터 돌아서서 자신들의 이전 문화에 휩쓸리기도 한다(52). 이러한 경우들을 볼 때, 복음을 보다 온전히 전하고 회심자로 하여금 올바른 신앙과 바른 봉사로 나아가도록 바르게 양육하는 것이 얼마나 중요한지 절감하게 된다(52).

온전한 주님의 제자가 되려면 천국 백성으로서 살아가는 법을 훈련하고 익혀야만 한다. 세상 속에서 끊임없이 다가오는 세상의 유혹을 이겨내고 하나님의 뜻을 분별하며 성령의 요구에 순응하는 삶을 살려면 끊임없이 고개를 드는 육체의 욕구를 제어하는 훈련이 필요하다. 또한 연약한 자아를 연단하시어 견고한 자아로 빚어 가시는 하나님의 연단 과정에 보다 민감하게 반응하도록 지속적으로 자기를 쳐서 복종시키는 훈련을 감당해 나가야 할 것이다. 그러할 때 그리스도인들 각자를 향한 하나님의 뜻이 그/그녀의 삶 가운데 이루어지게 될 것이다.

이처럼 회심을 통해서 하나님의 백성이 된 이후에도 회개의 과정은 일평생 지속되어야 한다. 진정한 회심은 그리스도를 따르는 자로, 그리스도의 이름을 전하는 제자들과 함께 제자도의 과정으로 나아가게 만든다(Van Engen 1994: 206).

② 양육과 훈련: 통합된 세계관의 개발
최초의 회심으로 모든 것이 충분하다고 생각하는 것은 잘못이다 (Hunsberger 1996b: 295). 복음을 받아들일 때 문화적으로 주어진 가정들이 변화되기 시작한다. 복음 안에서 자라간다는 것은 그러한 변화가 계속적으로 진행되는 것을 의미한다(296).

ㄱ) 지속적인 회개의 과정
이전에 익숙했던 생각과 사고방식을 그리스도의 생각과 사고로 대체시키는 '회개'(메타노이아)는 일평생에 걸쳐서 전개된다 (Lausanne Occasional Papers No.2 1991: 47). 통합된 그리스도인의 세계관을 개발하는 것은 일평생을 요하는 과제이다. 그리스도의 주되심은 우리의 도덕적 기준과 모든 윤리적 삶의 형태에 도전한다(47). 주되심을 인정하고 주님의 법을 따를 때에 "회개에 따르는 열매"(마 3:8)를 맺게 된다. 그러한 변화의 과정을 가짐으로 인해 그리스도인들은 사고와 의지에 있어서 그리스도께 더 많이 복종하게 된다(47). 회심이 행위의 변화로 이어지지 않을 경우 회심의 진정성이 의심된다(48).

우리가 교회의 성결성을 믿는다고 고백할 때, 우리는 거룩하게 되기를 또한 헌신하고 고백하는 것이다(Van Engen 1994: 69). 이런 삶은 우리의 문화, 경제, 정치, 교육, 심지어 우리의 생활 습관까지도 바르게 변혁시킬 것을 요구한다(69).

또한 교회에서 드리는 찬양과 예배를 통하여 그리스도인들은 삼위일체 하나님과의 교제(communion) 속으로 들어간다(Dietterich 1996: 366). 그들은 개인주의의 속박으로부터 해방되어 하나님의 자녀들이 되고 사랑과 섬김의 역동적인 교제 가운데 그들의 형제, 자매들과 연합된다(366). 그리스도인들은 독특한 하나님—아버지, 아들, 그리고 성령의 상호의존적이고 상호연관적인 교제 가운데 계시는—에 의해서 부름 받고 형성된 독특한 백성이다(366).

ㄴ) 교회 갱신과 제자양육의 과제

교회에서 문화적 패러다임을 좇는 데에서 돌이켜서 성경적 패러다임에 근거하여 행동하는 하나님의 백성들이 양육되고 훈련되기 위해서는 교회 자체의 갱신이 급선무이다. 교회에서 먼저 가치관이 변화되어야 하는데, 이를 위해서는 하나님 나라의 백성으로, 천국 시민으로서 주님의 주권에 순종하는 주님의 제자들을 양성해 내는 것이 시급하다. 주님의 제자들로서 삶의 한 가운데에서, 삶의 터전에서 주님의 뜻을 따르며 하나님 나라의 의를 먼저 구하는 제자들을 양육하고 훈련시키는 일이 오늘날 교회에 주어진 선교적 과제이다.

교회 교육의 프로그램은 하나님의 백성들을 잘 훈련하여 세상을 향해 선교하는 역동적인 선교적 제자도의 관점에서 이해되어야 한다(Van Engen 1994: 207). "성경적으로 모든 성도들은 성직자요 제사장이다. 이 사실은 교회에서 참된 사역과 지도력에 대한 개념을 재발견하게 하는 중요한 시발점이 된다"(Watson 1979: 248-50; Van Engen 1994: 204에서 재인용). 평신도(laity)라는 용어는 성경적인 의미로 '하나님의 백성(헬라어로 라오스)'이라는 뜻으로, 평신도와 교역자 사이에 은사와 역할에는 구별이 있을 수 있으나 성결함이나 헌신, 선교 활동에 참여하는 일과 주님 안에서 누리는 특권과 권세에 있어서는 구별이 있을 수 없다(Van Engen 1994: 204).

하나님의 백성들의 생활과 사역으로 세상에 선교적 사명을 감당하는 교회를 이루려 한다면 교회 안에서 각계각층의 지도자들을 훈련시켜야만 한다(239). 선교 사역을 더 이상 목회자, 선교사, 선교 행정가, 현지인 지도자들에게만 일임할 수는 없다(239).

교회 내에 소그룹이 필요한 것은 모든 교인들이 충분히 참여할 수 있는 기회를 제공하기 위한 것이다. 그러한 참여는 교인들로 하여금 믿음 안에서 성숙하며 그들 자신의 힘으로 사고하고 분별하며 행동할 수 있도록 해 줄 것이다(Junkin 1996: 313). 또한 성경을 공부하며 말씀을 실생활에 적용시키기 위하여 함께 애쓰는 가운데 세상 속에서의 삶을 점검하며 새롭게 도전하는 계기를 제공해 줄 것이다.

함께 사역을 나눔에 있어서 반성해야 할 점은 제자 훈련을 통해서 사람들을 훈련시키되 그처럼 훈련된 사람들을 환자 심방, 성경 공부 인도, 주일 학교 교사, 전화를 거는 일 등 교회 내의 사역에만 투입시키는 점이다(Van Engen 1994: 207). 교회 내의 몇몇

열성적인 교인들을 이류 전문가들(second-class profession-als)로 만들어 바쁜 '목회자들'의 일감을 조금 덜어 주는 데에 머무르는 것이 아니라, 교회 밖의 세상에서, 일터에서, 소명의 현장에서 하나님의 나라가 임하도록 헌신하는 일꾼들을 배출하는 데까지 나아가야 할 것이다(207-208).

ㄷ) 선교적 목회자의 역할

우리가 그와 같은 선교적 회중의 출현을 보고자 한다면, 그것은 그들을 그 방향으로 이끌어갈 새로운 종류의 선교적 목회자(missionary pastors)를 필요로 한다(Hunsberger et. al. 1996: 286-87). 진정한 선교적 지도자는 예수님께서 여기에 임했다고 선언하신 하나님의 통치(the reign of God)를 그들의 삶, 행위, 그리고 말 가운데 구현하고 반영하는 공동체를 만드는 자이다(Hunsberger 1996c: 345).

기존의 종의 지도자 모델은 지도자의 역할을 주로 교회 내에서 평신도들을 준비시키는 데에 한정시키는 점이 있다(Roxburgh 1996: 327). 선교적 교회의 리더십의 위치는 삼각형의 꼭대기(전통적 모델)도 혹은 역삼각형의 아래(종의 지도자 모델)도 아닌 옆으로 누운 삼각형의 밖으로 향하는 모서리(선교 모델)에 해당된다(그림 1 참조).

지도자는 복음의 이름으로 문화 내에 참여하는 모델을 보여 주는 것이다(328). 이것이 오늘날의 지도자에게 요청되는 사도적 지도자의 개념이 뜻하는 바이다. 그러한 모델은 목회적 역할을 선교적 참여의 전면에 내세운다(328). 교회 공동체가 직접적으로 선교에 개입하면서 질문과 더불어 기도, 연구, 대화, 그리고 예배하는 가운데 제자훈련이 주어진다. 그러한 회중 가운데 목회자는 그/그녀가 문화와의 만남의 모델이 되는 한에서만 이끌 수 있을 것이다(328).

전통적 모델

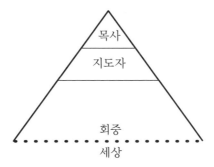

종의 지도자 모델

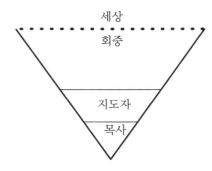

선교 모델

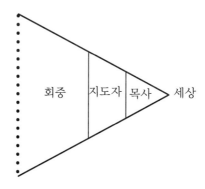

그림 1. 지도자에 대한 전통적 모델, 종의 지도자 모델, 선교 모델
(Hunsberger et al. 1996: 328)

이처럼 선교하는 교회는 어떻게 '교역자'가 하나님의 백성들이 선교하는 데 도움을 주고, 변화를 주고, 도전을 주어 참여케 하고 있는가를 질문하는 곳이다(Van Engen 1994: 218). 세상에서 선교 사역을 감당해 나아가는 교회는 각 지체들이 가진 은사와 잠재력을 충분히 발휘할 수 있도록 모든 부분에 세심한 배려를 해줄 수 있는 능력이 있고, 긍정적이며, 조직화된 지도자를 필요로 한다(220). 선교적 사건으로서의 지도력은 성령의 강한 역사와 성도들의 섬기는 사역과 주님의 뜻을 이루고자 하는 지도자들로 연합된 결정체이다(222).

권위주의적인 지도자들을 인하여 교회 성도들은 지도자의 말에 순종하든지 아니면 아무 것도 하지 않든지 하는 결정을 해야 하고 이런 과정에서 상당수는 소극적이고, 반항적이며, 무관심하게 되었다(229). 만일 교회의 목회자들과 선교사들이 '종된 지도자'로서의 성경적인 지도자론을 기억하고 실천했다면 지난 수십 년 동안 일어난 심각한 문제들 중 상당 부분이 해결되었을 것이다(229). 선교적 목회자들이 하나님의 백성들로 하여금 선교하는 본연의 모습을 발견하도록 가르치고 훈련하고 격려할 때 교회의 선교적 본성이 회복될 것이다(209).

3) 문화적 패러다임에서 복음적 패러다임으로의 전환

회심하여 하나님의 공동체의 일원이 된 많은 신자들이 여전히 본인도 의식하지 못하는 사이에 문화적 패러다임에 의하여 사고하고 행동할 수 있다. 선교적 목회자는 이러한 회중들로 하여금 문화적 패러다임을 벗어나서 성경적 패러다임에 의하여 사고하고 행동하는 단계로 이끌 사명을 갖는다. 교회의 관점과 선호를 형성하는 문화적 패러다임과 그러한 것들에 대한 근본적인 변혁을 요구하는 복음적 패러다임 사이에서 교회는 내적 대화(inner dialogue)

를 지속해 나가야 한다(Hunsberger et al. 1996: 286). 그러한 작업은 교회 밖에 있는 동일한 문화에 의해서 형성된 자들 사이에서 증거하는 외적 대화(outer dialogue)를 수행하기에 필요한 선결과제이다(286). 교회 안에서 내적 대화를 충실히 지속해 나갈 때 교회 밖에 있는 사람들에게 복음을 변증하며 증거하기에 필요한 준비와 훈련이 갖추어지게 될 것이다.

5장에서 한국문화와 대조되는 복음에 대하여 살펴보았는데, 7장에서는 한걸음 더 나아가서 문화적 패러다임을 복음적 패러다임으로 변화시키기 위하여 구체적으로 어떠한 과정을 밟아 나가야 할 것인지 살펴보고자 한다.

① 교리적 차원의 변화

교리적 차원에서 한국문화의 패러다임에 의거하여 사고하고 행동하는 신자들로 하여금 복음적 패러다임을 향하여 변화되도록 이끄는 과제를 표로 나타내면 다음 쪽의 표와 같다(표 7-1).

먼저 신자들의 문화적 배경을 고려하는 것이 필요하다. 유교, 무속, 불교, 근대 계몽주의 사고의 어디에 해당되는 가에 따라서 변화의 과제와 변화를 위한 전략도 다르게 나타날 것이다. 동시에 다종교 상황 속에서 다양한 종교 전통의 영향을 동시에 받으면서 살아온 점을 고려할 때, 교리적 차원에서의 변화의 과제를 종합적으로 살펴보는 것도 필요하다.

ㄱ) 하나님과의 인격적인 관계 개발

유교의 천 개념과 성경의 하나님 관념이 대조되는 점은 유교의 천(天)에도 물론 심판주라는 관념이 존재하지만 그보다는 우주규범으로서 천(天)이 강조되는 점이 성경의 하나님 관념과 구분되는 점이다. 특히 하나님과 인격적인 관계를 맺는다는 관념은 유교에서는 찾아보기 힘들다. 따라서 성경적 하나님 관념으로 나아가기 위해서는 하나님과의 인격적인 관계를 맺고 그것을 개발해 나가는 것이 필요하다.

	한국문화	변화의 과제 --------------->	복음
유교	유교의 천	하나님과의 인격적인 관계를 개발한다.	성경의 하나님
	수양을 통한 완성	하나님께서 이루신 역사에 대한 믿음을 강화한다.	믿음을 통한 구원
	낙관적 인간 이해	죄를 자백하고 회개하는 삶을 살도록 한다.	비관적 인간 이해
무속	영육 이원론과 영혼의 구원	전인적 인간 이해와 총체적인 구원에 대한 이해를 갖도록 한다.	전인적 인간 이해와 총체적 구원
	혈연주의	혈연주의에서 하나님에 대한 신뢰로 전환한다.	하나님 신앙
	신통력	은사의 바른 사용을 강조한다.	성령의 은사
불교	연기법	삶에서 하나님의 섭리를 인식하는 믿음의 안목을 키운다.	창조주 하나님
	깨달음	하나님의 명령과 약속의 말씀을 믿고 순종할 때에 깨닫게 됨을 주지시킨다.	믿음과 순종
	자력구원	초월적으로 주어지는 구원을 믿음으로 받아들인다.	타력구원
계몽주의 사고	과학과 기술 중심	목적이 이끄는 삶을 살게 한다.	신중심
	계몽 프로젝트	하나님의 선교적 백성으로서의 정체성을 강화해 나간다.	미시오 데이

표 7-1. 교리적 차원의 변화의 과제

호세아서에 보면 "힘써 여호와를 알자"(6:3)란 구절이 나온다. 성경에서 '안다'라는 말은 무엇보다도 지식적인 앎이 아니라 체험적인 앎을 의미한다. 말씀으로 주어지는 하나님의 명령에 순종하는 체험을 통해서 그분이 어떠한 분인지 더욱 분명히 알아갈 수 있다. 또한 하나님께서 이끄시고 인도하시는 바를 올바로 분별하고 바르게 반응하는 것을 통해서도 하나님을 더욱 체험적으로 알아갈 수 있다. 사랑의 이중 계명으로 주어지는 주님의 명령에 시시각각 순종하는 삶을 살아갈 때, 이 땅에는 하나님의 나라의 샬롬, 곧 정의와 평화가 그만큼 실현된다(김세윤 2003: 196). 교회의 순종을 통하여 세상의 정치, 경제, 문화의 모든 제도들과 과정들에도 주 예수 그리스도의 의와 생명의 통치가 나타나게 된다(198).

교회의 선교는 개개인의 회심과 주권의 전이를 촉구하는 것을 넘어서서 "이 세상의 모든 삶의 과정 속에서 사단의 죄와 죽음의 통치를 제거하고 주 예수 그리스도의 의와 사랑의 통치를 실현하는 것을 포함한다"(198). 하나님의 백성들은 주님의 통치에 민감하게 반응함으로써 이 땅에서 확장되어가는 하나님의 나라를 목도할 수 있으며 하나님의 역사에 대한 증인이 될 수 있다. 또한 기도는 하나님과 의사소통하는 것이란 점에서 하나님께 나아가서 기도하는 가운데 그분과의 인격적인 관계를 더욱 발전시킬 수 있을 것이다.

ㄴ) 하나님께서 이루신 역사에 대한 믿음

유교에서는 스스로 수양을 통해서 완성의 경지로 나아가고자 하는 데 반해 복음적 관점은 하나님께서 이루신 구속의 역사를 믿음으로 받아들이는 것이다. 자기의 의를 통해서 하나님께 나아갈 수 없다는 점을 성경은 분명히 밝힌다 (롬3:20). 오로지 하나님의 의를 믿고, 하나님께서 이루신 구속의 역사를 믿을 때 그는 구원받을 수 있다. 이처럼 복음적 관점에서는 인간의 지식과 수고와 노력보다도 하나님을 믿는 믿음이 보다 강조된다. 믿을 때 죄사함 받고 구원받은 하나님의 자녀가 된다. 자신의 노력만으로 완성의 경지에 도달할 수 있다는 생각을 내려놓고 여호와를 신뢰하며 나아가는 길만이 구원의 길임을 성경은 강조한다. "너는 마음을 다하

여 여호와를 신뢰하고 네 명철을 의지하지 말라"(잠 3:5)

이처럼 복음적 관점에서는 지식보다도 하나님께 대한 신뢰가 우선시된다. 수양을 통해 완성에 이루려는 자들에게 자신의 노력보다도 하나님을 신뢰하도록 권면하고 그들을 인도해야 할 것이다. 또한 믿음이란 하나님께서 이루시는 역사에 대한 인간 편에서의 반응이란 점에서 하나님께서 이루시는 역사에 대해서 바르게 응답할 수 있도록 지속적으로 믿음을 강화시켜 나가야 한다.

ㄷ) 죄를 자백하며 회개하는 삶

인간에 대한 낙관적 이해를 하는 유교적 관점에서 죄악된 인간의 실존을 그대로 인정하고 고백하는 성경적 관점으로 나아가려면 무엇보다도 날마다의 삶을 돌이켜 보며 죄를 시인하며 고백하는 삶을 살도록 해야 한다. 회심 이후의 삶에서도 죄를 지을 수 있는데 그러한 때에 솔직히 죄를 시인하고 자백하는 길이 죄 용서 받는 길이다. 성경은 "만일 우리가 죄가 없다고 말하면 스스로 속이고 또 진리가 우리 속에 있지 아니할 것이요"(요일1:8)라고 말한다. 이러한 죄에 대한 해결책은 죄를 자백하고 죄로부터 돌아서는 일이다. "만일 우리가 우리 죄를 자백하면 그는 미쁘시고 의로우사 우리 죄를 사하시며 우리를 모든 불의에서 깨끗하게 하실 것이요"(요일 1:9).

ㄹ) 전인적 인간과 총체적 구원

무속에서는 인간을 영혼과 육체의 이분법으로 나누어 본다. 인간이 죽으면 육체는 땅에 묻히지만 그 영혼은 저승으로 떠난다고 본다. 그리고 그 영혼은 언제든지 산 자들에게 나타날 수 있다. 그러한 영혼에 대한 관념으로 인해 다양한 의례들이 발달한 것을 보게 된다. 인간을 육체와 영혼으로 이분법적으로 구분하는 사고방식은 인간에 대한 전인적인 관점으로 대체될 필요가 있다.

육체적 삶이야 어떻게 되건 영혼만 구원받으면 된다는 사고에서 영혼뿐만 아니라 육체적 삶도 하나님께서 원래 의도하신 삶으로 회복되도록 해야 할 것이다. 성경에서 말하는 구원은 개인의 영혼 구원 뿐만 아니라 전인적인 인간이 영적 차원과 더불어서 육체적, 정신적, 사회적 차원에서 누리게 되는 총체적인 것이다. 20세기 초에 계몽주의에 대처하는 과정에서 너무 근본주의적인 태도를 취하는 가운데 개인의 영혼 구원에만 치중하고 구원의 육체적이고 사회적인 차원에 대해서 소홀히 한 점에 대해서 꾸준한 반성이 요구된다.

하나님의 구속받은 백성으로서 현재에도 계속해서 진행되는 하나님의 구속의 역사를 인식하며 적극적으로 이에 참여하며 동참할 것이 요구된다. 각자에게 주어진 역할과 사명을 적극적으로 감당하는 가운데 자신의 삶과 가정, 직장, 사회 속에 임하는 하나님의 나라를 보다 민감하게 의식하며 하나님 나라의 백성으로 하나님의 통치에 순종하는 삶을 실천할 때 이 땅에서의 삶이 의미하는 바에 대한 보다 깊은 통찰이 주어지게 될 것이다. 이 땅에서의 삶은 단지 천국에 가기 위한 준비 대합실로서의 의미만 가진 것은 아니다. 적극적으로 자신에게 주어진 은사와 달란트를 활용하여 이 땅에 하나님의 나라가 임하도록 헌신하는 것 또한 그의 삶이 가진 중요한 의미이다. 하나님의 선교적 백성으로서의 사명내지 소명을 충실히 감당할 때 그의 삶은 새로운 의미로 충만할 것이다. 그러한 삶은 그리스도 예수 안에서 이 땅에 하나님의 축복이 흘러가는 통로로 소중히 쓰임 받는 삶이 될 것이다(창 12:3).

ㅁ) 혈연주의에서 하나님에 대한 신뢰로

무속을 포함한 한국의 전통 문화는 전반적으로 혈연을 중심으로 형성되었다. 혈연을 중심으로 가족과 사회가 구성되었으며 혈연이 가치의 중심이 되고, 혈연의 번성이 삶의 목적이 되었다. 혈연이야말로 궁극적인 신뢰의 대상으로 간주되었으며 혈연에 최고의 가치를 부여해 왔다. 위기의 상황을 맞이하게 될 때 혈연을 통해서 그 위기를 타파하고자 하였다.

그렇지만 이제 하나님의 백성은 헌신과 신뢰의 대상을 바꾼 자들이다. 혈연을 의지하고 신뢰하는 데에서 돌이켜서 하나님만을 의지하고 신뢰하는 것으로 바꾼 것이다. 위기가 닥치고 어려움이 주어질 때 혈연을 의뢰하고 신뢰하는 것에서 돌이켜 하나님께로 나아가는 계기로 삼아야 할 것이다. 성경에서도 말씀한다. "환난 날에 나를 부르라 내가 너를 건지리니 네가 나를 영화롭게 하리로다"(시 50:15).

하나님께서는 혈육을 하나님보다 더 의뢰하고 사랑하는 데에서 돌이키는 것을 원하신다. 그러한 하나님의 뜻이 아브라함에게는 큰 시험으로 다가 왔다. 아브라함이 하나님께서 명령하실 때 독자 이삭이라도 아낌없이 드리고자 했던 것처럼 하나님에 대한 충성과 헌신이 피붙이에 대한 헌신보다 우선해야 한다.

ㅂ) 은사의 바른 사용

성경에 의하면 모든 사람이 중생하여서 하나님의 백성이 될 때에 그들에게 성령의 은사가 골고루 분배된다(고전 12:11). 성령의 은사를 주신 이유는 그것을 통해서 신적인 능력을 과시하고 그렇게 함으로써 자신의 유익을 구하며 자신을 높이기 위한 것이 아니다. 예수님께서 사탄의 시험을 받을 때, 사탄은 그저 신적인 능력을 드러내고 과시하도록 종용하였으나 주님께서는 그러한 사탄의 요구를 넘어서는 보다 우선적인 목적이 있고 뜻이 있음을 내세우시면서 사탄의 시험을 물리치셨다.

예수님께서 하나님의 능력을 나타내시고 이적을 베푸신 것은 어디까지나 하나님 나라의 실재를 증거하시고 보여 주시기 위한 더 큰 목적을 위한 일이었다. 성령의 은사를 신자들에게 주신 것도 마찬가지로 공동체의 유익을 위하고 하나님의 영광을 드러내기 위한 것이다(고전 12:7). 더 나아가서 은사를 불일듯이 활용하여서 하나님께서 자신에게 맡기신 사명과 소명을 감당하도록 하기 위한 것이다. 은사를 활용함에 있어서 철저히 하나님의 뜻을 좇으며 하나님의 영광만을 구하도록 해야 한다.

ㅅ) 하나님의 섭리를 인식하는 믿음의 안목

불교에서는 모든 일에 원인이 있고 그에 상응하는 결과가 있다고 본다. 철저한 연기법에 근거하여 사건과 상황을 해석한다. 또한 이러한 연기법에 근거한 인과응보 사상에 따라 선을 추구함으로 좋은 업을 쌓고자 한다.

하지만 성경에서는 하나님께서 모든 것을 섭리하시고 주도하신다. 그러한 하나님의 섭리와 역사에 대해서 바르게 반응하는 것이 인간들에게 주어진 중요한 과제이다. 단순히 사건의 연속적인 과정만이 존재하는 것이 아니라 주어지는 모든 과정 배후에서 하나님의 손길과 뜻을 볼 수 있는 믿음의 안목이 요청된다. 주어지는 사건들을 그저 우연으로 간주하는 것이 아니라 그러한 사건들을 통해서 하나님께서 뜻하시는 바가 무엇인지 질문하는 과정을 통하여 믿음의 안목을 키워나가야 한다. 성경은 그처럼 하나님과 동행한 인물들의 사례들로 가득하다. 성경에 나오는 위대한 인물들은 하나님의 섭리적 역사를 인식하고 바르게 응답함으로써 하나님의 역사를 목도하고 증거했으며 이 땅에서 자신의 삶에 두고 계신 하나님의 뜻을 성취한 자들이다.

ㅇ) 하나님에 대한 믿음과 순종

불교에서는 궁극적으로 깨달음을 추구하는 데 반해서 성경은 하나님의 주도하심에 믿음으로 반응하며 순종할 것을 요구한다. 그리고 그러한 삶을 살 때에, 그는 하나님과 동행하며 하나님과의 관계를 심화시키고 자신에게 주어진 소명을 달성하게 된다. 예수님께서도 하나님 아버지의 뜻에 죽기까지 순종하심으로 하나님에 의해서 최고의 자리로 높임을 받게 되셨다(빌 2:8-9).

신자들도 주님께서 보여주신 바와 같이 하나님의 명령과 약속의 말씀에 믿음으로 순종할 때에 비로소 하나님의 역사를 보게 되고 깨닫게 된다. "행함이 없는 믿음은 죽은 것이니라"(약 2:26)는 말씀과 같이 진정한 믿음은 반드시 순종의 행위를 동반한다. 예수님께서 말씀하시고 명령하셨을 때에 그대로 순종한 하인들이 물이 포도주로 변하는 역사를 보게 되었듯이 주님의 말씀에 순종하는 삶을 사는 가운데 주님의 주님 되심과 말씀의 진리 됨을 더욱 깊이 깨닫게 될 것이다.

ㅈ) 초월적으로 주어지는 구원

성경에서는 자신의 힘으로 구원받을 수 없다는 것을 분명히 보여준다. 구원이 우리 외부로부터 초월적으로 주어지는 것이기 때문에 겸손하게 구원을 받아들이는 믿음만이 바른 응답이고 진정한 해결책이다.

바울은 자기 의로써 다시 말하면 율법을 지킴으로 의롭다 함을 얻으려 한 유대인들의 잘못을 분명히 지적한다. "의의 법을 따라간 이스라엘은 율법에 이르지 못하였으니 어찌 그러하냐? 이는 그들이 믿음을 의지하지 않고 행위를 의지함이라. 부딪칠 돌에 부딪쳤느니라"(롬 9:31-32). 갈라디아인들이 다시금 율법의 행위를 의지하는 데로 돌아서려고 할 때 바울은, "어리석도다 갈라디아 사람들아 예수 그리스도께서 십자가에 못 박히신 것이 너희 눈앞에 밝히 보이거늘 누가 너희를 꾀더냐"(3:1)고 그들을 질책한다. 그는 "만일 의롭게 되는 것이 율법으로 말미암으면 그리스도께서 헛되이 죽으셨느니라"(갈 2:21)고 십자가의 복음 외에는 다른 길이 없다는 것을 분명히 한다. 만일 다른 방법으로 의롭게 될 수 있다면 그리스도께서 그렇게 십자가에 달려서 고난당하실 이유가 없었다는 논리이다.

인간의 행위나 공로, 깨달음을 통하여 구원받을 길이 없었기 때문에 하나님께서 외아들을 보내주셨다. 외아들 예수 그리스도 께서는 우리의 죄에 대한 형벌을 대신 받으셔서 구원의 길을 열어 주셨다. 하나님께서는 예수 그리스도를 사망에서 일으키심으로 써 그분이 진정 하나님의 아들임을 확증해 주셨다. 그리하여 누구든지 저를 믿으면 멸망하지 않고 영생을 얻도록 하신 것이다 (요 3:16).

ᄎ) 목적이 이끄는 삶

과학과 기술이 유토피아를 가져다 줄 것이란 환상으로 과학과 기술을 숭상했지만 그것이 인과율을 넘어서는 더 큰 목적을 제공 해 주지 못하는 한계를 드러냈다. 목적을 잃고 방향을 잃은 채 의 미 없는 실존을 살아가는 현대인에게 과학과 기술은 해답을 제시 해 주지 못한다.

천지를 창조하신 하나님을 인정하고 그분의 더 크신 창조와 구 속의 계획을 깨닫게 될 때 비로소 인간은 자신의 존재 의미와 목 적을 발견하게 된다. 성경의 하나님을 믿게 될 때 이처럼 '보다 폭 넓은 합리성'(wider rationality)을 갖고 인생을 조망할 수 있 게 된다(Van Gelder 1996: 39). 인생은 그저 목적도 방향도 알 수 없는 무의미하고 허무한 삶이 아니다. 인간은 창조주 하나님께 서 뜻하신 바가 있어서 신묘막측하게 지은 존재이다(시 139: 13-16). 은사와 달란트를 주신 것도 그것으로 하나님께서 뜻하신 바의 소명과 사명을 달성할 수 있도록 하기 위한 것이다. 하나님 안 에서 자신의 삶의 목적을 발견하고 푯대를 향하여 달려가는 삶을 살게 될 때 그는 진정한 성취감과 보람을 맛보며 열정을 불태우는 삶을 살게 될 것이다.

ㅋ) 하나님의 선교적 백성

이 세상의 역사는 하나님께서 주도하시는 역사이다. 그분의 구속의 계획이 펼쳐지는 역사이다. 그분이 적극적으로 구원하시며 선교의 역사를 이루어 가고 계신다. 인간은 자기 스스로 과학과 기술을 내세워서 유토피아를 건설하고자 하였지만 최근의 역사―전쟁, 인종 청소, 핵 위협 등―는 그것이 현대판 바벨탑 사건임을 입증하였다.

이제 하나님의 백성들은 다시금 바벨탑을 쌓는 것과 같은 헛된 일에 동참하는 것이 아니라, 하나님의 선교(missio Dei)에 보다 적극적으로 동참하여야 할 것이다. 하나님의 백성들은 선교를 통해서 부르심을 받았으며 그들 또한 선교를 위해서 부르심을 받은 존재들이다. 그들은 성령의 인도하심에 민감하게 반응하며 하나님의 선교적 역사에 적극적으로 참여하는 가운데 하나님의 백성으로서의 정체성을 강화해 나가야 할 것이다.

② 의례적 차원의 변화

먼저 의례적 차원의 변화의 과제를 표로 나타내면 다음과 같다(표 7-2).

	한국문화	변화의 과제 ------------------>	복음
유교	형식적 의례	복음의 감격이 표현되는 예배가 되도록 한다.	신령한 예배
무속	주술성	삶의 변화로 이어지는 예배가 되도록 한다.	예배성

표 7-2. 의례적 차원의 변화의 과제

ㄱ) 복음의 감격이 표현되는 예배

의례가 형식적으로 치우치는 경향이 강한 유교문화 속에서 예배가 형식적인 의례로 치우칠 위험이 크다. 예배는 복음적 삶이 총체적으로 표현되는 현장이다. 은혜를 주시는 하나님의 임재, 구원받은 하나님의 백성들의 감사와 감격, 하나님께 대한 찬양과 경배, 주 안에서 하나된 공동체성의 표출, 세상 속에서 삶에 대한 회개와 새로운 결단이 예배 중에 어우러진다. 그런 면에서 예배는 복음적 삶의 연속이며 연장이요 결정판이며 예배를 통해서 신자는 선교적 삶을 살기 위한 원동력을 얻게 된다(Piper 2003: 368). 또한 예배란 선교가 행해져야만 하는 목적이기도 하다. 예배가 없는 곳에 예배가 있도록 하기 위해서 선교가 있다는 것을 잊지 말아야 한다(368).

그러므로 이러한 점들을 고려하여 예배를 기획하며 준비해야 하고 필요하다면 예배 의식을 개혁해 나갈 수 있어야 할 것이다. 이를 위하여 항상 예배를 기획하고 평가하고 개선해 나가는 가운데 복음의 감격이 표현되는 신령한 예배가 되도록 해야 할 것이다.

ㄴ) 삶의 변화로 이어지는 예배

예배나 예식이 그 자체로서 효과가 있는 것이라고 보는 것은 주술적 단계를 벗어나지 못한 사고이다. 하나님께서는 형식적 예식에 대한 굉장한 거부감을 선지자를 통해서 말씀하셨다(사 1:11-12). 성회가 삶의 변화를 동반하지 아니하는 것이라면 그것은 하나님을 기쁘시게 하는 의례가 되지 못한다(사 1:13). 예배나 예식을 통해서 진실한 믿음이 표현되고 하나님의 임재를 체험하며 새로운 결단과 깨달음으로 이어질 때 진정한 예배나 예식이 될 것이다. 예배하고 경배하는 삶이 동시에 하나님을 닮아가고 그분의 뜻을 좇는 삶으로 이어지지 않는다면 그것은 하나님을 기쁘시게 하는 예배가 되지 못할 것이다.

그러한 삶의 변화를 끊임없이 이루어 나가기 위해서는 자신에 대해서 지속적으로 반성함과 회개함이 필수적이다. 지난 주간의

삶을 검토하며 반성하며 회개하는 가운데 새롭게 다짐하고 결단
하는 시간을 가져야 할 것이다. 그러한 반성과 회개가 형식적이고
반복적인 것이 되지 않도록 구체적으로 반성하고 회개하는 가운
데 자신을 부인하며 성령의 인도하심에 전적으로 따르는 삶으로
나아가야 할 것이다.

③ 윤리적 차원의 변화

먼저 윤리적 차원의 변화의 과제를 도표로 나타내면 다음과 같
다(표 7-3).

	한국문화	변화의 과제 ------------------>	복음
유교	현세 지향적 윤리	종말의 하나님의 백성으로서 하나님의 통치에 순종하는 삶을 살게 한다.	종말론적 윤리
무속	거래적 태도	하나님의 뜻을 분별하며 순종하는 태도를 갖게 한다.	순종적 태도
불교	세상을 부정하는 영성	하나님의 문화 명령에 순종하는 삶을 살도록 한다.	세상을 긍정하는 영성
	업보	사명을 인식하고 완수하는 삶을 살도록 한다.	심판
	보살도	주님과 동행하는 삶이 되도록 한다.	제자도
계몽주의 사고	자율적 인간으로서의 개인	공동체의 하나됨을 통한 증거를 감당하도록 한다.	관계 가운데 존재로서의 개인
	자율적 윤리	사랑의 이중계명을 적극적으로 실천하도록 한다.	계시적 윤리
	결과 중시	매사에 충실하게 임하는 태도를 개발한다.	과정 중시
	출세 위주 교육	하나님의 비전이 이끄는 삶이 되도록 한다.	잠재력 개발 교육

표 7-3. 윤리적 차원의 변화의 과제

ㄱ) 하나님의 통치에 순종하는 삶

구원받은 하나님의 백성들은 이제 옛 세대에 속하는 것이 아니라 새 세대에 속하는 자들로서 하나님의 통치에 순종하며 다가오는 하나님 나라의 징표(sign)로서 이 땅에 존재한다. 그들은 옛 세대에 속하는 자들과 같이 현세지향적인 삶을 추구하는 것이 아니라 하나님의 통치에 순종하는 자들이다.

이러한 종말론적 의식이 그들로 하여금 구별된 삶을 살게 한다. 선교를 위한 유예 기간에 살아가는 그들은 무엇보다도 먼저 말과 행동으로 복음을 전파하는 삶을 살아야 하며, "너희는 세상의 소금과 빛"이라고 말씀하시는 주님의 말씀을 반영하는 삶을 살아야 한다. 종말의 하나님의 백성으로서 먼저 그 나라와 그 의를 구하는 것이 그들의 삶의 우선순위가 되어야 한다.

ㄴ) 하나님의 뜻을 분별하고 순종하는 태도

하나님에 대한 거래적 태도에서 순종적 태도로 변화되기 위해서는 하나님의 뜻을 분별하는 것이 무엇보다도 우선과제이다. 하나님께 나아갈 때 단순히 거래적인 태도를 갖고 나아가면 안 된다. 하나님께 복을 구하는 마음으로 헌금하고 봉사한다면 그것은 하나님의 백성으로서의 합당한 자세가 아니다. 하나님께서 베푸신 은혜와 은총에 대해서 감사하는 마음으로 또한 하나님의 자녀로서 하나님의 뜻을 좇고자 하는 마음으로 나아가는 것이 바른 자세이다.

하나님의 뜻을 분별하기 위하여 하나님의 말씀을 가까이 하여야 할 것이다. 성경에서는 하나님께서 우리의 뜻과 생각보다 더 높은 뜻과 생각을 갖고 계신 분임을 말한다(사 55:9). 그러한 하나님의 뜻을 좇는 삶과 자신의 뜻을 좇는 삶은 큰 차이를 나타낸다. "무릇 의인들의 길은 여호와께서 인정하시나 악인들의 길은 망하리로다"(시 1:6).

잠언은 하나님의 지도와 인도를 받는 삶에 대해서 언급한다. "너는 마음을 다하여 여호와를 신뢰하고 네 명철을 의지하지 말라. 너는 범사에 그를 인정하라. 그리하면 네 길을 지도하시리라" (잠 3:5-6). 자신을 지혜롭다고 여기지 않고 범사에 하나님의 역사와 섭리를 인정하며 그분을 신뢰할 때 하나님께서 그 길을 지도해 주신다고 약속하고 있다.

우리가 이 땅에서 하나님의 뜻을 분별하며 순종하는 태도로 살아갈 때 "나는 선한 싸움을 싸우고 나의 달려갈 길을 마치고 믿음을 지켰으니 이제 후로는 나를 위하여 의의 면류관이 예비되었으므로 주 곧 의로우신 재판장이 그 날에 내게 주실 것이며"(딤후 4:7-8)라 말했던 사도 바울의 기대에 찬 확신이 또한 우리의 것이 될 수 있을 것이다.

ㄷ) 하나님의 문화명령에 순종하는 삶

세상을 부정하는 사고방식에서 세상을 긍정하는 사고방식으로 전환하기 위해서는 하나님께서 창조하신 아름다운 세상을 믿음의 눈으로 바라보는 것이 요구된다(히 11:3).

하나님께서 창조하실 뿐만 아니라 타락하신 것을 되돌리려고 계획하시고 구속의 계획을 실행에 옮기실 정도로 하나님은 창조 세계를 긍정하고 계시다. "하나님이 세상을 이처럼 사랑하사 독생자를 주셨으니"(요 3:16)라는 말씀은 창조계에 대한 하나님의 긍정을 잘 보여주는 구절이다.

하나님께서 이처럼 창조계를 회복시키고자 의도하신다는 점에서 창조 때 명령하셨던 문화 명령은 아직도 그대로 유효하다(창 1:27-28). 우리는 이 땅을 하나님께서 회복하시는 일에 적극적으로 동참하는 동시에 태초에 하나님께서 의도하셨던 하나님의 창조의 대리인이자 관리자로서의 사명을 감당해야 한다. 특히 오늘날 '기후 온난화' 현상 등 환경 공해 및 생태계 훼손의 여파를 극심하게 느끼는 시점에서 이러한 문화 명령은 더욱 시사하는 바가 크다. 하나님께서 만드신 세상을 보존하고 관리하며 회복시키는 일에 그리스도인들이 더욱 앞장 서야 할 것이다.

ㄹ) 사명을 인식하고 완수하는 삶

불교에서는 끊임없는 인과관계와 업보가 작용할 뿐 아니라 윤회를 통해서 이러한 업보가 영원히 지속된다고 생각한다. 하지만 성경은 일회적 삶과 그에 따른 심판을 언급한다(히 9:27). 특히 하나님의 심판은 하나님의 백성들에게 먼저 집행된다는 점을 기억할 때, 어떠한 상황에 처하든지 그리스도인으로서 하나님의 말씀에 근거하여 바르게 응답해야 할 것이다.

특히 "세월을 아끼라 때가 악하니라"(엡 5:16)는 말씀과 같이 주어진 기회를 최대한으로 선용하는 것이 그리스도인에게 요구된다. 특히 각자에게 은사를 주신 것은 동시에 사명을 주신 것임을 인식해야 한다. 자신에게 주어진 은사와 달란트를 땅에 묻는 것이 아니요 불 일 듯이 활용하여 하나님께 영광을 돌리며 자신에게 주어진 사명을 완수해야 한다. 그리하여 주님 앞에 설 때 "이 악하고 게으른 종아!"라는 질책 대신 "착하고 충성된 종!"이라는 칭찬을 들을 수 있어야 할 것이다.

이를 위해서는 끊임없이 사명이 무엇인지 질문하며 사명감과 소명감을 심어주는 것이 필요하다. 그러한 소명감을 바탕으로 비전을 세우고 그 비전을 달성하도록 지속적으로 도전하고 격려하는 것이 필요하다.

ㅁ) 주님과 동행하는 삶

보살도가 홀로 보살행을 감당하는 데 반해서 제자도는 무엇보다도 주님과 동행하는 면이 강조된다. 주님의 제자로서의 삶을 실천함에 있어서 중요한 것은 주님께서 함께 하여 주시겠다는 약속이다. "볼지어다 내가 세상 끝날 까지 너희와 항상 함께 있으리라" (마 28:20). 제자로서의 삶을 살아감에 있어서 중요한 것은 그리스도 안에 거하며 그분과 동행하는 삶이다. 주님의 음성을 들으며 그분의 손과 발이 되어서 이 땅에서 그분이 행하시던 삶을 이어가는 것이 제자의 삶이다.

주님과의 관계가 깊어질수록 세상 속에서 주님의 통로로서 보다 큰 영향력을 발휘할 수 있을 것이다. 주님과의 관계를 최우선적인 관심사로 삼고 끊임없이 주님의 뜻을 묻고 주님의 주되심을 인정하면서 성령 주도적인 삶을 살게 될 때 이 땅에서의 삶이 자기 주도적인 삶이 되지 않고 주님과 동행하는 삶이 될 것이다.

또한 주님께서 보내신 곳이 어떠한 곳이든지 그곳에 보내신 주님의 뜻을 이루도록 충성과 헌신을 다할 때 주님께서 함께 하여 주시고 주님의 축복의 통로로 사용하여 주실 것이다.

ㅂ) 공동체의 하나됨을 통한 증거

계몽주의 사고에서는 자율적 인간으로서의 개인을 강조한다. 개인에 대한 강조는 결국 개인주의로 이어지게 되고 공동체를 무너뜨리는 면이 강하다. 하지만 성경에서는 인간은 무엇보다도 관계 속의 존재임을 밝힌다. 그리스도의 몸의 지체로서 자신에게 주어진 위치와 역할이 있으며 무엇보다도 삼위일체 하나님과의 교제 속에 동참하는 기쁨이 있는 삶이다(요일 1:3-4).

하나님과의 관계를 개발하는 것과 동료 그리스도인들과의 관계를 개발하고 발전시키는 것이 세상 속에 있는 불신자들 속으로 들어가 화해의 사신이 되는 것과 무관하지 않다(고후 5:20). 하나님과의 친밀한 관계를 누리며 공동체의 일원이 되어서 양육 받고 자라나는 가운데 세상 속에 있는 불신자들로 하여금 그러한 친밀한 교제를 누리도록 초청하는 일을 감당할 수 있을 것이다.

개인주의는 성경의 정신에 위배된다. 오늘날 개인주의가 극대화되는 가운데 공동체성을 상실하고 있는 세상 속에서 하나님과 화목하고 공동체의 일원된 기쁨을 누리며 사는 모델을 보여줄 때 세상은 교회 공동체를 동경하며 새로운 눈으로 바라보게 될 것이다. 교회 공동체는 무엇보다도 폐쇄된 집단이 되어서는 안되고 개방된 공동체가 되어야 한다. 교회 밖에 있는 자들에 대한 하나님의 관심사를 공유하고 그들에게 진심으로 다가가고 그들을 수용하는 공동체가 되어야 할 것이다.

주님께서도 주님의 공동체가 하나가 될 때 세상에 증거하는 공동체가 될 것임을 말씀하셨다. "내가 그들 안에 있고 아버지께서 내 안에 계시어 그들로 온전함을 이루어 하나가 되게 하려 함은 아버지께서 나를 보내신 것과 또 나를 사랑하심 같이 그들도 사랑하신 것을 세상으로 알게 하려 함이로소이다"(요 17:23).

ㅅ) 사랑의 이중계명을 실천함

자율적 윤리에 있어서 문제가 되는 것은 윤리적 판단의 기준이 되는 준거점이 없다는 것이다. 모든 문제는 법에 호소해서 해결해야 하지만, 각자 자신에게 유리하게 법을 적용하려는 가운데 긴장과 갈등, 싸움이 끊이지 않게 된다. 법을 교묘하게 이용하는 자들이 생겨나게 되고 법의 혜택을 받지 못하는 사각지대에 놓이는 자들이 많아지게 된다. 오늘날 세상의 현실은 자율적 윤리의 한계점을 잘 보여준다. 세상은 만인의 만인에 대한 투쟁의 장으로 변모될 수밖에 없다.

예수 그리스도께서 가르치신 사랑의 이중계명을 준수할 때 세상에는 진정한 샬롬이 깃들게 될 것이다. 사랑의 이중 계명은 윤리적 판단의 기준점을 제공해 준다. 가치판단의 순간에 이 일이 과연 하나님을 사랑하고 이웃을 내 몸과 같이 사랑하는 일인가 하는 것을 근거로 결정을 내릴 수 있다(김세윤 2003: 193-94). 하나님을 사랑하고 이웃을 사랑하는 삶을 실천할 때 그리스도인들은 세상의 소금과 빛의 역할을 감당하고 세상은 위로부터 내려오는 평화를 맛보게 될 것이다.

ㅇ) 매사에 충실하게 임하는 태도

계몽주의 사고가 빚어낸 폐해 중의 하나는 결과 내지는 업적만을 중시하는 점이다. 수단이나 과정이 어떻든 결과만 좋다면 괜찮다는 사고는 많은 부작용을 동반한다. 자신이 추구하는 바를 달성하기 위하여 타인에게 엄청난 폐해를 끼치는 것이 그처럼 결과만을 중시하는 사고에 기인한다.

그리스도인은 결과가 수단을 정당화한다는 편의주의적 사고를 내려놓고 주어지는 모든 과정을 충실하게 감당하는 가운데 삶의 영향력의 반경을 넓혀 나가야 한다. 자신에게 주어지는 작은 일이라도 충실하게 감당한다면 더 큰 일이 주어지고 맡겨지게 될 것이다. 성경은 "지극히 작은 것에 충성된 자는 큰 것에도 충성되고 지극히 작은 것에 불의한 자는 큰 것에도 불의하니라"(눅 16:10)고 언급한다. 자신에게 주어지는 한 과정 한 과정 충실하게 감당해 나가는 가운데 삶과 영향력의 반경을 넓혀 나가는 것이 하나님께서 지도자를 양성하시고 길러내시는 방법이다(Clinton 1989).

ㅈ) 하나님의 비전이 이끄는 삶

계몽주의가 들어오면서 교육을 출세를 위한 하나의 방편으로 간주하는 사고 또한 팽배해지게 되었다. 이 땅에서 잘 살기 위해서는 무엇보다도 교육을 제대로 받아야 한다는 생각에서 부모들은 앞 다투어 자녀들의 교육에 모든 것을 투자하였다. 심지어 자녀들의 적성을 고려하기 보다는 성적에 맞추어 줄서기하는 식으로 학과 선정이 이루어지는 경향까지 볼 수 있다. 그처럼 무한 경쟁에 시달리는 학생들은 자연히 스트레스에 시달리지 않을 수 없다.

이렇게 교육마저 출세의 도구로 간주하는 사고를 하나님께서 주신 은사와 달란트를 최대한 활용하여 하나님께 영광을 돌리고자 하는 사고로 전환하려면 교육을 받는 동기를 새롭게 할 필요가 있다. 동기를 새롭게 하기 위해서는 큰 그림을 보는 것이 필요하다. 하나님께서 역사하시는 세상, 선교하시는 하나님의 목적과 그 안에서 나에게 주어지는 사명이 무엇인지 분명히 인식하게 될 때에 하나님의 더 큰 목적에 자신을 투신하며 그분 안에서 자신의 잠재력을 최대한 발휘할 수 있을 것이다.

④ 경험적 차원의 변화

경험적 차원에서 추구해야 할 변화의 과제는 다음과 같다(표 7-4).

	한국문화	변화의 과제 ---------------->	복음
유교	자기 통제	주님께서 주도하는 삶을 살도록 한다.	자기 부정
무속	능력 현시에 초점	은사와 성품의 균형 잡힌 개발을 추구한다.	균형 추구에 초점
	'신병'체험	신비 체험보다 미래적 사명에 초점을 두는 삶을 살도록 한다.	'회심'체험
불교	해탈	성령을 따라 행하는 삶을 살도록 한다.	성령충만
	선정(禪定)	하나님과 동행하는 삶이 체질화되도록 한다.	영성훈련
계몽주의 사고	자연법칙	하나님의 섭리를 보는 믿음의 안목을 키운다.	하나님의 섭리
	자율적 자아	자기부인의 삶을 살도록 한다.	그리스도와 함께하는 자아

표 7-4. 경험적 차원의 변화의 과제

ㄱ) 주님께서 주도하는 삶

유교에서 자기를 통제하고 자신의 욕구를 제어하려고 하는 것
은 그러한 과정을 통하여 무엇인가를 달성할 수 있다는 낙관적인
인간 이해에 기인한다. 하지만 성경은 그러한 인간 내재의 가능성
을 철저히 부정한다. 하나님의 역사를 긍정하고 수용하기 위해서
는 철저한 자기 자신에 대한 부인과 부정이 요구된다.

자기 자신에 대해서 철저하게 절망할 때에야 비로소 자신의 외
부로 눈을 돌리고 초월적으로 주어지는 하나님의 의를 받아들이
게 된다. 이렇게 구원받고 하나님의 백성이 된 자로서 끊임없이 자
기 자신을 부인하는 가운데 주님의 부활 생명과 연합된 자로서 주
님과 동행할 때 자신과 함께 하시는 주님을 체험하며 주님께 영광
돌리는 삶을 살게 될 것이다. 이처럼 주님께서 내 삶을 주도하시
게 될 때 주님의 축복의 통로로 쓰임 받는 기쁨과 감격을 맛보게
될 것이다.

ㄴ) 은사와 성품의 균형 잡힌 개발

전통적인 '능력'에 대한 관심사는 복음을 받아들인 후에도 '은
사' 그것도 '초자연적인 은사'에 대한 관심으로 자연스럽게 이어지
게 된다. 그렇지만 성경에 의하면, 능력을 드러내기만 하면 되는
것이 아니다. 그러한 능력의 드러냄을 통해서 어떤 목적을 추구하
느냐가 보다 중요하다. 바울은 하나님의 능력을 드러내는 사람이
었지만 동시에 겸손한 사람이었다. 자신도 넘어질 수 있다는 것을
인정하고 겸손하게 자신을 쳐서 복종시키는 훈련을 감당하였다.
"내가 내 몸을 쳐 복종하게 함은 내가 남에게 전파한 후에 자신이
도리어 버림을 당할까 두려워함이로다"(고전 9:27)는 사도 바울
은 고백은 그리스도인 모두가 공유해야 되는 고백이다.

특히 자신에게 하나님께서 특별한 은사를 주셨다고 생각되는
그리스도인의 경우에는 이러한 면에 더욱 관심을 기울여야 한다.

왜냐하면 샤머니즘의 풍토 속에서 그처럼 능력을 나타내는 사람들에 대해서 신적으로 높이는 분위기에 쉽게 휘말려 들어갈 수 있기 때문이다. 은사의 개발과 더불어 그리스도를 닮은 성품을 끊임없이 개발해 나갈 때 그와 같은 유혹에서 벗어나서 온전히 주님만을 높이는 제자의 길을 갈 수 있을 것이다.

ㄷ) 신비 체험보다 미래적 사명에 초점을 두는 삶

신비 체험에 지나치게 초점이 맞추어지면 자신을 지나치게 높게 평가하는 시험에 떨어질 수 있다. 사도 바울도 자신의 체험을 이야기할 때 조심스럽게 이야기하는 것을 보게 된다(고후 12:5-7). 회심을 경험한 하나님의 백성들은 바울의 이러한 점을 본받아야 한다. 사도 바울의 다메섹 도상에서의 회심은 동시에 이방인의 사도로서 자신에게 주어진 소명을 깨닫는 사건이었다(김세윤 2009: 232). 회심 이후의 그의 삶은 사명자의 길이 어떠해야 함을 잘 보여준다. 그의 삶은 뒤에 것은 잊어버리고 앞에 있는 푯대를 향하여 달려가는 삶이었다(빌 3:13-14). 신비 체험에 초점을 맞추는 데에서 벗어나서 예수 그리스도의 주되심을 인정하며 순종하는 가운데 자신에게 주어진 사명을 충성스럽게 감당하고자 달음박질하는 삶을 살아야 할 것이다.

ㄹ) 성령을 따라 행하는 삶

불교에서는 해탈을 추구하는 데에 반해서 그리스도인은 성령으로 충만함을 구한다(엡 5:18). 그리스도인은 인식적인 깨달음에서 멈추어서는 안된다. 성령은 내주하시는 하나님이시다. 그리스도인은 자신 안에 거하시는 성령께서 뜻하시고 인도하시는 바를 분별해야 한다.

그러한 분별은 육체와의 전쟁을 함축한다(갈 5:17). 성령께서 원하시는 바를 좇아가는 가운데 육체의 소욕을 좇지 말아야 하며 자신의 지혜와 능력을 초월하는 성령의 지혜와 능력을 힘입어야한다. 그리스도의 증인이 되는 삶도 성령이 임할 때 가능했다는 것을 기억하며 겸손하게 성령의 충만을 구해야 할 것이다.

ㅁ) 하나님과 동행하는 삶의 체질화

불교는 깨달음을 추구한다. 반면 복음은 하나님과 동행하는 삶의 길을 열어준다. 이 땅에서 하나님과 화해할뿐더러 그분의 뜻을 분별하며 그분과 동행하는 삶을 살 수 있다고 말해 준다. 아모스서에 "두 사람이 뜻이 같지 않은데 어찌 동행하겠으며"(암 3:3)란 구절이 나온다. 하나님과 동행하기 위해서는 먼저 하나님의 뜻을 분별하는 것이 필요하다(롬 12:2). 그리고 예수님께서 보여주신 모범처럼(마 26:39; 막 14:36; 눅 22:42), 자신의 뜻보다 하나님의 뜻을 앞세우며 그 뜻을 좇는 삶이 요청된다.

영성 훈련을 하는 목적은 이 땅에서 하나님의 뜻을 분별하며 그 뜻에 순종하는 삶을 체질화하기 위한 것이다. 영성 훈련은 일상의 삶에서 하나님의 주권적 개입을 인식하며 하나님의 뜻을 분별하며 따르는 훈련이라고 말할 수 있다. 하나님께로 더욱 가까이 나아가며 그분을 인격적으로 알아가는 가운데 하나님의 지혜와 권능을 힘입는다면, 이 땅에서 하나님과 동행하는 삶을 살 수 있을 것이다. 그러한 때에 이 땅에 하나님의 나라를 임하게 하는 일에 더욱 효과적인 도구로 사용될 수 있을 것이다.

ㅂ) 하나님의 섭리를 보는 믿음의 안목

이 세상에는 자연법칙을 넘어서는 하나님의 섭리가 작용하고 있다. 오늘날 신자들은 이러한 하나님의 섭리를 볼 수 있는 믿음의 안목이 그 어느 때보다도 더 요청되는 시대에 살고 있다. 이 땅에 팽배한 자연주의적 세계관은 초자연 세계를 배제하고서도 모든 현상을 설명할 수 있다고 생각한다. 자신들의 관점만이 이 세상을 보는 검증가능하고도 보편타당한 관점이라고 내세우며 다른 사람들에게도 그것을 강요한다. 그러한 세상 속에서 살면서 자칫 하면 모든 현상을 자연법칙에 의거해서만 보는 자리로 떨어지기 쉽다. 신자들은 자연법칙을 넘어서는 것이 요구된다. 물론 자연법칙에 의해서도 설명될 수 있지만 그러한 자연법칙에 의거할 때 볼 수 없고 해석할 수 없는 면이 많다. 신자는 일상생활에서 일어나는 사건들 가운데 하나님의 섭리가 어떻게 구체적으로 작용하는지를 보면서 그러한 섭리적 역사에 믿음으로 응답하는 것이 요청된다. 지난 날의 하나님의 섭리적 인도하심을 돌이켜보며 반성하고 성찰하는 가운데 오늘 내 삶에 임하고 있는 하나님의 손길이 무엇인지 분별하고 바르게 응답한다면 그는 하나님을 보지 못하는 세상 속에서 하나님의 역사하시는 손길을 볼 수 있을 것이다. 그러한 때에 이 세상에서 하나님의 역사를 증거하는 증인의 삶을 살게 될 것이다.

ㅅ) 자기 부인의 삶

자아가 중심이 된 삶에서 성령의 인도하심을 받는 삶으로 나아가기 위해서는 자아에 대한 철저한 부인이 필요하다. 예수께서는 분명히 말씀하셨다. "누구든지 나를 따라오려거든 자기를 부인하고 자기 십자가를 지고 나를 따를 것이니라"(마 16:24). 사도 바울이 그처럼 놀랍게 주님의 일을 감당할 수 있었던 것도 "나는 날마다 죽노라"(고전 15:31)라는 고백에서 볼 수 있듯이 자신에 대한 철저한 부인이 있었기 때문이다.

주님께서는 "나를 떠나서는 너희가 아무 것도 할 수 없음이라"(요 15:5)고 말씀하신다. 주님께서 함께 하여 주시지 않을 때 제자들 자신의 힘만으로는 아무 것도 할 수 없었다. 베드로를 비롯한 모든 제자들이 주님을 부인하지 않겠다고 호언장담하였지만(마 26:33-35; 막 14:29-31), 그러한 호언장담은 냉엄한 현실 앞에서 여지없이 무너지고 말았다(막 14:66-71 병행구). 자기를 신뢰하고 자신의 힘과 지식을 의뢰하는 사람은 주님의 일을 감당하기에 역부족이다(요 15:5). 자아가 중심이 된다면 그 사람은 주님께서 사용할 수 없을 것이다. "육체와 함께 그 정욕과 탐심을 십자가에 못 박은" 자들이 바로 주님께서 사용하시기에 합당한 주님의 사람들이다(갈 6:24).

⑤ 이야기 차원의 변화
이야기 차원에서의 변화의 과제를 나타내면 다음과 같다(표 7-5).

	한국문화	변화의 과제 --------------->	복음
유교	조상으로서의 삶	부활에 대한 소망을 분명히 한다.	천국에서의 삶
무속	저승길 여행	주님의 약속에 근거한 소망을 갖도록 한다.	천국
	조상의 세계	믿음의 조상들의 격려와 후원을 힘입는다.	"허다한 증인들" (히12:1)
계몽주의 사고	진화	푯대를 향하여 달려가는 삶을 살도록 한다.	창조
	역사적 진보	하나님의 구속의 계획에 참여하고 동참하게 한다.	하나님의 구속사

표 7-5. 이야기 차원의 변화의 과제

ㄱ) 부활에 대한 소망
유교와 무속에서는 사람은 죽은 이후에도 조상으로서 후손들의 삶에 영향을 미치는 것으로 간주된다. 유교의 제례와 무속의 사령굿은 이처럼 후손들의 삶에 영향을 미치는 조상들을 대접하고 그들로부터 복을 받기 위한 목적으로 진행된다. 하지만 성경에서는 이러한 관념을 찾아보기 힘들다. 죽으면 심판이 있을 뿐 후손들의 삶에 영향을 미친다거나 후손들로부터 대접을 받는 의례는 찾아볼 수 없다.

이처럼 죽음 이후에 전개되는 삶에 대한 관념이 다른데, 그 중에서도 가장 대조적인 면은 신자들은 죽음 이후의 삶에 대해 소망을 갖고 바라볼 수 있다는 것이다. 바울은 "그리스도안에서 우리가 바라는 것이 다만 이 세상의 삶 뿐이면 모든 사람 가운데 우리가 더욱 불쌍한 자이리라"(고전 15:19)고 부활의 소망에 대해서 분명히 밝히고 있다. 예수 그리스도는 십자가에서 죽으신 이후 사흘 만에 살아나심으로 잠자는 자들의 첫 열매가 되셨다(고전 15:20). 예수 그리스도의 부활은 신자들의 부활에 대한 징표가 된다(고전 15:12). 신자는 죄사함 받고 이 땅에서 주님과 연합된 삶을 살 뿐만 아니라 죽음 이후에도 주님께서 부활하신 것과 같이 부활한다는 소망을 갖고 죽음을 맞이할 수 있다.

ㄴ) 주님의 약속에 근거한 소망

무속에서는 죽음 이후에 저승길을 여행한다는 관념이 강하게 자리 잡고 있다. 신자들에게 있어서 죽음 이후에 전개되는 과정에 대한 구체적인 언급은 없지만 그들은 부활을 확신할 수 있다. 신자는 세상을 떠나면 그리스도와 함께 있게 된다(빌 1:23). 그렇기 때문에 사도 바울은 이 세상을 떠나서 그리스도와 함께 하는 것이 이 땅에서 사는 것보다 훨씬 더 좋은 일이라고 고백했다(빌 1:23).

그리스도인들은 죽음 후에 전개되는 과정이 어떻게 전개되는지에 대해서 호기심과 추측에 근거하여 상정하기보다는 주님의 약속을 믿음으로 소망과 확신 가운데 죽음을 맞이할 수 있다. "나는 부활이요 생명이니 나를 믿는 자는 죽어도 살겠고 무릇 살아서 나를 믿는 자는 영원히 죽지 아니하리니 이것을 네가 믿느냐"(요 11:25-26). 바울도 "예수를 죽은 자 가운데서 살리신 이의 영이 너희 안에 거하시면 그리스도 예수를 죽은 자 가운데서 살리신 이가 너희 안에 거하시는 그의 영으로 말미암아 너희 죽을 몸도 살리시리라"(롬 8:11)고 증거한다. 예수 그리스도를 죽음에서 일으키신 하나님은 우리 죽은 육신도 다시 살게 하실 수 있는 능력의 하나님이다.

ㄷ) 믿음의 조상들의 격려와 후원
무속의 조상은 후손들과 교류하면서 생존의 때와 마찬가지로 혈연에 의지하여 죽음 후의 생존을 이어간다. 어떤 의미에서는 후손들과 상호 의존하는 존재이다. 반면에 히브리서에 의하면 성경의 조상들은 후배 신앙인들의 신앙의 길을 격려하며 후원하는 존재들로 그려진다(히 12:1). 그들이 신앙으로 승리하는 삶을 산 것은 그들 자신만을 위한 것이 아니며 믿음의 후손들에게 모델을 제시해 주는 것이다(히 13:7). 그들도 우리와 마찬가지로 연약한 성정을 가진 자들이었지만 믿음으로 놀라운 일들을 이룰 수 있었던 사람들이었다(약 5:17-18). 그리스도인들은 조상들의 세계에 대해서 궁금해 하거나 두려워하는 것이 아니라, 허다한 증인들이 되어서 자신들을 격려하는 믿음의 조상들을 의식하며 자신에게 주어진 믿음의 경주를 완주하도록 힘을 얻을 수 있다.

ㄹ) 푯대를 향하여 달려가는 삶
신자는 진화론이 과학적으로 증명된 사실이 아닌 하나의 믿음이라는 점을 잊지 말아야 한다. 하나님을 믿을 때 하나님의 창조의 역사 역시 믿을 수 있다(히 11:3). 그/그녀는 하나님을 믿는 믿음의 관점에서 창조의 세계를 회복시키고 구속하는 하나님의 역사에 적극적으로 동참해야 한다. 진화론이란 가설을 믿을 때 그/그녀는 목적과 방향을 상실한 채 무의미한 실존에 직면해야 하지만, 하나님의 창조를 믿을 때 목적이 이끄는 삶이 가능해지고 "보다 광범위한 합리성"(wider rationality)을 근거로 삶을 설계할 수 있다. 바울이 고백하는 바와 같이 "푯대를 향하여 달려가는 삶"을 살 수 있다(빌 3:14). 이 땅에서의 삶이 무의미한 삶이 아니고 이 종말의 때가 의미하는 것이 무엇인지 인식한다면 그는 그리스도의 몸의 지체로서 자신에게 주어진 사명을 인식할 수 있을 것이다.

ㅁ) 하나님의 구속의 계획에 참여하고 동참함

역사의 진보라는 근대의 신화는 그 허구성을 명백히 드러냈다. 역사는 오히려 하나님의 구속의 계획이 집행되는 현장이다. 하나님의 백성들과 그들의 공동체는 그러한 하나님의 구속적 계획의 산물이다(엡 3:10). 현재도 진행되는 하나님의 구속의 계획에 적극적으로 참여하는 것은 하나님의 백성들의 당연한 본분이다. 그들을 불러서 백성 삼으신 것은 그들로 하여금 하나님의 언약의 백성들이 될뿐더러 그들을 파송하여서 온 천하로 복을 받게하는 일에 쓰시기 위함이다. 하나님의 신실한 백성이 되어서 하나님의 통치에 순종하는 종말의 백성들을 통하여 하나님은 영광 받으시고 높임을 받으실 것이며 하나님의 나라는 확장되어 갈 것이다.

⑥ 사회적 차원의 변화

사회적 차원에서 변화의 과제는 다음과 같다(표 7-6).

	한국문화	변화의 과제 -------------->	복음
유교	위계서열적 권위주의	은사를 활용하여 섬기는 지도자가 된다.	종의 리더십
	연고위주의 집단	한 몸의 지체된 지체의식을 개발한다.	개방된 공동체
계몽주의 사고	사실과 가치의 이원론	공적 영역에서 대사회적 실천력을 강화시킨다.	사실과 가치의 통합
	지위에 대한 위계적 관점	섬기는 종의 자세를 함양한다.	섬기는 종의 관점

표 7-6. 사회적 차원의 변화의 과제

ㄱ) 은사를 활용하여 섬기는 지도자

한국교회 내의 위계서열적 권위주의를 성경적인 종의 리더십의 모델로 전환시키는 것은 참으로 시급하게 추구해야 할 과제이다. 유교뿐만 아니라 무속적인 풍토가 강한 한국문화 속에는 위계적 권위주의가 강하게 뿌리를 내리고 있는데 이는 1960년대 군사정부가 들어서면서 개발독재를 시행하는 가운데 더욱 강화되었다.

전통적 성향이 강한 사회에서 지내온 신자들의 경우 권위주의적 지도자에 대한 거부감이 작은 반면 정보화 시대를 거치면서 성장해 온 나이 어린 신자들의 경우에는 권위주의적 지도자에 대한 거부감이 크다. 교회에서 위계서열적 권위주의를 극복하지 못할 때 미래 세대를 놓칠 수도 있다.

교회의 지도자는 주장하고 통제하려는 데에서 벗어나서 자신에게 주어진 은사를 활용하여 섬기는 자세로 주어진 역할을 감당하는 본을 보여주어야 할 것이다. 주님께서는 이점에 대해서 분명한 말씀을 주시고 또한 분명한 모델이 되어 주셨다. "너희 중에 누구든지 으뜸이 되고자 하는 자는 모든 사람의 종이 되어야 하리라. 인자가 온 것은 섬김을 받으려 함이 아니라 도리어 섬기려 하고 자기 목숨을 많은 사람의 대속물로 주려 함이니라"(막 10:44-45).

ㄴ) 한 몸의 지체된 지체의식의 개발

교회 내에 연고주의는 지양되어야 하고 불신자들에 대한 하나님의 사랑을 반영하는 개방된 공동체가 되어야 한다. 신자들은 그리스도의 몸의 지체로 서로를 대하는 공동체 의식을 함양하며 서로 하나가 되어서 머리 되신 주님의 뜻을 받들 수 있는 팀워크를 개발해 나가야 한다.

특히 지역 교회 안에서 각종 연고를 중심으로 집단을 형성하는 것은 전도의 문을 막을 수 있다. 모든 사람들에 대해서 특히 교회 밖의 사람들에 대해서 개방되고 환영하는 마음을 가질 수 있도록 사고의 전환을 적극적으로 추구해야 할 것이다. 이러한 사고의 전환을 위해서는 잃어버린 자를 찾으시는 하나님의 마음을 헤아리고 품을 수 있도록 해야 한다(눅 15:1-32). 교회 안의 동료 신자들에 대해서도 하나님께서 만나게 해주신 소중한 동역자로 간주하고 함께 협력해서 선을 이루어 나가는 분위기를 형성해야 할 것이다.

ㄷ) 공적 영역에서의 대사회적 실천력의 강화

사실과 가치를 이분법적으로 나누는 사고는 현대 교인들에게 큰 영향을 미치고 있다. 교회에서는 가치의 영역을 다룰 수 있으나 직장이나 사회 속에서 사실의 문제를 다룰 때에 신앙이 개입될 여지가 없는 것이 문제이다. 이처럼 세상이 규정하는 대로 자신의 영역을 한정하는 데에서 벗어나서 하나님의 말씀에 근거하여 교회론을 수립하고 실천해 나가는 것이 오늘날 교회들에 주어진 과제이다.

사실과 가치의 통합을 위해서는 양쪽을 통합하여 볼 수 있는 관점을 개발하고 그러한 통합적인 안목을 키워야 한다. 세상이 규정한대로 가치의 영역에 머무는 데에 만족하지 말고 사실의 영역에서 하나님 나라가 임하도록 기도하면서 헌신해야 한다. 공적 영역에서 하나님의 하나님 되심을 증거하도록 그리스도인의 대사회적 실천력을 함양해야 할 것이다.

ㄹ) 섬기는 종의 자세 함양

근대의 계몽주의적 사고가 우리 사회에 자리 잡게 되면서 질서와 위계 신분에 근거한 새로운 위계질서가 형성되었다. 관료주의도 이러한 성향에 일조하였으며, 근대화를 본격적으로 도입한 군사 정부의 개발독재 과정이 권위주의 문화를 우리 사회 전반에 뿌리내리게 하였다. 특히 개발 독재를 추진하는 과정에서 성과를 달성하는 데에 몰두해서 수단 방법을 가리지 않고 밀어붙이는 식의 편법이 난무하게 되었다. 이러한 흐름이 교회 속으로까지 들어와서 교회마저 성과지상주의, 업적지상주의, 실적지상주의적인 사고에 사로잡히고 교회끼리 경쟁하는 데까지 오게 되었다. 이러한 과정에서 교회성장학파의 이론이 견강부회식으로 수용되면서 성장지상주의를 부추기는 데 일조한 측면도 무시할 수 없다.

교회 내에 자리 잡은 권위주의 리더십을 섬기는 종의 리더십으로 바꾸는 과제는 분명한 신학적 뒷받침과 지속적인 추진력을 요하는 일이다. 무엇보다도 지도자의 신분을 내세워서 군림하는 자세를 버리고 주님을 본받아서 섬기는 종의 자세를 함양해야 한다. 특히 하나님의 청지기로서 맡겨진 은사를 활용하여 주어진 사명을 감당하는 가운데 섬김의 모범이 되는 자들이 많이 나와야 할 것이다. 그러할 때 세상적 가치관에 사로잡혀 군림하는 지도자 대신에 진정 하나님 나라의 가치관에 의거해서 섬기는 지도자들에 의해 이 땅에 하나님 나라가 세워지고 확장될 것이다.

4) 증거와 실천: 대안적 세계관의 제시

교회 공동체 내에서 이러한 내적인 변화가 일어날 때 그것은 교회 밖의 세상에 대해서 복음이 어떠한 것인지 구체적으로 증거하는 일이 된다. 일종의 "복음에 대한 해석"(hermeneutic of the gospel)을 제시하는 일이 된다(Hunsberger 1996b: 296). 그것은 사물을 보는 대안적 관점이 존재한다는 사실을 세상에 보여주는 것이다(296). 또한 해당 문화 속에서 대안적 삶이 어떻게 가능한지 보여주는 것이다. 이처럼 내적인 변화가 동반될 경우 해당 문화 속에 있는 불신자와의 대화는 내적인 변화가 동반되지 못한 경우의 복음 전도와는 달리 "복음에 대한 해석"을 동시에 제공하는 일이 된다(296).

이처럼 신자의 삶의 변화로 나타나는 내적인 대화와 외부의 사람들과의 대화로 나타나는 외적인 대화는 긴밀하게 연관된다 (296). 복음이 우리 속에 있는 문화와 내적인 대화를 하지 못할 때 보다 넓은 사회에 대해서 복음에 대한 적절한 해석(adequate hermeneutic)이 주어지기 힘들다(296). 우리가 그 사회와 해석 학적 성격을 가진 대화를 하지 못할 때, 우리는 복음을 추상화하 고, 복음이 우리 속에 육화(incarnation)되는 것을 막는 것이다 (296). 이처럼 복음과 문화의 만남에서 교회가 서 있는 자리는 양 편 모두에 걸친 것이다(296). 먼저 문화의 일원으로 문화 편에 서 서 복음을 만나게 되는데, 복음은 우리와 더불어 내적인 대화를 나누게 된다. 그리고 우리는 복음 편에 서서 그 문화 속의 사람들 로 하여금 복음이 무엇인지 눈으로 볼 수 있는 "복음에 대한 해석" 을 제공하게 된다(296-97). 외부 세계는 무엇보다도 먼저 복음 이 무엇인지 설명하는 해석학적 렌즈인 교회를 통해서 복음을 접 하게 된다(297).

승천과 재림 사이의 선교적 유예를 위한 시간 속에 살면서, 우 리는 하나님 나라의 현재성을 깨닫고, 그 윤리에 따라 살아야 한 다(마 5~7장)(Van Engen 2004: 389). 하나님의 종말의 백성 으로서 주님의 지상명령에 순종해야 한다(마 28:18-20). 그리고 세상 속에 있는 불신자들에게 그들 자신과 또 다른 사람들과, 그 리고 하나님과 화해하도록 요구해야 한다(고후 5:18~21)(389). 그들에게 세상의 관점과는 전연 구분되는 대안적 세계관을 갖고 사는 교회를 보여줄 수 있을 때 세상 속의 사람들은 자신들의 문 화에 익숙한 형태로 표현된 복음을 접하게 될 것이다. 대안적 공 동체가 대안적 세계관을 제시할 때 현대인의 언어로 "해석된 복음" 이 증거되는 것이다. 그러한 과정을 통해서 복음이 증거될 때 구 원받는 하나님의 백성들은 증가되고 하나님의 나라는 이 땅 위에 더욱 확장될 것이다.

3. 한국사회의 변화

지난 20세기 중반 이래로 많은 교회 지도자들이 교회의 사회적 책임에 대해서 깊이 반성하는 모습을 보여 주었다. 랄프 윈터(Ralph Winter)는 오늘날 선교의 최우선적인 과제를 하나님 나라를 이 땅에 임하게 하는 것이라고 말한다(Winter 2008: 316). 그는 선교의 제1기인 해안선 시대, 2기인 내륙시대, 3기인 미전도 종족 시대를 거쳐서 이제 선교의 초점은 이 땅에 하나님 나라가 임하도록 하는 데에 있다고 주장한다. 그래서 선교의 네 번째 시기를 '왕국 시대(Kingdom Era)'로 규정한다(314-15). 19세기 중엽까지만 해도 부흥운동이 일어났을 때 그것의 영향력은 사회 구석구석으로 파급되어 들어갔다. 그런데 근본주의 논쟁을 걸치면서 교회의 사회적 관심은 축소되고, 개인의 영혼 구원에만 초점을 맞추는 가운데 교회의 대 사회적인 영향력이 급격히 감소되었다(314-15). 그러한 현상은 서구 사회뿐만 아니라 선교지에도 그대로 반영되어 나타났다. 다시금 이웃 사랑을 실천하는 본래적이고 총체적인 복음의 모습을 회복하지 못한다면, "20마일의 넓이에 일 인치 깊이의 기독교"[89]란 오명을 벗지 못할 것이다.[90] 이러한 랄프 윈터의 주장은 복음주의권에서 로잔 회의 등을 통해서 사회적 책임을 강조해 온 것과 맥을 같이 한다.

과학을 내세운 계몽주의의 도전에 대해서 근본주의자들이 복음을 사수하는 입장을 취한 것은 좋았으나 그러한 가운데 기독교

---

89) 아프리카 지도자 피니아스 두베 (Phineas Dubé)가 자신의 대륙과 세계에 있는 교회를 관찰하면서 표현한 내용이다 (Engels et al. 2000: 14).

90) 최근의 복음주의를 가리켜 "복음주의적 영지주의"로 지칭하는 비판에 대해서 겸손히 귀를 기울일 필요가 있다고 생각된다.

는 사적인 영역, 가치의 영역으로 퇴각하고 공적인 영역은 과학적 판단이 주도하게 되었다. 그렇지만 과학으로 모든 문제를 해결할 수 있다는 발상은 20세기 중엽에 이르러 그 허구성을 명백히 드러내게 되었다. 포스트모던 시대의 도래는 과학에 대한 깨어진 신뢰를 말해준다.

복음과 관련해서 볼 때, 포스트모던 시대는 도전과 동시에 기회의 장을 제공한다. 세속화된 사회가 도래할 것이라는 예측은 빗나갔다. 사람들은 더욱 종교적이 되어갔다. 현대인들은 계몽주의의 이성이 제공하는 유토피아에 대한 환상이 허구란 것을 보게 되었다. 그들은 종교 없는 세상에 결코 만족할 수 없었다. 포스트모던 시대에 이전의 전통 종교들이 새로운 옷을 입고 부활하는 것도 이러한 실망과 무관하지 않은 것으로 보인다. 이제 사람들은 삶의 의미를 찾아서 각종 종교의 문을 두드리고 있다. 이처럼 의미를 추구하는 사람들에게 복음은 무엇을 의미하는가? 의미를 찾지 못한 채 방황하는 현대인들에게 복음 안에서 새로운 삶의 의미를 찾을 수 있다는 것을 보여 줄 때 교회는 이러한 시대적인 요청에 응답할 수 있을 것이다.

하나님의 문화 명령(창 1:26~28)은 기독교인들에게 세상을 돌보는 책무가 주어져 있음을 말해준다. 더욱이 하나님의 구속의 계획은 타락한 피조계를 원래의 모습으로 되돌리는 것이며, 이러한 구속의 프로젝트는 온 세계, 온 피조계에 해당되는 폭과 넓이를 갖는다. 이제 예수 그리스도를 통해서 이미 이 세상에 임한 하나님의 나라는 전 세계로 확장되는 과정 중에 있다. 그리스도께서 부활하심으로 말미암아 모든 권세는 그리스도께 속해 있으며 그리스도는 교회의 주님이신 동시에 우주의 주님이시다(Lausanne Occasional Papers No.2 1991: 67). 주님은 세상의 소금과 빛이 되라고 교회를 세상으로 보내셨고 교회들이 그분의 새로운 공동체로서 사회에 침투할 것을 기대하신다(67).

그러므로 그리스도인들은 악한 것을 대적하고 선한 것을 확증하며, 예술, 과학, 기술, 농업, 상업, 교육, 지역사회 개발 및 사회 복지 등에서 건전하고 살찌울 만한 모든 것들을 증진시키도록 노력해야 하며, 불의를 고발하고 힘없고 억압당하는 자들을 도와야 한다(67).

하지만 예수 그리스도의 통치에도 불구하고 아직 악의 세력이 완전히 복종된 것은 아니다(68). 그러므로 모든 문화 속에서 그리스도인들은 종종 갈등의 상태에 있거나 고통의 상태에 있는 자신을 발견한다. 하나님의 백성들은 "이 어두움의 세상 주관자들"(엡 6:12)에 대항하여 싸우도록 부르심을 받았다. 그러므로 하나님의 백성들은 서로를 필요로 한다(68). 그들은 하나님의 전신갑주를 입어야 하며, 특별히 믿음의 기도라는 강력한 무기를 지녀야 한다(68). 특히 모든 교회에게 그들을 둘러싸고 있는 문화와 어떤 관계를 가져야 하는지를 가르칠 수 있는 진리의 영이신 성령의 인도하심을 구하며 순종하여 나아가는 것이 필수적이다(77).

하나님의 백성들은 기존의 사회 속에서 안주하는 것이 아니라 그곳에 하나님 나라가 임하도록 끊임없이 기도하며 낙심하지 말아야 한다. 불의한 재판장에게 끊임없이 찾아가서 간청했던 과부의 요구를 불의한 재판장이 결국은 들어주었다는 비유의 말씀은 오늘날 전연 변화될 것 같지 않은 기존 사회체제 속에 하나님 나라를 세우기 위하여 기도하며 헌신하는 그리스도인들에게 포기하지 말고 용기를 잃지말 것을 말해주는 말씀이다(Wells 1999: 94-95).

하나님의 나라는 점점 확산되고 있으며 주님께서 다시 오실 때에 마침내 완성될 것이다. 교회는 하나님 나라의 표지(sign)로서 이 땅에서 하나님 나라의 가치관을 보여주고 증거하는 사명을 받았다. 하나님께서 시작하신 일을 하나님께서 완성하실 것이다. 하나님께서 파송하신 곳에서 충성과 헌신을 다하며 먼저 그 나라와 그 의를 구할 때, 하나님 나라가 그곳에 임하는 것을 보며 하나님께 영광을 돌리게 될 것이다.

나가는 말

　이 책은 한국문화 속에서 복음의 의사소통을 강화하려는 목적을 갖고 쓰여졌다.

　먼저 한국문화는 너무나도 급속한 변화의 과정을 겪고 있다. 그리하여 현재 전통과 근대 그리고 탈근대가 공존하고 있는 상황이다. 연령, 성별, 성장지, 거주지, 교육, 직업 등에 따라 각기 문화로부터 받는 영향의 정도가 다르다. 앞으로도 정보화, 세계화 추세가 전개됨에 따라 문화는 계속해서 한치 앞을 예측하기 힘들 정도로 빠르게 변화할 전망이다.

　이렇게 급변하는 문화 속에서 복음의 의사소통을 위해서는 먼저 문화에 대한 심도 깊은 이해가 급선무이다. 문화의 뿌리에 놓인 세계관 혹은 타당성 구조(plausibility structure)는 무엇이며 문화는 어떠한 방향으로 변화해 나가고 있는지 볼 수 있어야 할 것이다.

　더욱이 문화란 것은 총체적인 삶의 양식이다. 세계관을 중심으로 가족 형태, 경제, 정치, 교육, 사상, 종교 등이 총체적으로 긴밀하게 연결되어서 하나의 문화를 형성한다. 그러므로 삶의 다양한 표현들이 어떻게 연관되어 있는지를 파악하는 것이 문화를 이해하는 데에 있어서 열쇠가 된다.

복음은 새로운 삶의 양식을 제시해 준다. 핵심 가치에 있어서의 변화뿐만 아니라 새로운 시간 이해, 그리고 새로운 인간 이해를 동반한다. 헌신의 대상을 달리하기 때문에 기존의 문화가 구축한 시스템과는 여러 가지 측면에서 대조되는 면을 갖게 된다. 그러한 복음이 온전하게 의사소통되기 위해서는 문화의 총체적인 면과 관련해서 제시될 필요가 있다.

먼저 대조점을 강조하는 것은 너무나도 쉽게 기존의 문화와 동일시되는 측면이 있기 때문이다. 복음이 기존 문화와 만나는 과정에서 자신의 본질을 잃으면서 혼합되는 것을 혼합주의(syncretism)라고 부른다. 문화는 너무나도 익숙한 것이기 때문에 복음을 받아들이는 과정에서 복음을 취사선택적으로, 절충적으로 받아들이는 경우가 종종 발생한다. 이러한 때에 복음은 문화에 의해서 사로잡히게 된다. 복음이 분명하게 잘못되었다고 지적하는 면에 있어서까지 문화적 관점과 행태가 지속적으로 유지되어 나간다면 그러한 점은 시정되고 변화되어야만 한다.

물론 그러한 변화가 하루아침에 이루어지기는 힘들 것이다. 문화의 변화는 시간을 요하는 과정이기 때문이다. 그렇지만 변화에 대해서 문을 닫고 현 상황에 고착된다면 복음이 가진 역동성이 상실될 것이다. 변화에 대해서 문을 열어 놓고 말씀의 빛에 비추어서 자신들의 사고와 행동을 반성하고 돌이키는 회개의 과정은 신자들이 평생을 통해 추구해야 할 과제이다. 끊임없이 회개하고 개혁해 나아갈 때 복음의 역동성이 드러나고 교회 본연의 사명을 감당할 수 있을 것이다.

한국문화와 관련해서 그처럼 복음과 대조되는 점들을 살펴보았다. 그러한 대조점들에 주목할 때, 복음과 문화 사이에 일어나는 불건전한 혼합 현상을 사전에 방지할 수 있을뿐더러, 해당 문화 속에 있는 사람들로 하여금 문화적 관점에서 복음적 관점으로 변화를 추구해야 하는 과제들이 무엇인지 파악할 수 있게 해 준다.

또한 한국문화와 관련해서 복음을 전할 때 활용할 수 있는 접촉점도 살펴보았다. 종교와 세계관의 6가지 차원들 각각에 복음을 뿌리내리는 데 도움이 되는 문화적 관점, 행동, 습관 등을 살펴보았다. 복음을 문화에 뿌리내리기 위하여 문화적인 형태를 빌려오는 것을 가리켜서 '상황화'라고 부른다. '상황화'는 외래에서 들여온 복음을 수용자의 입장을 고려함 없이 그대로 전달하는 복제 모델과 구분되는 용어이다. 그리고 토착적인 문화 형태를 활용해서 복음을 전해야 한다는 '토착화'와 맥을 같이 하면서도 전통적인 문화 형태보다는 오늘날 구체적으로 통용되는 문화 속에 복음을 심는다는 점에서 '토착화'와 구분된다.

상황화를 위한 접촉점으로 교리적 차원에서는 전통적인 '하느님' 관념, "천도를 벗어난 인류", "소망이 없는 세상에 소망이 되시는 하나님," '영적 존재들'에 대한 분별과 '영적 전쟁' 등을 찾아보았다. 의례적 차원에서는 예배의 상황화를 비롯하여 전통적 상례와 제례를 깊이 연구하는 가운데 장례예식과 추도예배에서 상황화를 추구해야 할 부분들이 많이 있음을 볼 수 있었다.

윤리적 차원에서 천명과 소명, 배려정신, 효문화와 관련해서 유교로부터 많은 접촉점들을 찾아볼 수 있다. 또한 남을 배려하는 마음이 윤리의 출발점이 된다는 데 있어서 근대의 계몽주의와 유사점을 찾아볼 수 있었다.

경험적 차원에서는 특히 무속에서 능력을 강조하는 것과 성경의 초자연적인 세계관 사이에서 유사점을 발견할 수 있었다. 이러한 점을 적극적으로 활용한 능력 대결식 전도 방식도 새롭게 조명할 필요가 있다. 또한 사역의 현장에서 성령주도적인 사역이 되도록 노력하며, 주어지는 모든 사건들 속에서 하나님의 섭리와 뜻을 적극적으로 좇는 것이 필요함을 보았다. 또한 유교의 수양법 가운데 '내면의 전투'에 대해서 언급하는 부분은 복음 전도의 접촉점으로써 유용하게 사용될 수 있음을 볼 수 있었다.

이야기 차원에서는 죽음 이후의 삶에 대한 관심과 관련해서 소망의 메시지를 전달하는 것이 가능하다. 죽으면 끝이라는 생각으로 자살을 쉽게 선택하는 풍조 속에서 죽음 이후의 심판에 대해서 그리고 예수 그리스도의 대속의 죽음을 믿음으로 의롭게 된다는 소식을 전해 줄 수 있다.

사회적 차원에서는 복지사회의 꿈과 관련해서 하나님 나라의 샬롬을 전할 수 있다. 지역사회의 회복과 관련하여 하나님의 구속사역을 설명하며 말과 행실로 복음을 전달할 때 진정한 복지사회의 꿈이 실현될 수 있다는 것을 보여줄 수 있을 것이다. 개인주의가 강해지면서 공동체성이 상실되는 것이 현재 우리 상황이다. 그속에서 모든 장벽을 초월한 새로운 공동체의 모습을 보여주는 것이 요청된다. 교회가 먼저 지역사회 속으로 다가가고 지역사회의 복지를 위하여 앞장서는 모습을 보여 줄 때 지역사회 주민들은 복음을 새롭게 접할 수 있을 것이다.

교회는 공동체를 잃고, 소망을 잃고 방황하는 사람들에게 대안적 공동체의 모습을 보여 줄 수 있어야 한다. 교회는 '복음'이 무엇인지 지역사회 사람들이 볼 수 있고 느낄 수 있는 '언덕 위의 도시'가 되어야 한다. 이를 위해서는 복음에 대한 깊이 있는 이해와 더불어 복음을 삶의 구체적인 현장에서 실천하고 적용하려는 노력이 더 많이 요청된다. 주님께서는 당신의 제자들을 향하여 너희는 세상의 소금이요, 너희는 세상의 빛이라고 선포하셨다(마 5:13-14). 그러한 주님의 말씀에 비추어서 반성할 점은 반성하고 회개하고 돌이킬 점은 돌이켜야 할 것이다.

하나님께서 구원하시고 그리스도를 머리로 하는 공동체의 일원이 되게 하신 것은 이제 이 땅에서 하나님께서 하시는 일에 동참시키기 위한 것이다. 교회는 이 땅에서 하나님의 통치를 인식하고 순종하는 공동체이다. 하나님께서 하시는 일이 무엇인지 제대로 파악하고 바르게 순종하는 것이 교회의 급선무이다.

하나님께서는 구속 사역을 계획하셨고 예수 그리스도를 이 땅에 보내시고 십자가에 달려 죽기까지 내어 주셨으며 그분을 부활시키시고 자신의 보좌 우편에 앉히셨다. 구속 사역의 클라이맥스는 십자가와 부활이다. 이제 하나님 보좌 우편에 앉으신 주님께서 교회의 주로서 세상의 주로서 통치하고 계신다. 그리고 마지막 날 주님께서 재림하실 때 구속의 드라마는 완성될 것이다.

그리스도께서는 제자들에게 족속을 제자삼을 것을 명하셨으며(마 28:19-20), 그들에게 성령을 보내 주셔서 증인의 사명을 감당할 능력을 주셨다(행 2:1-4, 33). 성령께서 제자들의 사역을 이끄셨고 그들은 순종함으로 말미암아 복음이 온 세상으로 퍼져 나가게 된 것을 사도행전은 증거한다. 지난 2000년 역사는 성령의 주도적인 사역과 그러한 이끄심에 순종한 신앙인들의 이야기를 전해 준다.

그러한 역사는 오늘날에도 변함없이 진행되고 있다. 하나님께서는 선교 역사에 교회를 도구로 들어서 사용하고 계신다. 교회가 성령이 들려주시는 말씀을 듣고 순종할 때(계 3:22), 하나님의 구속 사역에 동참하는 기쁨과 하나님의 역사를 보는 감격을 맛보게 될 것이다. 왜냐하면 하나님의 구속 계획은 일점일획 어김없이 그대로 시행될 것이기 때문이다. 주님의 명령과 이끄심에 순종하는 교회는 하나님의 나라가 온 땅 위에 세워지고 열방과 족속들 사이에서 하나님의 이름이 높임을 받는 그 날의 감격을 이 땅에서 미리 맛보게 될 것이다.

참고문헌

강신표, "근대화와 전통문화," 「민족과 문화 II: 사회, 언어」, 한국문화인류학회, 서울, 정음사, 1988.

경동교회 가정의례연구위원회, "기독교인의 상제례에 대한 신학적 이해," 「농촌과 목회」, 통권 6, 농촌과 목회 편집위원회, 2000 여름호.

곽철환 편저, 「시공 불교사전」, 서울, 시공사, 2003.

교양교재편찬위원회 편, 「불교학 개론」, 개정판, 서울, 동국대학교출판부, 2000.

권문상, 「부흥 어게인 1907: 유교적 가족주의를 극복할 공동체 교회가 답이다」, 서울, 브니엘, 2006.

금장태, 「한국유교의 재조명」, 서울, 전망사, 1982.

_____, 「유학사상의 이해」, 서울, 집문당, 1996.

김경동, 「경제성장과 사회변동」, 서울, 한울, 1983.

_____, 「한국사회변동론」, 서울, 나남출판, 1993.

김미숙 외, 「종교계의 사회복지활동 현황과 활성화 방안 연구–교회의 사회복지활동을 중심으로」, 서울, 한국보건사회연구원, 1999.

김민정, "국제결혼 가족의 자녀의 성장: '여러 종류'의 한국인이 가족으로 살아가기," 「한국문화인류학」, vol. 41-1, 한국문화인류학회, 2008.

김민정, 유명기, 이혜경, 정기선, "국제결혼 이주여성의 딜레마와 선택: 베트남과 필리핀 아내의 사례를 중심으로," 「한국문화인류학」, vol. 39-1, 한국문화인류학회, 2006.

김세광, 「예배와 현대문화: 멀티미디어, CCM, 영화, 언어」, 서울, 대한
　　　기독교서회, 2005.
김세윤, 「구원이란 무엇인가」, 서울, 성경읽기사, 1981.
_____, 「주기도문 강해」, 서울, 두란노, 2000.
_____, 「복음이란 무엇인가」, 서울, 두란노, 2003.
_____, 「신약을 어떻게 읽을 것인가」, 서울, 성서유니온, 2008.
_____, 「김세윤 교수의 신학세계」, 서울, 이레서원, 2009.
김은희, "도시 중산층에서의 핵가족화와 가족 내 위계관계 변형의 문화적
　　　분석,"「한국문화인류학」, vol. 25, 1994.
김주희, "품앗이와 정: 한국 농촌 인간관계의 기본 유형,"「민족과 문화:
　　　II. 사회 언어」, 한국문화인류학회, 서울, 정음사, 1988.
김태길, 「유교적 전통과 현대 한국」, 서울, 철학과 현실사, 2001.
김호기, 「한국의 현대성과 사회변동」, 서울, 나남출판, 1999.
김형우, "한국불교의례의 성격과 불교문화재의 분류문제,"「불교 미술」,
　　　vol. 13, 동국대학교박물관, 1996.
동국대학교 불교문화대학 불교교재편찬위원회, 「불교사상의 이해」, 서울,
　　　불교시대사, 1997.
박경애, "인구변동과 사회변동,"「한국사회 50년: 사회변동과 재구조화」,
　　　홍두승 편, 서울, 서울대학교출판부, 1997.
박길성, 「한국사회의 재구조화: 강요된 조정, 갈등적 조율」, 서울, 고려대
　　　학교출판부, 2003.
박길성, 함인희, 조대엽, 「현대 한국인의 세대경험과 문화」, 서울, 집문
　　　당, 2005.
박일영, 「한국 무교의 이해」, 왜관, 분도출판사, 1999.
박재흥, "사회변동과 세대문제,"「한국사회발전연구」, 정진성, 이병천 외,
　　　서울, 나남출판, 2003.
배규한, "정보화와 사회구조의 변화,"「한국사회의 구조론적 이해」, 김일
　　　철 외, 서울, 아르케, 1999.
불교문화연구원 편, 「한국불교문화사전」, 서울, 운주사, 2009.
손봉호, "한국교회와 개교회주의, 그 문제와 대책,"「목회와 신학」, 3월
　　　호, 1995.

송인설, 「영성의 길, 기도의 길」, 서울, 겨자씨, 2003.

_____, 「영성의 12 계단」, 서울, 겨자씨, 2008.

송현주, "근대한국불교 개혁운동에서 의례의 문제-한용운, 이능화, 백용성, 권상노를 중심으로," 「종교와 문화」, 제6호, 서울대학교 종교문제연구소, 2000.

신국원, 「포스트모더니즘: 우리 시대의 사상과 문화에 대한 기독교적 조망」, 서울, IVP, 1999.

신수진, "가족 성원의 삶을 산다는 것, 특히나 한국사회에서," 「한국문화와 한국인」, 국제한국학회, 서울, 사계절, 1998.

신수진, 최준식, 「현대 한국사회의 이중가치체계」, 서울, 집문당, 2002.

안병영, "세계화와 신자유주의: 충격과 대응," 「세계화와 신자유주의: 이념, 현실, 대응」, 서울, 나남출판, 2000.

안점식, 「세계관 종교 문화」, 서울, 죠이선교회, 2008.

양종회, "현대 한국의 가치체계의 기원과 변동," 「한국사회의 구조론적 이해」, 김일철 외, 서울, 아르케, 1999.

옥성득, "개신교 전래기의 신 명칭 용어 논쟁-구역 성경 번역기(1893-1911)를 중심으로," 「기독교사상」, 제37권 10호, 1993(10월호).

윤이흠, 「한국종교연구 권1: 종교사관, 역사적 연구, 정책」, 서울, 집문당, 1986.

_____, 「한국종교연구 권3: 종교사, 사상, 북한종교」, 서울, 집문당, 1991.

_____, 「한국종교연구 권5: 종교문화, 한국정신, 민족종교」, 서울, 집문당, 2003.

윤이흠 외, 「한국인의 종교관: 한국정신의 맥락과 내용」, 서울, 서울대학교출판부, 2001.

윤허 용하, 「불교사전」, 개정판, 서울, 동국역경원, 1973.

윤형숙, "탐진댐 수몰지역 주민의 가족갈등에 나타난 가족 이데올로기," 「한국문화인류학」, vol. 34-2, 한국문화인류학회, 2001.

이광규, 「한국의 가족과 종족」, 서울, 민음사, 1990.

_____, 「한국전통문화의 구조적 이해」, 서울, 서울대학교출판부, 1994.

_____,「한국문화의 심리인류학」, 서울, 집문당, 1997.

_____,「한국가족의 사회인류학」, 서울, 집문당, 1998.

이광호, "상제관을 중심으로 본 유학과 기독교의 만남,"「전통의 변용과 근대개혁」, 연세대학교 국학연구원편, 서울, 태학사, 2004.

이덕진, "한국 불교의 생사관,"「한국인의 생사관」, 유초하 외, 서울, 태학사, 2008.

이봉춘, "불교 생활의례 정립을 위한 시론,"「불교문화연구」, vol. 1, 동국대학교 불교사회문화연구원, 2000.

임돈희, 로저 L. 자넬리, "한국 효문화의 변용,"「한국문화인류학」, vol. 34-2, 2001.

임석제, "한국 무속 연구 서설,"「아세아 여성 문제 연구」, vol. 9, 서울: 숙명여자대학교 아시아여성문제연구소, 1970.

임현진 외,「한국사회의 위험과 안전」, 서울, 서울대학교출판부, 2003.

임희섭,「한국의 사회변동과 가치관」, 서울, 나남출판, 1994.

장남혁, "무속신앙의 사령관 연구-진오귀굿의 상징분석을 중심으로," 서울대학교대학원 석사논문, 1986.

_____,「교회 속의 샤머니즘-한국 샤머니즘에 대한 기독교적 조명」, 서울, 집문당, 2002.

_____, "애니미스트의 회심에 있어서 능력대결의 의의,"「선교신학」, 제16집, vol. 3, 한국선교신학회 편, 2007,

_____, "지역사회개발을 위한 교회의 참여와 협력: 경기도 광주시를 중심으로,"「선교신학」, 제18집, vol. 2, 한국선교신학회편, 2008a.

_____, "초기 개신교 내한 선교사들의 영적 세계관-영적 존재에 대한 실체적 인식을 중심으로,"「선교신학」, 제19집, vol. 3, 한국선교신학회편, 2008b.

정장복,「예배학 개론」, 서울, 종로서적, 1985.

조광호,「복음에 나타난 하나님의 의」, 서울, 비블리카 아카데미아, 2008.

조긍호,「한국인 이해의 개념들」, 서울, 나남출판, 2003.

조성돈, "종교인구 변동에 대한 분석과 한국교회의 과제,"「사회이론」, 제

32권, 한국사회이론학회, 2007.

조흥윤, 「한국의 무」, 서울, 정음사, 1983.

차은정, "한국 개신교 의례의 정착과 문화적 갈등," 「한국 기독교와 역사」, 제10호, 한국기독교역사연구소, 1999.

최무열, 「한국교회와 사회복지」, 서울, 나눔의 집, 1999.

최준식, 「한국의 종교, 문화로 읽는다」, 2판, 서울, 사계절, 2005.

한국염, "다문화시대, 이주민의 인권과 기독교의 과제," 「21세기 한국문화와 기독교」, 한국기독교학회 제38차 정기학술대회 자료집(하), 2009.

한국일, "조상제사에 대한 선교신학적 고찰: 복음과 문화의 관점에서," 「장신논단」, 24, 장로회신학대학교, 2005.

한국종교사회연구소 편저, 「한국종교문화사전」, 서울, 집문당, 1991.

한상복, 이문웅, 김광억, 「문화인류학개론」, 서울, 서울대학교출판부, 2005.

현요한, "전통문화와 기독교 조상제사 문제에 대한 복음적 조명," 「농촌과 목회」, 통권 6, 농촌과 목회 편집위원회, 2000 여름호.

홍두승, "사회발전과 직업구조의 변화," 「한국사회 50년: 사회변동과 재구조화」, 홍두승 편, 서울, 서울대학교출판부, 1997.

황루시, "굿의 연극성-서울지역 진오귀굿을 중심으로," 이화여자대학원 석사논문, 1978.

황익주, "서평, Korean Anthropology: Contemporary Korean Culture in Flux," 「한국문화인류학」, vol. 38-1, 한국문화인류학회, 2005.

황해국, "문화선교를 위한 변화이론과 문화선교사례," 「21세기 문화와 문화선교」, 정원범 엮, 서울, 한들출판사, 2008.

Arnold, Clinton E., *Powers of Darkness: Principalities and Powers in Paul's Letters*, Downers Grove, InterVarsity Press, 1992.

Arujo, Alex, "세계화와 복음전도," in *Global Missiology for the 21st Century*, William D. Taylor ed., 김동화 외역, 「21세

기 글로벌 선교학」, 서울, CLC, 2004.

Berkhof, Hendrikus, *Christian Faith: An Introduction to the Study of the Faith*, S. Woudstra, trans., Grand Rapids, Eerdmans, 1979.

Bosch, David J., *Transforming Mission: Paradigm Shifts in Theology of Missions*, 김병길, 장훈태 역, 「변화하고 있는 선교」, 서울, 기독교문서선교회, 2000.

Brownson, James V., "Speaking the Truth in Love: Elements of a Missional Hermeneutic," George R. Hunsberger & Craig Van Gelder, ed., *The Church Between Gospel and Culture: The Emerging Mission in North America*, Grand Rapids, Eerdmans, 1996.

Ching, Julia, *Confucianism and Christianity*, 임찬순, 최효선 역, 「유교와 기독교」, 서울, 서광사, 1993.

Clinton, J. Robert, *Leadership Emergence Theory: A Self-Study Manual for Analyzing the Development of a Christian Leader*, Altadena, Barnabas Resources, 1989.

_____, *The Making of a Leader*, 이순정 역, 「영적 지도자 만들기」, 서울, 베다니출판사, 1993.

Coe, Shoki, "In Search of Renewal in Theological Education." *Theological Education*, 9:223-243, 1973.

Crossman, Eileen, *Mountain Rain*, 최태희 역, 「산비: 제임스 O. 프레이저의 새로운 전기」, 부산, 로뎀, 2006.

Dietterich, Inagrace T., "A Particular People: Toward a Faithful and Effective Ecclesiology," George R. Hunsberger & Craig Van Gelder, ed., *The Church Between Gospel and Culture: The Emerging Mission in North America*, Grand Rapids, Eerdmans, 1996.

Douglas, J. D., ed., *Let the Earth Hear His Voice: International Congress on World Evangelization*, Lausanne,

Switzerland. Official Reference Volume, Minneapolis, World Wide, 1975.

Dyrness, William A., *Christian Apologetics in a World Community*, 신재구 역, 「현대를 위한 기독교 변증」, 서울, IVP, 1988.

Engels, James F. & William A. Dyrness, *Changing the Mind of Missions: Where Have We Gone Wrong?* Downers Grove, IVP, 2000.

Escobar, Samuel, *A Time for Mission: The Challenge for Global Christianity*, 권영석 역, 「벽을 넘어 열방으로: 세계화 시대 21세기 선교의 새로운 패러다임」, 서울, IVP, 2004.

Gale, James S., *Korean in Transition*, 신복룡 역, 「전환기의 조선」, 서울, 집문당, 1999(originally 1909).

Harvey, Youngsook Kim, *Six Korean Women: The Socialization of Shamans*, New York, West Publishing Co., 1979.

Hendrick, John R. "Pete," "Congregations with Missions vs. Missionary Congregations," George R. Hunsberger & Craig Van Gelder, ed., *The Church Between Gospel and Culture: The Emerging Mission in North America*, Grand Rapids: Eerdmans, 1996.

Henry, Carl F. H., *The Uneasy Conscience of Modern Fundamentalism*, Grand Rapids, Eerdmans, 1947.

Hiebert, Paul G., *Anthropological Insights for Missionaries*, 김동화 외역, 「선교와 문화인류학」, 서울, 죠이선교회출판부, 1996.

_____, *Anthropological Reflections on Missiological Issues*, 김영동, 안영권 역, 「선교현장의 문화이해」, 서울, 죠이선교회출판부, 1997.

_____, *Transforming Worldviews: An Anthropological Understanding of How People Change*, Grand Rapids,

Baker Academic, 2008.

_____, *The Gospel in Human Contexts: Anthropological Explorations for Contemporary Missions*, Grand Rapids: Baker Academic, 2009.

Hunsberger, George R., "The Newbigin Gauntlet: Developing Domestic Missiology for North America," George R. Hunsberger & Craig Van Gelder, ed., *The Church Between Gospel and Culture: The Emerging Mission in North America*, Grand Rapids, Eerdmans, 1996a.

_____, "Acquiring the Posture of a Missionary Church," George R. Hunsberger & Craig Van Gelder, ed., *The Church Between Gospel and Culture: The Emerging Mission in North America*, Grand Rapids, Eerdmans, 1996b.

_____, "Sizing Up the Shape of the Church," George R. Hunsberger & Craig Van Gelder, ed., *The Church Between Gospel and Culture: The Emerging Mission in North America*, Grand Rapids, Eerdmans, 1996c.

Hunsberger, George R. & Craig Van Gelder, ed., *The Church Between Gospel and Culture: The Emerging Mission in North America*, Grand Rapids, Eerdmans, 1996.

Jones, Ilion T., *A Historical Approach to Evangelical Worship*, 정장복 역, 「복음적 예배의 이해」, 서울, 한국장로교출판사, 1988.

Junkin, E. Dixon, "Up from the Grassroots: The Church in Transition," George R. Hunsberger & Craig Van Gelder, ed., *The Church Between Gospel and Culture: The Emerging Mission in North America*, Grand Rapids, Eerdmans, 1996.

Kaiser, Jr., Walter C., *Mission in the Old Testament: Israel as a Light to the Nations*, 임윤택 역, 「구약성경과 선교: 이

방의 빛 이스라엘」, 서울, CLC, 2005.

Kim, Young-Gurl, "Christian Holistic Mission for World Evangelization," in 「통합선교 사상 및 실제」, Institute for Biblical Community Development, 2008.

Kluckhohn, Clyde, "Value and Value-Orientations in the Theory of Action: An Exploration in Definition and Classification." In Talcott Parsons and Edward A. Shils, ed., *Toward a General Theory of Action*, Cambridge, Harvard University Press, 1951.

Kraft, Charles H., *Christianity in Culture: A Study in Dynamic Biblical Theologizing in Cross-Cultural Perspective*, Maryknoll, NY, Orbis Books, 1979.

Kraft, Charles H. ed., *Appropriate Christianity*, 김요한 외역, 「말씀과 문화에 적합한 기독교: 성육신과 상황화 원리」, 서울, 생명의 말씀사, 2007.

Ladd, George Eldon, *The Presence of the Future: The Eschatology of Biblical Realism*, 이태훈 역, 「예수와 하나님의 나라」, 서울, 엠마오, 1985.

Lausanne Occasional Papers No.2, *The Willowbank Report: Gospel and Culture*, 조종남 편저, 「복음과 문화」, (서울: IVP, 1991),

Long, Charles Henry & Anne Rowthorn, "Roland Allen," in *Mission Legacy*, ed., Gerald Anderson et al., 박영환 역, 「선교역사와 신학」, 서울, 서로사랑, 1998.

Middleton, J. Richard & Brian J. Walsh, *Truth is Stranger Than It Used To Be: Biblical Faith In A Postmodern Age*, 김기현, 신광은 역, 「포스트모던 시대의 기독교 세계관」, 서울, 살림, 2007.

Miller, Darrow L., *Discipling Nations: The Power of Truth to Transform Culture*, 윤명석 역, 「생각은 결과를 낳는다: 열방을 제자 삼으라」, 서울, 예수전도단, 1998.

Moreau, A. Scott, "Contextualization," in *Changing Face of World Mission*, Michael Pocock, et al. ed., 박영환 외 역, 「변화하는 내일의 세계선교」, 서울, 바울, 2008.

Nevius, John L., *Demon Possession and Allied Themes*, New York, Revell, 1892.

Newbigin, Lesslie, *The Finality of Christ*, Richmond, VA, John Knox Press, 1969.

_____, *The Open Secret: Sketches for a Missionary Theology*, Grand Rapids, Eerdmans, 1978.

_____, *Foolishness to the Greeks: The Gospel and Western Culture*, Grand Rapids, Eerdmans, 1986.

_____, *The Other Side of 1984*, 서정운 역, 「서구 기독교의 위기」, 서울, 대한기독교서회, 1987.

_____, *The Gospel in a Pluralistic Society*, 허성식 역, 「다원주의 사회에서의 복음」, 서울, IVP, 1998.

_____, *Truth and Authority in Modernity*, 김기현 역, 「포스트모던 시대의 진리」, 서울, IVP, 2005.

Niebuhr, H. Richard, *Christ & Culture*, 김재준 역, 「그리스도와 문화」, 서울, 대한기독교서회, 1958.

Padilla, C. Rene, *Mission Between the Times*, 이문장 역, 「복음에 대한 새로운 이해」, 서울, 대장간, 1993.

Peace, Richard V., *Conversion in the New Testament: Paul and the Twelve*, Grand Rapids, Eerdmans, 1999.

Piper, John, *Let the Nations be Glad*, 김대영 역, 「열방을 향해 가라」, 서울, 좋은 씨앗, 2003.

Pocock, Michael, Gailyn Van Rheenen and Douglas McConnel, *Changing Face of World Missions*, 박영환 외역, 「변화하는 내일의 세계선교」, 서울, 바울, 2008.

Richardson, Don, *Peace Child*, 김지찬 역, 「화해의 아이」, 서울, 생명의 말씀사, 1987.

_____, "Redemptive Analogy," in *Mission Perspective*,

Ralph E. Winter & Steven C. Hawthorne ed., 정옥배 역, "구속적 유사," 「미션 퍼스펙티브」, 서울, 예수전도단, 1999.

Roxburgh, Alan J., "Pastoral Role in the Missionary Congregation," George R. Hunsberger & Craig Van Gelder, ed., *The Church Between Gospel and Culture:The Emerging Mission in North America*, Grand Rapids, Eerdmans, 1996.

Sanneh, Lamin, *Translating the Message: The Missionary Impact on Culture*, 전재옥 역, 「선교신학의 이해」, 서울, 대한기독교서회, 1993.

Shenk, Wilbert R., "Rufus Anderson and Henry Venn: A Special Relationship?" *International Bulletin of Missionary Research*, 5:4, 1981.

_____, *Changing Frontiers of Mission*, 장훈태 역, 「선교의 새로운 영역」, 서울, 기독교문서선교회, 2001.

_____, "17세기 이후 선교사들의 문화 충돌," in *Appropriate Christianity*, 김요한 외역, 「말씀과 문화에 적합한 기독교: 성육신과 상황화 원리」, 서울, 생명의 말씀사, 2007.

Sine, Tom, *Mustard Seed vs. McWorld: Reinventing Life and Faith for the Future*, 현문신 역, 「겨자씨 vs 맥세상」, 서울, 예수전도단, 2001.

Smart, Ninian, *Worldviews: Crosscultural Explorations of Human Beliefs*, 강돈구 역, 「현대종교학」, 서울, 청년사, 1986.

_____, *Dimensions of the Sacred: An Anatomy of the World's Beliefs*, Berkeley, University of California Press, 1996.

Stott, John R. W., *Christian Mission in the Modern World*, 김명혁 역, 「현대기독교 선교」, 서울, 성광문화사, 1981.

_____, "The Bible in World Evangelization," in *Mission Perspective*, Ralph E. Winter & Steven C. Hawthorne ed.,

정옥배 역, "세계복음화와 성경," 「미션 퍼스펙티브」, 서울, 예수전
도단, 1999.

Tippett, Alan R., *Verdict Theology in Missionary Theory*,
Lincoln, IL: Lincoln Christian College, 1969.

_____, *Introduction to Missiology*, Pasadena: William Car-
ey Library, 1987.

Tylor, E. B., *Primitive Culture: Researches into the De-
velopment of Mythology, Philosophy, Religion, Lan-
guage, Art and Custom*, London, J. Murray, 1871.

Van Engen, Charles, "The New Covenant: Knowing God in
Context," in *The Word among Us: Contextualizing
Theology for Mission Today*, Dean S. Gilliland, ed.,
Dallas: Word Publishing, 1989.

_____, *God's Missionary People*, 임윤택 역, 「모이는 교회, 흩어
지는 교회: 21세기 선교하는 교회를 향한 메시지」, 서울, 두란노,
1994.

_____, *Mission on the Way: Issues in Mission Theology*, 박
영환 역, 「미래의 선교신학」, 서울, 바울, 2004.

Van Gelder, Craig, "Defining the Center--Finding the Bound-
aries: The Challenge of Re-Visioning the Church in
North America for the Twenty-First Century," George
R. Hunsberger & Craig Van Gelder, ed., *The Church
Between Gospel and Culture: The Emerging Mission
in North America*, Grand Rapids: Eerdmans, 1996.

Watson, David, *I Believe in Church*, 1st American ed., Grand
Rapids, Eerdmans, 1979.

Wells, David, "Prayer: Rebelling Against the Status Quo,"
in *Mission Perspective*, Ralph E. Winter & Steven C.
Hawthorne ed., 정옥배 역, "기도: 현상에 대한 반역," 「미션
퍼스펙티브」, 서울, 예수전도단, 1999.

Willard, Dallas, *The Spirit of the Disciplines*, 엄성옥 역, 「영성

훈련」, 서울, 은성, 1993.
Winter, Ralph D., *Frontiers in Mission: Discovering and Surmounting Barriers to the Missio Dei*, Pasadena: William Carey International University Press, 2008.

네이버 백과사전 http://100naver.com
위키백과 http://ko.wikipedia.org/wiki
행전안전부 2009년 8월 5일자 보도자료.